W0060308

Ditte und Giovanni Bandini
Who's who im Himmel

Ditte und Giovanni Bandini

Who's Who im Himmel

Die Götterwelt von A-Z

marixverlag

Genehmigte Lizenzausgabe für Marix Verlag GmbH, Wiesbaden 2005
Copyright © by Deutscher Taschenbuch Verlag GmbH & Co. KG,
München 2000 und 2002
Covergestaltung: Thomas Jarzina, Köln
Bildnachweis: akg-images, Berlin
Gesamtherstellung: GGP Media GmbH, Pößneck
Printed in Germany

ISBN: 3-86539-000-5
www.marixverlag.de

Inhalt

Für unsere Väter:

Volker, der Allah und Athene liebte,
und
Mario, der Giovanni eigentlich lieber Thorstein genannt hätte.

Olaf Benzinger möchten wir für seine kompetenten Hinweise und sein behutsames Lektorat von Herzen danken.

// om ganeshaya namah //

Einführung

Vor langer, aber nicht allzu langer Zeit lebte in Indien ein Heiliger, ein Verehrer Shivas. Er besaß kein Haus, sondern zog umher, ernährte sich von dem, was die Menschen ihm schenkten, und nächtigte da, wo er sich bei Einbruch der Dunkelheit gerade befand. Eines Abends erreichte er, müde von seiner langen Wanderung, ein kleines Dorf, begab sich zum noch kleineren Shiva-Tempel und legte sich dort schlafen.

Als am anderen Morgen der Priester mit Blumen und Räucherwerk ankam, um dem Linga seine Verehrung darzubringen, sah er den Asketen im Allerheiligsten sitzen: die Hände hinter dem Kopf verschränkt, die Füße übereinandergeschlagen auf dem steinernen Phallus.

»Erhabener«, sprach der Priester, »ich weiß, daß Ihr ein großer Heiliger seid, aber mit Verlaub: Findet Ihr nicht, daß es ein bißchen zu weit geht, das Linga – die leibhaftige Erscheinung Gottes – als *Fußschemel* zu benutzen?«

»Kein Problem, mein Freund«, entgegnete der Heilige. »Zeig mir einen Fleck, wo Shiva *nicht* ist, und ich werde gern sofort die Füße darauf legen!«

Doch die Welt ist nicht nur voll von Gott – sie ist auch voll von *Gottheiten*. Wenn schon allein die Japaner, wie man hört, acht Millionen davon haben, kann man sich leicht vorstellen, wie viele es insgesamt sein müssen. Und so möchten wir hier gleich vorausschicken, daß wegen der unendlichen Zahl existierender Unsterblicher und der Endlichkeit unserer Kräfte ebenso wie der uns zur Verfügung stehenden Seiten im Folgenden nur eine vergleichsweise winzige Auswahl vorgestellt werden kann.

Wir sagen nicht, daß wir uns auf die wichtigsten Gottheiten beschränkt haben – denn wie will man so etwas messen –, sondern lediglich auf die bekannteren und besser dokumentierten. All diejenigen, die hier aus dem einen oder anderen Grund leer ausgegangen sind, mögen uns verzeihen! Besonders stiefmütterlich mußten wir leider die Göttinnen und Götter der vielen schriftlosen Völker Afrikas, Asiens, Australiens und Amerikas behandeln, was einfach damit zusammenhängt, daß oft genug jeder Stamm seine eigenen Himmlischen hat, weswegen eine auch nur ansatzweise repräsentative Auswahl im Rahmen eines solchen Buches nicht durchzuführen war.

So gering die Anzahl der hier besprochenen Gottheiten auch ist, wird der Leser doch rasch feststellen, daß es, wie auf Erden, so »im Himmel« solche und solche gibt – Teufelsweiber wie Ischtar oder Durga, rechte Stinkstiefel wie Loki, hirnlose Muskelprotze wie Ares, hohle Schönlinge wie Bres, erhabene Allherren wie Ahura Mazda oder Vishnu und blutrünstige Monster wie Huitzilopochtli, bei denen man heilfroh sein kann, daß sie weit entfernt in Übersee wohnen. Wir haben uns bemüht, ihnen allen Gerechtigkeit widerfahren zu lassen, geben aber gern zu, daß wir uns dabei hier und da einer gewissen Parteilichkeit nicht enthalten konnten.

Trotz dieser Befangenheit hoffen wir aber doch, unser selbstgestecktes Ziel nicht verfehlt zu haben: dem Leser die Möglichkeit zu bieten, sich ein anschauliches, lebendiges Bild von den behandelten Gottheiten zu machen. Zu diesem Zweck erschien es uns sinnvoller, die jeweilige Gestalt – wann immer machbar – *in ihrem Handeln* darzustellen oder, schlichter ausgedrückt: Geschichten über sie zu erzählen, anstatt sie unter einem Berg trockener ikonographischer, religionsgeschichtlicher und sonstiger abstrakter Daten zu begraben.

In den einzelnen Artikeln sprechen wir von den Göttern in der Regel im Präsens, und zwar aus zwei Gründen. Zum einen, weil wir hier davon ausgehen, daß sie alle existieren, weil nichts, aber auch gar nichts dafür spricht, daß der eine eher existieren sollte als die anderen. Und zweitens, weil sie – oder jedenfalls die allermeisten – unsterblich sind. Und diejenigen unter ihnen, die irgendwann einmal doch erschossen, zerstückelt oder sonstwie um die Ecke gebracht wurden und also in der Unterwelt landeten, leben dort ja bei Met und Pökelfleisch (oder anderen regionalen Spezialitäten) gemütlich weiter.

Wer jetzt aber etwa sagen wollte, die alten Griechen sind ausgestorben, also sind auch deren Götter verschwunden, der fahre bei Gelegenheit nach Hellas, dorthin, wo wie vor Tausenden von Jahren die Ziegen in den Olivenhainen weiden und die Zikaden singen. Dort wird er spüren, daß der große Pan durchaus noch lebt. Und wie etliche kleine Altäre beweisen, wissen das auch die Hirten. Darüber sind wir herzlich froh, denn wenn wir manch einer anderen Gottheit auch bestimmt keine Träne nachweinen würden, gehört Pan zu unseren erklärten Lieblingen.

Wir wissen also, wem unsere Zuneigung gilt – doch wer dies nun für sich selbst entscheiden möchte, dem sei in leichter Abwandlung von Heraklit gesagt:
Tritt ein, denn hier gibt's Götter!

Zum Gebrauch
Um Querverbindungen zwischen verschiedenen Einträgen herstellen zu können, wurden zwei Verweiszeichen verwendet:
    * (zum Beispiel Zeus*) bedeutet, daß Informationen über den genannten Gott in einem eigenen Stichwort zu finden sind.
    ** (zum Beispiel Hera**) drückt aus, daß der entsprechende Eintrag weitere wichtige Informationen zum gerade besprochenen Handlungsablauf oder Figurengeflecht bringt.

A

Agni

»Agni preise ich, den Vermittler, / Opferpriester-Gott des Opfers, / den Rufer, der die Schätze bringt!«

Diese Strophe – mit ihr beginnt der ›Rig-Veda‹, die älteste und heiligste Schrift der Hindus – zeigt, welch große Bedeutung der Feuergott im zweiten vorchristlichen Jahrtausend und noch lange danach besaß. Zu einer Zeit, da die Kommunikation zwischen Erde und Himmel so gut wie ausschließlich durch das Opfer erfolgte, hatte Agni zusätzlich zu seinen eher häuslichen Funktionen nämlich die überragend wichtige Aufgabe, die Geschenke – und die Bitten – der Menschen zu den Göttern emporzutragen.

Er ist ein grundsätzlich freundlicher und leutseliger Gott. Seine äußere Erscheinung ist strahlend und voller Glanz, die Haare an seinen drei bärtigen Köpfen sind lang und bestehen, wie sollte es auch anders sein, aus Flammen. Mit sieben Zungen beleckt er alles, was ihm in die Quere kommt, und frißt es restlos auf. Agni ist uralt und doch immer wieder jung und von schier unglaublicher Kraft. Weit mehr als die anderen Götter ist Agni der persönliche Freund der Menschen. Da er in jedem Haushalt wohnt, kennt er die Nöte und Wünsche der Sterblichen weit besser als seine himmlischeren Kollegen. Und so fuhr man auch, nachdem die aufwendigen feierlichen vedischen Opfer aus der Mode gekommen waren, zumindest im häuslichen Rahmen fort, ihn bei Problemen um Hilfe zu bitten beziehungsweise ihm die Gaben für andere, in bestimmten Fällen zuständigere Götter anzuvertrauen.

Wegen dieser Mittlerfunktion wird Agni gleichermaßen von Menschen, Göttern und Dämonen gehätschelt und gepflegt, und da er auch als weiser Seher gilt, wird er nicht selten um Rat gefragt. Bisweilen kann dies allerdings zu gewissen Problemen führen:

Einst verliebte sich ein Dämon in ein Mädchen namens Puloma. Deren Eltern aber verheirateten sie mit dem Weisen Bhrigu. Da wandte sich der Dämon an Agni und sprach: »O Gott des Feuers, wenn ich dir eine Frage stelle, mußt du mir auch eine ehrliche Antwort geben. Ich liebe diese Puloma und hatte sie im Geist schon längst geheiratet. Aber dann hat sie ihr Vater diesem Bhrigu gegeben. Wem gehört Puloma nun wirklich?«

Da erklärte Agni, daß sie Bhrigu zwar geheiratet habe, aber nicht nach den Riten der Hindus. Als der Dämon das hörte, verwandelte er sich in ein Schwein und entführte Puloma. Kurz darauf gebar sie aber ein so unglaublich schönes Kind, daß der Dämon es mit der Angst zu tun bekam und Puloma zu ihrem Ehemann zurückkehren ließ. Als der zornige Bhrigu erfuhr, wem er den ganzen Ärger verdankte, verfluchte er Agni, daß dieser von nun an ein Allesfresser sein und alles verschlingen sollte, was die Erde nur hervorbrachte.

Über diesen Fluch war der Feuergott so betrübt, daß er sich in einem Winkelchen versteckte und nicht mehr hervorkam. Da brach in den drei Welten – in Himmel, Erde und Unterwelt – das Chaos aus, denn Menschen und Götter waren ohne Feuer und ohne Sonne. Erst als Brahma den Fluch dahingehend abwandelte, daß alles, was Agni berührte, rein werden sollte, war der Traurige getröstet, kroch aus seinem Versteck und ging wieder wie gewöhnlich an die Arbeit.

Ahura Mazda

Der höchste Gott im Zoroastrismus ist Ahura Mazda (oder Ormuzd, wie er später genannt wurde), der »weise Herr«, Schöpfer der Welt und das Gute schlechthin. Er brachte Mond und Sterne auf ihre Bahn, er läßt den Mond zyklisch wachsen und abnehmen, er erschuf das Wasser und die Pflanzen, Morgen, Mittag und Nacht, gab dem Wind und den Wolken die Geschwindigkeit und der Erde ein Fundament. Allein schon seine 68 Namen auszusprechen ist von solch durchschlagender Wirkung, daß böse Geister und Dämonen prompt in die Flucht geschlagen werden und kein übler Zauber seine Wirkung entfalten kann. So wird Ahura Mazda etwa »der Wissende«, »der vieles Sehende«, »der Heilende«, »der Strahlende« und »der beste Priester« genannt.

Die mit schnellfüßigen Pferden dahinpreschende Sonne gilt als sein rechtes, der Mond als sein linkes Auge. Mit ihnen betrachtet er die Welt und achtet darauf, daß sein böser Widersacher Ahriman (der so schlecht ist, wie man überhaupt nur sein kann) nicht allzuviel Schaden anrichtet. Er selbst ist jedem wohlgesinnt, gütig gegenüber allen Lebewesen, barmherzig und darüber hinaus allwissend. Während Ahriman Schwärze, Dunkelheit, Gemeinheit, Niedrigkeit und Dummheit verkörpert, ist Ahura Mazda Licht, Glanz, Güte, Höhe und Intelligenz.

Wer sich zu ihm bekennt, den leitet Ahura Mazda auf dem rechten Weg der guten Taten, guten Gedanken und guten Worte geradewegs in die Glückseligkeit. Unterstützt wird der »weise Herr« bei seinen löblichen Bemühungen um die geistige und sittliche Aufhellung der Welt durch einen Trupp von Unter-Gottheiten, den Amescha Spentas oder »Heiligen (beziehungsweise Wohltätigen) Unsterblichen«, die jeweils einzelne Tugenden verkörpern, wie etwa Wahrheit, Gerechtigkeit, Frömmigkeit und Gehorsam.

Mit ihrer Hilfe sucht er die Menschen zu bessern, sie vor dem Einfluß Ahrimans weitestmöglich zu schützen und ihnen die Basis für ein gesegnetes Leben zu schaffen. Eine zentrale Rolle spielt dabei das Rind. Es muß gehütet, gepflegt und gehätschelt werden, damit das Gute über das Böse siegen kann und wirkliches Gedeihen möglich ist. Wird das Rind in Ehren gehalten, freut sich Ahura Mazda; dann lächelt er mit seinem rechten Auge, der Sonne, und bringt Segen über das Land.

Allah
→ Jahwe-Gottvater-Allah

Amaterasu
Die Sonnengöttin ist nicht nur die Ahnherrin des japanischen Kaiserhauses, sie, die »am Himmel scheinende, große, erlauchte Gottheit« ist auch die höchste Gottheit des Shintoismus. Amaterasu ist die Tochter des Urgötterpaares Izanami und Izanagi*, die außer ihr noch etliche weitere Kinder zeugten, darunter Tsukiyomi no Mikoto*, den Mond, und den Sturmgott Susanoo no Mikoto*. Letzterer ist ein ungestümer Geselle, der nichts anderes im Kopf hat, als seine Schwester mit recht brutalen Späßen zu ärgern und regelrecht zu terrorisieren. Im allgemeinen erträgt Amaterasu Susanoos von einem unreifen Geist geprägte Anschläge mit Fassung und ist stets bereit, sie ihm nachzusehen. Eines Tages aber trieb er es doch zu bunt. Als er aus reinem Spaß an der Freude ein abgehäutetes, bluttriefendes Pferd in die Webhalle warf, flüchtete sie entsetzt in ihre himmlische Felsenhöhle und schloß sich bis auf weiteres darin ein.

Nun war guter Rat teuer, denn solange Amaterasu in dieser Grotte weilte, schien natürlich auch die Sonne nicht, und tiefe Finsternis herrschte über der Erde. Die achthundert Myriaden Götter rauften sich erst die Haare und trafen sich dann, als dies nichts half, zu einer Krisensitzung. Nach langem Palaver verfielen sie auf einen listigen Plan, mit dem es ihnen gelingen würde, Amaterasu wieder zum Vorschein zu bringen. Als erstes zitierten sie die »lange-krähenden

Hähne« herbei und befahlen ihnen, sich vor der Höhle aufzustellen und *lange* zu krähen. Daraufhin holten sie einen heiligen Sakaki-Baum, behängten ihn mit Opfergaben, Juwelen und einem Spiegel und postierten ihn neben dem Eingang der Höhle. Eine Ahnengottheit sprach das »große wirksame Gebet«, Norito, und die Göttin Ama no Uzume führte einen urkomisch-obszönen Tanz auf, über den sämtliche versammelten Götter von Herzen lachen mußten, und zwar so laut, daß das Himmelsgewölbe zu wackeln anfing.

Amaterasu wunderte sich in ihrer Höhle sehr und fragte sich, neugierig geworden, was da draußen wohl los sei. Vorsichtig schob sie also die Tür einen Spaltbreit auf und erblickte als erstes sich selbst im Spiegel. Natürlich hatte sie keine Ahnung, daß es ihr eigenes Gesicht war, was sie da sah, und dachte vielmehr, es müsse sich um eine Rivalin handeln. Sofort in Alarmbereitschaft versetzt, kam sie vollends aus der Höhle hervor, worauf die Götter hinter ihrem Rücken rasch ein Strohseil spannten und ihr damit den Rückweg versperrten.

Nachdem sie nun ihre Sonne wiederhatten, gingen die Götter daran, Susanoo so zu bestrafen, daß er sich derlei Scherze fortan ein für allemal verkneifen würde. Erst rissen sie ihm Finger- und Fußnägel aus, dann ließen sie ihn tausend Tische mit Sühnegaben bedecken, und schließlich verbannten sie ihn für immer aus den Himmlischen Gefilden in die Unterwelt.

Nachdem bei ihnen also endlich wieder Ruhe und Frieden eingekehrt war, konnten die Götter unter Amaterasus Führung darangehen, die Erde in Ordnung zu bringen. Nach einem längeren Krieg gegen die dort weilenden bösen Geister und Gottheiten, den schließlich die Kriegsgötter Futsunushi und Takemikazuchi für die Guten entschieden, schickte Amaterasu ihren Enkel Ninigi** hinab in das »Land der Mitte reich an Schilfebenen« und ernannte ihn mit folgenden feierlichen Worten zum Ahnherrn des japanischen Herrschergeschlechts:

»Dieses Land der eintausendfünfhundert herbstlichen frischen Ähren des Schilfgefildes ist die Region, über die meine Nachkommen als Herrscher regieren sollen. Gehe du, mein souveräner erlauchter Enkel, hin und regiere es! Möge das Blühen und Gedeihen der himmlischen Dynastie wie Himmel und Erde ohne Ende dauern.«

Zum Zeichen seines göttlichen Auftrages überreichte ihm die Sonnengöttin dann noch die drei Throninsignien. Ninigi stieg mit großem Gefolge auf den Berg Takachiho hinab, heiratete die Berggöttin Fuji-san, und sein Urenkel schließlich wurde der erste Tenno.

Das höchste der drei Insignien, die Ninigi von Amaterasu erhalten hatte, ihr heiliger Spiegel, wird übrigens noch heute im Hauptheiligtum der Göttin in Ise aufbewahrt.

Amun

Amun, der später zu einem der großen Götter Ägyptens avancierte, fing, wie viele andere, klein an: Er wohnte in Theben und wurde zunächst wohl nur von den dortigen Herrschern verehrt. Mit der Zeit breitete sich sein Kult aber aus, und man liebte und verehrte ihn bald im ganzen Reich. Nach dem mißglückten Versuch Echnatons, ihn mitsamt allen übrigen Göttern zugunsten Atums* abzuschaffen, stellte dessen Nachfolger, der blutjunge Pharao Tutanchaton – dessen Name »lebendes Abbild des Aton« bedeutet –, die Ordnung wieder her, indem er sich zum »lebenden Abbild des *Amun*« umdefinierte und als Tutanchamun in die Geschichte einging.

Dabei kann man Amun nicht einmal als einen besonders spektakulären Gott bezeichnen, einen, der aufsehenerregende Taten vollbracht hätte, um zu solchen Ehren zu gelangen. Nein, er ist schlicht der Gott des Lufthauches. Doch so bescheiden und unbedeutend dieses Amt auf den ersten Blick erscheinen mag, birgt es doch ein riesiges Potential in sich. Denn auch der Atem ist ein Lufthauch, und wer Herr über den einen ist, ist auch Herr über den anderen.

Damit ist Amun Gebieter über alles, was da kreucht und fleucht auf Erden, mithin Schöpfer- und Weltgott. Obendrein erhoben ihn die Pharaonen des Mittleren und Neuen Reichs auch zum Reichsgott. Ihm verdankten die Könige ihre Siege, und ihm erbauten sie daher zahlreiche Kultstätten, darunter den über die Jahrhunderte immer wieder erweiterten Tempel von Karnak.

Eines von Amuns Attributen – die zwei Federn, die auf seiner Krone prangen – läßt sich sehr gut mit seiner engen Verbindung zur Luft in Einklang bringen; ein anderes ist schon schwieriger zu erklären: Er trägt nämlich an jeder Seite des Kopfes ein schön gedrehtes Widderhorn. Nun fliegen Widder eher selten durch die Luft, und so bleibt uns nichts anderes übrig, als entweder davon auszugehen, daß Amun in grauer Vorzeit ein Hirten- oder Weidegott gewesen ist; oder aber wir akzeptieren Diodors Behauptung, daß ihm die Hörner als Zeichen seiner Kraft, seiner großen Macht und seines Glanzes aufgesetzt wurden.

Schließlich kannte man noch eine weitere Erklärung: Wie berichtet wird, bat Herakles den Gott – den die Griechen gleichfalls, und zwar als Zeus Ammon, verehrten – eines schönen Tages, sich ihm in seiner göttlichen Gestalt zu offenbaren. Ammon, der wußte, welche Auswirkungen solche göttlichen Manifestationen haben konnten (vielleicht erinnerte er sich auch an das Mißgeschick, das ihm als Zeus** mit der Semele passiert war), hüllte sich nach langem Bedenken in ein Widderfell und präsentierte sich so dem staunenden Sterblichen. Den Kopf des Widders hielt er sich dabei vor das Gesicht.

Vom Alter der Ammonsverehrung in Griechenland zeugt die Tatsache, daß schon Pindar dem Gott ein Bild weihte und eine Hymne dichtete. Die berühmteste Reverenz erwies allerdings Alexander der Große dem Gott: Er suchte im Jahr 332 dessen in der Oase Siwa mitten in der lybischen Wüste gelegenes Orakel auf. Bei dem Marsch dorthin riskierte der junge Eroberer zwar den Untergang seines ganzen Heeres, doch von derlei kleinlichen Erwägungen ließ er sich bekanntlich nicht in seinen Entschlüssen beeinflussen. Als die Ammonspriester ihn sahen, waren sie so von ihm beeindruckt, daß sie ihn stante pede zum Sohn des Gottes und damit zum Pharao ausriefen. So hatte sich die anstrengende Reise wenigstens für Alexander gelohnt.

In der Oase gab es einen heiligen Sonnenbrunnen, dessen Wasser eine erstaunliche Besonderheit aufwies: Mittags war es kalt, um Mitternacht heiß und morgens und abends lauwarm. Unweit des Tempels wurde ein Salz abgebaut, das wegen seiner Heilkraft geschätzt wurde und nach dem Gott *ammoniakon* hieß – woraus viel später das (chemisch allerdings nicht mit ihm verwandte) »Ammoniak« abgeleitet wurde. Und, nicht zu vergessen, auch die Ammoniten enthalten, da ihre gewundene Form an ein Widderhorn erinnert, den Namen des großen äygptischen Gottes Amun.

An

Während Enlil* sich um die Erde und deren Belange kümmert, ist An (»Oben« oder »Himmel«) der Herr des Himmels und damit der – auch »geographisch« – höchste Gott des sumerischen Pantheons.

Vielleicht weil er deshalb so weit von den Menschen entfernt ist, weiß niemand genau, ob er nun mit der Erdgöttin Urasch oder mit einer gewissen Antum (»Himmelin«) verheiratet ist. Fest steht allerdings, daß er der Vater einer ganzen Reihe von Göttern ist, darunter der großen Inanna* (die er so unväterlich liebte, daß er sie später in den Rang seiner Hauptgemahlin erhob), und auch einige Dämonen bezeichnen sich als seine Sprößlinge.

Verehrt wurde An vor allem in Uruk, aber es war eine ängstliche, durch keinerlei Zuneigung verwässerte Verehrung. Dieser Himmelsgott war den Menschen zu fremd, zu distanziert, zu unfreundlich, zu unberechenbar gefährlich. Dazu paßt vielleicht auch, daß wir keine Porträts von ihm besitzen und auch sonst nicht wissen, wie er eigentlich aussieht; dargestellt wurde er – etwa auf Grenzsteinen – soweit bekannt nur symbolisch, in Gestalt einer auf einem Thron »sitzenden« Hörnerkrone.

An erlitt das Schicksal manch eines anderen bis zur praktischen Inexistenz erhabenen, selbstherrlichen himmlischen Vatergotts: Sein erstgeborener Sohn, Enlil, lief ihm in der Gunst der Menschen mehr und mehr den Rang ab, und auch wenn die Geschichte hier, anders als etwa für Uranos*, ohne Verlust wichtiger Körperteile abging, lief sie doch letztlich auf das gleiche hinaus – und An endete auf dem Altenteil.

Anahita

Die »persische Artemis*«, wie die alten Griechen sie nannten, ist eine der wichtigsten Gottheiten des zoroastrischen Pantheons. Sie, die Heldin, die (so die wörtliche Übersetzung ihres Namens) »Unbefleckte«, ist die Göttin der Wasser, konkreter: einer übernatürlichen Quelle, eines mythischen Flusses, der von den Sternen herabfließt und alle irdischen Ströme speist.

Passend zu ihrer Funktion als Wassergöttin gebietet sie auch über das Wetter. Und so ziehen vier weiße Pferde, die den Wind, den Regen, die Wolke und den Hagel verkörpern und die von Ahura Mazda* eigenhändig »gezimmert« wurden, ihren Wagen, den sie selbst mit ihren starken weißen Armen zu lenken pflegt. Doch Anahita ist nicht nur stark, sie ist auch schön und weiß sich schick zu kleiden. So erfahren wir aus dem ›Awesta‹, sie trage ein hochgegürtetes Gewand und darüber einen aus dreißig Biberfellen bestehenden golden schimmernden Mantel. Aus Gold sind ihre Ohrringe, ihr Halsschmuck und ihr achtteiliges mit hundert Diamanten besetztes Diadem. In der Hand hält sie ein Bündel Zweige, und ihre Schuhe haben natürlich goldene Riemchen.

Da Wasser die unabdingbare Voraussetzung für das Gedeihen von Pflanzen, Tieren und Menschen ist, wurde Anahita auch als Fruchtbarkeitsgöttin verehrt. Heiratswillige Mädchen riefen sie an und baten um einen Gemahl und »heldenhaften Hausherrn«, schwangere Frauen um eine leichte Geburt und ein gesundes Kind – denn sie

»macht den Samen der Männer und den Mutterleib der Frauen voll-kommen«.

Damit nicht genug, kümmert sie sich außerdem noch um das Wohl der Krieger und steht ihnen bei, wenn sie in die Schlacht ziehen. Sie sorgt für verläßliche tapfere Gefährten und gute Pferde und somit dafür, daß der Sieg stets auf der Seite ihrer Verehrer ist. Doch auch allgemein galt sie als Schutzgöttin, die all denen, die ihrer bedurften, Hilfe und Beistand gewährte und auch das Land selbst behütete.

Schließlich fungiert sie noch als Schutzherrin der Priester und Gelehrten, insofern sie ihnen Wissen und Heiligkeit verleiht.

Diese unbestreitbar große Vielseitigkeit machte Anahita zu einer weit und breit berühmten Göttin. So kannte und verehrte man sie längst nicht nur in ihrer iranischen Heimat, sondern auch in Armenien (hier als Anahit), in Kleinasien und in Syrien. Von ihren Anbetern erwartete die Göttin Gußspenden, die aus einem geheimnisvollen mit Milch vermischten Rauschtrank (*haoma*) bestehen sollten und die nur bei Tag dargebracht werden durften. Auch war anschließend nur Priestern der Genuß des Opfertranks gestattet; zwar kamen diesbezüglich auch gelegentlich Ausnahmen vor, für *eine* Menschengruppe war Anahitas Haoma grundsätzlich tabu: für Frauen.

Obgleich letztere deswegen mit Fug und Recht hätten beleidigt sein können, war es im Gegenteil so, daß sich adlige Familien darum rissen, ihre noch ledigen Töchter zu Kultstätten der Anahita zu schicken, damit sie sich dort zu Ehren der Göttin Fremden hingaben. Erst nachdem sie sich eine Weile als Tempelprostituierte betätigt hatten, durften sie heiraten.

Der Anahita lagen aber nicht nur höhere Töchter, sondern selbst Könige zu Füßen: Ardaschir I., der Begründer der Sasanidendynastie, ließ zum Zeichen seiner Ergebenheit sogar die Köpfe seiner besiegten Feinde in einem ihrer Tempel aufhängen. Im allgemeinen aber wurden ihr anläßlich ihrer beiden Hauptfeste, im Frühjahr und Herbst, doch eher Tiere geweiht und geopfert: vor allem ausgesucht schöne Färsen, deren Stirn mit einem fackelförmigen Zeichen markiert wurde.

Anat

Anat schien durch ihre Person die Wahrheit von Heraklits fragwürdigem Spruch vom »Vater aller Dinge« unter Beweis stellen zu wollen: Sie ist nämlich Fruchtbarkeits- und Kriegsgöttin in einem. Verehrt wurde sie – teils liebevoll, teils ängstlich – vor allem in Syrien, daneben aber auch in Ägypten. Sie ist jungfräulich schön und mit ihren zwei Flügelpaaren und den beiden Hörnern, die die Sonnenscheibe einrahmen, außerordentlich attraktiv, und dementsprechend finden sich in alten Texten immer wieder Anspielungen auf den starken erotischen Reiz, den sie auf Baal* ausübt.

Dieser ist ihr über alles geliebter Gemahl, wobei manche behaupten, er sei gleichzeitig auch ihr Bruder. Vielleicht ist gerade darum – siehe Isis* und Osiris* – die Beziehung zwischen den beiden so innig, daß Anat nach dem Tod des Geliebten in nackte Verzweiflung verfiel; anders als ihre sittsame ägyptische Schwester geriet sie aber völlig außer sich, zerkratzte sich das Gesicht, raufte sich die Haare, schluchzte hemmungslos – und schwor dem Mörder, dem Todesgott Mot, schreckliche Rache.

Nachdem sie Baal also begraben hatte, begab sie sich in die Unterwelt und offenbarte hier nun die andere Seite ihres Charakters. Wie eine Furie ging sie auf Mot los, hieb und stach mit dem Schwert auf ihn ein, bis sie ihn völlig zerhackt hatte. Immer noch nicht zufrieden, sammelte sie die Leichenstückchen ein, worfelte und verbrannte sie und streute die Asche für die Vögel auf die Felder. Damit erreichte sie zum einen, daß der Tod ihres Mannes gerächt war, zum anderen aber, daß Baal damit tatsächlich wieder zum Leben erweckt wurde.

Während Anats blutrünstige Brutalität in diesem Fall durch den Kummer und den Zorn um den Tod des Geliebten immerhin verständlich erscheint, gibt es für manch weitere Wutausbrüche allerdings keine andere Erklärung als ihr hitziges Temperament. In ihrem Jähzorn schreckte sie zu einer solchen Gelegenheit nicht einmal davor zurück, ihrem eigenen Vater, dem greisen El**, einen blutigen Schädel anzudrohen, falls er ihr nicht umgehend eine Bitte erfülle.

Das eigentliche Objekt ihrer Begierde war ein wunderschöner Bogen, den der Gott des Handwerks, Kotar, für den weisen Richter Danel angefertigt und den dieser seinem Sohn, dem Helden Aqhat, geschenkt hatte. Anat wollte diesen Bogen unbedingt für sich selbst haben und bot Aqhat jede Menge Gold und Silber dafür. Er aber erzählte ihr haarklein, aus welchen Materialien der Bogen bestand, und riet ihr, sich von Kotar einen zweiten, identischen machen zu lassen. Anat aber hatte sich nun einmal in den Kopf gesetzt, *diesen* Bogen zu besitzen, und bot Aqhat dafür zuletzt nichts weniger als die Unsterblichkeit. Dämlich, wie Helden in der Regel nun einmal sind, lehnte Aqhat auch dieses doch wahrhaft generöse Angebot ab und warf der Göttin obendrein vor, ihn betrügen zu wollen, da sie überhaupt nicht imstande sei, ihn unsterblich zu machen. Vollends in Rage aber brachte er Anat mit der sexistischen Bemerkung, sie würde den Bogen ja ohnehin nicht handhaben können.

Das also war der Grund, weshalb Anat ihrem Vater ganz fürchterliche Prügel in Aussicht stellte, falls er ihr nicht erlaubte, den unverschämten Erdling gebührend zu bestrafen. Erwartungsgemäß mit dem väterlichen Segen ausgestattet, befahl Anat einem ihrer Gehilfen, die Gestalt eines Geiers anzunehmen und sich unter einen Schwarm normaler, sterblicher Aasfresser zu mischen, der just über dem ahnungslosen Aqhat kreiste. Dann stürzte der göttliche Geier auf den Helden nieder und riß ihn in Fetzen.

Während Anat zumindest in diesem Fall Reue über ihre Tat zeigte, weinte und Scham darüber bekundete, daß die Erde wegen dieses von ihr angezettelten Verbrechens unfruchtbar wurde, zeigte sie sich zu anderen Gelegenheiten weit weniger zimperlich. Aus purem Spaß metzelte sie beispielsweise einmal Unmengen von Helden und Kriegern aus aller Herren Länder hin, watete in deren Blut und fädelte sich, wie ihre indische Kollegin Kali*, Halsketten aus deren Köpfen auf. Als sie schließlich genug von dem Blutbad hatte, tat sie, als ob nichts gewesen wäre, wusch sich die Hände und kippte alles, was von den Männern noch übrig war, kurzerhand ins Meer.

Dieser für eine Kriegsgöttin vielleicht passende, aber nicht eben besonders sympathische Charakterzug läßt den Schluß zu, daß im Umgang mit Anat Vorsicht geboten ist, und macht verständlich, daß Könige wie Ramses III. sie als ihren »Schild« bezeichneten, ihr Tempel bauten, ihr Opfer darbrachten und sich so unter ihren Schutz begaben.

Aber auch kleinen Leuten stand sie helfend bei; so konnte etwa jeder Ägypter, der sich gegen Wölfe zu feien wünschte, zu der folgenden Beschwörung greifen:

»Halt, du böser Wolf!
Deine Vorderpfote ist von Herschef abgehackt,
nachdem Anat dich erschlagen hat!«

Anu
→ An

Anubis

Der arme ägyptische Gott Anubis hat einen Kopf, dessen Identität bis heute nicht eindeutig geklärt werden konnte. Die einen sagen, es sei der eines Hundes, die anderen, der eines Schakals, wieder andere, der eines Wolfes. Ebensowenig aber, wie man sich in diesem Punkt einig ist, weiß man, wie Anubis dazu kam, einen Hunde-Wolfs-Schakalkopf zu besitzen. Sicher ist jedenfalls, wes Kind er ist: Nephthys, die innig geliebte Schwester der Isis*, liebte nämlich deren Mann (und Bruder), Osiris*, und war so verrückt nach ihm, daß sie ihn durch eine List täuschte und er, im Glauben, sie sei seine Frau, mit ihr ein Kind zeugte: Anubis.

Als Nephthys merkte, daß sie schwanger war, schämte sie sich furchtbar vor ihrer Schwester, und sobald das Baby geboren war, setzte sie es klammheimlich aus, damit ihre Schande nicht bekannt würde. Isis aber, die Allwissende, fand nicht nur den Lotoskranz des Osiris auf dem Lager ihrer Schwester, sie wußte natürlich auch sofort von deren Kind. Gütig, wie sie ist, verzieh sie Nephthys; sie ließ den Kleinen von Spürhunden suchen und, nachdem er endlich gefunden war, zu sich bringen. So könnte Anubis' Kanidenkopf, wie manche vermuten, also beispielsweise eine Erinnerung an dieses prägende Kindheitserlebnis sein.

Isis zog das Kind liebevoll auf, und Anubis dankte es ihr mit unwandelbarer Treue und Hingabe. Immer war er an ihrer Seite, auch als sie verzweifelt durch ganz Ägypten irrte, um die Stücke ihres ermordeten Mannes Osiris zu suchen. Und er war es auch, der diese schließlich nacheinander aufspürte. Auch davon, so heißt es, könnte der Tierkopf herrühren.

Doch gibt es noch wenigstens *eine* weitere Möglichkeit: Anubis ist nämlich ebenso eng wie Osiris und Isis mit dem Totenreich verknüpft. Ihm obliegt es, die Herzen beim Totengericht zu wiegen, er hat die Aufgabe, die Einbalsamierung der Toten zu überwachen, und ist mithin Leiter des Mumifizierungsprozesses und »Herr der Totenhalle«. So beginnt auch ein Spruch des ›Totenbuches‹ mit den Worten: »Es spricht Anubis, der Balsamierer, Gebieter der Gotteshalle.«

In der Nacht jedoch bewacht er die Toten – und zwar ganz wie ein Hund. Aus diesem Grund wurde Anubis auch oft in Gestalt eines schwarzen Hundes an den Eingängen ägyptischer Felsengräber abgebildet. Keine böse Macht kann eintreten, solange er dort Wache hält.

Das hundetreue Wesen des Anubis wird ebenfalls an einer Geschichte deutlich, die man sich im oberägyptischen Sako erzählte. Hiernach hatte Anubis einen jüngeren Bruder, Bata, den Anubis' Frau, weil sie ihn nicht leiden mochte, unsittlichen Verhaltens bezichtigte. Bata wußte nicht, wie er sich von diesem Vorwurf Anubis gegenüber anders reinwaschen konnte, als indem er sich entmannte. Nachdem dies erledigt war, zog er es allerdings vor, weit weg zu gehen, und machte sich also auf den Weg ins Zederntal. Zuvor aber vereinbarte er mit seinem Bruder ein Zeichen, woran dieser erkennen könne, ob er noch am Leben sei.

Im Zederntal angekommen, hängte er sein Herz an einen der Bäume und verheiratete sich nach dem Wunsch der Götter mit einer wunderschönen Frau, die sich allerdings – vielleicht, weil sie nicht unbedingt an einen Eunuchen gebunden sein wollte – als recht treulos erwies. Als nämlich der König von Ägypten zufällig eine Haarlocke von ihr fand und prompt in unstillbarer Liebe zu ihr entbrannte, fackelte sie nicht lange: Sie griff sich eine Axt, fällte kurzerhand den Lebensbaum ihres lästigen Gemahls, und Bata starb.

Anubis, der Gute, erfuhr durch das vereinbarte Zeichen vom Tod seines Bruders, fand dessen Herz und gab ihm das Leben zurück. Zur Sicherheit verwandelte er Bata jedoch in einen Stier und brachte ihn in dieser Gestalt an seinen Hof zurück. Unvorsichtigerweise gab sich Bata eines Tages der Frau des Anubis zu erkennen, und sie ließ das schöne Tier schnurstracks opfern, um den Schwager endgültig los zu sein. Aber wieder hatte sie sich verrechnet, denn aus zwei Blutstropfen wuchsen zwei schöne Bäume hervor, und als sie auch mit diesen kurzen Prozeß machte und sie fällen ließ, drang ihr ein Splitter in den Mund und schwängerte sie. Das Kind aber, das sie gebar, war niemand anderes als Bata.

Nun war die Rache an ihm, denn sobald er herangewachsen und König geworden war, ließ er die böse Schwägerin töten und seinen älteren Bruder Anubis zum Kronprinzen ernennen.

Ape-huci-kamuy

Die Feuergöttin Ape-huci-kamuy war die höchste Gottheit der Ainu, der Ureinwohner Japans, und damit weit mehr als eine bloße Licht- und Wärmespenderin. Ihr war es zu verdanken, wenn die Menschen von Krankheiten verschont blieben, wenn sie kein Unglück traf, wenn bei Geburten alles glattlief. Bei strittigen Fragen war sie es, die um Rat gefragt wurde und letztlich entschied, was zu tun sei. Sie sorgte ebenso für die Wahrung von Sitte und Ordnung wie dafür, daß jeder genug zu essen im Haus hatte.

Trotz ihrer großen Bedeutung für die gesamte Gemeinschaft war die Feuergöttin im Mittelpunkt einer jeden einzelnen Ainu-Wohnstätte gegenwärtig. Daher galt der Herd in früheren Zeiten als ein derart heiliger Ort, daß es als Scheidungsgrund angesehen wurde, wenn die Hausfrau das Feuer aus Unachtsamkeit über Nacht ganz ausgehen ließ.

Ursprünglich aus dem ersten Feuerquirl entstanden, kam Ape-huci-kamuy vor vielen, vielen Tausenden von Jahren auf die Erde herab, um sich hier in einem Haus niederzulassen, das der Schöpfer der Welt, Kotan-kar-kamuy* für sie errichtet hatte. Hier sitzt sie nun in ihrer Freizeit am Herd und webt, ganz wie die Frauen der Ainu – und vielleicht steht sie auch deshalb den Menschen so nahe, weil sie sich in ihrer Lebensweise kaum von ihnen abhebt. Die Feuergöttin ist mehr als häuslich, denn sie geht sozusagen niemals aus. Bitten, die an sie gerichtet werden, die sie aber nicht erfüllen kann, weil sie nicht in ihr Ressort fallen, richtet sie – wie etwa ihr indischer Kollege Agni* – den zuständigen anderen Göttern aus. Auch Opfergaben, die nicht sie betreffen, leitet sie getreulich weiter.

Daher steht sie am Anfang und am Ende jeder Bemühung seitens der Menschen, mit den Göttern in Kontakt zu treten – ja sogar, wenn man »nur« einen seiner Ahnen anrufen wollte, tat man es nicht direkt, sondern stets über sie, die Feuergöttin Ape-huci-kamuy.

Aphrodite

Wenn Athenes* Klugheit daher rührt, daß sie aus dem Kopf des Zeus* geboren wurde, dann ist die griechische Liebesgöttin Aphrodite deswegen besonders sinnlich, weil sie, zumindest indirekt, aus dem »Glied der Zeugung« (so Hesiod) des Uranos* entstand. Zeus' Vater Kronos* hatte mit seiner Mutter Gaia* den teuflischen Plan ausgeheckt, seinen Vater zu entmannen, während dieser eines Nachts ahnungslos seine Gattin besuchte. Mit einer Sichel hieb er Uranos' »kostbares Stück« ab und warf es in hohem Bogen ins aufbrandende Meer. Dort schwamm es eine ganze Weile, trieb übers Wasser lange dahin, bis schließlich ein weißer Ring von Schaum sich hob um das göttliche Fleisch: Da entwuchs ihm alsbald die Jungfrau. Diese aber war keine andere als Aphrodite.

Schön wie der junge Morgen kam sie aus den Wogen hervor und wurde auf einer Muschel erst zum Strand der Insel Kythera getrieben, dann weiter nach Kypros, unserem heutigen Zypern, wo alle Götter sie ungeduldig erwarteten und ihr, sobald sie an Land stieg, begeistert huldigten. Wo sie den Boden betrat, bedeckte er sich augenblicklich mit duftenden Blumen, denn alles an ihr war, so Hesiod, »jugendliches Gekose, Gelächter, Spiele der Täuschung, Lockung und süßeste Lust und die Wonne umarmender Liebe«.

So lagen ihr denn auch ausnahmslos alle zu Füßen – zumindest alle Männer. Die Frauen allerdings waren, wie sich denken läßt, über den Neuzugang anfangs nicht übermäßig erfreut. Doch letztlich konnten auch sie sich ihrem Einfluß nicht entziehen, denn wie eine Homerische Hymne erklärt, ist sie es,

> »die den Göttern süße Sehnsucht erweckt und die Völker
> der sterblichen Menschen bezwingt, auch die Vögel des Himmels und alle
> Tiere, ob sie auf dem Festlande wohnen oder im Meere:
> Alle tun sie die Werke der Aphrodite«.

Ein Sieg auf der ganzen Linie war es jedoch nicht, denn drei Göttinnen widerstanden eisern den Lockungen der Liebe: Athene, Artemis* und Hestia*. Und auch Hera* hatte sie sich bald gründlich zur Feindin gemacht – spätestens nämlich, als Paris seinen berühmten Apfel nicht ihr, sondern Aphrodite überreichte. Die Folge war, daß Aphrodite die Trojaner, die gleichfalls verschmähte Athene aber die Griechen tatkräftig unterstützte und die verbitterte Hera die Trojaner piesackte, wo sie nur konnte.

So wie letztlich *sie* den Trojanischen Krieg auslöste, könnte man überhaupt sagen, daß alle Gaben der Aphrodite ein zweischneidiges Schwert sind. Die Liebe, die sie ringsum einflößt, die Leidenschaften, die sie entstehen läßt, bringen immer auch Unglück für den einen oder die andere. Wenn die Liebe so heftig wird, daß darüber alles andere – Eltern, Kinder, Mann – vergessen oder deshalb gar ein Verbrechen begangen wird, kann man mit Euripides nur beten: »O Herrin! Sende mir nie vom goldenen Bogen den Pfeil des rasenden Verlangens! Bleibe du, Bescheidung, mir treu, schönste Gabe der Götter!«

Dennoch ist es völlig zwecklos, sich gegen den Zauber Aphrodites zu wehren, hat sie doch nicht nur ihre überirdische Schönheit und den »Zauberbusengürtel« (Hera**), der jeden, der ihn trägt, unwiderstehlich macht, sondern auch eine ganz spezielle Salbe. Wen sie damit beglückt, der kann sich freuen. Einst schenkte sie etwas davon als Dank einem Fährmann, Phaon mit Namen, der sie trotz ihrer wenig ansprechenden Verkleidung als häßliche alte Frau von Lesbos zum Festland hinübergebracht hatte. Dank des Zaubermittels wurde er so unwiderstehlich schön, daß ihm von nun an die Frauen zu Füßen lagen und die große Dichterin Sappho sich gar seinetwegen ins Meer gestürzt haben soll.

Man kann sich fragen, wieso sie, die Schönste der Schönen, die fast ausnahmslos jeden Mann haben konnte, ausgerechnet den lahmen Schmied Hephaistos* heiratete. Vielleicht weil er durch seiner Hände Arbeit schafft, was sie verkörpert – Schönheit? Jedenfalls war sie selbst offenbar schon bald nicht mehr so recht von dieser Ehe überzeugt, denn sie betrügt ihn nach Strich und Faden. An manchen ihrer Liebhaber hängt sie mehr, an anderen weniger. Reinweg verrückt war sie nach Adonis, und als dieser bei der Jagd von einem Eber getötet wurde, kam sie über seinen Verlust kaum hinweg. Sie tröstete sich erst, als ihr Persephone*, die Göttin der Unterwelt, auf ihre Bitten hin zugestand, ihr toter Geliebter dürfe sechs Monate im Jahr auf der Erde weilen.

Der zum Hahnrei gemachte Hephaistos bewahrt im allgemeinen die Ruhe und schweigt auch zu den unehelichen Kindern, die ihm seine Frau unterschiebt – etwa Hermaphroditos, den Hermes mit ihr zeugte, Äneas, den sie von Anchises bekam, oder Styx, Hymen und Priapos. Bei ihrer Affäre mit Ares**, von dem sie gar fünf Kinder, darunter Eros, hatte, platzte Hephaistos allerdings dann doch der Kragen: Er fertigte ein feines Netz an, legte es um das Bett der Aphrodite und wartete, bis Ares kam. Kaum hatten die beiden angefangen, sich miteinander zu vergnügen, warf Hephaistos das Netz über sie und zog es fest zu. Dann rief er die übrigen Götter herbei, und alle drängten sich kichernd um die Ertappten und machten sich gehörig über sie lustig.

Ares war, einer Überlieferung zufolge, durch das Erlebnis so erschüttert, daß er, wieder freigelassen, die Flucht ergriff und sich nach Thrakien absetzte.

Diese unrühmliche Geschichte tat der Popularität der Aphrodite allerdings keinen Abbruch. In der ganzen griechischen Welt liebten und verehrten die Menschen sie, die »Wonne der Menschen und Götter«, als die lebenspendende Herrin des Himmels und der fruchtbaren Erde. Sie opferten ihr vor allem Räucherwerk, denn der Duft von Weihrauch und feinen Ölen erfreut ihr Herz über alles (oder fast). Lieb sind ihr auch Tauben, die Vögel der Liebe, und noch mehr Gänse – vielleicht, weil sie die »Göttin des stillen Meeres« ist, aus dem

sie ja einst geboren wurde. Dementsprechend war vor allem sie es, die
Seeleute um gute Fahrt und eine glückliche Heimkehr baten – denn,
wie Lukrez gleich zu Beginn seines Lehrgedichts schreibt:

> »Wenn du nahest, o Göttin, dann fliehen die Winde, vom Himmel
> flieht das Gewölk, dir breitet die liebliche Bildnerin Erde
> duftende Blumen zum Teppich, dir lächelt entgegen die Meerluft,
> und ein friedlicher Schimmer verbreitet sich über den Himmel.«

Apollon

Mit seiner athletischen hohen Gestalt und dem lockenumrahmten
makellos schönen Gesicht ist der griechische Gott Apollon schon
rein äußerlich das genaue Gegenteil von Hephaistos* – und er ist es
auch dem Wesen nach. Während jener tagaus, tagein in seiner Schmiede werkelt, beschäftigt sich Apollon mit so vielen Dingen gleichzeitig und ist so überaus vielseitig, daß man sich nur wundern kann, wie
er daneben noch Zeit für seine zahllosen Liebesaffären findet. Wie
eines seiner Attribute – der Bogen – zeigt, liebt er den Kampf und
mischt sich in jede wichtige Schlacht ein. Zu seiner Schande sei am
Rande gesagt, daß er, einer der berühmtesten und beliebtesten Götter
der Griechen, im Trojanischen Krieg auf der Seite der Trojaner kämpfte und den Griechen mit einem seiner Pfeile bei diesem Anlaß gar die
Pest ins Zeltlager schickte!

Überhaupt kennt er sich gut mit Krankheiten und Seuchen aus und
beschießt jeden damit, der ihm oder seinen Lieblingen in die Quere
kommt. Andererseits heilt er auch da, wo es not tut – und diese Gabe
hat er seinem Sohn Äskulap* (oder Asklepios) vererbt, dem Gott der
Heilkunde.

Daneben gilt er auch als Beschützer der Herden, diente er selbst
doch einmal zur Strafe für die Ermordung der Kyklopen ein ganzes
Jahr lang in den Schafställen des thessalischen Königs Admetos als
Hirte.

Am bekanntesten ist er aber wohl als der »Musenführer«, der
Schirmherr der Künste, und in dieser Eigenschaft zeigt er sich sehr
gern mit der Leier, die ihm sein Bruder Hermes* fertigte und als deren
Meister er allgemein gilt.

Allgemein? Nicht ganz: Denn ab und an erdreistet sich ein armer
Verblendeter zu behaupten, er könne schönere Musik machen als
Apoll. Weit davon entfernt, sich als Gott, der er ist, über solche
Albernheiten erhaben zu zeigen, gerät Apollon bei solchen Anlässen

in Wut, und dann zeigt er sich von seiner weniger durchgeistigten Seite: Marsyas etwa zog er bei einer solchen Gelegenheit buchstäblich die Haut über die Ohren (siehe hierzu unter Athene)!

Dieser archaische Zug unmenschlicher Grausamkeit steht vollkommen jenem Bild entgegen, das seine Verehrer gern von ihm zeichnen: dem des abgeklärten, edlen, lichten, für Harmonie und Dichtkunst eintretenden strahlenden Helden. Äußerst brutal handelte er beispielsweise auch an Niobe, der Tochter des Tantalos, die sich unklugerweise vor seiner Mutter Leto mit ihren vierzehn Kindern gebrüstet hatte. Als er von der Schmach seiner Mutter erfuhr (die ja nur ihn und seine Zwillingsschwester Artemis* dagegenhalten konnte), nahm er kurzerhand Niobes sieben Söhne, Artemis ihrerseits die sieben Töchter aufs Korn – und prompt hatte Niobe nichts mehr zum Angeben.

Apollons zwiespältiges Wesen erhellt sich auch daraus, daß er der Gott der Orakel ist. Es heißt, er habe einst den ziegenfüßigen Pan darum gebeten, ihn die Kunst der Prophezeiung zu lehren, woraufhin er sich nach Delphi aufmachte, dort den Drachen Python besiegte und selbst das Orakel übernahm. Die Priesterin Pythia wurde seine gehorsame Dienerin. Einer anderen Frau, der Trojanerin Kassandra, verlieh der Gott in der Hoffnung, damit ihr Herz zu erobern, selbst die Gabe der Weissagung. Sie aber dachte nicht daran, ihn zu erhören, und da er sein einmal gegebenes Wort nicht wieder zurücknehmen konnte, ergänzte er diese statt dessen um die perfide Zusatzbestimmung, daß niemand ihren Prophezeiungen Glauben schenken sollte – so daß aus dem Geschenk ein Fluch wurde.

Auch eine weitere Seherin, Sibylle, wurde aufgrund von Apollons Gunstbezeigungen ihres Lebens nicht mehr froh. Ihr erfüllte der Gott den Wunsch, so viele Jahre zu leben, wie sie Staubkörner in der Hand hielt. Leider hatte sie aber vergessen, gleichzeitig auch um ein dauerhaft jugendliches Aussehen zu bitten, und so schrumpfte sie im Laufe der Jahrhunderte zu einem winzigen Etwas zusammen. Man bewahrte sie schließlich in einer Flasche auf, und wenn sie gefragt wurde: »Sibylle, was wünschst du?«, so antwortete sie nur: »Ich wünsche zu sterben.«

Angesichts Apollons strahlenden Aussehens mutet es erstaunlich an, daß diese zwei Frauen nicht die einzigen waren, die ihm nicht nur *nicht* auf der Stelle zu Füßen fielen, sondern sich sogar trotz der großzügigen Geschenke mit aller Kraft gegen ihn zur Wehr setzten. Immerhin gehen nicht alle seine Liebesabenteuer schlecht aus, denn irgendeine Frau, Nymphe oder Göttin findet sich stets, die ihm zu Willen ist, und so kann er alles in allem inzwischen doch auf eine ansehnliche Schar von Eroberungen und Nachkommen zurückblicken.

Auch beschränkt er sich keineswegs auf das schöne Geschlecht; so verliebte er sich einmal in den spartanischen Prinzen Hyakinthos. Der Westwind aber, der gleichfalls Gefallen an dem schönen Jungen fand, war so eifersüchtig, daß er eines Tages, als sich die beiden gerade mit Diskuswerfen vergnügten, mit drastischen Mitteln dazwischenfuhr: Er lenkte Apollons Wurfscheibe im Flug um, daß sie Hyakinthos mit voller Wucht gegen den Kopf schlug und ihn tötete. Aus dem Blut des Knaben wuchs die liebliche Hyazinthe hervor.

Sie sollte nicht die einzige Pflanze bleiben, die die Welt einer unglücklich verlaufenen Liebe des Gottes verdankt. Der ständig liebeshungrige und daher wohlweislich unverheiratet gebliebene Apoll machte sich eines Tages nämlich auch an die bildhübsche Bergnymphe Daphne heran. Zuerst einmal schaltete er seinen Nebenbuhler Leukippos, der sich der Schönen und ihren Gespielinnen in weiblicher Verkleidung angeschlossen hatte, in gewohnt radikaler Weise aus: Er gab einer der Nymphen den Tip, sie sollten doch einmal alle zusammen nackt baden. Die Idee wurde begeistert angenommen, und so kam es, wie es kommen mußte: Leukippos wurde entlarvt und von den zornigen Mädchen in Stücke gerissen.

Nun hatte Apollon zwar freie Bahn, die spröde Daphne jedoch war nicht im geringsten geneigt, sich dem dreisten Bewerber zu ergeben. Er ließ allerdings nicht locker, und eines Tages trieb er sie so sehr in die Enge, daß sie keinen anderen Ausweg wußte, als Gaia*, ihre Mutter Erde, um Hilfe anzurufen. Augenblicklich wurde sie in einen Lorbeerstrauch verwandelt, und dem ebenso erschrockenen wie traurigen Apoll blieb keine andere Möglichkeit, seiner entschwundenen Geliebten etwas Gutes zu tun, als die Pflanze zu segnen. Seither ist der Lorbeer ihm heilig und gilt dementsprechend als Symbol der Weissagung, des Dichterruhms und allgemein der Ehre.

Apsu
→ Marduk

Ares

Keiner mag ihn, den griechischen Gott des Krieges – nicht einmal sein eigener Vater Zeus*; der erklärte ihm einmal sogar wortwörtlich, daß er ihm »vor allen olympischen Göttern« verhaßt sei. Immer suche er nur Zank und Streit und Kämpfe und Schlachten, und außerdem sei er genauso unerträglich starrsinnig wie seine Mutter Hera*.

Homer konnte den riesenhaften Ares aus demselben Grund nicht leiden, verglich ihn mehrfach mit einem Dämon und betonte, wie sehr die – gleichfalls streitbare – Athene* dem Wüterich überlegen sei. Während es ihm um die schiere Lust am Töten geht, um den Blutrausch, um den Kampf als Selbstzweck, hat sie stets irgendein höheres Ziel im Auge, das die kriegerischen Mittel, wenn schon nicht heiligt, so doch zumindest sinnvoll erscheinen läßt. Auch die Griechen waren von Ares nicht sonderlich angetan – hirnlose Kampfmaschinen waren in der Regel nicht ihr Fall –, sie bauten ihm daher kaum Kultstätten und weihten ihm nur wenige Feste.

Außerdem kämpfte Ares seinerzeit auf der Seite der Trojaner, wobei die kluge und besonnene Athene ihn allerdings immer wieder besiegen konnte – einmal etwa, indem sie ihm einen Grenzstein an den Hals warf. Kein Wunder also, daß sich Ares, wann immer es geht, nach Thrakien zurückzieht, seiner eigentlichen Heimat, in der man Krieger wie ihn noch zu schätzen wußte.

Doch nicht nur die alten Thraker, auch Frauen fliegen oft auf schiere, brutale Manneskraft, auf hirnlose Muskelmacker vom Schlage Rambos, und so gibt es auch Weibchen genug, die Ares nicht widerstehen können. Daß zwei seiner Kinder Grauen (Phobos) und Schrecken (Deimos) heißen, daß der Geier und der Wolf seine Lieblingstiere und ihm heilig sind, daß er der Gott des Verderbens, der Seuchen und des Mißwuchses ist – das alles stört diese Damen nicht. Schließlich ist er ein Bild von einem Mann: groß, stattlich, mit blitzenden Augen, waffenstarrend, Helm auf dem gelockten Kopf und Lanze in der einen, Schild in der anderen Hand.

Eine dieser Bewunderinnen war Aphrodite**. Sie war von dem schönen Macho schlichtweg begeistert und gebar ihm etliche Kinder, darunter – ausgerechnet – Eros und Harmonia. Ein Ende hatte dieses ehebrecherische Verhältnis erst, als Hephaistos*, durch Helios* von der Liaison unterrichtet, den beiden eine Falle stellte (Aphrodite**). Manche behaupten, Hephaistos habe sich anschließend von Zeus seine Hochzeitsgeschenke zurückgeben lassen (an den eigentlichen »Brautvater«, Uranos'** abgehacktes Gemächt, konnte er sich ja schlecht wenden), was einer Scheidung gleichkam, und seine Gattin mit Handkuß Ares überlassen, der sie nun selbst heiratete. Diese Lösung wäre für Hephaistos ohne Zweifel besser gewesen, als sich weiterhin mit Aphrodite herumärgern zu müssen. Wir dagegen glauben Homer, der behauptet, Ares sei nach diesem peinlichen Erlebnis zur Abwechslung wieder einmal nach Thrakien geflüchtet, Aphrodite dagegen nach Zypern, um sich dortselbst einer Generalreinigung zu unterziehen.

Von einer Scheidung war nicht mehr die Rede, vielmehr bezahlte Poseidon* dem Hephaistos, was dieser für den moralischen Schaden verlangte, weil »Ares fliehend hinwegeilt', um der Schuld zu entgehen«.

Rambo Ares, der Feigling.

Artemis

Als die Titanentochter Leto von Zeus* geschwängert wurde, verfügte die eifersüchtige Hera* nicht nur, daß der Drache Python (Apollon**) ihr überallhin folge, sondern auch, daß kein Land, das von der Sonne beschienen wurde, ihr Obdach zur Entbindung gewähren dürfe.

Dementsprechend überall abgewiesen, wurde Leto zuletzt vom Südwind nach Delos gebracht, einer bis dahin frei im Meer treibenden Insel, und dort fand sie endlich gastliche Aufnahme. Der Meeresgott Poseidon* verdeckte das Eiland mit seinen Wogen, damit die Sonne es nicht treffe, und ließ es fest verankern, und Leto gebar neben einer Dattelpalme die Zwillinge Apollon* und Artemis.

Die griechische Göttin Artemis ist ebenso schön wie ihr Bruder, dabei unnahbar, wild und stolz. Sie hätte ohne weiteres mit Hera*, Aphrodite* und Athene* konkurrieren können, würde sich jedoch niemals zu einem solch unwürdigen Wettstreit herablassen – und sich erst recht nicht dem Urteil eines Sterblichen beugen. Sie, die von allen unabhängige, am liebsten frei in den Wäldern und Bergen umherschweifende Herrin der Tiere, Göttin der Jagd, wird stets von ihren edlen Hunden und einer Schar von Mädchen begleitet und meidet jeden engeren Kontakt zu Männern. Lediglich zu ihrem Bruder und vor allem zu Zeus hat sie eine innige, durch keinen Zwist getrübte Beziehung.

Als sie noch klein war, so berichtet der Dichter Kallimachos, saß sie eines Tages auf ihres Vaters Schoß, und er fragte sie, was sie sich von ihm wünsche. Darauf entgegnete sie:

»Gönn es mir, bitte, Papa, auf ewig ein Mädchen zu bleiben,
schenk mir vielfältigen Ruhm – nicht sollte ihn Phoibos
    erreichen!
Lasse mich Licht verbreiten und lasse mein farbig gesäumtes
Kleid bis zum Knie mich schürzen: Wild möchte ich jagend
    erlegen!
Gib mir auch einen Reigen von sechzig Okeanostöchtern,
neunjährig alle und sämtlich noch ohne den Gürtel der Reife.«

Weiterhin bat sie um zwanzig Flußnymphen, aber nicht etwa einfach
um irgendwelche, sondern um solche, die aus Amnisos auf Kreta
stammten. Sie sollten ihre Jagdstiefel pflegen und ihre Hunde füttern,
wenn sie gerade nicht auf der Jagd war. Und weiter:

»Schenke mir alle Gebirge. Doch die Städte teile nach deinem
Willen mir zu; denn Artemis wird sie sehr selten besuchen.
Aufhalten möchte ich mich im Gebirge.«

Unnötig zu sagen, daß Zeus angesichts solcher Kleinigkeiten nicht
mit der Wimper zuckte und dem geliebten Töchterlein gleich dreißig
Städte versprach und sie obendrein zur Hüterin von Straßen und
Häfen ernannte.

Vielfach heißt es, ein wesentlicher Charakterzug der Artemis sei
ihre Grausamkeit. Diese – auf ihren Bruder Apollon durchaus zutref-
fende – Behauptung wird Artemis jedoch nicht gerecht. Es stimmt:
Die Göttin jagt, sie tötet, und sie hilft den Jägern und allen, die bei
Opferfesten Tiere schlachten. Aber sie wendet sich mit aller Ent-
schiedenheit gegen jede Art von Tierquälerei. Ihre eigenen Pfeile sind
unfehlbar – sie sind, wie Homer sagt, »sanfte Geschosse«, die kein
Leid verursachen –, und bei den Jägern wacht sie mit Argusaugen darüber, daß sie ihre Beute waidgerecht erlegen und ihr anschließend sofort den Gnadenstoß geben, ja, sie lehrt sie höchstpersönlich diese
Kunst. Jedem, der sich an diese Regeln nicht hält, ergeht es allerdings
wirklich schlecht: Ihm wird Gleiches mit Gleichem vergolten.

Damit ist Artemis eine gerechte Göttin: Wenn es sein muß, straft
sie, im wesentlichen aber ist sie klar und sauber wie die Quellen, in
deren Nähe oft ihre Heiligtümer errichtet wurden. Ebendiesem Be-
dürfnis nach Reinheit entspringt auch ihr Verlangen, ewig Jungfrau
zu bleiben, und die Unerbittlichkeit, mit der sie von allen Mädchen
ihres Gefolges dieselbe Keuschheit fordert. Als eine von ihnen, Kal-
listo, ihr Gelübde brach, sich Zeus hingab und von ihm schwanger

wurde, verwandelte Artemis sie zur Strafe in eine Bärin und hätte sie von ihren Hunden zu Tode hetzen lassen, wenn Zeus nicht rasch dazwischengegangen wäre, sie zu sich geholt und später als das bekannte Sternbild an den Himmel versetzt hätte. Dem Jäger Aktaion kam dagegen kein Retter in der Not zu Hilfe. Er schlenderte zufällig gerade vorbei, als Artemis mit ihren Nymphen in einem Fluß badete, und konnte sich von dem reizenden Bild einfach nicht wieder losreißen. Als die Göttin den indiskreten Lüstling bemerkte, wollte sie unter allen Umständen verhindern, daß er sich später vor seinen Freunden damit brüsten könnte, die jungfräuliche Jägerin nackt gesehen zu haben: Sie verwandelte ihn in einen Hirschen und ließ ihn von ihrer Meute in Stücke reißen. Zugegeben, eine solche Handlungsweise könnte uns durchaus grausam erscheinen, aber wenn Aktaion ein Gentleman (oder auch nur ein bißchen vernünftiger) gewesen wäre, hätte er sich nach einem kurzen Blick still und leise davongeschlichen. Und während Apollon* Marsyas lediglich aus gekränkter Eitelkeit bei lebendigem Leib die Haut abziehen ließ, ging es Artemis darum, ihre göttliche Reinheit vor geiler Beschmutzung zu bewahren.

Es mag verwundern, daß ausgerechnet eine Jungfrau auch als Vegetations- und Fruchtbarkeitsgöttin verehrt wurde – so vor allem im berühmten Artemision von Ephesos, einem der Sieben Weltwunder der Antike. Aber ebenso, wie sie alle jungen Tiere unter ihre Fittiche nimmt, sorgt Artemis auch getreulich für die kleinen hilflosen Menschenkinder. Deshalb wurde sie früher vor Geburten angerufen, damit sie den Schwangeren bei der Entbindung zur Seite stehe, und feierten die Spartaner ihr zu Ehren das »Ammenfest«, während die Athener sich darum rissen, ihre kleinen Töchter als »Bärinnen« unter die Obhut der Göttin zu stellen. Überhaupt wurde Artemis weit und breit von den Menschen in Tempeln, Festlichkeiten, Chorgesängen und Gedichten verehrt. Im siebten Jahrhundert vor unserer Zeitrechnung beschrieb der Lyriker Alkman die Göttin bei einer ländlich mädchenhaften Beschäftigung mit den folgenden Worten:

»Man sieht dich häufig auf den Bergeshäuptern,
sooft den Göttern loderndes Fest gefällt,
einen goldenen Humpen haltend,
groß wie ihn die Hirten haben,
gießt du Löwenmilch hinein,
mit den Händen einen großen,
magern Käse zu bereiten
für den Argostöter Hermes.«

Äskulap, Asklepios

»Einst hatte eine gräßliche Pest Latiums Lüfte vergiftet, und bleich und blutleer waren die Leiber, von Krankheit gezeichnet. Sobald man, der vielen Bestattungen müde, erkennt, daß menschliches Streben und ärztliche Kunst nichts ausrichten können, sucht man der Himmlischen Hilfe und kehrt sich nach Delphi, das in der Mitte des Erdkreises gelegne, an Phoebus' Orakel.«

Die Zeit, von der Ovid hier spricht, ist der Anfang des dritten vorchristlichen Jahrhunderts, und der Rat, den die Verzweifelten von Pythia erhielten, lautete, sie sollten Apollons* Sohn holen, Asklepios – oder Äskulap, wie die Römer ihn nannten. Der römische Senat erkundigte sich, wo der Heilgott denn zu finden sei, und schickte dann eine Gesandtschaft aus, ihn aus seinem angestammten Kultort Epidauros auf der Peloponnes zur Tiberinsel zu bringen.

So einfach war die Sache aber nicht, denn zunächst einmal mußten die Römer die Erlaubnis der Stadtväter von Epidauros erhalten, den Gott mitzunehmen. Und die waren sich keineswegs einig. Während die einen meinten, sie dürften in einem solchen Fall die Hilfe nicht verweigern, dachten die anderen, man solle »das eigene Heil nicht aus der Hand lassen« und den Gott nicht weggeben. Die Beratung zog sich hin, und darüber wurde es Abend. In der Nacht aber erschien Äskulap einem der Abgesandten im Traum.

Den Stab in der Linken, sich den Bart mit der Rechten streichend, sprach er freundlich zu ihm: »Fürchte dich nicht! Ich werde kommen und mein Götterbild verlassen. Schau dir nur diese Schlange genau an, die in Windungen den Stab umschlingt, und merke sie dir recht, damit du sie erkennen kannst, wenn du sie siehst! In sie will ich mich verwandeln. Doch größer werde ich sein und so groß erscheinen, wie es sich für die Leiber der Himmlischen geziemt.«

Am nächsten Morgen kamen die Griechen vor dem Tempel des Gottes zusammen, um Asklepios selbst um ein Zeichen zu bitten, wo er denn künftig wohnen wolle. Da erschien eine zischende Schlange, die mit ihren Bewegungen den Altar, das Götterbild und den Boden zum Zittern brachte und sich mitten im Tempel mit feuersprühenden Augen aufrichtete. Der Priester erkannte in ihr sofort den Gott und rief die Anwesenden zur Ehrerbietung auf, und alle huldigten ihm.

Die Äskulap-Natter nickte ihnen zu, sah abschiednehmend zum Altar, grüßte den Tempel und schlängelte sich dann durch die Stadt zum Hafen hinaus und in das Schiff der Römer. Die hocherfreuten

Gesandten lösten die Taue und stachen mit ihrer kostbaren Last in See. Als sie endlich an der Tibermündung anlangten, wurde der Heilgott von allem, was Beine hatte, freudig begrüßt. Auf rasch errichteten Altären entlang des Flusses wurden Weihrauchspenden dargebracht und Opfertiere geschlachtet.

Die göttliche Schlange richtete nun plötzlich den Kopf auf und sah sich nach einem passenden Wohnsitz um. Da spaltete sich der Fluß in zwei Teile und umschloß eine Insel.

»Dahin begab sich vom fichtenen Schiff der Latiner die Schlange aus Phoebus' Stamm, nahm wiederum göttliche Form an und setzte der Trauer ein Ende, Heilung bringend dem Volk und der Stadt.«

Noch heute steht auf dem Platz, wo Äskulap sich einst niederließ, ein Krankenhaus, und noch heute ist die um den Stab gewundene Schlange das Symbol der ärztlichen Zunft.

Astarte

Die ugaritische Göttin Attart, Aschtart oder, wie sie später genannt wurde, Astarte erfreute sich längst nicht nur in ihrer syrischen Heimat der größten Beliebtheit; auch die Kanaanäer und Israeliten waren ihr herzlich zugetan. Daß sich sogar der weise Salomo für die Reize dieser Göttin empfänglich zeigte, versucht das 1. Buch der Könige zwar auf die Senilität des Herrschers zurückzuführen, doch können wir darin getrost einen Fall von patriarchalischer Propaganda vermuten: »Als [Salomo] nun alt war, neigten seine Frauen sein Herz fremden Göttern zu, so daß sein Herz nicht ungeteilt bei dem HERRN, seinem Gott war, wie das Herz seines Vaters David. So diente Salomo der Astarte, der Göttin derer von Sidon, und dem Milkom, dem greulichen Götzen der Ammoniter« (11, 4-5).

Salomo war, wie wir von Kipling wissen, schönen und klugen Frauen zugetan, und so kann man sich durchaus vorstellen, daß er auch ohne Alzheimer eine Schwäche für Astarte entwickelte und aus Liebe zur großen Göttin es sogar riskierte, sich mit seinem eifernden Bundesgenossen zu entzweien. Astarte wurde in späteren Zeiten nicht umsonst mit Aphrodite* gleichgesetzt: Sie ist bildhübsch und daher verständlicherweise nicht unbedingt darauf bedacht, ihren Körper groß zu verhüllen. Nackt oder lediglich mit einem Rock oder Schmuck bekleidet, reitet sie – meist auf einem Löwen, einem Leoparden oder auch nur auf einem Pferd – durch die Gegend und regt in dieser Aufmachung, wie sich denken läßt, Mensch und Tier zu Wollust und unkeuschen Betätigungen an. Sie ist daher sowohl die

Herrin der Herden wie auch der wilden Tiere als auch der Fruchtbarkeit schlechthin.

In frühesten Zeiten brachten die Menschen ihr Opfer an heiligen
Quellen dar, wobei die Göttin entweder in der Quelle selbst oder aber
in einem dicht neben dieser aufgestellten Stein wohnte. Sie liebt zwar
auch Obst und Feldfrüchte, besonders willkommen sind ihr aber blu-
tige Opfer, und so schlachtete man ihr Lämmchen und die Erstgeborenen jeglicher Herde, damit sie im Gegenzug für das Gedeihen der
übrigen Tiere sorgte. Doch begnügten sich ihre Verehrer nicht immer mit tierischen Gaben – sie schenkten ihr durchaus auch ihre eigenen Erstgeborenen. In Gezer (im heutigen Israel) fand man in der
unmittelbaren Umgebung von Menhiren, die der Astarte geweiht waren, Überreste von Hunderten solcher getöteten Babys. Eingerahmt
wurden solche Opferriten von sexuellen Ausschweifungen, deren
Zweck natürlich das Zeugen weiterer Nachkommen war.

Doch Astartes Funktionen beschränkten sich nicht auf diesen
Aspekt des menschlichen und tierischen Lebens. Schon ihre Vorliebe
für das Reiten macht deutlich, daß sie auch eine Amazone ist. Sie ist
in der Tat eine Kriegsgöttin, die den König bei seinen Feldzügen beschützte und so gut kämpfen und reiten kann, daß einer ihrer Titel
»Gewaltig zu Pferde« und ein anderer »Herrin der Schlachten« lautete. In dieser Eigenschaft war sie immerhin so bekannt, daß sie im
Alten Testament auch in diesem Zusammenhang Erwähnung findet.
Als die Philister nämlich den Leichnam Sauls fanden (der sich, um
nicht »diesen Unbeschnittenen« in die Hände zu fallen, selbst ent-
leibt hatte), schlugen sie ihm den Kopf ab, zogen ihm die Rüstung
aus und schickten beides erst einmal im Land umher.

Und dann »legten [sie] seine Rüstung in das Haus der Astarte, aber
seinen Leichnam hängten sie auf an der Mauer von Beth-Schean«
(1. Sam. 31, 10).

Astlik

Astlik, deren Name wörtlich »Sternchen« bedeutet, wurde in ihrer
armenischen Heimat vor allem als Göttin der Liebe und der Fruchtbarkeit verehrt, weswegen sie auch oft mit der griechischen Aphrodite* verglichen wird. Astlik genoß beim Volk große Beliebtheit, und
ihr zu Ehren fand einmal im Jahr ein großes Fest statt, anläßlich dessen man – da die Rose die Lieblingsblume der Göttin ist – einander
mit Rosenwasser besprengte. Auch nach der um das Jahr 300 erfolg-
ten gewaltsamen Christianisierung des Landes wurde das Fest un-

verändert weitergefeiert, Astlik selbst aber dadurch »eingemeindet«, daß man sie zu Noahs Tochter erklärte und ihr damit den Status einer heidnischen Göttin nahm.

Die zu diesem Zweck erdichtete Legende besagt, daß Noah nach der Sintflut noch zwei weitere Kinder bekam: Maniton und Astlik. Er schämte sich aber, diese Tatsache vor Gott einzugestehen, und zur Strafe verwandelte dieser die beiden in »Heroen«.

In ihrer neuen Funktion als Heroine hat Astlik nun die Oberherrschaft über die Nymphen und Feen inne, und mit ihnen pflegt sie nicht nur in den Wäldern umherzuschweifen und sterbliche Männer zu bezirzen, sie liebt es auch besonders, des Nachts in klaren Quellen zu baden – ein Umstand, der den Einheimischen sehr wohl bekannt ist. Eine Ortschaft in Armenien heißt noch heute übersetzt »Bad der Astlik«, weil die Burschen hier einstmals, um dem bildhübschen Feenvolk beim Planschen besser zuschauen zu können, auf die List verfallen waren, in der Nähe der Badestelle große Feuer anzuzünden, wodurch die Göttin und ihre Gespielinnen perfekt ausgeleuchtet wurden, während sich die lüsternen Buben selbst im Schatten der umgebenden Bäume verstecken konnten. Als Astlik aber endlich doch merkte, auf welch schamlose Weise man sich auf ihre Kosten vergnügte, geriet sie ganz furchtbar in Zorn und hüllte zur Strafe die ganze Umgebung in dichten Nebel.

Und wie man hört, hat sie sich seitdem nicht wieder blicken lassen.

Athene

Pallas Athene ist die Lieblingstochter des griechischen Göttervaters Zeus* – und das, obwohl sie ihrem Vater buchstäblich ziemliches Kopfweh bereitet hat.

Eines Morgens nämlich wachte Zeus ausgesprochen schlecht gelaunt auf. Sein Kopf schmerzte ihn so fürchterlich wie noch nie in seinem Leben. Ein Weilchen hoffte er, daß es irgendwann besser werden würde, doch als der Schmerz im Gegenteil immer weiter zunahm, hielt er es schließlich nicht mehr aus, und er brüllte Hermes*, den Götterboten herbei. »Lauf«, schrie er und hielt sich stöhnend den Kopf, »rasch zum Ätna und hol mir Hephaistos*!«

Hermes rannte, was das Zeug hielt, und kehrte kurz darauf mit dem Schmied zurück, der anstelle seiner üblichen Arbeitsgeräte diesmal vorsichtshalber seine Doppelaxt mitgebracht hatte.

»Los«, herrschte Zeus Hephaistos an, »hau mir mit aller Kraft auf den Kopf. Mach schon, du Dummkopf, spalte mir den Schädel!«

Der Schmied wollte schon zuschlagen, ließ aber dann zitternd die Axt sinken und murmelte: »Ich wage es nicht, o mein König.«

Als ihn Zeus aber noch einmal anschnauzte, endlich zu gehorchen, hob er resignierend die Arme und schlug mit aller Kraft zu: Der Schädel des Göttervaters öffnete sich weit – und heraus tanzte ein wunderschönes Mädchen. Es trug einen funkelnden Helm auf dem Kopf, war in eine glänzende Rüstung gekleidet und hielt einen Schild und einen Wurfspeer in Händen. Geboren war Pallas Athene, die Göttin des ritterlichen Kampfes, der Künste und der Gelehrsamkeit!

»Da erschraken«, wie es in einer Homerischen Hymne heißt, »vor ihrem Anblick alle Götter, wie sie vor den aigishaltenden Zeus hinsprang aus seinem unsterblichen Haupte, den spitzen Wurfspeer schwingend; gewaltig erbebte der Olympos unter der Wucht der Eulenäugigen, tief dröhnte rings die Erde, und tobend schwoll das Meer im Aufruhr der dunkelleuchtenden Wogen; über die Ufer stürzte die Salzflut; und lange ließ Hyperions herrlicher Sohn die Sonnenrosse still stehen, bis endlich die Jungfrau Pallas Athene von ihren Schultern die göttliche Wehr nahm; und es freute sich Zeus, der Meister der Klugheit.«

Daß Zeus ihretwegen so viel hatte leiden müssen, war, nebenbei bemerkt, nur recht und billig: Schließlich hatte er zuvor seine erste Gattin, Metis (die »Klugheit«), als sie mit Athene schwanger ging, ohne viel Federlesens verschlungen!

Athene beschützte nicht nur den herrlichen Dulder Odysseus auf seinen Irrfahrten, sie stand auch vielen anderen Helden mit ihrem stets besonnenen, klugen Rat zur Seite, und als Schirmherrin und Beschützerin verschiedener Städte, allen voran natürlich Athens, das nach ihr benannt wurde, genoß sie weit und breit die Liebe und Verehrung der Menschen. Das berühmteste Bauwerk der Athener Akropolis, der Parthenon, wurde ihr, der Jungfrau geweiht, und der für Griechenland vielleicht typischste Baum, der Ölbaum, ist ihr heilig.

Pallas Athene wird nicht nur immer wieder als »eulenäugig« bezeichnet, sie steht auch in enger Beziehung zu den Eulen selbst, die es ihr ja nach volkstümlichem Glauben an Weisheit gleichtun sollen. Ihr Verhältnis zu Spinnen ist dagegen anderer und vielleicht nicht ganz so rühmlicher Art: Athene kann nicht nur kämpfen wie ein Held und ist nicht nur die Schutzherrin so »männlicher« Künste wie Zimmerhandwerk, Metallgießerei und Wagenbau – sie bringt mit ihren zierlichen Fingern auch die herrlichsten Handarbeiten, seien sie nun gewebt, gesponnen oder genäht, zustande. Ja, alle diesbezüglichen Fertigkeiten sollen die Griechinnen früher von ihr gelernt haben. Sie und sie allein war ihre Meisterin.

In Lydien lebte jedoch einst ein Mädchen, Arachne mit Namen, das mit einer solchen Geschicklichkeit stickte, nähte und webte, daß sich sogar die Nymphen aus den Wäldern und Hainen bei ihr einstellten, um ihrer Hände Arbeit zu bewundern.

»Sag uns doch«, so fragten sie neugierig, »wer dich gelehrt hat, so wunderschöne Gewebe herzustellen«.

»Niemand hat es mich gelehrt«, antwortete das Mädchen. »Ich nähe mit meinem Herzen und mit der Geduld meiner Finger.«

Natürlich konnten die geschwätzigen Nymphen diese Neuigkeit nicht für sich behalten und erzählten Athene brühwarm, was sie erfahren hatten.

Athene hat eine Menge Tugenden, aber sie ist auch eitel, und was die Nymphen ihr berichteten, gefiel ihr überhaupt nicht. Sie verkleidete sich als alte Frau, machte sich auf zum Haus der Arachne, klopfte an und bat das Mädchen um ein Stück Brot. Sobald sie erwartungsgemäß hereingebeten worden war, lobte sie die filigranen Gewebe. Nur Athene, so sagte sie scheinheilig, könne sie wohl in dieser Kunst übertreffen.

Da rief Arachne unvorsichtigerweise aus, sie würde sich tatsächlich wünschen, daß Athene käme, um sich mit ihr zu messen. Denn sie glaube fest, daß *sie* im Gegenteil die Göttin besiegen würde!

»Höre auf die Weisheit meiner weißen Haare«, entgegnete da Athene. »Sei nicht so hochmütig, und fordere die Götter nicht heraus, du könntest es bereuen.«

Als aber die törichte Arachne auf ihrem Wunsch bestand, nahm Athene augenblicklich wieder ihre wahre Gestalt an und forderte das erschrockene Mädchen zum Wettstreit auf. Tage- und nächtelang saßen die beiden vor ihren Webstühlen und arbeiteten unermüdlich, bis jede mit ihrem Prunkstück fertig war. Athene aber sah mit einem Blick, daß Arachnes Gewebe dem ihren an Schönheit und Vollkommenheit in nichts nachstand.

Zornig riß sie es in tausend kleine Fetzen und erklärte der Weinenden, sie müsse ihre Vermessenheit auf der Stelle mit dem Leben bezahlen. Gerührt durch die strömenden Tränen, milderte sie ihr Urteil dann aber immerhin dahingehend ab, daß Arachne der Tod erspart bleiben sollte, ihr Leben von nun an aber buchstäblich an einem seidenen Faden hängen würde. Sprach's und verwandelte das Mädchen in eine schwarze Spinne! Und seither überziehen die Spinnen (deren wissenschaftlicher Name, Arachnidae, die Wahrheit dieser Geschichte hieb- und stichfest beweist) mit ihren hauchdünnen Geweben Büsche, Gräser und Blumen – und Athene braucht weiterhin keine Konkurrenz zu befürchten.

Dieser für eine Göttin doch recht kleinliche und mißgünstige Charakterzug ist nicht nur für Athene kennzeichnend, sondern im wesentlichen für die meisten griechischen Götter. So rächte sich Apollon* in einem ähnlichen und wiederum letztlich auf Athene zurückgehenden Fall in grausamer Weise an einem ebenbürtigen Herausforderer.

Die Göttin fand eines Tages beim Spazierengehen den hohlen Knochen eines Hirsches, machte aus Langeweile einige kleine Löcher hinein und hielt die auf diese Weise entstandene Flöte an die Lippen. Über die lieblichen Töne des neuen Instrumentes entzückt, führte sie ihre Erfindung stolz den anderen Göttinnen vor. Anstatt sie aber dafür zu loben, fingen die Mißgünstigen an zu kichern.

»Was gibt es da zu lachen?« fragte Athene sauer.

»Schau nur, was du für dicke Backen kriegst, wenn du in die Flöte hineinbläst!« antworteten sie schadenfroh.

Augenblicklich beugte sich Athene über eine Quelle und beobachetete sich selbst beim Flöteblasen. Als sie sah, daß ihre Backen sich tatsächlich in komischer Weise aufblähten, warf sie das Instrument wütend ins Gebüsch.

Wie es der Zufall wollte, fand Marsyas, ein Satyr, die Flöte ein wenig später im Gras liegen, probierte sie aus und spielte bald so wunderbare süße Melodien darauf, daß er außerordentlich stolz auf sich und seine Kunst wurde und beschloß, keinen Geringeren als Apollon, den Schirmherrn der Musik, zu einem Wettstreit herauszufordern. Apollon stimmte zu, und vor einer großen Zuhörermenge spielten die beiden, was das Zeug hielt: der Gott auf der Lyra, Marsyas auf der Flöte. Schließlich fragte Apollon die Anwesenden, wessen Darbietung ihnen besser gefallen habe. Sofort erklärten ihn alle zum Sieger des Wettstreites; nur König Midas behauptete, Marsyas gebühre die Palme.

Zornsprühend band Apollon daraufhin Marsyas, der es gewagt hatte, sich einem Gott zu vergleichen, an einen Baum und zog ihm bei lebendigem Leib die Haut ab. Midas aber, der offenbar so schlecht hörte, daß ihn das Gepiepe eines bocksfüßigen Hundsfotts schöner dünkte als das göttliche Säuseln von Apollons Saiten, ließ er zur Strafe Eselsohren wachsen.

Atirat

Die westsemitische Göttin Atirat ist eine etwas blasse Gestalt mit
– im guten wie im bösen – längst nicht so ausgeprägtem Charakter
wie etwa Anat*. Obgleich sie dieser zwar offiziell an Rang überlegen
ist, erlangte sie daher im Kult nie deren Bedeutung. Die »Herrin Atirat des Meeres«, wie ihr voller Titel lautet, zeugte einstmals zusammen mit ihrem Gemahl El* nicht nur die übrigen Götter, sondern
auch sämtliche Geschöpfe, und man muß zugeben, daß sie mit einer
wahren Affenliebe an ihren Kindern hängt. So sehr sorgt sie sich um
sie, daß schon der Anblick eines Boten, der möglicherweise eine
schlechte Nachricht von einem ihrer vielen Kinder überbringen
könnte, ausreicht, damit sie weiche Knie bekommt; dann zittern ihr,
wie es in einem alten Text heißt, die Füße, ihre »Seiten beben«, und
aus allen Poren bricht ihr der Schweiß. Einmal wenigstens war diese
Furcht unbegründet, da sich die vermeintlichen Unglücksboten als
Baal* und Anat entpuppten, die ihr reichliche goldene und silberne
Geschenke brachten – allerdings nicht ganz ohne Hintergedanken.
Sie baten Atirat nämlich darum, bei ihrem Mann El die Erlaubnis für
den Bau eines Palastes zu erwirken, und Atirat, durch die hübschen
Mitbringsel und die stattliche Erscheinung des Widersachers ihres
Gatten betört, setzte sich auf ihren Esel und machte sich auf den Weg.

El freute sich sehr über ihren Besuch, zumal er hoffte, daß ihre ehemals erotische Beziehung, die seiner zunehmenden Gebrechlichkeit
wegen von Atirat abgebrochen worden war, vielleicht wiederaufle-
ben könnte. Er machte ihr zarte Avancen und gab ihr schließlich in
der Hoffnung, sie werde sich dafür erkenntlich zeigen, auch seine
Einwilligung zu dem Palastbau. Atirat blieb allerdings kühl, denn sie
war längst auf der Suche nach einem etwas jüngeren und in mancherlei
Hinsicht aktiveren Mann, und sobald sich die Gelegenheit dazu bot,
trug sie Baal ihre Gunst an. Zu ihrer Verblüffung weigerte sich aber
der Wettergott, ein Verhältnis mit ihr anzufangen, und blieb selbst
dann noch standhaft, als Atirat es mit Drohungen versuchte.

Kaum war sie wutschnaubend abgezogen, eilte Baal (offenbar alles
andere als ein Gentleman) schnurstracks zu El, um ihm vom lüsternen Verhalten seiner Frau zu erzählen. Der betagte Gott nahm ihm
jedoch allen Wind aus den Segeln, indem er ihm befahl, mit Atirat zu
schlafen und sie anschließend gründlich zu demütigen. Baal tat wie
geheißen und heilte Atirat damit fürs erste von ihren außerehelichen
Gelüsten. Sie kehrte beschämt zu El zurück und bat ihn zerknirscht
um Verzeihung.

Aton

Aton ist eigentlich niemand anderes als Re*, der alte Sonnengott der Ägypter; er ist die personifizierte Sonne und damit eine der Erscheinungsformen des Gottes. Folglich nahm Aton auch nur ganz am Anfang eine menschliche (aber falkenköpfige) Gestalt an; sobald er zu Ansehen gelangt war, ließ er sich nur noch als Sonnenscheibe abbilden, deren Strahlen in Händen endeten. Mit diesen Händen spendete er allen Wesen Licht und Leben und empfing seinerseits die Gaben, die sie ihm zum Dank für diesen großen Dienst darbrachten.

Sein Hauptverehrer, ja sein eigentlicher Gönner, war Amenophis IV., König der 18. Dynastie, der seinen Namen zu Ehren seines Lieblingsgottes in Echnaton änderte, was soviel wie »Es gefällt dem Aton« bedeutet. Damit nicht genug, erhob er Aton zum alleinigen Gott über Ägypten. Ihm ließ er zahlreiche Tempel errichten, vor allem in seiner Residenzstadt Amarna in Mittelägypten, wo dem Aton allmorgendlich gebührend geopfert wurde.

Lange durfte sich Aton allerdings seiner Alleinherrschaft nicht erfreuen: Sobald sein irdischer Beschützer das Zeitliche gesegnet hatte, gelangten auch die übrigen Götter allmählich wieder zu ihrem Recht, und Aton wurde wieder zu dem, was er jahrhundertelang gewesen war: die Sonnenscheibe.

Atum

Einst wohnte der ägyptische Schöpfergott Atum in einem Vorort von Kairo, Heliopolis, das damals Gauhauptstadt und Sitz der »Götterneunheit« und damit von zentraler Bedeutung war. Hier wurde er – neben dem Sonnengott Re* – von den Menschen sehr verehrt, war er es doch gewesen, dem sie, und übrigens auch sämtliche ägyptischen Götter, ihre Existenz verdankten.

Im Anfang nämlich gab es nur Chaos – Himmel und Erde waren noch nicht voneinander getrennt, und Atum, der daher auch der »Selbstentstandene« heißt, kam als Urhügel just in der Nähe von Heliopolis aus dem Urgewässer hervor. Dieses Stückchen Erde wurde sehr viel später dann von den Menschen durch eine Steinsetzung ausgezeichnet. Da er gleich dem Gott scheinbar aus einem Erdklümpchen entsteht, wird der heilige Skarabäus mit Atum identifiziert.

Ohne eine Gemahlin, mit der er auf legalem Wege weitere Götter hätte zeugen können, legte der »Selbstentstandene« buchstäblich Hand an sich selbst und ejakulierte kurz darauf das erste Götterpaar:

Schu, den Hauch, und Tefnut, die Feuchtigkeit, die ihrerseits wiederum Geb*, die Erde, und Nut*, den Himmel, hervorbrachten. Prüdere Zungen behaupten allerdings, Atum habe Schu ausgehaucht und Tefnut ausgehustet. Wie dem auch immer gewesen sein mag, jedenfalls wurde die Hand, die Atum nach der ersten Version zur »Selbstbegattung« benötigte, später als seine Frau angesehen, und die beiden wurden zusammen auch als Götterpaar abgebildet.

Atum bevorzugt die menschliche Gestalt und trägt zum Zeichen, daß er Herr »beider Länder« ist, also Ober- und Unterägyptens, die Doppelkrone – wie übrigens auch die Pharaonen. Wie sie wohnte er in seinem »Palast«, seinem Tempel, und ließ seinen Enkel Geb, den Kronprinzen der Götter, die Herrschaft führen – bis die Menschen vom rechten Glauben abfielen und bereits vor der Zeitenwende Heliopolis Stein für Stein auseinandernahmen, um mit den Bruchstücken Kairo zu erbauen. Übrig blieb einzig ein zwanzig Meter hoher Obelisk, der Sitz des Sonnengottes Re.

Wer nun aber wissen möchte, wo der arme hauslose Atum jetzt wohnt, der mag die Abendsonne betrachten. Denn sie ist es, deren Gestalt er angenommen haben soll. Trotz seiner milden Erscheinung empfiehlt es sich aber, ihn mit Respekt zu behandeln, drohte er doch bereits dem Osiris*, als dieser sich bei ihm über sein trostloses Dasein in der düsteren Unterwelt beklagte, er werde sich dereinst in die Urschlange zurückverwandeln und die Welt damit wieder im Urchaos versinken lassen.

Audu Kaderre

Der Schöpfergott der in Nigeria lebenden Haussa, Audu Kaderre, hatte einst alles erschaffen, die Erde, den Himmel und auch die Sonne. Letztere allerdings war ihm so heiß geraten, daß alle einen großen Bogen um sie machten und niemand sie haben wollte. Sie wohnte also traurig zusammen mit einem weißen Widder in einer Steinkiste tief unten im Wasser. Schließlich erbarmte sich Ra, die Frau des Führers aller Büffel. Sie erklärte ihrem Mann, sie wolle die Sonne zu sich nehmen, schließlich brauche er sie ja zum Gewittermachen.

Ohne auf die Einwände ihres Mannes zu hören, machte sie sich auf zu Audu Kaderre und bat ihn um die Sonne. Der Schöpfergott nickte und erklärte ihr, sie könne sie gern haben, allerdings benötige sie fünfhundert Arbeiter, um sie täglich am Himmel hochzuziehen. Kein Problem, entgegnete Ra darauf und fragte weiter, ob sie die Sonne denn nun ganz nach Belieben am Himmel stehenlassen könne?

»Sie gehört dir«, sagte Audu Kaderre, »du kannst mit ihr machen, was dir beliebt.«

Also ließ Ra die Sonne am nächsten Tag durch fünfhundert kräftige Männer am Himmel aufziehen; da das Firmament aber zur damaligen Zeit noch ganz dicht über der Erde hing, wurden durch die heißen Strahlen alle Pflanzen verbrannt. Also packte Ra das Gestirn ganz schnell wieder zu seinem Widder in die Steinkiste. Das war aber den Menschen auch wieder nicht recht, weil sie auf diese Weise einen viel zu kurzen Tag hatten. Sie beschwerten sich bei Audu Kaderre, der wiederum redete mit Ra, und schließlich kamen sie auf den genialen Einfall, erstens den Himmel etwas höher zu stemmen und zweitens die Feuerkugel in Bewegung zu halten, damit sie nicht zu lange auf ein und dieselbe Stelle brannte.

Seitdem aber heißt die Sonne in der Sprache der Haussa Rana.

Avalokiteshvara
→ Guanyin

Aynurakkur

Von allen Göttern der Ainu, der Ureinwohner Japans, ist Aynurakkur derjenige, der die größte Achtung genießt und dem in den Mythen die meiste Aufmerksamkeit geschenkt wird. Er brachte den Menschen einst fast alles, was sie heute haben (beziehungsweise inzwischen nicht mehr haben) und können – er schenkte ihnen mit einem Wort: Kultur. Er war ihr Lehrer, ihre Richtschnur und ihr Held, und daher wurde jedes Wort von ihm getreulich überliefert, von seinen Taten gar nicht zu sprechen.

Seine Mutter ist die gleichfalls in hohen Ehren gehaltene Feuergöttin Ape-huci-kamuy*. Wer sein Vater ist, bleibt allerdings umstritten, denn es stehen der Sonnengott, der Donnergott und ausgerechnet der Pockengott zur Auswahl. Jedenfalls soll der Blitz in das Häuschen seiner Mutter gefahren sein und das Ulmenholz, in dem sie sich verkörpert hatte, in Brand gesteckt haben. Als das Knäblein geboren war, fertigte ihm Ape-huci-kamuy ein hübsches Kleidchen aus ihrem eigenen Bast und vertraute ihn dann seiner Tante an, der Sonnengöttin, die zum Zweck seiner Erziehung auf die Erde hinabsteigen mußte.

Als unser junger Held zu einem stattlichen Mann herangewachsen war, mußte er seine Kraft in langwierigen Kämpfen mit Dämonen, die ihm seine Braut entführt hatten, unter Beweis stellen. Während dieser Periode kam die Erde dem Untergang bedenklich nahe. Sobald er aber sein Ziel erreicht hatte, seine Braut wieder bei ihm war und sein Privatleben damit in geordneten Bahnen verlief, wandte er sich seiner eigentlichen Aufgabe zu: der Kultivierung der Menschen. Er zeigte ihnen, wie man sich mit bestimmten Geräten die Arbeit bedeutend vereinfachen konnte; er erfand neue Techniken und erklärte sie den Menschen; schließlich schenkte er ihnen auch noch Mythen und Lieder, die die Ainu seitdem getreulich von Generation zu Generation überliefert haben. Was Aynurakkur sagte, war ihnen Gesetz, und sobald er sich darauf verlassen konnte, daß sie sich auch ohne seine ständige Gegenwart daran halten würden, konnte er mit seiner lieben Frau in den Himmel zurückkehren.

B

Baal

Da *ba'l* in den semitischen Sprachen einfach »Herr, Eigentümer« bedeutet, gab es im Vorderen Orient eine Unzahl von Lokalgöttern, die als »Baal« des jeweiligen Ortes bezeichnet wurden, also etwa Baal-Sidon oder Baal-Libanon. Doch war es vor allem der Wetter- und Sturmgott des alten Syrien, der unter diesem Namen – beziehungsweise genauer als »Baal-Hadad« – weithin bekannt war und verehrt wurde. In einem Land, in dem die Flüsse so rar sind, daß eine großräumige künstliche Bewässerung nicht möglich ist, kommt dem Gott, der für den Regen sorgt, verständlicherweise eine besonders große Bedeutung zu. Er, der »Fürst, Herr der Erde«, entschied darüber, ob die Ernte gut oder schlecht ausfallen würde, ob eine Hungersnot über das Land hereinbrach oder ob Mensch und Tier genug zu essen hatten.

Damit war Baal auch der Gott der Fruchtbarkeit, und sein Tier, sein Symbol, ist der kraftvolle, begattungsfreudige Stier. Er selbst wurde als der »große Wildstier« bezeichnet und entweder selbst in dieser Gestalt oder aber auf einem Bullen stehend dargestellt. Baal war es aber nicht genug, ein wichtiger Gott zu sein: Er wollte der *wichtigste* werden. Darum legte er sich mit dem damaligen Götterkönig El* an, besiegte ihn und setzte sich auf seinen Thron. El war aber trotz seiner Hinfälligkeit keineswegs bereit, sich endgültig von der Macht zu verabschieden, und suchte nach einem Verbündeten, der es mit dem Emporkömmling aufnehmen konnte. Als geeigneten Kandidaten erwählte er den Meeresgott Jamm, und um ihn hinlänglich zum Kampf gegen den Usurpator zu motivieren, erkannte er ihn formell als seinen Sohn an und ließ ihm obendrein auch einen Palast bauen.

Els Rechnung ging auf, denn Jamm, durch diese Privilegien ein wenig größenwahnsinnig gemacht, schickte prompt ein paar grimmig dreinschauende Abgesandte in die Götterversammlung und forderte die Herausgabe Baals. Obgleich diese es auf Anweisung Jamms bewußt unterließen, sich vor den Anwesenden zu verneigen, stimmte El (der natürlich so tat, als wüßte er von nichts) ihrem Ansinnen zu, während die anderen Götter eingeschüchtert die Köpfe senkten.

Baal jedoch war kein Hasenfuß und ging erst auf die Boten und anschließend auf den Meeresgott selbst los, und da er sich von Kotar, dem Gott der Handwerkskünste, besondere Zauberwaffen hatte schmieden lassen, gelang es ihm in einem heftigen Kampf schließlich auch, Jamm zu überwinden. Damit war El endgültig geschlagen und Jamm in seine Schranken zurückgewiesen.

Nun beschloß Baal, sich als Zeichen seiner Macht auf dem Berg Sapan, an der Mündung des Orontes, einen großen Palast bauen zu lassen. Erst wollte ihm El die Einwilligung dazu nicht erteilen, doch als zunächst seine eigene Tochter Anat* ihm Prügel androhte und später die große Göttin Atirat* ihm erklärte, daß Baal nun erstens der neue König der Götter sei und es zweitens in seiner Macht habe, den lebenspendenden Regen zurückzuhalten, gab er auch in diesem Punkt klein bei.

Kotar, dem der Bauauftrag erteilt wurde, beschaffte sich Zedern, Gold und Silber aus dem Libanon und errichtete dann in Windeseile einen herrlichen Palast. Als der Rohbau stand, entzündete er darin ein großes Feuer und ließ es sieben Tage lang lodern. Sobald es niedergebrannt war, schimmerten die Wände des Hauses von oben bis unten wie pures Gold und Silber. Merkwürdig allerdings fand der Baumeister – und schickte sich erst nach einigem Disputieren mit Baal darein –, daß der Palast kein einziges Fenster haben durfte. Warum diese eigenartige Anordnung gegeben wurde, weiß niemand genau, aber jedenfalls hatte Baal nun, was er wollte, und konnte zusammen mit seiner Gemahlin Anat auf seinem wolkenverhüllten Berggipfel thronen. Zur Einweihung gab er allen Göttern ein rauschendes Fest.

Launisch, wie große Herren nun einmal sind, fand Baal nach einer Weile, daß es so ganz ohne Fenster nur halb so schön sei, der Herrscher der Welt zu sein, und lachend machte sich Kotar daran, ihm wenigstens eines einzubauen. Nun konnte sich Baal seinen Herzenswunsch erfüllen: auf alle hinabzuschauen und seine Gegner zu verspotten, allen voran den einzigen Gott, der ihm noch ernsthaften Widerstand entgegensetzte – den Todesgott Mot.

Ihm kündigte Baal an, er werde ihm von nun an keinen Tribut mehr zahlen, falls er weiterhin behaupte, gleich ihm selbst Herr über Götter und Menschen zu sein.

Auf diese Drohung hin lud der erzürnte Mot den Götterkönig scheinheilig zu sich in die Unterwelt ein. Ihm zu Ehren wolle er, wie er ausrichten ließ, ein prächtiges Bankett ausrichten. Baal willigte huldvoll ein und machte sich auf den Weg; auf Mots Bitte hin nahm er den Wind, den Regen, sieben Lustknaben, drei Ehefrauen und acht

Schweine mit ins Totenreich – und wurde dort von Mot erst ausgeraubt, dann heimtückisch ermordet.

Da der Regen ausblieb, verdorrten die Felder und stagnierte jegliches Leben auf Erden; die Götter aber, allen voran El und seine Frau Atirat, freuten sich – wie Baals Gemahlin Anat sehr wohl wußte, als sie ihnen die Neuigkeit mit folgenden bitteren Worten überbrachte:

»Jetzt mögen Atirat und ihre Kinder jubeln,
die Göttin und ihre ganze Sippe,
denn der Mächtige Baal ist tot,
umgekommen der Fürst, der Herr der Erde.«

Händereibend machten sich die Götter sofort an die Wahl eines neuen Königs. Einzig Anat** war untröstlich. Sie weinte herzzerreißend, begrub ihren Gatten und machte sich dann auf, ihn zu rächen. Und entgegen dem, was man in solchen Fällen bei uns Menschen sagt, machte Anats Rache Baal *durchaus* wieder lebendig. Damit war für eine Weile, manche sprechen von sieben Jahren, gesichert, daß die Pflanzen genug Feuchtigkeit und Mensch und Tier genug Nahrung hatten. Denn obgleich auch Mot wieder zum Leben erwachte, blieb er während dieses Zeitraums machtlos und handlungsunfähig. Nach Ablauf dieser Frist allerdings hatte er nichts anderes mehr im Sinn, als Rache zu nehmen, und so erschien er vor Baal, der sich seinen Thron zurückerobert hatte, und forderte ihn zum Zweikampf heraus.

Das ritterliche Duell artete rasch in eine wüste Schlägerei aus, bei der die Streiter nicht einmal davor haltmachten, sich gegenseitig zu beißen und zu treten, bis die Göttin Schapsch dazwischenging und Mot verwarnte. Wenn er nicht endlich Frieden halte, so erklärte sie, werde El ihm alle seine Machtbefugnisse nehmen. Da gab Mot Ruhe; Baal brachte seine Locken in Ordnung, ruckelte seinen mit Stierhörnern bewehrten Helm zurecht, ließ sich, ein wenig ramponiert, aber fürs erste siegreich, auf seinem Thron nieder und machte sich wieder ans Regieren.

Bacchus

Der Name des römischen Weingottes ist lediglich die latinisierte Form von griechisch *bakchos*, einem Beinamen des Dionysos*. Kein Wunder also, daß die beiden sich in vielerlei Hinsicht ähneln. Im Gegensatz zu Dionysos aber, dessen Leben praktisch von Kindheit an ein einziger Siegeszug gewesen ist, hatte Bacchus es anfangs bei den Römern nicht leicht.

Für sie war ein Gott ein Wesen, zu dem man ehrfürchtig aufsah, zu dem man respektvollen Abstand hielt und das sich seinerseits nicht unter die Menschen mischte. Die Verehrer des Bacchus wurden aber regelmäßig vom Gott besessen, der Gott fuhr ihnen in den Leib, ließ sich also buchstäblich zu ihnen herab, und für die Zeit ihrer Raserei trugen ihn die Menschen in sich. Derlei Ungeheuerlichkeiten wurden allerdings nach Möglichkeit unterdrückt oder doch, soweit es ging, totgeschwiegen, so daß von einem Triumphzug, mit dem Bacchus die Herzen der Römer erobert hätte, keine Rede sein konnte. Die offiziellen Weinfeste wurden in der Hauptsache zu Ehren des Jupiter* abgehalten, und als die aus dem griechischen Unteritalien übernommenen orgiastischen Feste, die Bacchanalien, zu viele Teilnehmer anzulocken begannen, wurden sie im Jahr 186 vor Christus verboten; und damit auch alle begriffen, daß die Obrigkeit nicht mit sich spaßen ließ, wurden 7000 Anhänger des Gottes gleich vor Gericht gestellt und zum größten Teil zum Tode verurteilt.

Im privaten – und ebenso im staatlich »gezähmten« – Bereich allerdings büßte Bacchus auch danach nichts von seiner Beliebtheit ein. Die Weinbauern brachten ihm beim Keltern stets ein Opfer dar, denn für sie war er der wirkliche Gott des Weines, und nicht etwa Jupiter. Ihn bezeichneten sie liebevoll als »weinmächtigen lieblichen Liber«, nannten ihn also bei seinem früheren lateinischen Namen, der soviel wie »Frei« bedeutet.

Möglicherweise steht diese Bezeichnung auch mit Kindern (lateinisch *liberi*) und Jugendlichen in Zusammenhang, mit denen Bacchus eng verbunden ist. Er selbst ist jung, ein bartloser kräftiger schöner junger Mann mit einem Rebenkranz auf dem Kopf, und bezeichnenderweise war sein traditionelles Fest, die im März gefeierten Liberalia, im wesentlichen ein Fest der Jugend. Ab diesem Tag durften die Vierzehn- bis Siebzehnjährigen die Männertoga tragen und an Gelagen teilnehmen.

Baldr

Wenn es je einen wirklich vollkommenen Gott gegeben hat, dann war es der nordgermanische Baldr; die ›Prosaedda‹ jedenfalls gerät seinetwegen schier ins Schwärmen:

»Von ihm ist nur Gutes zu sagen: Er ist der beste und wird von allen gelobt. Er ist so schön von Antlitz und so glänzend, daß ein Schein von ihm ausgeht. Ein Kraut ist so licht, daß es mit Baldrs Augenbrauen verglichen wird, es ist das lichteste der Kräuter: Davon magst du auf die Schönheit seines Haars sowohl als seines Leibes schließen. Er ist der weiseste, beredteste und mildeste von allen Asen.«

Die Pflanze, auf die hier angespielt wird, ist bekanntlich die Hundskamille, und wenn die Augenbrauen oder Wimpern Baldrs tatsächlich so weiß wie deren Blüten waren, dann muß er einem Albino geglichen haben. Nichtsdestoweniger strahlte er aber so vor Schönheit, daß sein Haupt wie die Sonne erglänzte.

Angesichts der genannten herausragenden Tugenden ist leicht nachzuvollziehen, daß die Eltern, Odin* und Frigg*, ihren Wundersohn buchstäblich vergötterten. Er war ihr ein und alles, ihr Augapfel und das engste Band, das zwischen ihnen bestand. Sie erhoben ihn seinem Wesen gemäß zum Gott des Lichts, der Reinheit und der Schönheit, und er baute sich sein Haus in Breidablik (»Breitglanz«) – dort, wo es die wenigsten Frevel gibt. Als Nanna, seine ihn ebenfalls über alles liebende Gattin, ihm den Sohn Forseti gebar, der später zum Richtergott avancierte, schien das Glück der Familie perfekt zu sein. Aber nichts auf der Welt ist vollkommen, und jemand, der in jeder Hinsicht so makellos ist wie Baldr, hat nicht nur Freunde und Bewunderer, sondern auch Neider.

Eines Tages begann Baldr über schlimme Träume zu klagen, die ihm irgendein Unheil ankündigten. Als sie sich wiederholten, bekam der Gott es mit der Angst zu tun und erzählte davon seinen Eltern, die daraufhin alle Asen einberiefen. Auf der Versammlung wurde beschlossen, daß Odin in die Unterwelt reiten solle, um sich dort nach der Bedeutung der Alpträume zu erkundigen.

Odin sattelte sein Roß Sleipnir und machte sich auf den Weg, gelangte nach Niflheim und suchte dort eine tote Hexe auf, eine Seherin, die er mit Hilfe eines Leichenzaubers zum Leben erweckte und dazu bewegte, ihm Auskunft zu geben. Sie erklärte ihm, daß alles in der Unterwelt für Baldr vorbereitet sei, die Dielen mit Gold belegt und der Met bereitgestellt; denn Baldr, so sagte sie, würde von Hödr, Odins blindem Sohn, mit Hilfe eines Schößlings ermordet werden.

Zu Hause angekommen, erzählte der zutiefst erschrockene und beunruhigte Odin den anderen Göttern, was er erfahren hatte, und alle entschieden, man müsse Baldr vor jeder Gefahr sichern. »Da nahm Frigg Eide von Feuer und Wasser, Eisen und allen Erzen, Steinen und Erden, von Bäumen, Krankheiten und Giften, dazu von allen vierfüßigen Tieren, Vögeln und Würmern, daß sie Baldrs schonen wollten.«

Alle, die die Göttin angesprochen hatte, schworen ihr, was sie verlangte, und Frigg gab die frohe Botschaft an die anderen Asen weiter. Anstatt die ganze Angelegenheit nun aber auf sich beruhen zu lassen und sich wieder ihren verschiedenen Geschäften zu widmen, fanden die Götter es außerordentlich interessant, plötzlich einen ganz und gar Unverwundbaren in ihrer Mitte zu haben. Und wie Kinder hatten sie nichts Eiligeres und Vernünftigeres zu tun, als sich mit einem neuen hübschen Spiel zu amüsieren: Sie riefen Baldr und ließen ihn sich in ihrer Mitte hinstellen. Dann beschossen ihn die einen mit allem, was ihnen an Waffen zur Verfügung stand, andere schlugen nach Herzenslust auf ihn ein, und wieder andere bewarfen ihn mit Steinen. Und sie freuten sich herzlich, als ihm das alles nicht das geringste ausmachte, denn »was sie auch taten, es schadete ihm nicht; das deuchte sie alle ein großer Vorteil«.

Einer allerdings fand das längst nicht so lustig: Loki*. Ihn ärgerte es beträchtlich, daß der Mustergott Baldr nun zu allem Überfluß auch noch unverwundbar sein sollte, und so machte er sich als alte Frau verkleidet an Frigg heran. Er fragte sie, wie es denn komme, daß Baldr nicht verletzt werden könne, und sie entgegnete, sie habe von allem Eide genommen; deshalb könne ihm nichts schaden. Da erkundigte sich Loki: »Haben denn *alle* Dinge Eide geschworen, den Baldr zu schonen?«

Und die ahnungslose – und man muß schon sagen, reichlich naive – Frigg antwortete: »Östlich von Walhall wächst eine Staude, Mistilteinn genannt, die schien mir zu jung, sie in Eid zu nehmen.«

Loki wußte genug; dank Friggs genauer Angabe fand er die Mistelpflanze, riß sie aus und kehrte zu den sich immer noch mit Baldr vergnügenden Göttern zurück. Der einzige, der außerhalb des Kreises stand, war der blinde Hödr, und ihn nahm Loki jetzt aufs Korn. Warum er denn nicht wie die anderen auf Baldr schieße, fragte er scheinheilig, und Hödr sagte, er wisse ja gar nicht, wo er genau stehe, und außerdem habe er auch keine Waffe. Loki reichte ihm den Mistelzweig und gab ihm genaue Anweisung, wohin er zu zielen habe.

Hödr schoß, und Baldr fiel tot um, »und das war das größte Unglück, das Götter und Menschen betraf«. Alle bis auf Loki waren außer sich und wie versteinert vor Entsetzen. Und sobald sie die Sprache wiedererlangt hatten, mußten sie so heftig weinen, daß sie wiederum nicht reden konnten. Den Mörder konnten sie außerdem fürs erste nicht richten, weil sie sich auf geweihtem Boden befanden. So wurde die Rache an Loki** auf später verschoben.

Als sie sich einigermaßen gefaßt hatten, fragte Frigg die versammelten Götter, wer von ihnen sich bereit erklären würde, in die

Unterwelt zu reisen, um Hel* gegen Lösegeld um die Freilassung Baldrs zu bitten.

Ihr eigener Sohn Hermod wollte diese Aufgabe übernehmen; er sattelte Sleipnir, den Hengst seines Vaters, und machte sich auf den Weg.

Unterdessen bahrten die übrigen Asen den Toten auf und trugen ihn ans Meer, um ihn auf seinem eigenen Schiff zu verbrennen. Doch als sie versuchten, das Fahrzeug flottzumachen, rührte es sich vor Trauer nicht vom Fleck, und es mußte eine Riesin zu Hilfe gerufen werden. Als nun der Leichnam Baldrs auf das Schiff gehoben wurde, brach Nanna, die treue Frau, mit einem Herzschlag zusammen. Da legte man sie zu ihrem Gatten, zündete den Scheiterhaufen an, und Thor* weihte das Feuer mit seinem Hammer, wobei er noch einen Zwerg, der ihm vor den Füßen herumgelaufen war, gleich mit ins Jenseits beförderte.

Es war, wie berichtet wird, ein schönes, ein feierliches Leichenbegräbnis, denn es kam alles, was Rang und Namen hatte – ja sogar etliche Reif- und Bergriesen erwiesen Baldr die letzte Ehre. Odin opferte seinem toten Sohn seinen wunderbaren Ring Draupnir – denselben, mit dem der über beide Ohren verliebte Freyr** später seine Angebetete Riesin Gerd zu ködern versuchte.

Die Mission Hermods erwies sich als vergeblich, und Baldr blieb für immer in der Unterwelt – was für die Götter den Anfang vom Ende bedeutete: Mit ihrem Lichtgott war auch das dahin, was ihr eigentliches Glück ausmachte, und wenn Loki auch seiner gerechten Strafe nicht entging, so gilt den Asen die ganze schlimme Geschichte doch als Ankündigung des unausweichlichen Weltuntergangs, der Ragnarök.

Bastet

Die ägyptische Göttin Bastet liebt alle katzenartigen Tiere so sehr, daß sie sich zunächst, als die Katze selbst in Ägypten noch nicht heimisch war, als Löwin oder wenigstens mit einem Löwenkopf, später dann zumeist mit einem Katzenkopf zeigte. Diese Vorliebe bringt sie in enge Verbindung zu den Göttinnen Tefnut und Sachmet*, die beide gleichfalls in enger Beziehung zu Löwen stehen.

Im Gegensatz zu Sachmet aber ist Bastet eine freundliche, eine liebenswürdige Göttin, die nie ärgerlich oder zornig wird, sondern wie die Katze, ihr Tier, stets gelassen und dem Wesen nach heiter bleibt. Und wie diese es überaus schätzt, in der Sonne zu liegen, galt Bastet als der angenehme, der erfreuliche Aspekt der Sonne selbst – gleichzeitig aber auch als das Auge des Mondes. Daneben ist sie die Göttin der Salben und war daher besonders für die ägyptischen Frauen von großer Bedeutung.

Vielleicht wegen ihres ungefährlichen, sanften Wesens wurde Bastet zuzeiten in Ägypten sehr geliebt und vor allem in Bubastis, der Hauptstadt des 18. unterägyptischen Gaues im östlichen Nildelta, mit ausgelassenen Festen verehrt. Wie ein solches Fest zumindest in späterer Zeit ablief, beschreibt Herodot in seinen ›Historien‹:

»In einzelnen Barken kommen sie dahergefahren, eine große Menge Volks, Männer und Frauen durcheinander. Manche Frauen haben Klappern, mit denen sie rasseln, manche Männer spielen während der ganzen Fahrt die Flöte, und die übrigen Frauen und Männer singen und klatschen dazu in die Hände. Kommen sie auf ihrer Fahrt an einer Stadt vorüber, so lenken sie die Barke ans Ufer und tun folgendes. Einige Frauen, wie gesagt, klappern mit ihrer Klapper, andere rufen die Frauen jener Stadt an und verspotten sie, wieder andere tanzen, wieder andere stehen auf und entblößen sich. Das wiederholt sich bei jeder am Strome liegenden Stadt.

Sobald sie in Bubastis angelangt sind, beginnt das Fest unter großen Opfern, und Wein wird an diesem Fest mehr verbraucht als in dem ganzen übrigen Jahre. Die Zahl der Zusammenkommenden, Männer und Frauen, die Kinder nicht eingerechnet, beträgt, wie man dort versichert, gegen siebenhunderttausend Menschen.«

Bel
→ Marduk

Bhairava
→ Shiva; Brahma

Bixia yuanjun

Die chinesische »Prinzessin der Morgenröte«, auch schlicht »die Dame« genannt, thront für gewöhnlich, eine aus drei Vögeln mit ausgebreiteten Schwingen bestehende Tiara auf dem Kopf, vor einem Tisch und hält das Geburtenregister in der Hand, denn die Mehrung des Volksganzen ist ihr Metier: Sie ist die himmlische Amme, die göttliche Schutzherrin der Schwangerschaft und der Geburt. An sie wandten sich in früheren Zeiten die Frauen, die guter Hoffnung waren oder zu werden hofften. Bixia yuanjun war aber offenbar so erfolgreich in ihrem Gewerbe, daß sich ihre Funktionen im Laufe der

Jahrhunderte erheblich ausweiteten. Bald pilgerten nicht mehr nur Mütter und solche, die es werden wollten, zu ihren Tempeln, sondern ebenso auch Bauern, die sich von ihr eine Änderung des Wetters wünschten, Beamten, die eine Beförderung anstrebten, Prozessierende und überhaupt alle, die auf finanziellen oder sonstigen Erfolg aus waren.

Bragi

Jedem seiner Götter verlieh Odin* eine bestimmte Gabe samt der Erlaubnis, auch Verehrer oder sonstige Günstlinge nach Belieben daran teilhaben zu lassen. Seinem eigenen Sohn Bragi, dem Ehemann der schönen Idun*, schenkte er den Dichtermet, den er unter großen Mühen und sehr persönlichem Einsatz von einer Riesin erworben, geschluckt und zu Hause wieder ausgespuckt hatte (Odin**).

Bragi freute sich sehr über dieses Geschenk, und wenn man von einigen wenigen Auserwählten absieht, denen er hin und wieder ein Schlückchen abgibt, behält er den kostbaren Trank für sich allein. Der dauernde Genuß bewirkt, daß Bragi nie etwas Geistloses sagt, vielmehr so gut zu dichten versteht, daß Odin ihn zu seinem Hofskalden ernannte. Als solcher hat er unter anderem die Aufgabe, jeden neuen Schub von toten Helden mit freundlichen Worten willkommen zu heißen: »Tretet ein in Walhall« – so sein geschliffener Spruch – »genießt Einherierfrieden und trinket geheiligten Met mit den Asen.«

Und bei keinem der vielen Gelage, die Odin ausrichtet, darf Bragi fehlen, denn er sorgt dafür, daß keine Langeweile aufkommt. Nicht nur ist sein Vorrat an spannenden Heldensagen unerschöpflich – er weiß sie auch wie kein anderer zu erzählen, sind doch auf seiner Zunge Denkrunen eingeritzt!

Anläßlich des berühmten Festmahls, das der Meeresgott Ägir zu Ehren der Asen veranstaltete, war es Bragi, der den berüchtigten Stinkstiefel Loki** an der Teilnahme zu hindern suchte; und als dieser sich nicht abwimmeln ließ und sich mit Hinweis auf seine Blutsbrüderschaft mit Odin schließlich den Zutritt erzwang, stabreimte der freundliche Dichterfürst:

»Roß und Ring aus meinem Reichtum geb ich
und als Buße beut Bragi ein Schwert,
damit du die Asen nicht ärgerst aus Mißgunst;
meide der Götter Grimm!«

Lokis Antwort auf dieses großzügige Angebot war indes blanker Hohn. Er schmähte ihn und bezichtigte ihn der Feigheit. Der sonst so ruhige Bragi geriet bei dieser vor allen Gästen vorgebrachten Beleidigung in Zorn. Wenn er nicht hier im Saal säße, so sagte er, so hätte Loki für diese Lüge mit seinem Kopf büßen müssen. Und Loki darauf:

»Im Sessel bist kühn du, doch säumig zur Tat,
Bragi, du Zierde der Bank!
Zum Zweikampf geh, wenn du zornig bist!
Der Dreiste bedenkt sich nicht lang.«

Mochte Loki mit diesem Vorwurf vielleicht auch nicht ganz unrecht haben, muß zu Bragis Entlastung doch gesagt werden, daß ein Dichtergott sich schließlich in erster Linie aufs Dichten verstehen soll und nicht unbedingt aufs Fechten; jedenfalls gingen die übrigen Götter über diesen peinlichen Zwischenfall höflich hinweg. Sie hielten Bragi weiterhin in so hohen Ehren, wie es die Menschen taten. Bei letzteren genoß der Gott gar solches Ansehen, daß ein frisch ernannter Fürst erst dann seinen Thron bestieg, wenn ihm von den Priestern der sogenannte *bragafull* gereicht worden war. Diesen gefüllten Becher ergriff der künftige König, legte im Namen des Bragi ein Gelübde ab und trank ihn dann in einem Zuge leer. (Mußte er ihn zwischendurch absetzen, wurde dies als ein übles Vorzeichen angesehen.) Dann erst ließ er sich auf seinem Thron nieder.

Brahma

Nach volkstümlicher (abendländischer) Vorstellung ist Brahma der Schöpfer des (indischen) Universums, während Vishnu* dessen Erhalter und Shiva* dessen Zerstörer sein soll. Diese angebliche Aufgabenverteilung suggeriert zugleich eine Hierarchie und relative Wertigkeit: Die größte Kunst ist schließlich, etwas – und gar aus dem Nichts – zu erschaffen; das Kunstwerk instand zu halten erfordert schon weit weniger Können; und in Klump hauen kann es jeder.

Tatsächlich verhält es sich aber ganz anders. Ehe Brahma die Welt erschaffen konnte, mußte er in einer Lotosblüte aus Vishnus** Bauchnabel hervorgehen; und bevor diesem was auch immer aus dem Bauchnabel wachsen konnte, mußte er – wie jeder Rechtgläubige weiß – von Shiva** ins Dasein gedacht worden sein.

So oder so aber gehört Brahma als Gott bestenfalls zur zweiten Garnitur, was unter anderem auch aus der verschwindend geringen

Anzahl von Tempeln zu ersehen ist, die er sein eigen nennen kann. Seine wichtigste Funktion erfüllt er als Hüter der Veden, der heiligsten Texte der Brahmanen, weshalb er auch stets – außer mit einem Rosenkranz – mit einem Buch in einer seiner vier Hände in Erscheinung tritt. Seine Frau Sarasvati* paßt in dieser Hinsicht gut zu ihm: Sie ist nämlich die Göttin der Gelehrsamkeit. Abgesehen von seinen vier Armen ist Brahma an seinem Reittier, einer Gans, und an seinen vier friedlich dreinschauenden Köpfen zu erkennen. Eigentlich hatte er ursprünglich noch einen *fünften* Kopf besessen; den aber schlug Shiva ihm ab – und zwar völlig zu Recht, wie man gleich sehen wird.

In grauer Vorzeit übten Vishnu und Brahma, jeder für sich, irgendwo in der Einsamkeit Askese. Als ihnen vom vielen Lotossitzen die Beine einzuschlafen begannen, standen sie auf und gingen ein wenig spazieren. Zufällig begegneten sie sich, stellten sich einander vor, ein Wort ergab das andere, und schließlich waren sie im schönsten Streit über die Frage, wer von ihnen beiden der größere Gott sei. Mitten in dieser Auseinandersetzung erschien vor ihnen plötzlich ein riesiger Phallus (Linga), und sie vernahmen eine himmlische Stimme, die da sagte: »Ihr braucht nicht zu streiten. Wer von euch ein Ende dieses Lingas erreicht, ist der größere Gott«. Da nahm Vishnu** seine bereits erprobte Ebergestalt an und stürzte sich am Phallus entlang in die Tiefe; Brahma hingegen flog, auf seiner Gans reitend, an ihm hinauf.

Und sie stürzten und stiegen und stürzten und stiegen, und irgendwann wurde Vishnu müde und steckte die Sache auf. Brahma flog noch ein Weilchen weiter, bis er schließlich einer Pandanu-Blume begegnete. Erfreut pflückte er sie, rutschte den Phallus wieder hinunter und zeigte sie Vishnu zum Beweis, daß er die Spitze erreicht habe und damit der größere Gott sei. Mißtrauisch fragte Vishnu die Blume, ob Brahma die Wahrheit sagte. Der aber hatte sie zuvor mit allerlei Schmeicheleien dazu bewogen, für ihn zu lügen, und so bestätigte sie Brahmas Behauptung.

Vishnu war allerdings weiterhin skeptisch und rief Shiva* zum Zeugen an. Da trat der große Gott unter Donnerhall als Bhairava (»der Grauenvolle«) aus dem Linga hervor, entlarvte Brahma als Lügenbold und riß ihm zur Strafe den fünften Kopf aus; den Schädel trägt er seitdem als Almosenschale bei sich.

Bres

Der irische Gott Bres ist in erster Linie schön und hat dementsprechend Erfolg bei den Frauen. Außerdem kennt er sich mit den Geheimnissen der Vegetation aus, weswegen er des öfteren als Fruchtbarkeitsgott bezeichnet wird – auch wenn keiner so recht weiß, was er damit eigentlich genau zu tun haben soll.

Weder aus seinem guten Aussehen noch aus seiner angeblichen engen Beziehung zur Natur darf man allerdings schließen, Bres habe auch einen guten Charakter; er ist vielmehr ein ziemlich unausstehlicher Schnösel. Die Frauen der Götter, die von dem Schönling natürlich sämtlich hingerissen waren, bewirkten, daß er an Stelle von Nuadu**, nachdem dieser in einer Schlacht verstümmelt worden war, für die Dauer von sieben Jahren zu ihrem König erhoben wurde.

Bald hatten alle Grund, diese Wahl aufs innigste zu bereuen: Bres entpuppte sich nämlich als Leuteschinder und unerträglicher Geizhals. Die Götter mußten für ihn die reinsten Frondienste verrichten, sie mußten Festungen bauen und Feuerholz herbeischaffen. Er verlangte Abgaben, die die Tuatha Dé Danann* an den Rand des Ruins trieben, und für all diese Mühen bekamen sie nicht einmal genug zu essen, denn er gab, wie es heißt, ihren Messern »keine Gelegenheit, fettig zu werden«. Besonders hart kam es sie auch an, daß sie kein Bier mehr zu trinken bekamen, denn ans Festefeiern war überhaupt nicht mehr zu denken. Bres hielt derlei – ebenso wie die dazu nötigen Dichter, Barden und Musikanten – für reine Verschwendung und beschäftigte keinen von ihnen an seinem Hof.

Diese für einen nordischen König fast schlimmste Untugend blieb allerdings nicht ungestraft. Als ein Angehöriger dieser von ihm so geringgeschätzten Berufsgruppe, der Dichter Cairbre, ihn eines Tages besuchte, ließ er ihn in einem dunklen Zimmerchen auf dem Fußboden übernachten, gab ihm lediglich ein bißchen hartes Brot zu essen und kein Feuer, an dem er sich hätte wärmen können. Dafür rächte sich Cairbre, indem er auf den elenden Knicker die erste Satire Irlands schrieb und ihn darin mit so giftigen Worten schmähte, daß Bres nach und nach daran dahinsiechte. Bald hatten auch alle übrigen von seiner Herrschaft die Nase voll, und zuletzt zwangen ihn seine Mitgötter dazu, »freiwillig« abzudanken. Und was tat unser Held da? Er lief zu den Feinden – den Fomoriern – über in der Hoffnung, dort mit offenen Armen empfangen zu werden.

Dieser Verrat nützte ihm allerdings nicht viel, denn in der folgenden Schlacht, die auf der Seite der Götter Lug* anführte, wurden die

Fomorier vernichtend geschlagen und Bres mit vielen anderen gefangengenommen. Darüber, was anschließend mit ihm geschah, sind sich die Quellen nicht ganz einig. Nach einer Version der Geschichte wurde er begnadigt – allerdings unter mehreren Auflagen: Er mußte den Göttern Kühe liefern, die das ganze Jahr über Milch gaben, er mußte vierteljährliche Ernten garantieren und schließlich von nun an den Göttern und Menschen auf Bestellung weissagen, welches der günstigste Tag zum Pflügen, zum Säen und zum Ernten sei.

Brigit

Brigit oder Brigid, »die Erhabene«, spielt im irischen Volksglauben noch heute eine recht wichtige Rolle. Ihr Feiertag, der erste Februar, wird mit mancherlei Riten begangen, wobei vor allem Strohkreuze geflochten werden, die das Haus und dessen Bewohner vor allem Unheil schützen sollen. Diese »Brigits-Kreuze« weisen durch ihre Swastikaform auf die enge Beziehung der Göttin zur Sonne und zum Feuerelement hin. Ihr Fest markierte im traditionellen keltischen Kalender das Ende des Winters: Die reinigende Kraft des Feuers und der Sonne bereitete den Weg für das neue Jahr, und die Bauern erflehten den Segen Brigits für die Aussaat. Doch nicht nur den Feldern schenkt Brigit Fruchtbarkeit, sondern ebenso auch den Tieren und den Menschen. Und Frauen verhilft die Göttin, wenn entsprechend freundlich gestimmt, sowohl zur Schwangerschaft als auch zu einer nicht allzu schmerzhaften und erfolgreichen Entbindung.

Doch damit sind die Fähigkeiten und Aufgaben der Brigit (die nicht umsonst mit Minerva* verglichen wird) noch keineswegs erschöpft. Als echte Tochter Dagdas* hat sie dessen zahlreiche Talente geerbt und ist in vielerlei Künsten bewandert, ganz besonders aber im Schmieden – von Metallen und von Versen. Dementsprechend ist sie Schirmherrin nicht nur der Schmiede und allgemein der Kunsthandwerker, sondern auch der Druiden, Dichter und Barden.

Während die Glut des inspirierten Wortes und der Esse recht gut zum Charakter einer Feuer- und Sonnengöttin paßt, könnte Brigits Liebe zum Wasser eher seltsam anmuten; Tatsache aber ist, daß sie sich als die Beschützerin der irischen Gewässer, insbesondere der Quellen, fühlt und streng darüber wacht, daß niemand sie beschmutzt oder sonstwie entweiht. Und hierin offenbart sich schließlich noch eine weitere wichtige Funktion der Brigit: Sie versteht sich auf die Kunst des Heilens. Vielen ihrer Quellen wird in Irland noch heute nachgesagt, daß sie bestimmte Leiden lindern oder ganz kurieren – vorausgesetzt, man bringt ein angemessenes Opfer an deren Herrin dar und läßt es vor Ort nicht an Ehrerbietung fehlen.

Neben all ihren Pflichten fand Brigit übrigens auch Zeit zum Heiraten. Allerdings suchte sie sich dafür einen nicht eben sehr sympathischen Mann aus: den schönen, aber dagobertgeizigen – und bei allen übrigen Göttern bald äußerst unbeliebten – Bres**. Auch scheint diese Verbindung unter keinem guten Stern gestanden zu haben, denn der Sohn der beiden, Ruadan, kam früh ums Leben. Untröstlich über den Verlust des einzigen Kindes, brach Brigit in hemmungsloses Weinen und Jammern aus und begründete damit den Brauch der rituellen Totenklage (*caoin, keen*), der bis auf den heutigen Tag ausgeübt wird.

Wie sehr Brigit von den Iren geliebt und verehrt wurde, zeigt sich auch daran, daß die christlichen Missionare ihren Kult nicht ausrotten konnten und ihnen daher nichts anderes übrigblieb, als sie als »Heilige« zu vereinnahmen.

C

Ceres

Ceres ist die römische Göttin des Ackerbaus. Sie ist wie ihre griechische Schwester Demeter* die Erdmutter, die für das Wachstum und Gedeihen all dessen sorgt, was die Bauern auf den Feldern säen und pflanzen. Verständlich also, daß die Menschen sie seit alter Zeit verehrten und liebten – denn, wie Ovid in seinen ›Metamorphosen‹ schreibt:

> »Als erste hat Ceres die Scholle mit krummem Pfluge geritzt, als erste hat sie den Landen Korn und unblut'ge Nahrung geschenkt. Als erste hat sie Gesetze gegeben. Jegliches ist ihr Geschenk. Sie will ich besingen. O könnte ich ein Lied singen, das der Göttlichen würdig!«

Ceres schenkte den Römern also das Getreide, darunter vor allem den Spelzweizen, aus dem die Vestalinnen, die Priesterinnen der Göttin Vesta*, zusammen mit Salz ein Opfer bereiteten. Bereits um 600 vor Christus nennt eine Inschrift den Namen der Göttin zusammen mit dieser wichtigen »Cerealie«, und die Göttin selbst wurde im allgemeinen mit einem Ährenkranz auf dem Kopf dargestellt. Anders als Tellus*, die mehr für die allgemeine Fruchtbarkeit von Pflanzen und Tieren zuständig ist, beschränkt sich Ceres auf das, was der Acker hervorbringt, und steht damit auch in weit engerer Beziehung zu den Menschen.

Ihr Zuständigkeitsbereich erweiterte sich aber mit der Zeit und umfaßte, wie Ovid oben andeutete, auch das Rechtswesen im weitesten Sinne. Ceres setzte sich dafür ein, daß bei den Römern vor allem Frauen nicht benachteiligt und ihre Rechte gewahrt blieben. Beispielsweise mußte ein Ehemann, der sich aus anderen als den gesetzlich erlaubten Gründen scheiden ließ, einen Teil seines Vermögens seiner Frau und der Göttin vermachen. Als Hüterin des Rechts zeigt sich die Göttin von einer alles andere als mütterlich-sanften Seite, denn in dieser Beziehung versteht sie überhaupt keinen Spaß. Wo Gesetze übertreten oder gebrochen werden, fährt sie unbarmherzig strafend und rächend dazwischen. Noch erhaltene Fluchtafeln zeugen davon, mit welch furchtbarem Zorn Ceres einen Sünder verfolgen konnte.

Mit besonders großer Strenge ahndete sie Vergehen am Eigentum ihrer Schützlinge, der Bauern. Wagte es jemand, sich bei Nacht und Nebel auf fremden Feldern zu bedienen, und wurde dabei erwischt, kam ihn das teuer zu stehen: Um die Rache der Ceres vorwegzunehmen und ihr Genugtuung zu leisten, wurde er kurzerhand am nächsten Baum aufgeknüpft.

Zum Zeichen ihrer verschiedenen Funktionen trägt Ceres im allgemeinen in einer Hand ein Zepter oder eine Fackel, in der anderen einen Korb voller Mohnblüten, ihrer erklärten Lieblingsblume. Wenn sie unterwegs ist, fährt sie in einem Wagen, der von geflügelten Schlangen oder Drachen gezogen wird – von den Tieren also, zu denen sie, wie auch alte Darstellungen zeigen, eine besonders enge Beziehung hat.

Die große Macht der Ceres zeigte sich im alten Rom in vielerlei Dingen. Sie besaß nicht nur – wie andere Gottheiten auch – ihren eigenen Priester, den Flamen Cerialis, und später auch Priesterinnen, sondern erhielt auch zwölf dienstbare Götter zugeordnet. Jeder von ihnen hatte eine bestimmte Funktion im Ackerbau zu erfüllen und war damit der Schutzherr der entsprechenden Tätigkeit, die der Bauer zu der einen oder anderen Zeit des Jahres ausübte. Da gab es also einen, der für das erste, einen, der für das zweite, und einen, der für das dritte Durchpflügen des Bodens zuständig war. Wieder einer mußte beim Fluropfer für das Einsäen, ein weiterer beim Unkrauthacken und wieder ein anderer beim Getreideschneiden angerufen werden.

Wurde Ceres anfangs in einem neben der Versammlungsstätte des Volkes gelegenen Erdspalt verehrt, baute man ihr und den Gottheiten Liber (Bacchus*) und Libera, die von manchen als deren Kinder angesehen wurden, einen schönen Tempel auf dem Aventin. Diese neue Wohnstätte hatte Ceres dem sibyllinischen Orakel zu verdanken, das anläßlich einer großen Hungersnot dazu riet, die Göttin auf diese Weise gnädig zu stimmen.

Daß Ceres aber keineswegs nur von der Landbevölkerung, sondern auch von den römischen Matronen in Ehren gehalten und alljährlich im August durch ein spezielles Fest gefeiert wurde, ging im wesentlichen auf ihre Rolle als liebende Mutter zurück. Ebenso wie ihrer Kollegin Demeter** das Töchterchen Persephone**, wurde ihr nämlich vom römischen Gott der Unterwelt, Pluto, die Tochter Proserpina geraubt. Ihre Trauer um das verlorene Kind, ihre aufopfernde, alles andere hintanstellende Liebe war es, was die Herzen der edlen Römerinnen bezwang. So stand Ceres nicht nur als Hüterin von

Recht und Ordnung, sondern auch als Vorbild der treusorgenden Mutter bei ihnen in hohem Ansehen.

Und sollte sich nun jemand fragen, wie dieser großen Göttin am besten zu huldigen sei, können wir wiederum Ovid zitieren:

»Spelt, eine Gabe von knisterndem Salz und Körner von
   Weihrauch
mögt ihr der Göttin zulieb in die Flamme des Opferherds
   streuen;
ist kein Weihrauch zur Stelle, entzündet nur Fackeln, mit Pech
   getränkt:
Kleinste Gaben, wenn reinen Herzens gebracht, sind der Ceres,
der Guten, eine Freude. Lasset, ihr Diener mit aufgeschürztem
   Rock,
eure Opfermesser vom Rind! Das Rind, es muß pflügen, opfert
   das träge Schwein!«

Cernunnos

Das untrügliche Kennzeichen des keltischen Gottes Cernunnos ist sein Hirschgeweih. Mit ihm und einem Halsring geschmückt, pflegt er sich zuweilen im Schneidersitz abbilden zu lassen. Auf dem berühmten Kessel aus Gundestrup ist er in dieser Position dargestellt, in der einen Hand einen Ring, in der anderen die gehörnte Schlange – sein ständiger Begleiter. Außerdem umgeben ihn mehrere weitere Tiere, unter anderem ein Hirsch. Cernunnos hat also, soviel wird allein aus diesem Bild deutlich, eng mit der Natur zu tun. Konkret befaßt er sich mit dem Wachstum, dem Gedeihen von Pflanzen und Tieren, den Lebenssäften und -kräften. Auch die Schlange, seine Gefährtin, symbolisiert ja praktisch auf der ganzen Welt die ständige Erneuerung des Lebens – um nicht zu sagen, das *ewige* Leben.

Als Herr der Tiere und der Pflanzen spielte Cernunnos für die Menschen früherer Zeiten eine überragend wichtige Rolle. Einzig von seiner Gnade hing es ab, ob Jagdexpeditionen erfolgreich verliefen und ob Wild- und Feldfrüchte gediehen. Kein Wunder also, daß die Kelten ihn auch mit einem Sack abbildeten, aus dem Münzen herausrieseln: Reichliches Wild, gesundes Vieh und gute Ernten waren für sie schließlich gleichbedeutend mit Reichtum und damit für Glück.

Wer den Hirschgott aber gegen sich aufbrachte, war praktisch zum Tode verurteilt – denn wem die Felder verdorren und das Vieh stirbt, wer auf der Jagd kein Glück hat, wovon soll der leben? Vielleicht rührt also daher die Verbindung zum Totenreich, die Cernunnos gleichfalls nachgesagt wird und die seine enge Beziehung zur Erde ohnehin nahelegt.

Chac

Chac ist der Regengott der Maya – oder besser gesagt, die vier Regengötter, denn es gibt für jede Himmelsrichtung einen, wobei jeder einzelne Chac ist, aber auch alle zusammen Chac sind; da dürften die christlichen Missionare mit ihrer Dreifaltigkeit keinen allzu großen Eindruck gemacht haben. Daneben ist der multiple Gott auch für Donner und Blitz zuständig, und zum Zeichen dafür ließ er sich gern mit einer Schlange oder einer Axt in der Hand abbilden. Chac ist einer der Götter, die auf eine lange Verehrungszeit zurückblicken können, denn schon im ersten Jahrhundert vor Christus kannte man ihn, und auch heute noch ruft man ihn an.

Da Chac nicht nur je nach Laune Regen spenden oder vorenthalten kann, sondern auch jederzeit Sturm und Hagel über die Menschen zu bringen vermag, suchten ihn die Maya durch für sie typische Opfergaben zu besänftigen und gut zu stimmen: Kinder. Dargebracht wurden sie ihm in seinem Hauptheiligtum, dem *Cenote*, einem natürlich entstandenen unterirdischen zylindrischen Schacht (einer sogenannten Einsturzdoline), von Chichén Itzá, auf der Halbinsel Yucatan.

Chandra
→ Soma

Chang Tsao-wang
→ Zhang Zaowang

Chnum

Mehrere ägyptische Götter machen sich gegenseitig die Ehre streitig, die Welt und/oder die Lebewesen erschaffen zu haben. Einer von ihnen ist Chnum. Er behauptet von sich, auf der Töpferscheibe die Körper der Kinder zu formen, die anschließend mit dem Samen in den Leib der Mutter gelangen. Auch hilft er der Geburtsgöttin Heket anschließend bei der Entbindung. Deshalb wurde er früher auch als Schutzgott der Kinderzimmer verehrt.

In seiner Jugend nahm Chnum die Gestalt seines Lieblingstieres an, des Widders; später zeigte er sich dann mit menschlichem Körper und einem Widderkopf. Wie dieses Tier galt Chnum als Träger der Fruchtbarkeit, war er es doch, der in Elephantine, einer direkt unterhalb des ersten Nilkatarakts gelegenen Insel, dafür sorgte, daß der Fluß jeden Sommer über die Ufer trat und das umgebende Land bewässerte und mit fruchtbarem Schlick überzog. Hier, wo man eine mythische Nilquelle lokalisierte, wurde Chnum als deren Spender auch besondere Verehrung zuteil.

In der am linken Nilufer gelegenen oberägyptischen Stadt Latopolis oder Esneh, dem zweiten Hauptzentrum seiner Verehrung, wurde Chnums anderer Aspekt betont, der des Schöpfergottes. Da die Menschen hier glaubten, er vereinige andere Schöpfergötter, wie etwa Re*, Schu und Geb*, in seiner Person, wurde er des öfteren auch mit vier Köpfen abgebildet.

D

Dagda

Dagda (»guter Gott«)ist gewissermaßen der keltische Zeus* oder Odin*, der höchste Gott des irischen Pantheons, der »Allvater«. Er ist ein Sohn oder Bruder, so genau weiß man es nicht, der Danu* und seinerseits Vater der Brigit* und des Oengus. Dagda ist die Verkörperung so ziemlich sämtlicher im alten Irland bewunderten Tugenden, denn er ist nicht nur ebenso weise und rechtschaffen wie tapfer, er ist auch in allen Künsten bewandert und insbesondere ein großer Magier. Seine Ratschläge sind unübertroffen, er ist ehrlich, gerecht und redlich. Er besitzt eine Keule, deren eines Ende den Tod bringt, während das andere Leben schenkt. Diese Keule hat ein solch riesiges Ausmaß, daß er sie, wenn er auf Reisen ist, auf Rädern hinter sich herziehen muß. Die Rinnen, die diese hinterlassen, sind nach glaubhafter Überlieferung »so tief wie Provinzgrenzgräben«.

Neben dieser magischen Waffe besitzt der Gott der Druiden, wie Dagda auch genannt wird, noch eine Zauberharfe. Auf ihr lassen sich drei verschiedene Melodien spielen: Die eine bewirkt Freude und Lachen, die zweite Trauer und die dritte Schlaf. Je nachdem, was er gerade spielt, verändert sich die Jahreszeit, und damit ist Dagda auch Herr über die Natur. Nach Belieben kann er auch einfach die Zeit anhalten und außerdem natürlich das Wetter und die Ernte beeinflussen.

Als Hochgott und Allvater, der alles kennt und alles weiß, besitzt Dagda aber überhaupt alle Fertigkeiten und Tugenden, die man sich nur vorstellen kann – und noch einige weitere dazu. Reichlich seltsam also, daß er selbst abgrundtief häßlich ist. Und nicht nur das, er hat auch die Freßsucht und daher einen gewaltigen Tonnenbauch. Und wie um diesen Makel noch zu unterstreichen, pflegt er einen kurzen Bauernkittel zu tragen, unter dem sein dickes Hinterteil herausguckt.

Jeder wußte natürlich um seine einzige große Vorliebe, und als er einmal bei seinen Gegnern, den dämonischen Fomoriern, als Unterhändler weilte, versuchten diese ihn zu demütigen. Sie kochten ihm einen Brei aus achtzig Maß Milch, Fett und Mehl, rührten gewissermaßen als Rosinen ein paar ganze Ziegen, Schweine und Schafe hinein und schütteten die Mixtur dann in eine tiefe Erdgrube. Dann drohten sie Dagda, ihn zu töten, falls er das leckere Mahl nicht bis auf den letzten Krümel aufessen würde. Unser Allvater ließ sich das nicht zweimal sagen: Er nahm den Löffel, den die bösen Fomorier ihm hinhielten, und spachtelte munter drauflos, und als die Grube leer war, kratzte er auch noch die Restchen von den Wänden.

Das gute Essen hatte ihn allerdings ein wenig müde gemacht, und so mußte er erst einmal ein Verdauungsnickerchen halten. Auch konnte er bei einem anschließenden Schäferstündchen mit einer der Dämoninnen nicht eben seinen Mann stehen, was die offenbar nicht nachtragende Dame allerdings nicht davon abhielt, ihn mit ihren magischen Kräften im Kampf gegen ihr eigenes Volk tatkräftig zu unterstützen.

Zu Dagdas Verfressenheit paßt sein dritter Zaubergegenstand, von dem allerdings alle Tuatha Dé Danann* profitieren: ein niemals versiegender Trankkessel namens »Niemals trocken«, der bei Festen in der Anderswelt jederzeit bereitsteht und dafür sorgt, daß niemand ungesättigt wieder nach Hause gehen muß. Darüber hinaus besitzt Dagda auch drei Bäume, die fortwährend reife Früchte tragen, und ein Schwein, das beliebig oft geschlachtet und gebraten werden kann und jedesmal wieder zum Leben erwacht.

Wenn Dagda gerade mal nicht zu vollgefressen ist, steigt er gern mit der einen oder anderen Erd- und Unterweltsgöttin ins Bett, um sie den Menschen gewogen zu machen. Manch eine von ihnen hat er sogar geheiratet, doch nimmt er es mit der Treue nicht allzu genau, denn sogar mit der furchterregenden Morrigan* hat er ein Techtelmechtel gehabt. Im Gegensatz zur obenerwähnten Dämonin war sie mit seinen Liebesleistungen allerdings zufrieden, und so stand sie ihm bei seinen Schlachten fortan treu zur Seite.

Daikoku

Daikoku ist einer der sieben Glücksgötter der Japaner. Sein Spezialgebiet läßt sich schon daran ablesen, wie er sich gern darstellen läßt: auf zwei Säcken Reis stehend, in der rechten Hand den Glückshammer und über der linken Schulter einen weiteren Sack. Kurz: Er ist der Schutzherr der Händler und Kaufleute und damit der Gott des Reichtums schlechthin.

Danu, Dana

Danu, Dana oder Anu ist die Ahnfrau des irischen Göttergeschlechtes der Tuatha Dé Danann und darüber hinaus die Mutter Erde, genauer gesagt: Mutter Irland. Zwei Hügel in der Nähe von Killarney

(Munster) werden als ihre Brüste bezeichnet, wobei ein Cairn (Stein-haufen) auf jedem von ihnen die Brustwarze symbolisiert. Die Men-schen stellten sich also vor, daß Danu über ihr Land ausgebreitet liegt und es auf diese Weise buchstäblich mit ihrem eigenen Leib beschützt und behütet.

Alle Geschöpfe auf Erden (oder zumindest Irlands) – seien es nun die übrigen Götter, die Feenwesen oder die Menschen – sind ihre Kinder. Allen spendet sie Leben, und alle holt sie zu gegebener Zeit wieder in ihren Schoß zurück. Danu ist eine gütige Mutter und sorgt dafür, daß ihre Kinder stets alles Nötige haben. Wer es ihr gegenüber jedoch am gebührenden Respekt mangeln läßt, wer ihren Leib ent-weiht, Quellen verschmutzt und Bäume ohne triftigen Grund um-hackt, der kann sie von einer ganz anderen Seite erleben. Und noch heute wissen zumindest die älteren Leute auf dem Lande, daß be-stimmte Bäume, vor allem Weißdorn, unter gar keinen Umständen gefällt werden dürfen. Verstößt jemand gegen dieses ungeschriebe-ne Gesetz, wundert sich daher niemand, wenn sich das Pferd des Frevlers anschließend ein Bein bricht oder sogar ihm selbst ein Un-glück zustößt.

So sorgt Danu noch heute dafür, daß die Iren, anders als viele an-dere Völker, mit ihrer Natur vergleichsweise rücksichtsvoll umgehen, und belohnt sie dafür mit üppigen Fuchsienhecken, fetten Lachsen, saftigen Wiesen – und nicht zuletzt mit hervorragendem Whiskey und Stout!

Demeter

Die Griechen haben ihrer Göttin Demeter viel zu verdanken – mehr vermutlich als irgendeiner anderen Gottheit. Sie, die Erdmutter, Tochter des Kronos* und der Rheia, war es, die ihnen die verschie-denen Getreidearten schenkte und sie lehrte, wie man sie anbaut, pflegt, erntet und anschließend verarbeitet. Damit nicht genug, sorgt sie höchstpersönlich dafür, daß den jungen Pflänzchen bis zur Reife nichts geschieht, daß die Witterung für deren Gedeihen günstig ist, daß der Regen in weichen Schauern fällt, der Sonnenschein nicht brennt und keine Krankheit ihnen schadet. Wird das Korn geerntet, hilft sie beim Mähen und Dreschen und sogar beim Mahlen und Brot-backen. Sie selbst war es auch, die alle dazu nötigen Geräte für die Menschen erfand. Es erscheint nur passend, daß ausgerechnet der Kranich der Demeter heilig ist: Er verkündet mit seiner Ankunft das Nahen des Frühlings und des Regens, der die Saat gedeihen läßt.

Nach allem Gesagten ist es natürlich, daß die alljährlich im Herbst abgehaltenen Erntedankfeiern dieser Göttin, die stets mit ein paar Kornähren in der Hand dargestellt wird, gewidmet waren. Auch das im alten Griechenland verbreitetste Fest überhaupt, die Thesmophorien, wurde für sie – und ihre Tochter –, und zwar ausschließlich von Frauen, begangen. Anlaß war die Aussaat des neuen Getreides, und damit Demeter ihren Segen dazu gab, wurden ihr Ferkel geopfert. Gleichzeitig beteten die Frauen um eigene Fruchtbarkeit oder, falls sie bereits schwanger waren, um eine glückliche Geburt.

So zeigt sich Demeter als eine freundliche, eine sanfte, immer hilfsbereite und eng mit den Menschen verbundene, in sich selbst ruhende Göttin. Und doch war das nicht immer so, ja, es gab eine Zeit, da hätte man Demeter nicht wiedererkannt: Da irrte sie verzweifelt umher und ließ zuletzt die ganze Erde verkommen, weil sie nichts anderes mehr bewegte als die Sorge um ihre über alles geliebte Tochter Persephone*.

Mit ihr (die sie von ihrem eigenen Bruder Zeus* empfangen hatte) war sie stets untrennbar verbunden gewesen – bis Hades, der Herr der Unterwelt, ein Auge auf das schöne Kind warf und beschloß, es zu seiner Gemahlin zu machen. Und als sich die junge Göttin eines Tages, Veilchen sammelnd, von der Mutter entfernte, schlug er zu. Das letzte, was Demeter von der Tochter hörte, war ein lauter verzweifelter Schrei, und das letzte, was sie sah, war der Wagen des Hades, der vor ihren Augen verschwand.

Die schmerzerfüllte Demeter zog sich Trauerkleider an, nahm eine Fackel in die Hand und machte sich auf die Suche nach ihrem Kind. Sie aß nicht, sie trank nicht, sie irrte neun Tage lang durch alle Länder der Erde, ohne ein Lebenszeichen von ihrer Tochter zu entdecken. Unterwegs begegnete sie Hekate*, der Göttin der Wege, der Gespenster und des Mondes, doch auch sie hatte nur den Schrei gehört und konnte ihr nicht weiterhelfen.

Einst saß sie, nach langer fruchtloser Suche erschöpft, in Eleusis an einem Brunnen, als die Töchter des Königs Keleos kamen, um Wasser zu schöpfen. Als deren Magd sie durch Scherze so aufheiterte, daß sie ein wenig Nahrung zu sich nahm, verdingte sich Demeter zum Dank bei dem König als Amme. Sie hegte und pflegte dessen Prinzchen und beschloß eines Tages, es aus reiner Freundlichkeit unsterblich zu machen. Dazu salbte sie das Kind mit Ambrosia und hielt es über ein Feuer. In dem Augenblick aber kam die Königin herein, sah, was die vermeintliche Amme da tat, und fing an zu schreien.

Die über die Dummheit der Frau empörte Demeter offenbarte sich dem König und seiner Familie und war erst wieder mit ihnen versöhnt, als sie ihr in einem einzigen Tage eine Kultstätte errichteten. In diesem Tempel hielt sie sich eine Zeitlang trauernd auf, bevor sie sich wieder auf die Suche nach Persephone machte.

Endlich erzählte ihr Helios, der Sonnengott, was geschehen war. Als Demeter begriff, daß sie ihrer Tochter nicht mehr helfen konnte, schleppte sie sich wütend und erschöpft ins Gebirge und versteckte sich. Ab diesem Moment aber fingen die Feldfrüchte, die Blumen und Bäume an zu verdorren, und da ihre ausgleichende Hand fehlte, fiel der Regen nicht mehr, wie er sollte; auch stach die Sonne unbarmherzig auf die Saaten. Eine große Hungersnot war die Folge, Menschen und Tiere starben, den Göttern wurden keine Opfer mehr dargebracht, und Zeus sah, daß er schleunigst eingreifen mußte. Er suchte seinen Bruder Hades auf und handelte mit ihm einen Vertrag aus: Fortan würde Persephone nur noch ein Drittel des Jahres bei ihrem düsteren Gatten bleiben, die übrige Zeit aber bei Demeter, in der Oberwelt, verbringen.

Überglücklich kehrte Demeter daraufhin aus den Bergen zu den Menschen zurück und kümmert sich seither wieder selbstlos um deren Belange.

Devi

Devi ist kein Eigenname, sondern bedeutet lediglich »Göttin« – und genau das ist sie auch: Sie ist die selbständig auftretende Kraft (Shakti) Shivas*, ohne welche er nur eine leere Hülle ist, die Macht, die alles erschafft, erhält und zerstört, und zugleich die Substanz alles Seienden und Nichtseienden.

Sie ist zugleich göttliche Mutter (Kali*), Geliebte (Sati, Parvati*), Jungfrau (Kumari) und Kind, aber ihre bevorzugte Erscheinungsform ist die der Kriegerin, der Töterin des Dämons. Damit ist sie – als Durga* – die Erlöserin der Welt und – als jede der abertausend größeren und kleineren indischen Göttinnen – die Beschützerin eines jeweils von ihr erwählten Ortes und der dort lebenden Menschen. Sie ist die hinduistische Göttin schlechthin.

Diana

Sie ist die Herrin der Tiere, sie ist Mond- und Jagdgöttin, und sie ist die Göttin der Frauen. Sie kümmert sich nämlich nicht nur um die Fruchtbarkeit der Tiere, sondern auch um die der Menschen. Und so wurde sie in früheren Zeiten von Ledigen um eine baldige Heirat, von frisch Verheirateten um ein Kind und von Schwangeren um eine glückliche Geburt angefleht.

Obgleich Diana sich für solche letztlich sehr häuslichen Belange einsetzte und grundsätzlich überall half, wo sie darum gebeten wurde, gehört sie, die altitalische Schwester der griechischen Artemis*, eigentlich der Wildnis an, den Bergen und Wäldern, wo sie sich auch am liebsten aufhält. Daher wurde sie im allgemeinen in Hainen verehrt – und zwar keineswegs nur von Frauen, sondern auch von Männern und überhaupt von Menschen aus allen Schichten.

Eine Besonderheit ihres Kultes war nämlich, daß er Freien wie Sklaven offenstand, weshalb letztere auch zu Dianas glühendsten Verehrern gehörten.

In ihrem berühmtesten Kultort, dem Hain von Aricia in Latium, fanden entflohene Sklaven nicht nur einen sicheren Zufluchtsort, sogar der Priester durfte nur einer von ihnen sein. Bezeichnend für den uralten – und dementsprechend recht barbarischen – Kult der Diana war die Tatsache, daß der Vorgänger im Amt durch den Nachfolger in spe mit dem Ast eines Baumes aus dem heiligen Hain erschlagen werden mußte; hatte er diese Tat erfolgreich vollbracht, war er der neue Hainkönig.

Diana stand in so großem Ansehen, daß ihr Heiligtum in Aricia zugleich die Versammlungsstätte der Latiner war, und eine bei Livius überlieferte Geschichte macht deutlich, welche Macht die Göttin im alten Italien besaß. Es hieß nämlich, bei den Sabinern lebe eine besonders schöne weiße Kuh. Derjenige, welcher es schaffen würde, sie der Diana zu opfern, würde seinem Volk die Oberherrschaft sichern. Ein Sabiner konnte schließlich der Kuh habhaft werden, und er führte sie zum Heiligtum der Diana auf dem Aventin in Rom, um sie dort zu schlachten. Bevor er aber seinen Vorsatz ausführen konnte, nahm ihm der römische Tempelvorsteher die Kuh durch eine List ab und opferte sie selbst der Göttin. Die Römer waren so stolz auf diesen Coup, daß sie den Schädel der Kuh noch lange im Tempel aufbewahrten und jedem auswärtigen Besucher vorzeigten.

Diana, die oft in einem hochgeschürzten Jagdgewand, mit einer Saufeder oder einem Bogen in der Hand und einer Zackenkrone auf dem Kopf dargestellt wurde, liebten aber nicht nur die römischen Frauen und Männer, sondern auch die Kinder, wie ein Kultlied des Catull beweist. Es ist an Diana gerichtet und wurde von Mädchen und Jungen gesungen. Die letzte Strophe lautet:

»Welchen Namen du hören willst,
unter jedem gepriesen sei;
spende, wie du es immer tatst,
Segen Romulus' Volke!«

Dianas enge Verbindung zum Mond führte dazu, daß sie, wie die griechische Hekate*, auch mit typischen nächtlichen Aktivitäten in Verbindung gesetzt wurde, als da wären: Zauberei und Hexenwesen. Auch unterhält sie eine enge Beziehung zu den Wesen der Finsternis, den Geistern und Seelen von Verstorbenen. Den frühen Christen war die erstens heidnische, zweitens äußerst emanzipierte Diana ohnehin ein Dorn im Auge, und so gaben sie sich nicht damit zufrieden, ihren Kult zu verbieten und ihre Heiligtümer zu zerstören, sie erhoben den dunklen, unheimlichen, zauberischen Aspekt der Göttin auch zu einem ihrer Hauptangriffspunkte. Als »Königin der Hexen« konnte Diana – und mit ihr ihre Anhängerinnen – schonungslos verdammt werden.

Noch im ›Canon Episcopi‹, einer Anfang des zehnten Jahrhunderts entstandenen Anweisung an Bischöfe, heißt es dementsprechend: »Es darf außerdem nicht übergangen werden, daß gewisse verbrecherische Weiber, Schülerinnen des Satans, verführt durch die Vorspiegelungen und Einflüsterungen der Dämonen, glauben und bekennen, daß sie des Nachts mit der heidnischen Göttin Diana und einer unzählbaren Schar anderer Frauen auf gewissen Tieren durch die Luft reiten, über vieler Herren Länder heimlich und in der Totenstille der Nacht hinwegeilen, wobei sie Diana als ihrer Herrin gehorchen und in bestimmten Nächten zu ihrem Dienste sich aufbieten lassen.«

Dionysos

Als Ehemann ist Zeus* eher eine mittlere Katastrophe, aber daß er seinen zahlreichen ehelichen und noch zahlreicheren unehelichen Kindern kein guter Vater wäre, läßt sich ihm nicht unbedingt nachsagen. Wenigstens Dionysos kann ihm, was das angeht, keine Vorwürfe machen. Als Semele, eine der Gespielinnen von Zeus**, vor dessen Augen verbrannte, besann sich der Götterkönig nicht lange: Er rettete ihren sechs Monate alten Fötus aus der Asche, bettete ihn bequem in seinem eigenen Schenkel, nähte ihn zur Sicherheit noch fest ein und trug ihn selbst aus. Die Mühe lohnte sich, denn er brachte schließlich ein wahres Prachtexemplar von Sohn zur Welt: Dionysos, auch Bacchus genannt.

Natürlich konnte Zeus das Kind nicht Hera* zum Aufziehen unterschieben, und so vertraute er das Baby Hermes* an, der es seinerseits den Nymphen von Nysa in Böotien zu treuen Händen übergab.

Unter der Obhut der lieblichen Naturgeister, die ihn im wesentlichen mit Honig fütterten und überhaupt nach Strich und Faden verhätschelten, wuchs Dionysos zu einem munteren, unternehmungslustigen Jungen heran, dem eines schönen Tages im Spiel eine Erfindung gelang, die ihm unsterblichen Ruhm einbrachte: der Wein.

Damit begann sein Siegeszug unter Göttern und Menschen. In Begleitung des fast stets volltrunkenen Silenos, eines Satyrn, der ihm auch als Erzieher gedient haben soll, und einer ständig wachsenden Schar von Anhängern vorzüglich weiblichen Geschlechts durchwanderte er ein Land nach dem anderen. Wo er eintraf, brach das Chaos aus. Die einen fielen ihm zu Füßen, wanden sich in Verzückung und vollführten orgiastische Tänze, die anderen, die sich ihm in den Weg zu stellen versuchten, schlug er mit Wahnsinn.

Überhaupt könnte der Wahnsinn zu den Markenzeichen des Gottes gezählt werden, denn auch seine Anhängerinnen, die Mänaden, wären in einer Zwangsjacke ganz gut aufgehoben gewesen. Wenn sie in mystische Raserei, in Ekstase, verfielen, pflegten sie alles, was ihnen unter die Finger kam – Kälber, Ziegen und andere Tiere, gelegentlich aber auch Menschen –, zu zerfleischen und roh zu verschlingen. Anschließend zogen sie tobend weiter durch Berge und Wälder auf der Suche nach neuen Abenteuern.

Pentheus, König von Theben, war einer von vielen, die eine Begegnung mit ihnen teuer bezahlten: Als er Dionysos in die Quere kommen wollte, wurde er von den fanatischen betrunkenen Frauen, die obendrein noch von seiner eigenen Mutter angeführt wurden, buchstäblich in Stücke gerissen. Kein Wunder, daß sich bald kein Herrscher mehr traute, sich mit dem Gott des Weines anzulegen – und mit den einfachen Leuten hatte Dionysos ohnehin keine Schwierigkeiten. Sie dankten ihm für das Geschenk des herrlich begeisternden, fröhlich stimmenden Weines und hielten ihm zu Ehren über das Jahr verteilt etliche mehrtägige Feste ab.

In deren Verlauf wurde natürlich vor allem ausgiebig gezecht und getanzt, daneben aber auch Theater gespielt – und so galt Dionysos auch bald als Schutzherr der dramatischen Kunst und überhaupt, wie sein Gegenstück, Apollon*, als ein Freund der Musen. Doch während dieser den Dichter oder die Seherin mit einer abgeklärten, distanzierten Vision beschenkt, reißt Dionysos seine Erwählten gnadenlos in einen rauschhaften Strudel, packt sie, stößt sie aus sich hinaus und ergreift von ihnen Besitz. Er ist der Gott der Verwandlung – sei es durch den Wein, durch die komische oder tragische Maske oder durch die Ekstase.

Doch verschmähte er auch volkstümlichere handfeste, konkrete Verwandlungen keineswegs: So ließ er etwa zur großen Freude seiner Anhänger nach Belieben Wein-, Milch- oder Honigquellen aus dem trockenen Boden sprudeln. Diese seine »Zaubermacht« setzte er durchaus auch ein, um Übeltäter – auf vergleichsweise milde Weise, wie man sagen muß – zu bestrafen. Gemessen an manch anderem Frevler der altgriechischen Geschichte, kamen die tyrrhenischen Seeräuber, von denen sich Dionysos nach Naxos hatte bringen lassen wollen, nämlich noch recht glimpflich davon. Die Schurken dachten nicht im Traum daran, sich an die Vereinbarung zu halten, sondern planten, den gutaussehenden jungen Mann, dessen Identität sie natürlich nicht kannten, in Asien in die Sklaverei zu verkaufen und sich damit einen hübschen Batzen Geld zu verdienen.

Sobald sie also auf dem offenen Meer waren, ergriffen sie Dionysos und legten ihn in Fesseln. Als aber die Stricke selbsttätig wieder von ihm abfielen, erklärte der Steuermann den anderen, sie hätten einen Gott an Bord, und wies sie an, von ihrem Tun abzusehen. Sie aber ignorierten die Warnung, und daraufhin ließ Dionysos aus dem Mast einen riesigen Weinstock wachsen und jede Menge Efeu sprießen, der die Segel völlig überwucherte und damit das Schiff zum Stillstand brachte. Sich selbst aber verwandelte er in einen Löwen. Entsetzt sprangen alle Seeräuber, bis auf den Steuermann, ins Wasser und wurden im selben Augenblick in Delphine verwandelt – was übrigens der Grund dafür sein soll, daß diese Tiere uns Menschen so wohlgesinnt sind.

Auf Naxos angelangt, fand Dionysos die ihm versprochene Ariadne, Tochter des Königs Minos von Kreta – die der athenische Held Theseus (dem sie zur Flucht aus dem Labyrinth verholfen hatte und mit dem sie anschließend durchgebrannt war) auf Geheiß der Athene dort sitzengelassen hatte –, auf dem Strand schlafend vor.

Nun bewies der Gott echte Größe, indem er den kleinen Seitensprung seiner Braut augenblicklich vergaß. Und Ariadne zeigte Vernunft und einen guten Geschmack, indem sie erkannte, daß sie an Dionysos weit mehr hatte als an so einem wankelmütigen Sterblichen; die beiden heirateten und bekamen etliche Kinder miteinander.

Als Krönung dieses irdischen Triumphzuges fehlte dem Gott nur noch die Aufnahme in den Kreis der Olympier, und dieses letzte Problem löste sich ganz von selbst. Hestia*, Tochter des Kronos* und der Rheia (also Schwester des Zeus), die Göttin des Herdes, räumte freiwillig ihren Platz am Hochtisch. Sie hatte die Streitereien ihrer Familie gründlich satt, war also nur zu froh, einen guten Vorwand zum Verschwinden zu haben, und konnte außerdem auf den Dank des inzwischen allseits beliebten Weingottes und der großen Schar seiner Verehrerinnen und Verehrer rechnen.

Dionysos wollte nun natürlich, daß auch seine arme, zu Asche verbrannte Mutter Semele an seinem Glück Anteil nahm. So stieg er schließlich mit einem hübschen Geschenk hinab in die Unterwelt, um Persephone* damit zu bezirzen. Sie ließ sich auch tatsächlich dazu überreden, Semele freizugeben, und Dionysos nahm seine Mutter mit sich hinauf auf die Erde, gab ihr aber den Namen Thyone, damit die ganze Aktion vor den anderen Göttern geheim blieb.

So hat Dionysos alles erreicht, was er sich nur wünschen konnte, und hat damit allen Grund, dem Wein, dem er seinen Erfolg letztlich verdankt, ausgiebig zu huldigen. Was er allem Vernehmen nach auch tut.

Djamar

Djamar ist einer der wichtigsten Götter des nordwestaustralischen Kimberley-Plateaus. Wie bekannt ist, hat er zwar eine Mutter, aber keinen Vater, und zum Ausgleich zwar keine Frau, dafür aber drei Söhne – und prächtige Burschen dazu, die ihm bei seinen kulturschöpferischen Handlungen getreulich zur Seite standen. Außerdem war sein ständiger Begleiter der Geisterhund Guriwi.

Einst dem Meer entstiegen, entthronte Djamar die älteren Götter, die bis dahin geherrscht hatten, hob deren Gesetze auf und stellte dafür seine eigenen auf, die von nun an Gültigkeit besitzen sollten. Im Zuge dieser Neuerungen führte er auch viele bis dahin nicht gebräuchliche Rituale ein. Er erfand außerdem die Steinaxt und etliche weitere nützliche Werkzeuge, errichtete Fischdämme und lehrte die Menschen, wie man Reusen baut.

Noch bis vor kurzem zeigten ältere Kimberley-Aborigines ihren jungen Söhnen die kahlen Berge und die entrindeten Bäume ihrer Heimat und erklärten ihnen, daran könnten sie die ungeheure Kraft Djamars ermessen: Dies nämlich seien die Spuren, die sein gewaltiges Schwirrholz einst in der Landschaft hinterlassen habe.

Darüber hinaus kannten sie eine Felsvertiefung in einer Klippe am Strand von Ngamagun, wo Djamar vormals Blut aus seinem Arm rituell hineintropfen ließ. Von dieser Urtat pflegten die alten Männer zu singen:

»Nahe der kühlen See
liegt Djamaras *churinga*.
Mit spitzem Holz öffnete die Ader der Alte.
Zu tropfen begann sein Blut,
in den Trog er fallen es sah.«

Nachdem Djamar auf Erden erledigt hatte, was ihm ein Anliegen gewesen war, zog er sich mit seinen Söhnen in den Himmel zurück, von wo aus er nun überwacht, was die Menschen unten so treiben. Nichts entgeht dabei seinem aufmerksamen Blick, kein Mord und überhaupt keine gesetzwidrige Handlung.

Doch obwohl er jetzt einerseits im Himmel wohnt, verkörpert er sich gleichzeitig auch in allen salzigen Gewässern – oder wie einer seiner Verehrer es so hübsch formulierte: Wo das Meer blubbert, da lebt Djamar.

Donar
→ Thor

Dumuzi, Tammuz
Der sumerische Gott Dumuzi (oder Tammuz, wie er nach der im Hebräischen überlieferten Namensform gewöhnlich genannt wird), was soviel wie »rechter Sohn« bedeutet, ist der Sprößling des Weisheitsgottes Enki* und der Schafgöttin Sirtur. So ist es auch nicht verwunderlich, daß er sich den Hirten und deren Herden ganz besonders verbunden fühlt und sich darum kümmert, daß die Tiere immer genügend Nahrung finden.

Er ist mithin der Gott der Vegetation. Mit diesen seinen Aufgaben war er eigentlich ganz glücklich und zufrieden – bis er eines Tages Ischtar* sah. Hals über Kopf verliebte er sich in die schöne Göttin und bot sich ihr als Ehemann an.

Sie machte sich zunächst nicht viel aus ihm und zeigte sich eher geneigt, die Bewerbung Enkimdus, des Gottes des Ackerbaus, anzunehmen, doch dann legte ihr Bruder, der Sonnengott Utu (oder Schamasch*), für Dumuzi ein Wort ein:

»Schwester, (sprach er) heirate den Hirten!
Was hast du gegen ihn?
Seine Sahne ist gut; seine Milch ist gut.
Was auch immer er anrührt, leuchtet hellauf.«

Darauf entgegnete Ischtar:

»Der Hirte! Ich will den Hirten nicht heiraten!
Seine Kleider sind grob; seine Wolle ist rauh.
Ich will den Ackerbauern heiraten.
Der Ackerbauer zieht Flachs für meine Kleider.
Der Ackerbauer zieht Gerste für meinen Tisch.«

An diesem Punkt der Diskussion mischte sich Dumuzi selbst ein, und mit den ersten Streitworten, die zwischen den beiden fielen, »entstand das Begehren der Liebenden«.

Die beiden priesen jeder des anderen Liebreiz, schwelgten in ihrem Glück, heirateten, und alles war gut – bis Ischtar** von einem längeren Abstecher aus der Unterwelt zurückkehrte. Als sie feststellen mußte, daß ihr Gemahl nicht etwa ihren Verlust beklagte und gebührend trauerte, sondern munter vor sich hin musizierte, ließ sie ihn kurzerhand von Dämonen zerstückeln und als Ersatz für sich in die Unterwelt schaffen. Die Erde trauerte, als sie ihn verlor. Das Getreide, alle Pflanzen, die ganze Steppe verdorrte. Die Tiere hatten nichts mehr zu essen, die Menschen klagten – und ein wenig spät wurde auch Ischtar von der Reue gepackt und jammerte:

»Dahin ist mein Gatte, mein süßer Gatte.
Dahin ist meine Liebe, meine süße Liebe.
Mein Geliebter ist aus der Stadt entfernt worden.
O ihr Fliegen der Steppe,
mein geliebter Bräutigam ist von mir genommen worden,
bevor ich ihm ein angemessenes Sterbehemd überziehen konnte.«

Aber wie im Falle des Osiris* war auch hier noch nicht Hopfen und Malz verloren, denn glücklicherweise besitzt Dumuzi eine Schwester, die ihn über alles liebt und den bildhübschen Namen Geschtinanna, die »Weinrebe des Himmels«, trägt. Auch sie war über die Maßen verzweifelt und erbot sich schließlich, ihres Bruders Schicksal, was immer es auch sein mochte, mit ihm zu teilen.

Die zwei Göttinnen suchten und fanden schließlich (mit Hilfe einer Fliege, der dafür unter anderem versprochen wurde, daß sie häufiger Gast in Bierhäusern und Tavernen sein dürfe) den weinenden Dumuzi. Ischtar nahm den Geliebten bei der Hand und sprach die geflügelten Worte:

»Du wirst in die Unterwelt gehen
für ein halbes Jahr.
Deine Schwester, weil sie darum bat,
wird während der anderen Hälfte gehen.«

Und so geschah es, und so ist es auch seither geblieben: Jedesmal, wenn Dumuzi von seiner Schwester abgelöst wird, fängt die Erde wieder an zu grünen, paaren und vermehren sich die Tiere und feiern Ischtar und ihr Liebling ihre Wiedervereinigung.

Durga

Die »Unzugängliche«, wie ihr Name übersetzt lautet, ist eine der berühmtesten und beliebtesten Erscheinungsformen der indischen Devi*. Sie ist gewissermaßen Shivas* Frau (Parvati* oder Uma), und wenn sie solo auftritt: eine unumschränkte Herrin und unüberwindliche Kriegerin. Tatsächlich hat sie mehr Macht als alle männlichen Götter zusammengenommen, ist sie doch aus deren geballter Kraft entstanden.

Einstmals nämlich besiegte ein überaus mächtiger – büffelköpfiger oder büffelgestaltiger – Dämon, Mahisha, mit seiner Streitmacht die Götter in einer großen Schlacht. Er vertrieb die Geschlagenen sogar aus dem Himmel und zwang sie, von nun an wie die Menschen auf der Erde herumzuwandern. Als Shiva und Vishnu* durch Brahma* von der Sache erfuhren, gerieten sie in heftigen Zorn: Ja, so groß war ihre Wut, daß sie sich in Form einer Energiewolke aus ihnen entlud. Alle anderen Götter wurden durch diese ungeheure Kraft mitgerissen, und auch aus ihnen kamen Zorneswolken hervorgesprüht, die sich mit denen von Shiva, Brahma und Vishnu zu einer einzigen riesigen Energiemasse vereinigten. Diese Kraft verdichtete sich zu einer wunderschönen Göttin, Durga, die dazu ausersehen war, den mächtigen Mahisha zu vernichten.

Zunächst einmal aber wurde sie von den Göttern mit allem ausgestattet, was eine gerade entstandene Göttin eben so braucht: mit Kleidern, herrlichem Schmuck, genügend Waffen für ihre zehn Arme (jeder Gott stiftete seine »Spezialwaffe«) und natürlich mit einem ihrer würdigen Reittier: einem Löwen. Strahlend vor Schönheit und Glanz ritt Durga zum Eingang der Götterwelt, in der ja neuerdings

Mahisha residierte, und ließ ihm ausrichten, daß sie ihn zum Kampf herausfordere.

Als der Büffeldämon davon erfuhr, lachte er schallend auf. Ihn, der alle Götter in die Flucht gejagt hatte, wollte ein schwaches Weib besiegen! Er trat hinaus, um sich die Verrückte anzusehen, aber als er Durga sah, war es um ihn geschehen. Er verliebte sich unsterblich in sie und bat sie, seine Frau zu werden.

»Gemach«, sagte Durga. »Du wirst sicher verstehen, daß ich nur einen Mann heiraten kann, der stärker ist, als ich selbst es bin. Nun denn, wer mich im Kampf besiegt, der soll mein Gemahl sein.«

Obgleich Mahisha ganz verrückt nach ihr war, hielt er es doch für geraten, erst einmal zu überprüfen, wie es denn mit ihrer Kraft bestellt sei. So ließ er einen seiner Gefolgsleute nach dem anderen gegen die Göttin antreten – und einer nach dem anderen wurde ohne viel Federlesens von ihr niedergemetzelt. Erst als kein einziger seiner Mannen mehr am Leben war, blieb dem Büffeldämon nichts anderes übrig, als sich selbst mit der Göttin zu messen.

Fürchterlich wütete der Kampf. Mahisha entwurzelte mit seinen Hörnern die Berge und schleuderte sie nach der Göttin und ihrem Löwen; er wühlte mit seinen Hufen die Erde auf, daß sie in allen Fugen krachte, und peitschte mit seinem Schwanz das Meer, bis es ringsum überfloß. Angesichts dieser schrecklichen Verwüstungen löste Durga die Schlinge von ihrem Sattel und schleuderte sie über Mahisha, um ihn zu fesseln. Sofort verwandelte der Dämon sich in einen Löwen, und als Durga ihn enthauptete, nahm er die Gestalt eines Kriegers an, dann die eines Elefanten und darauf wieder die eines Büffels, der durch sein Wüten die Erde erschütterte.

Da ergriff die zornbebende Durga einen ungeheuren Becher voll göttlichen Weins und sprach zu Mahisha: »Brüll du nur, du Tölpel, während ich diesen Wein hier trinke. Bald werden die Götter brüllen, wenn ich dich getötet habe.« Mit diesen Worten sprang sie ihm auf den Rücken, trat ihm mit dem einen Fuß ins Genick und durchbohrte ihn gleichzeitig mit dem Dreizack, den Shiva ihr anvertraut hatte. Damit nicht genug, schlug sie dem Dämon, als er in einem letzten verzweifelten Versuch, ihr zu entkommen, aus seinem eigenen getöteten Leib hervorsprang, mit dem Schwert den Kopf ab.

Überglücklich huldigten die Götter und alle Wesen der waffenstrahlenden Göttin und verliehen ihr den Ehrennamen Mahishasuramardini – »die Töterin des Dämons Mahisha«.

E

Ea
→ Enki

Ebisu

Ebisu ist einer der sieben japanischen Glücksgötter und beim Volk
außerordentlich populär. Während man ihn in den Städten – wie
Daikoku* – als Schutzgott des Handels verehrt, liebt man ihn auf dem
Lande als Feldgottheit. Die Küstenbewohner wiederum kennen ihn
als den Herrn der Meeresschätze, der den Fischern, die ihn freundlich zu stimmen wissen, reichen Fang gewährt. Aus diesem Grunde
gelten alle irgendwie auffälligen, außergewöhnlichen Gegenstände,
die das Meer anspült – seien es nun schöne Steine, Muscheln oder besondere Fische (ja, sogar Wasserleichen) – als besondere Gnadenge-
schenke oder Manifestationen Ebisus. Dementsprechend ehrfurchts-
voll geht man mit solchen Funden um und bewahrt sie nicht selten
in Schreinen auf.

Die enge Beziehung zum Fischfang bringt es mit sich, daß Ebisu
sich in der Regel als bärtiger Mann darstellen läßt, der in der einen
Hand eine Meerbrasse, in der anderen eine Angel hält.

El

In allen semitischen Sprachen (mit Ausnahme des Äthiopischen) bedeutet das Wort *'el/'il* soviel wie »Gott« (auch der Name »Allah« ist
wahrscheinlich aus *al-ilah*, »der Gott«, zusammengezogen), und
dementsprechend verehrten in alten Zeiten viele Völker des Vorderen
Orients den einen oder anderen El. Ob es sich dabei um ein und denselben Gott handelte oder aber, wie im Falle der Baale*, um verschiedene Personen, die lediglich mit demselben Gattungsbegriff
(»Gott«) bezeichnet wurden, ist in Fachkreisen noch strittig. Hier
soll jedenfalls vom syrischen El die Rede sein, dem höchsten Gott des
ugaritischen Pantheons. Ob er mit dem El identisch ist, auf den bibli-
sche Namen wie Michael, Raphael, Elias oder Nathanael anspielen,
mag jeder für sich entscheiden.

El und seine Gemahlin Atirat* erschufen die Götter, die Menschen
und überhaupt alle Geschöpfe, die somit insgesamt deren Kinder
sind. Alle liegen sie dem höchsten Gott am Herzen, doch um einzel-

ne von ihnen kümmert er sich in besonderer Weise. Dem König Keret von Hubur etwa – der, von vielerlei Schicksalsschlägen getroffen, am Rande der Verzweiflung war – erschien er im Traum und beschrieb ihm bis ins Detail, wie er sein Glück machen könne; später heilte er ihn auch noch auf magische Weise von einer schweren Krankheit.

Ein Gott allerdings stammt nicht aus Els Lenden – Baal*: Er drängte sich, von außerhalb kommend, in die Familie ein und machte El später sogar seine Führungsrolle streitig. Er vertrieb den rechtmäßigen Herrn von seinem Platz und erklärte sich selbst zum König der Götter.

Allzu schwer dürfte Baal die Entthronung Els nicht gefallen sein, denn während er selbst als hünenhaft geschildert wird, ist El vor allem weise, gütig, geduldig – und war zur Zeit der angesprochenen Ereignisse bereits ein wenig in die Jahre gekommen. Mit seinem wallenden Bart und seinem langen Gewand noch sehr majestätisch anzusehen, ermangelte es ihm doch der Kräfte, deren ein Herrscher – und der Gemahl einer jungen, vitalen Göttin – nun einmal bedarf. Bevor er zwei Frauen schwängern konnte, mußte er sich beispielsweise erst einmal mit gebratenen Krammetsvögeln stärken. Doch zu erotischen Eskapaden dieser Art ist er ohnehin nicht mehr aufgelegt; seit einigen Jahrtausenden bleibt er viel lieber daheim in seinem unterirdischen, an zwei Quellen gelegenen Palast und bekundet über jeden Besuch seiner Frau Atirat – die sich auf der Suche nach einem tauglicheren Bettgenossen schon vor langem eine eigene Wohnung genommen hat – eine wahrhaft kindliche Freude. Dann, so erzählt ein ugaritischer Text, »strampelt« der würdige Greis »mit den Beinen, lacht über das ganze Gesicht und verdreht die Finger«.

Enki, Ea

Enki – oder Ea, wie ihn die Babylonier später nannten – stand bei den Sumerern in sehr hohem Ansehen. Er war es nämlich, der nicht nur die Welt erschaffen hatte, sondern auch die Menschen. Er ist außerdem der Gott der Weisheit und der Beschwörungskünste und darüber hinaus Herrscher über den unterirdischen Süßwasserozean Apsu. Wer über diesen Ozean gebietet, der ist zugleich auch für alles verantwortlich, was diesem Meer und der Erde entspringt, also alle Flüsse und Quellen.

Damit ist Enki einer der wichtigsten Götter überhaupt, denn in seiner Macht steht es, für das Gedeihen von Pflanzen, Tieren und Menschen zu sorgen – oder sie alle durch Dürre umkommen zu lassen. Da Quellen zudem bei Zaubereien aller Art eine wichtige Rolle spielten, waltete Enki, zusammen mit seinem Sohn Marduk*, auch über derlei Rituale.

Enki wohnte in Eridu, der nach der literarischen Tradition ältesten Stadt Sumers. Hier bewahrte er auch seine göttlichen Kräfte auf, bis Inanna sie ihm eines Tages abluchste (siehe hierzu unter Ischtar). Vielleicht fühlten sich die alten Sumerer und Babylonier ihm deshalb so nahe und eng verbunden, weil er neben seiner großen Macht auch recht menschliche Neigungen hatte – vor allem, was die Frauen anbelangte. Er konnte einfach nicht genug von ihnen bekommen und schreckte auch nicht davor zurück, mit der eigenen Tochter Ninmu (die er mit der Muttergöttin Nintu gezeugt hatte) seine Enkelin Ninkurra zu zeugen und mit dieser wiederum die Urenkelin Uttu. Als er sich auch an diese heranmachte, verwandelte die inzwischen ziemlich zornige Nintu seinen Samen in acht Pflanzen, damit Uttu nicht auch wieder schwanger würde.

Enki beauftragte daraufhin seinen Wesir, ihm diese Pflanzen zu bringen, und er aß sie kurzerhand auf. Als Nintu das sah, verfluchte sie ihren Gemahl und verließ ihn. Da eine Muttergöttin aber selbstredend der Welt nicht einfach verlorengehen darf, war guter Rat teuer, und schließlich erklärte sich der Fuchs bereit, sie zurückzuholen und mit Enki auszusöhnen.

Die acht Pflanzen, die Enki gegessen hatte, waren durch den Fluch Nintus in der Zwischenzeit aber zu acht Krankheiten geworden, an denen der Gott nun litt. Die mitleidige Göttin sann auf Abhilfe und gebar nach einigem Nachdenken acht Gottheiten – und das ist das gute Ende der Geschichte –, die jeweils für eine der Krankheiten zuständig waren und sie heilten. Ob Enki sich diesen Liebesbeweis seiner Frau zu Herzen nahm, ist nicht überliefert, aber gleichwohl zu hoffen.

Enki hat aber nicht nur ein Herz für die Frauen, er nimmt sich auch der weniger gelungenen Exemplare der Schöpfung an – und zwar mit gutem Grund. Als er nämlich auf Wunsch seiner Mutter Nammu die Menschen aus Lehm formte, bat er die Geburtsgöttin Ninmah und sieben weitere Göttinnen, ihm bei der »Geburt« der Menschen zu assistieren. Da sich Ninmah aber bei dieser wichtigen Handlung irgendwie zurückgesetzt fühlte, bildete sie aus dem übriggebliebenen Lehm sieben weitere Figürchen und stattete sie alle, um Enki eins auszuwischen, mit irgendwelchen körperlichen Anomalien aus. Anstatt sich aber darüber aufzuregen und die armen Krüppel etwa einfach zu vernichten, gestand Enki ihnen das Recht auf Leben zu und wies jedem einzelnen von ihnen – mochte es der Blinde, die unfruchtbare Frau oder der Lahme sein – seinen Platz in der Welt zu. So fühlten sich auch die vom Schicksal Benachteiligten bei Enki gut aufgehoben.

Enki machte sich überhaupt um uns Zweibeiner verdient, bewahrte er uns doch davor, das Los von Diplodukus und Dodo zu teilen – also jämmerlich auszusterben. Die Götter hatten nämlich in einem feierlichen Akt beschlossen, die Menschen für ihre zahllosen Sünden zu bestrafen und sie vermittels einer gewaltigen Flut vom Antlitz der Erde zu tilgen. Enki, der natürlich zugegen war, hatte aber einen Sterblichen, Utanapischti, besonders gern und wollte wenigstens ihn retten. Also erzählte er ihm von dem Plan und riet ihm, ein Schiff zu bauen.

Der Fortgang der Geschichte ist durch das Remake aus der Genesis wohlbekannt. Utanapischti entgeht nebst den Seinen und den mitgenommenen Tieren dank Enki dem Schicksal der übrigen Geschöpfe und wird später sogar – hier anders als Noah – selbst zu einem Gott erhoben.

Enlil

Enlil war der Hauptgott des sumerischen Pantheons. Sein Name bedeutet soviel wie »Herr des Windhauches«, und dementsprechend kümmert er sich um alles, was im weitesten Sinne mit dem Wetter zu tun hat. Wie sich denken läßt, ist mit ihm daher oft nicht gut Kirschen essen, denn nicht selten tobt er als Sturm seinen Zorn aus und richtet schlimme Verheerungen an. Überhaupt gerät er gern in Wut, und die Menschen begegneten ihm mit gebührender Furcht. Von ihm stammte übrigens auch der Plan, die Menschheit mit Hilfe einer Sintflut auszurotten (Enki**). Und zu anderen – früheren und späteren – Gelegenheiten schickte er, um die Sünder Mores zu lehren, allerlei Pestilenzen über die Welt.

Seine Anhänger verehrten ihn vor allem in Nippur und schätzten ihn als Wächter über die politische Ordnung, denn er soll es gewesen sein, der die menschlichen Herrscher in ihr Amt einsetzte. Doch nicht nur die Menschen, auch etliche Stadtgötter reisten jährlich nach Nippur, um Enlil ihre Aufwartung zu machen und ihn darum zu bitten, daß es ihrem jeweiligen königlichen Schützling gut ergehen und dessen Reichtum an Vieh und Korn wachsen möge. Denn Enlil ist auch für das Land als solches verantwortlich.

Einst hatte er Himmel und Erde voneinander geschieden, und direkt im Anschluß daran erfand er die Hacke. Damit schlug er so fest in den Boden, daß die Menschen durch die so entstandenen Risse zu ihm heraufkriechen konnten. Die anderen Götter waren darüber dermaßen begeistert, daß sie Enlil feierten und den Menschen die Hacke – als Gerät par excellence – überließen.

Aber niemand ist vollkommen, und jeder hat irgendwo eine Leiche im Schrank versteckt. Den dunklen Fleck auf seiner Weste zog sich Enlil in seiner Jugend zu, als er Ninlil, seine spätere Frau, kennenlernte. Er war von ihr so angetan, daß er sie vergewaltigte und sie mit dem späteren Mondgott schwängerte. Als die anderen Götter davon erfuhren, wiesen sie ihn dieses Vergehens wegen aus Nippur aus und verbannten ihn in die Unterwelt. Inzwischen hatte sich jedoch auch Ninlil in ihn verliebt und eilte ihm nach – was ihm Gelegenheit gab, sie in jeweils unterschiedlicher Gestalt noch drei weitere Male zu begatten. Die Kinder, die daraus entstanden, wurden gleich als Ersatz für Enlil in die Unterwelt abkommandiert, und Enlil selbst durfte nach Nippur zurückkehren. Er heiratete seine Ninlil und führte von nun an ein vorbildliches Leben.

Eos

Die griechische Göttin der Morgenröte trägt ein goldenes Gewand und einen Stern auf dem Kopf, und wenn sie auf ihrem goldenen Wagen thronend in der Frühe aus dem Meer heraufsteigt und mit ihren Rosenfingern den Schleier der Nacht hebt, ist sie einfach unwiderstehlich. Direkt gefolgt von ihrem Bruder Helios* fährt sie zunächst zum Olymp, um dort die Ankunft der Sonne zu verkünden, und macht dann ihre Runde über den ganzen Himmel, bis sie des Abends wieder in ihre feuchte Behausung zurückkehrt.

Die Eltern der Eos sind die Titanen Hyperion und Theia, die außer ihr und Helios auch noch die Mondgöttin Selene bekamen. Manches Mal dürfte Eos ihre Schwester darum beneidet haben, daß *sie* noch schlafen darf, während sie selbst tagaus, tagein in aller Herrgottsfrühe aus den Federn muß. Andererseits hat sie auch nichts dagegen, nachts freizuhaben, denn sie ist eine große Freundin der Liebe. Immer noch, muß man sagen, denn viel Glück hatte sie mit ihren Beziehungen bislang nicht.

Zum einen handelte sie sich den Fluch der Aphrodite* ein, die sie eines Tages mit ihrem Liebling Ares im Bett erwischte. Außer sich vor Eifersucht verfluchte sie Eos dazu, daß sie ständig nach jungen sterblichen Männern begierig sein sollte. Und ihr Wille geschah: Eos, die mit Astraios verheiratet ist und mit ihm die Sterne und die Winde gezeugt hat, verliebt sich seitdem – schamvoll errötend zwar, aber dennoch – andauernd in andere Männer. Ihr Verlangen ist jedesmal so stark, daß sie sich überhaupt nicht bezähmen kann und ihre Opfer einfach entführt.

Wie sich denken läßt, erregt sie mit dieser traditionell »männlichen« Vorgehensweise nicht unbedingt die zärtlichen Gefühle, die sie sich erhofft. Kephalos beispielsweise war gerade seit kurzem glücklich mit Prokris verheiratet, als Eos des Weges kam, ihn sah und liebte. Der treue Jüngling versuchte zwar, der Göttin in aller Höflichkeit klarzumachen, daß er mit seiner jungen Gattin vollauf zufrieden sei und nicht an Seitensprünge denke, aber vergeblich. Er wurde rücksichtslos abgeschleppt.

Doch das half Eos auch nicht viel, denn wo er ging, stand oder lag, selbst in den unpassendsten Situationen, redete Kephalos nur von seiner Prokris, seufzte und war schlicht zu nichts zu gebrauchen. Schließlich verlor die Göttin die Geduld und ließ ihn wieder ziehen. Allerdings nicht ohne einen Abschiedsfluch, der zur Folge hatte, daß die zwei sterblichen Liebenden erst nach vielen, vielen Monaten und etlichen Schwierigkeiten wieder zusammenfanden.

Eos aber hatte sich in der Zwischenzeit nach einem neuen Gespielen umgesehen und den und jenen geraubt, das eine oder andere Kind bekommen und sich dann nach dem nächsten Geliebten umgesehen. Einer von ihnen war Ganymedes, ein bildhübscher Junge, auf den aber leider auch Zeus* ein Auge geworfen hatte. So war ihr auch mit ihm kein Glück beschieden, denn der Götterkönig verwandelte sich in einen Adler und raubte den Knaben, damit er ihm von nun an auf dem Olymp als Mundschenk diente. Eos hatte dafür aber etwas gut bei Zeus, und so holte sie sich als Ersatz für Ganymedes dessen Bruder Tithonos; als Draufgabe erbat sie sich von Zeus für ihn die Unsterblichkeit.

Der Wunsch wurde ihr gewährt, allerdings hatte sie nicht daran gedacht, daß ihr ein unsterblicher Tithonos nur dann Freude machen würde, wenn er auch jung bliebe. Solange er, wie es in einer Homerischen Hymne heißt, »blühte in reizvoller Jugend«, war zwischen den beiden alles in Ordnung; »aber sobald die ersten grauen Haare sein schönes / Haupt überwallten und seine lieblichen Wangen bedeckten, / mußte die edle Eos auf seine Liebe verzichten.« So viel sei zu Eos' Ehrenrettung gesagt, daß sie diese Veränderungen zunächst mit Fassung trug und ihren alternden Geliebten aufopfernd pflegte und mit Ambrosia nährte. Als er sich aber schließlich kaum noch rühren konnte und nur noch krächzte und keifte, war es mit ihrer Geduld zu Ende. Sie nahm den völlig Verschrumpelten und sperrte ihn im Schlafzimmer ein. »Lediglich seine Stimme erklingt unaufhörlich, doch keine Kraft mehr bewegt, wie einst, die krummgezogenen Glieder.«

Tithonos hatte sich in eine Zikade verwandelt! Und so sägt er seitdem nicht mehr nur an den Nerven der Göttin, sondern auch noch an denen der Menschen – die doch eigentlich nichts für sein Los können!

Erlik
→ Ülgen

F

Fei Lian, Feng Bo
Der chinesische Windgott, Feng Bo, heißt mit Namen Fei Lian. Er ist ein vielbeschäftigter Mann, hat er doch nicht nur ein verantwortungsvolles Amt im Donnerministerium inne, sondern kümmert sich darüber hinaus um einzelne besonders ausgezeichnete Menschen, so vor allem um die Dichter. Seit alter Zeit behaupten diese jedenfalls immer wieder, auf ihren Wanderungen durch das Reich vom »Windgrafen« geleitet zu werden. So schreibt ein anonymer Dichter der frühen Han-Zeit:

> »Die Sonne geht auf, noch ist es nicht hell.
> Ich eile dahin auf gerader Bahn
> zwischen Himmel und Erde. Windgraf ist meine Vorhut;
> Dunst und Staub verwehen, alles wird klar.«

Fortuna
Wie jeder weiß, schenkt Fortuna Glück und Reichtum – allerdings nur dann, wenn sie Lust dazu hat. Die alten Römer bauten ihrer Göttin daher eine ganze Reihe von Tempeln, denn je mehr sie verhätschelt wurde, desto eher konnte man mit ihrem Wohlwollen rechnen.

Früher scheint Fortuna, anders als ihre griechische Kollegin Tyche, allerdings weniger launisch gewesen zu sein. Sie, die oft ein Füllhorn in der einen Hand und ein Steuerruder in der anderen hält, war damals zwar streng, aber im wesentlichen wohltätig. Horaz hingegen schildert sie als eine Göttin, die Menschen einerseits in den Himmel heben und andererseits auch ins schwärzeste Elend stürzen kann:

> »O Göttin, die du im lieblichen Antium herrschest,
> voll Macht, den Sterblichen von tiefster Stufe
> zu erheben und stolze
> Triumphe in Leichenzüge zu verwandeln!«

Anlässe, Fortuna anzurufen, gab es natürlich mehr als genug: Man bat sie um gutes Wetter auf dem Meer, um Sieg in einer Schlacht, überhaupt um Glück bei Unternehmungen aller Art und nicht zuletzt in der Liebe. Am 24. Juni aber feierte man die Göttin aus einem ganz bestimmten Grund mit einem rauschenden Fest: Sie war es nämlich, die dafür sorgen mußte, daß die so wichtigen Salztransporte von der Tibermündung sicher nach Rom und weiter ins Landesinnere gelangten. Das rechte Tiberufer gehörte eine ganze Zeit lang zum etruskischen Machtbereich, und es war immer ein Risiko, das Salz von den Salinen an seinen Bestimmungsort zu bringen. So wurden in der Nähe des Flusses zwei Heiligtümer für Fortuna errichtet, damit sie ihre schützende Hand über den Salzhandel hielt, der den Römern große Einnahmen bescherte.

An dem genannten Festtag wurden die Tiberkähne mit Kränzen geschmückt, und jeder, der wollte und konnte, Freie ebenso wie Sklaven, Frauen, Männer und Kinder aller Gesellschaftsschichten, begingen eine feuchtfröhliche Feier zu Ehren ihrer Glücksgöttin. Ovid forderte alle Teilnehmer zum Trinken auf:

»Geht zu Fuß oder fahrt auf schnellem Kahne flußabwärts,
schämt euch nicht, wenn dann trunken nach Hause ihr kehrt!
Tragt im Girlandenschmuck, ihr Boote, die trinkfrohe Jugend,
mögen Ströme von Wein fließen mitten im Strom.«

Fortuna kümmerte sich damals vermutlich nicht nur um den reibungslosen Transport von Salz, sondern überhaupt von Handelsgütern aller Art, wie Wein und Getreide. Händler und Gewerbetreibende wandten sich mithin besonders oft an die Göttin – ebenso aber auch Könige und Kaiser. Ihnen hatte die Göttin natürlich die meisten der zahlreichen Tempel zu verdanken, die ihr in Rom errichtet wurden. Ganz besonders ergeben war ihr Trajan, der sie auf seinem Bogen in Benevent in ihren verschiedenen Aspekten abbilden ließ und ihr darüber hinaus einen Tempel baute, in dem sie als »Allfortuna« verehrt wurde.

Trajan hatte übrigens allen Grund zur Verehrung der Glücksgöttin, denn sie ermöglichte es ihm, Dakien zu erobern, und stand ihm bei seinen Feldzügen gegen die Parther getreulich zur Seite – wofür er sich auch mit reichen Spenden an das Volk revanchierte.

Freyja

Die germanische Göttin Freyja frönte in ihren jungen Jahren einem recht lockeren, um nicht zu sagen lotterhaften Lebenswandel, und so war es sicher nicht völlig aus der Luft gegriffen, was Loki* – dem früher oder später jeder Klatsch zu Ohren kam – ihr in der »Lokasenna«, seiner berühmten Schimpfrede an die Götter, bösartig an den Kopf warf:

»Schweige du, Freyja, dich kenne ich völlig,
du bist nicht von Fehlern frei:
Von den Asen und Elben, die hier innen sind,
Hast du jeden gern beglückt.«

Tatsächlich sollen es nicht nur die Asen und Elben gewesen sein, sondern auch einige – genauer gesagt *vier* – Zwerge, denen sie als Gegen-
gabe für einen kostbaren goldenen Halsschmuck, den berühmten
Brisingamen, jeweils die Gunst einer Nacht gewährte. Zuerst, so viel
sei immerhin zu ihrer Ehrenrettung eingestanden, versuchte sie es
zwar mit einer ordentlichen Bezahlung und bot den Zwergen Geld,
Silber und Edelsteine an; die kunstreichen Schmiede entgegneten jedoch, davon hätten sie schon mehr als genug – und so blieb ihr eben
nichts anderes übrig, als sich selbst in die Waagschale zu werfen.

Sie war übrigens nicht die einzige, die es auf den Brisingamen abgesehen hatte. Auch Odin hätte ihn gern besessen, und wie er sich
stets seines Gehilfen Loki bediente, so auch in diesem Fall: Er beauftragte ihn, der Göttin das Halsband zu stehlen, und wischte alle
Einwände Lokis, der dieses Unterfangen für unmöglich hielt, einfach
beiseite. Bevor er den Schmuck nicht habe, erklärte er schließlich nor-
disch-bündig, brauche sich Loki bei ihm gar nicht wieder blicken zu
lassen. Zur Freude aller übrigen Götter, die es dem ungeliebten
Lästermaul von Herzen gönnten, machte sich Loki, laut heulend und
ratlos, auf den Weg nach Hause.

Doch Loki ist listenreich, und so hatte er schon bald einen Plan:
Sobald es Nacht wurde, verwandelte er sich in eine Fliege und suchte zähneklappernd (es war Winter) stundenlang nach einem kleinen
Ritz in der Tür zu Freyjas Schlafzimmer. Endlich entdeckte er ein
Löchlein, quetschte sich hindurch und fand die Göttin friedlich schlafend. Weil sie aber ungünstig auf dem Schloß des Halsbands lag,
nahm Loki jetzt die Gestalt eines Flohs an und stach die Schöne ein
bißchen – gerade genug, damit sie sich umdrehte. Nun konnte er ihr
den Brisingamen abnehmen und mit der kostbaren Beute verschwinden.

Als Freyja am nächsten Morgen erwachte, erriet sie sofort, wer hinter dem Diebstahl steckte. Sie eilte schnurstracks zu Odin und verlangte ihr Kleinod zurück. Odin wies sie verächtlich auf die Art und
Weise hin, wie sie sich den Schmuck »erkauft« habe, und erklärte, sie
werde ihn nur unter der Voraussetzung wiederbekommen, daß es ihr
gelinge, zwei Könige, von denen jeder wiederum zwanzig Unter-

könige haben müsse, im Kampf gegeneinanderzuhetzen. (Odins
Bedarf an toten Helden ist bekanntlich schier nicht zu decken.) Freyja erfüllte die Bedingung und erhielt ihr Halsband zurück.

Aber die Göttin ließ sich immerhin nicht mit *jedem* ein; die Riesen
zumindest, von denen einige liebend gern mit ihr angebandelt hätten, verschmähte sie. Und da sie im Guten nicht zu haben war, verfiel Thrym, der Riesenbaumeister, einst auf die List, Thor* sein Lieb-
lingsgerät, den Hammer, zu entwenden. Er wußte, wieviel die Waffe
den Göttern wert war, und verlangte als Lösegeld – nicht eben bescheiden – außer Freyja auch noch Sonne und Mond. Loki riet den
Asen, auf die Forderung einzugehen, und so begleiteten sie den Riesen schweren Herzens zur ahnungslosen Göttin:

»Sie schritten hin zur schönen Freyja,
und also war Thryms erstes Wort:
›Binde dich, Freyja, mit Brautlinnen!
Wir reisen zu zweit nach Riesenheim!‹«

Freyja jedoch dachte nicht daran, auf den Handel einzugehen, denn
so auf den Hund gekommen, daß sie sich mit einem Riesen abgege-
ben hätte, war sie denn doch nicht:

»Grimm ward da Freyja, grollend schnob sie,
der ganze Saal der Götter bebte,
hinsprang der breite Brisingenschmuck:
›Die Mannstollste müßte ich sein,
reist' ich mit dir nach Riesenheim!‹«

Und dabei blieb es. Also steckten die Götter statt dessen Thor** in
Brautgewänder, Freyja lieh ihm dazu ihren Schmuck, und der tumbe
Riese merkte den Betrug erst, als Thor seinen Hammer wiederhatte.

Freyja ist (was nach allem Gesagten niemanden verwundern wird)
die germanische Göttin der Liebe und der Liebenden. Nicht umsonst
wurden an ihrem Tag, dem Freitag, früher viele Ehen geschlossen.
Auch sie selbst fand eines Tages den Richtigen – Odr, einen Sterblichen – und bekam von ihm zwei Töchter, Hnoss, die so schön war,
daß kostbare Gegenstände nach ihr benannt wurden, und Gersimi,
was soviel wie »Schatz« bedeutet.

Wie sehr sie ihren Mann liebte, bewies sie, als er eines schönen Tages
verschwand und nicht wiederkehrte: Die verlassene Freyja war untröstlich und durchstreifte auf der Suche nach dem Verschollenen viele Länder. Dabei vergoß sie unzählige rote Tränen, die als Bernstein

auf der Erde zurückblieben, und überall, wo sie hinkam, nannte sie sich mit einem anderen Namen. Aber alles Suchen war vergeblich, und schließlich kehrte sie betrübt nach Folkwang, ihrer himmlischen Behausung, zurück und widmete sich wieder ihren vielfältigen Aufgaben.

Eine von diesen ist es, zusammen mit Odin die Verstorbenen in Empfang zu nehmen: sie die eine Hälfte, er die andere. Während er die Seinen in Walhall willkommen heißt, begibt sie sich zu diesem Zweck in ihre große Halle Sessrymnir, und wie es im ›Grimnirlied‹ heißt: »Freyja entscheidet, / wer die Sitze dort fülle im Saal.« Meistens kümmert sie sich um die edlen verstorbenen Frauen und überläßt die in der Schlacht gefallenen Helden Odin.

Von Rechts wegen müßte natürlich eigentlich Odins Gemahlin Frigg diese Hausfrauenrolle übernehmen, doch Freyja ist (hoffen wir, erst seit dem Verschwinden ihres Gatten) seine Geliebte und genießt als solche gewisse Vorrechte.

Überhaupt muß man sagen, daß sie viel Glück im Leben gehabt hat, war sie doch ihrer Herkunft nach keine Asin, sondern eine Vanin, Tochter des Njörd und Schwester des Freyr*, mit denen zusammen sie einst als Geisel zu den Asen kam. Hier machte sie sich dadurch allseits beliebt, daß sie die Asen die Zauberkünste lehrte, die sie selbst bei den Wanen gelernt hatte, und da sie außerdem die Schutzherrin von Liebe und Fruchtbarkeit war, avancierte sie – trotz ihres liederlichen Lebenswandels – bald zu der neben Frigg angesehensten Göttin überhaupt.

Und so unpassend dies für eine Liebesgöttin erscheinen mag, wurde sie zum Oberhaupt der Walküren erhoben, der Kriegerinnen, die auf dem Schlachtfeld die gefallenen Helden einsammeln, nach Walhall bringen und dort mit Met und Milch und üppigen Gastmählern verwöhnen. Mit Odin begibt sie sich stets selbst vor Ort, um die Auswahl zu treffen – Freyja in ihrem von Katzen gezogenen Wagen, in Helm und Harnisch und mit Bogen und Schwert bewaffnet. Wenn sie es aber einmal besonders eilig hat, schnallt sie sich ihre Falkenflügel um, wahre Wunderwerke, von denen zuweilen auch andere Götter profitieren – so beispielsweise Thor, als ihm einmal seine Lieblingswaffe abhanden gekommen war. Da fragte der Gott:

»Willst du mir, Freyja, dein Federhemd leihen,
daß ich den Hammer heimholen kann?«
Und sie, großzügig und liebenswürdig:

»Du sollst es besitzen, und wär es von Silber –
ich wollt es dir geben, und wär es von Gold!«

Was übrigens die Katze als Lieblingstier der Freyja anbelangt, so hieß
es noch bis vor gar nicht langer Zeit, wenn eine Braut bei gutem Wetter zur Trauung ging, in manchen Gegenden Deutschlands: »Die hat
die Katze gut gefüttert!«

Freyr

Während Walvater Odin* ein eher düsterer Gott ist, an dessen
Händen das Blut der unzähligen Krieger klebt, die schon auf seinen
Wunsch hin sterben mußten, ist Freyr eine lichte, helle und freund-
liche Gestalt; so heißt es in der ›Edda‹:

»Freyr ist der erste von allen Helden,
die die Burg der Asen birgt;
keines Mannes Frau und kein Mädchen kränkt er,
und macht die Gefesselten frei.«

Im nordgermanischen Pantheon nimmt er eine fast ebenso hohe Stel-
lung wie Odin und Thor* ein, ist er es doch, der für den Sonnenschein,
das Wachstum der Pflanzen und damit auch für das Gedeihen von
Mensch und Tier verantwortlich ist. Und er ist auch in anderer Hinsicht das genaue Gegenteil von Odin: Während dieser sich mit allen
Mitteln darum bemüht, Krieg und Zwietracht unter den Menschen
zu säen, damit möglichst viele Leichen für Walhall anfallen, setzt sich
Freyr ausschließlich für den Frieden ein. Darum, und weil er für
Fruchtbarkeit und damit für Glück und Wohlstand sorgt, liebten ihn
die Menschen von ganzem Herzen.

Ihn rief das Mädchen an, das sich einen Liebsten wünschte, oder
die Frau, deren Mann – Odin zum Trotz – heil und gesund aus der
Schlacht zurückkehren sollte. Da Freyr sie selten enttäuschte und
sein einmal gegebenes Wort unfehlbar hielt, gewöhnten sich die
Menschen an, in seinem Namen die heiligsten Eide zu schwören.
Dazu schlachteten sie ein Tier, tauchten einen Ring in dessen Blut,
hielten ihn anschließend hoch und riefen aus: »So wahr als mir Freyr,
Njörd und die mächtigen Asen helfen mögen!«

Bei dem Opfertier handelte es sich nach Möglichkeit um ein männ-
liches Schwein, weil es dem Freyr heilig ist. Der Gott besitzt selbst
einen Eber mit goldenen Borsten, Gullinborsti mit Namen, den er,
da er schneller laufen kann als jedes Pferd, bei Bedarf vor seinen

Wagen spannt. Außerdem gehen von den Borsten des Ebers so helle Strahlen aus, daß sie selbst die dunkelste Nacht erhellen. Die kunstfertigen Zwerge, die dieses Wundertier konstruierten, machten Freyr auch noch ein weiteres wunderbares Geschenk: das Schiff Skidbladnir. Es hat zum einen die Eigenschaft, stets guten Fahrtwind zu haben und also nie das angestrebte Ziel zu verfehlen. Zum anderen läßt es sich nach Gebrauch so zusammenfalten, daß es in jede Tasche paßt – und das, obgleich es groß genug ist, bei Bedarf alle Götter aufzunehmen!

Ursprünglich besaß Freyr auch noch ein Zauberschwert, das selbsttätig durch die Luft flog und jeden Gegner niederstreckte. Diese kostbare Waffe hat er allerdings nicht mehr, weshalb er, wenn es dereinst zum Endkampf zwischen Göttern und Riesen, der berühmten Ragnarök, kommt, in einer argen Klemme sein wird.

Wie Freyr sein Wunderschwert verlor, erzählt die Geschichte seiner Werbung um seine spätere Frau Gerd.

Einstmals setzte sich Freyr auf Odins Thron Hlidskialf, von dem aus man die ganze Welt überblicken kann, wurde dabei aber von Odin ertappt. Der geriet darüber verständlicherweise in Zorn und ließ Freyr zur Strafe weit im fernen Riesenheim ein Mädchen erblicken, die Tochter des Bergriesen Gymir. So schön war sie, daß, als sie die Arme hob, um die Tür zu schließen, von ihrem Glanz Himmel und Meer leuchteten! Augenblicklich war es um Freyr geschehen. Von glühender Liebe verzehrt, kehrte er nach Hause zurück, sprach mit niemandem, aß und trank nichts mehr und versank in düstere Schwermut.

Njörd, sein Vater, wunderte sich sehr, doch da Freyr ein so böses Gesicht machte, traute er sich nicht, ihn selbst anzusprechen, und bat dessen Diener Skirnir herauszufinden, was los sei. Nach einigem Zureden erzählte Freyr von seinem Erlebnis und fügte dann hinzu:

»Inniger hat niemals seit der Urzeit Tagen
ein Mann ein Mädchen geliebt,
doch von Asen und Elben kein einziger will es,
daß wir beide beisammen sind.«

Sofort erbot sich Skirnir, für seinen Herrn um Gerd zu werben, erbat sich aber zu diesem Zweck dessen Pferd und dessen Zauberschwert, das die »zaubrische Lohe, die düsterrote durchdringt«. Ohne einen Augenblick zu überlegen, übergab ihm der verliebte Freyr das Verlangte und wünschte ihm viel Erfolg.

Gut ausgerüstet machte sich Skirnir also auf den Weg nach Riesenheim. Dort bewachten allerdings große Hunde den Zaun, der um Gerds Halle gezogen war, und auf einem nahe gelegenen Hügel saß ein Wächter, der auf Skirnirs Anruf lakonisch sagte: »Erstrebst du den Tod, oder starbst du bereits?« Skirnir ließ sich aber nicht aus der Fassung bringen, drang mit Getöse bis zu Gerd vor und richtete ihr Freyrs Werbung aus. Als Geschenk brachte er ihr elf goldene Äpfel und den Ring Draupnir, der die wunderbare Eigenschaft hat, daß in jeder neunten Nacht acht neue gleich schöne und schwere Ringe aus ihm entstehen. Sie aber entgegnete hochmütig:

> »Den Ring nehm ich nicht, sei auch rot er vom Feuer,
> in dem Odins Sohn [Baldr*] zu Asche ward;
> nicht fehlt mir's an Gold in Gymirs Gehöft,
> nach Gefallen vergeud ich sein Gut.«

Da hatte Skirnir genug vom Süßholzraspeln und fuhr andere Geschütze auf: Er drohte, ihr mit seinem Schwert, falls sie nicht auf der Stelle die Werbung annehme, kurzerhand den Kopf abzuschlagen. Als Gerd jedoch weiterhin eisern blieb, kündigte er ihr die unmöglichsten Strafen an: Mit der Zauberrute würde er sie ans Ende der Welt auf den Adlerhügel verbannen, wo sie allein unter schrecklichen Riesen sich als Wundertier würde begaffen lassen müssen –

> »Kobolde sollen dich quälen den ganzen Tag
> in der Riesen Reich;
> weinen sollst du, statt Wonne zu fühlen,
> und mit Tränen tragen den Schmerz.«

Damit nicht genug, verhieß er ihr außerdem noch einen dreiköpfigen Riesen zum Mann, mit dem sie hungernd und Ziegenharn trinkend in der Totenwelt hausen solle. Eine so schreckliche Vorstellung war sogar der starken Gerd zuviel, und sie gab endlich klein bei. Sie lud Skirnir zum Met ein und ließ Freyr ausrichten, er könne sich nach neun Nächten an einem bestimmten Hain einstellen, wo sie ihm den »Liebesgenuß gönnen« wolle. Freyr aber, der seinen Diener schon ungeduldig erwartet hatte, sagte auf diese Nachricht seufzend:

> »Lang ist eine Nacht, lang sind zweie,
> wie geduld ich mich drei?
> Ein Monat oft schien mir minder lang
> als des Harrens halbe Nacht.«

Doch ging auch diese Zeit vorbei, und endlich konnte Freyr glücklich und zufrieden – ohne sein Schwert zwar, dafür aber mit seiner schönen Frau – in Alfheim einziehen. Hier pflegt er vertraulichen Umgang mit den Alfen oder Elben, die gleich ihm in enger Beziehung zum Wachstum der Pflanzen und zu den Kräften der Natur stehen und seine guten Freunde sind. Sein Haus aber hatten die Götter Freyr geschenkt, als er seinen ersten Zahn bekam, und diese großzügige Gabe zeigt, wie sehr er, der doch einst mit seinem Vater Njörd als Geisel zu den Asen gekommen war, von diesen bereits als Kind geachtet und geschätzt wurde.

Frigg

Frigg ist die Frau des höchsten germanischen Gottes Odin* und hat es mit ihm – wie Hera* mit Zeus* – seiner häufigen Untreue wegen nicht leicht. Aber da sie sich um mehrere Kinder zu kümmern hatte, allen voran Baldr*, dem ihre ganze Sorge galt, und da sie die Pflichterfüllung allgemein und insbesondere die der Frauen über alles setzt, leidet sie, wenn überhaupt, nur insgeheim. Auch befaßt sie sich nach Art vieler First Ladies mit häuslichen Belangen, steht Frauen bei der Geburt bei, beschützt sie und ihre Ehe und waltet überhaupt über sie mit umsichtigem Auge. Jede freie Minute, vor allem aber den Donnerstagabend, verbringt sie mit Spinnen, um auch in dieser Tätigkeit allen sterblichen Frauen ein Vorbild zu sein (den Flachs dazu schenkte sie vormals selbst den Menschen). Vielleicht deswegen wird das Sternbild des Orion in Schweden »Spindel und Rocken der Frigg« genannt. Trotz dieser unbestreitbaren hausfraulichen Qualitäten hielt sie es allerdings nicht immer mit der Tugend; so behaupten böse Zungen – und vor allem Loki*, der sie in seiner berühmten Schmährede, der »Lokasenna«, als »mannstolle Metze« tituliert –, sie sei mit ihren zwei Schwägern, Wili und We, als Odin ihnen vertretungsweise die Herrschaft überlassen hatte, ins Bett gestiegen. Schlimmer aber als dieser zumindest standesgemäße Fehltritt war, daß sie aus purer Goldgier eine Liebschaft mit einem Diener anfing.

Odin hatte von einem nordischen Fürsten ein goldenes Abbild seiner selbst geschenkt bekommen und ließ es stolz in Asgard aufstellen. Frigg wollte sich aber aus diesem Gold Schmuck anfertigen lassen, bestach auf die angedeutete Weise den für das Kultbild verantwortlichen Diener und erhielt denn auch prompt, was ihr Herz begehrte. Odin war durch diese Schmach so beschämt, daß er fürs erste das Land verließ.

Überhaupt ist Frigg alles andere als ein braves Muttchen und schafft es mit verschiedenen Listen immer wieder, sich gegen ihren ehrfurchtgebietenden Gatten durchzusetzen; und wenn sie der Hafer sticht, scheut sie auch vor einer glatten Lüge nicht zurück. Als sie und Odin beispielsweise einmal zusammen auf dem Thron saßen und über die Welt blickten und Odin anfing, König Geirröd, seinen Pflegesohn, über den grünen Klee zu loben, erklärte Frigg aus purem Trotz, Geirröd sei in Wirklichkeit ein furchtbarer Geizhals und lasse seine Gäste hungern. In seiner Pflegevaterehre verletzt, fuhr Odin zürnend auf, verwahrte sich gegen derlei infame Unterstellungen und wettete mit seiner Frau, daß sie Unrecht habe. Kaum aber war ihr Gemahl majestätisch davongestapft, schickte Frigg einen Boten zu Geirröd und ließ ihm ausrichten, ein übelwollender Zauberer werde ihn demnächst besuchen; erkennen könne er ihn daran, daß die Hunde vor ihm zurückwichen. Der ahnungslose Geirröd nahm daraufhin den angekündigten Mann gefangen, der niemand anders als der verkleidete Odin war, der die Gastfreundschaft seines Ziehsohnes auf die Probe stellen wollte. Und so gewann Frigg ihre Wette auf Kosten des eigentlich sehr freigebigen Geirröd.

Trotz aller gegenseitigen Untreue verstehen sich Frigg und ihr Mann jedoch recht gut, und Odin, der viel auf die Meinung seiner klugen Frau gibt, bespricht mit ihr alle wichtigen Entscheidungen. Und so nimmt sie es ihm nicht übel, wenn er gelegentlich auch einmal etwas gegen ihren Willen tut. Als die beiden wieder einmal traulich zusammensaßen, erklärte Odin aus heiterem Himmel, er beabsichtige, einen Riesen aufzusuchen, um herauszufinden, ob er ihm an »alter Kenntnis« gewachsen sei. Frigg riet ihm davon ab, sich mit einem so starken Gegner einzulassen, aber als ihr Gemahl bei seinem Entschluß blieb, fing sie nicht etwa einen Ehestreit mit ihm an, sondern erteilte ihm ihren Segen:

> »Reise gesund, gesund komm wieder!
> Gesund wandre den Weg!
> Nicht fehle dir Weisheit, Vater der Menschen,
> wenn mit dem Riesen du reden mußt!«

Fu Xi

China ist ein großes Land, und so braucht es denn auch mehrere Schöpfer; einer von ihnen ist Fu Xi (sprich: Fu Hsi), ein Gott, der sich – ebenso wie seine Gemahlin Nü Gua – zumeist mit dem Rumpf einer Doppelschlange zeigt. Sobald das Schöpfungsgeschäft erledigt war, betätigte er sich als Jagd- und Fischereigott. Man könnte also sagen, daß er bis zum Amtsantritt Shen Nongs* der wichtigste Gott war. So, wie dieser die Menschen später zu Bauern erzog, lehrte Fu Xi sie, Fallen zu stellen, Netze zu knüpfen und Reusen zu flechten. Die Urtümlichkeit der Lebensweise, die sich in diesen Tätigkeiten äußert, entspricht durchaus der magischen Herkunft, die Shen Nong nachgesagt wird. Seine Mutter, Hua Xu (sprich Hua Hsü), soll nämlich versehentlich auf die Fußspur eines Riesen getreten sein, die aus dem Donnersumpf herausführte, und dadurch schwanger geworden sein.

Bevor sich Fu Xi und seine Frau aber als Kulturheroen betätigen konnten, mußten sie erst einmal dafür sorgen, daß etwas Ordnung in die Welt kam, denn zu dieser frühen Zeit herrschte allenthalben noch das pure Chaos: Nicht nur waren die vier Pole umgestürzt, die neun Provinzen zerrissen, der Himmel löchrig und die Erde nicht überall tragfähig, es lag auch sonst vieles im argen. Das Wasser war so ungezähmt, daß es ständig Überschwemmungen verursachte, und das Feuer brannte lichterloh, ohne jemals zu verlöschen. Obendrein waren die Menschen den wilden Tieren hilflos ausgeliefert, wobei es die Raubvögel vor allem auf die Greise und die kleinen Kinder abgesehen hatten.

Fu Xi und Nü Gua brauchten sich angesichts solcher Mißstände nicht lange zu bedenken: Als erstes schmolzen sie die fünffarbigen Steine ein und flickten damit den Himmel; dann schnitten sie einer armen großen Schildkröte die Beine ab und stellten diese an den vier Polen auf. Mit Schilfasche dämmten sie die Wasserfluten ein, wodurch die Erde abtrocknen konnte, und die wilden Tiere –insbesondere einen üblen schwarzen Drachen – töteten sie. Auf diese Weise ermöglichten die beiden Götter es den Menschen, fortan in Frieden und Ruhe zu leben, und konnten sich ihrerseits der löblichen Aufgabe widmen, ihnen die dazu nötigen Fertigkeiten und Kenntnisse zu vermitteln.

G

Gaia

Gaia ist die Erde und die Urmutter sämtlicher griechischen Götter. Sie war es, die aus dem Urchaos auftauchte und als erstes im Schlaf den Uranos* gebar. Und er, der liebevolle Sohn, sah von den Bergen aus auf sie herab und besprühte ihre geheimen Körperöffnungen mit fruchtbarem Regen. Daraus entstanden das Gras, die Blumen, die Bäume und die Tiere. Doch Gaia war mit ihrem breiten Becken wie geschaffen für weitere Kinder, und so bekam sie mit ihrem Sohn, den sie auch heiratete, eine große Anzahl weiterer Sprößlinge.

Eines Tages hatte sie allerdings genug von Uranos**, der sich zunehmend als Rabenvater entpuppte, und ließ ihn durch ihren jüngsten Sohn Kronos* aus dem Weg räumen. Damit war es zwar mit den ehelichen Freuden und dem Kinderkriegen vorbei, doch Gaia, die Urmutter, die Spenderin reicher Gaben, war es zufrieden. Sie hatte erreicht, was sie wollte: Sie hatte den Grundstein gelegt, sie hatte die Welt erschaffen; nun konnte sie sich zurücklehnen und zuschauen, was andere daraus machen würden.

Ganesha

Eines Tages suchte sich die indische Göttin Parvati* zum Baden einen hübschen kleinen See in einem abgelegenen Tal des Himalaya, das ringsum von Bergen umgeben war. Sie wollte nämlich, wie die meisten Frauen, bei dieser wichtigen Tätigkeit nicht gestört werden. Ihr Mann Shiva* aber, der wie die meisten Männer in diesem Punkt anderer Ansicht war, hatte sie bald ausfindig gemacht, schlich sich zum Eingang des Tales und betrachtete sie wohlgefällig.

Als Parvati zufällig aufsah und ihren Mann bemerkte, wurde sie so wütend, daß Shiva es vorzog, das Weite zu suchen. Sie dagegen rubbelte eilends ein wenig von der Sandelpaste, mit der sie sich gerade eingerieben hatte, wieder vom Körper und formte daraus einen kleinen dicken Jungen. Sie hauchte ihm Leben ein, drückte ihm eine Keule in die Hand und sagte zu ihm: »Du stellst dich jetzt da in den Eingang zum Tal und paßt auf, daß mir niemand – hörst du, niemand! – zu nahe kommt.«

Der kleine dicke Junge tat wie geheißen. Als Shiva kurze Zeit darauf nachsehen kam, ob seine Frau immer noch nicht genug vom

Planschen hatte, stellte er sich ihm in den Weg. Der angesichts einer solchen Dreistigkeit ergrimmte Gott maß ihn von oben bis unten, hob sein Schwert und hieb ihm den Kopf ab.

Parvati brach augenblicklich in Tränen aus, weinte und jammerte um ihren Sohn und befahl ihrem Mann, den Kopf umgehend wieder herbeizuschaffen und das Kind wieder lebendig zu machen. Gehorsam schickte der beschämte Shiva also seine *Ganas*, seine Hilfstruppen, auf die Suche – aber umsonst: Der Kopf war wie vom Erdboden verschluckt. Schließlich verlor der Gott die Geduld und wies seine Ganas an, das erstbeste Wesen zu enthaupten, das ihnen über den Weg laufen würde, und wie es der Zufall wollte, war es ein Elefant. Shiva setzte also dessen Kopf auf den Rumpf des Leichnams und brachte den wiederbelebten Dicken zu Parvati, die sich zwar freute, ihr Kind gesund und munter zurückzuerhalten, ihrem Mann aber immer noch grollte. Er bat sie, doch wieder gut zu sein, er würde den Kleinen auch als seinen Sohn anerkennen und obendrein noch zum Chef über seine Hilfstruppen machen. Da lachte Parvati endlich wieder, und das elefantenköpfige Kind erhielt den Namen Ganapati oder Ganesha (»Herr der Hilfstruppen«).

Darüber, warum der Arme nur einen Stoßzahn hat, sind sich die heiligen Texte ebensowenig einig wie die Gelehrten; nach einer Geschichte ist der andere ihm im Verlauf eines Gerangels abgebrochen, als er Parashurama, eine der Inkarnationen Vishnus*, daran hindern wollte, Shiva zu besuchen.

Ganz außer Zweifel steht allerdings, daß Ganesha gerne nascht und daher in einer seiner vier Hände stets eine Schale mit Süßigkeiten hält, aus der er sich häufig mit seinem Rüssel bedient. Mag er dem uneingeweihten Auge deshalb auch ein wenig lächerlich erscheinen, so ist er doch eine der beliebtesten Gottheiten Indiens. Er ist der Gott des Anfangs, der Beseitiger aller Hindernisse (*Vighneshvara*), weshalb er auch vor Beginn einer jeden wichtigen Unternehmung verehrt wird. Daneben gilt er als Hüter und Förderer der Wissenschaften und der Weisheit, und so beginnen die meisten traditionellen hinduistischen Texte mit einer Anrufung Ganeshas.

Das Reit- und Wappentier dieses sympathischen Gottes ist passenderweise die Ratte: ein Tierchen, das schließlich immer und überall einen Durchschlupf findet und stets sein angestrebtes Ziel erreicht.

Ganga

Wie es kam, daß die himmlische Flußgöttin Ganga sich einst dazu herabließ, auf die Erde niederzusteigen, erzählt die folgende Geschichte:

Einmal beschloß der indische König Sagara, als Ausdruck seines Anspruchs auf die Weltherrschaft, ein Pferdeopfer durchzuführen. Voraussetzung für ein solches Opfer aber war, daß der dafür bestimmte Hengst zuvor ein ganzes Jahr lang, von nichts und niemandem behindert, frei auf der Erde umherschweifen konnte. Zum Geleitschutz hatte Sagara dem Tier die 60 000 Söhne der einen seiner zwei Gemahlinnen mitgegeben, und so war er überzeugt, es könne eigentlich nichts schiefgehen. Trotz dieses Riesenaufgebots aber war das Pferd eines Tages urplötzlich verschwunden. Wutentbrannt befahl Sagara seinen Söhnen, die ganze Erde zu durchsuchen und den Hengst wieder herbeizuschaffen, und als die Prinzen das Tier trotz intensivsten Nachforschens nirgendwo finden konnten, gruben sie, um wirklich nichts unversucht zu lassen, ein riesiges Loch bis hinab in die Unterwelt.

Dort aber saß rein zufällig der Weise Kapila und meditierte, und neben ihm stand, an einem Pfahl angebunden, der vermißte Hengst. Der mißgünstige Götterkönig Indra* hatte das Tier nämlich, um das Opfer zu verhindern, dort versteckt. Sagaras Söhne glaubten aber, der *Weise* habe das Tier gestohlen, und beschimpften ihn unflätig. Da öffnete der in seiner Versenkung gestörte Kapila unwillig die Augen und verbrannte die Prinzen durch einen einzigen Blick samt und sonders zu Asche.

Als seine Söhne nicht wiederkehrten, begann Sagara sich Sorgen zu machen und schickte den einzigen Sohn seiner zweiten Frau, den jungen Prinzen Amshuman, auf die Suche nach ihnen. Auch er kam zu guter Letzt zu Kapila, doch anders als seine proletenhaften Halbbrüder verneigte er sich, wie es sich gehörte, ehrfürchtig vor dem Weisen und erhielt denn auch zur Belohnung das entwendete Pferd zurück. Als Amshuman aber auch um die Wiederbelebung seiner 60 000 Brüder bat, versprach ihm der Weise, sein (also Amshumans) Enkel würde dereinst die himmlische Ganga (die wir die Milchstraße nennen) auf die Erde herunterholen: denn nur die Berührung mit dem heiligen Wasser könne die Asche reinigen und die Toten damit erlösen.

Wie Kapila gesagt hatte, geschah es. Amshumans Enkel, Bhagiratha, meditierte tausend Jahre auf einem Gipfel des Himalaya, damit Ganga endlich vom Himmel auf die Erde herunterkäme. Auch verehrte er Gott Shiva*, damit dieser den niederstürzenden Fluß in seinem Haar auffinge und die Welt nicht durch den Aufprall erschüttert würde. So groß war die Macht, die Bhagiratha durch seine Askese angesammelt hatte, daß Ganga sich endlich wohl oder übel dazu entschließen mußte, seinem Wunsch zu folgen – obgleich sie nicht die geringste Lust dazu verspürte. Ja, so wütend war sie über diesen erzwungenen Ortswechsel, daß sie beschloß, durch die Wucht ihres Sturzes Shiva in Grund und Boden zu rammen. Als der große Gott merkte, was die zickige Göttin vorhatte, lächelte er nur milde; ein bißchen Strafe, dachte er bei sich, mußte allerdings sein. Er fing Ganga also in seinen verfilzten Haaren auf und ließ sie erst einmal ein paar tausend Jahre lang ziellos darin herumfließen.

Bhagiratha jedoch wurde die Zeit allmählich lang; schließlich hatte er ja 60 000 Großonkel zu erlösen! Also übte er wiederum ein paar tausend Jahre lang Askese. Dadurch erweicht, schüttelte Shiva den Kopf und ließ Ganga aus seinem wüsten Haarputz hervorsprudeln, so daß sie endlich die Erde erreichte. Aber nun war die Göttin erst recht motzig; sie folgte zwar Bhagiratha, der sie in Richtung Unterwelt leitete, unterwegs floß sie allerdings absichtlich mitten durch die Einsiedelei des Weisen Jahnu und setzte sie völlig unter Wasser. Erzürnt öffnete Jahnu daraufhin den Mund und verschluckte die Ganga kurzerhand, und Bhagiratha saß wieder einmal auf dem trocknen. Inzwischen wußte er allerdings, was in einem solchen Fall zu tun war: Er meditierte und verehrte den Weisen, und schließlich ließ sich dieser dazu bewegen, die Ganga wieder – diesmal aus den Ohren – zu entlassen.

Nun stand der Erlösung der 60 000 Söhne Sagaras nichts mehr im Wege: Bhagiratha leitete die nun schließlich zahm gewordene Flußgöttin in die Unterwelt, sie benetzte die Asche der Toten – und die Weissagung des Kapila war endlich erfüllt.

Seitdem strömt die himmlische Ganga durch Indien und reinigt jeden, der sie aufsucht, von all seinen Sünden.

Geb

Der »Kronprinz« der ägyptischen Götter, wie Geb gern genannt wurde, ist die Erde selbst. Aus ihm geht alles Leben hervor: Er trägt auf seinem Rücken die Pflanzen, und alle Quellen sprudeln aus seinem Leib. Umgekehrt treten, wie es in einem Pyramidentext heißt, alle Toten wieder in ihn ein und werden erneut zu dem, was sie einmal waren. Verheiratet ist Geb, wie könnte es anders sein, mit Nut*, der Göttin des Himmels. Schu, der Vater der Nut, hob sie vor Urzeiten in die Höhe und schuf damit erst die Welt, die seitdem unter ihr ausgebreitet liegt.

Mit Nut zeugte Geb die Sonne, Osiris*, Isis*, Seth* und Nephthys. Als Vertreter des Atum* wohnte er wie dieser früher in Heliopolis. Hier schlichtete er Streitigkeiten zwischen den Göttern und sprach Recht, ganz nach Art der menschlichen Könige, die sich daher auch von ihm als Erben eingesetzt fühlten und sich als solche bezeichnen ließen. So trägt Geb als göttlicher Herrscher, der mit Vorliebe in menschlicher Gestalt erscheint, wie die Pharaonen eine Krone, gelegentlich aber auch eine Gans auf dem Kopf, da ihm dieser Vogel besonders lieb ist. Auch seine Hieroglyphe stellt eine Gans dar, und vielleicht ein wenig respektlos wurde er dieser Assoziation wegen auch als der »große Schnatterer« bezeichnet.

Gottvater
→ Jahwe-Gottvater-Allah

Guanyin
Wer zu den Göttern gehört, darüber waren und sind sich Laien wie Forscher keineswegs immer einig. Und so, wie manche Fachleute einige sogenannte Herdgötter eher zu den Hausgeistern zählen würden, stellt sich bei Guanyin die Frage, ob er oder sie nun ein männlicher Bodhisattva sei – also ein Erleuchteter, der zum Wohle der leidenden Geschöpfe auf seine Erlösung verzichtet – oder eine chinesische Fruchtbarkeitsgöttin.

Die Weisen unter den hierüber Streitenden haben sich zumindest dahingehend mit dem Problem arrangiert, daß sie ganz richtig erklären, ein Bodhisattva sei eigentlich weder männlich noch weiblich, da er kraft seiner Erkenntnis jenseits aller Dualitäten gelangt sei. Außerdem kann solch ein erleuchtetes Wesen zur Durchführung seiner Aufgabe – das Leiden im Universum zu lindern – schließlich jede beliebige Gestalt annehmen. Also spricht auch nichts dagegen, daß Guanyin, die chinesische Entsprechung des indischen Avalokiteshvara, des Bodhisattva der Barmherzigkeit, sich, wenn er es aus welchem Grund auch immer für nötig erachtet, als Göttin »verkleidet«.

Ob nun Männlein oder Weiblein, jedenfalls ist Guanyin eine der beliebtesten Gottheiten Chinas und – unter dem Namen Kannon oder

Kwannon – auch Japans. Sein Kult breitete sich mit rasender Geschwindigkeit aus und erreichte einen Höhepunkt, als der chinesische Herrscher Wenzong im Jahr 828 anordnete, daß ein Bild von ihm in jedem Kloster aufgestellt und verehrt werden sollte. Bei einer Zahl von damals über 40 000 Klöstern konnte sich Guanyin also kaum über mangelnde Wertschätzung beklagen!

Seinen Triumphzug in China und in Japan dürfte Guanyin beziehungsweise Kannon seiner vorbehaltlosen Bereitschaft zu verdanken haben, jedem beizustehen, der in Not ist und übernatürlicher Hilfe bedarf.

Was das Problem auch sei – eine Anrufung genügt, und Guanyin ist zur Stelle. Traditionell wurden jedoch speziell sieben Nöte und deren Abwehr mit ihm in Verbindung gebracht, nämlich Gefahr durch Schwert, Bande oder Ketten, Feuer, Wasser, Dämonen, böse Geister und Feinde; manche rechneten als achtes noch Stürme hinzu.

Als man sich Guanyin zunehmend als – weißgewandete – Frau vorstellte, also etwa ab dem zehnten Jahrhundert, kam zu diesen herkömmlichen Pflichten eine weitere wesentliche Aufgabe hinzu. Seit sie weiblich ist, muß sie auch – ja, fast vor allem – dafür sorgen, daß der Kinderwunsch von Frauen in Erfüllung geht. Mitleidig und großherzig, wie sie ist, hat sie sich auch dieser neuen Anforderung mit Hingabe gestellt. Dabei besitzt sie selbst, wie sich die Leute erzählen, eigentlich keinerlei inneren Bezug zur Mutterschaft. In ihrer Jugend hatte sie unbedingt Nonne werden und in das »Kloster der Weißen Spatzen« eintreten wollen. Ihr Vater, ein König, war strikt dagegen und versuchte, sie mit allen Mitteln umzustimmen; und als nichts half, beschloß er, sie schließlich durch das Schwert töten zu lassen.

In dem Augenblick aber erschien der Herrscher der Unterwelt und entführte die Prinzessin in sein Reich. Hier tat Miaoshan, wie Guanyin damals noch hieß, so viel Gutes, kümmerte sich in einer so aufopfernden und liebevollen Weise um all die armen Seelen, daß aus der ehemaligen Hölle ein richtiges Paradies wurde. Das war natürlich nicht der Sinn der Sache, und irgendwann riß dem Totengott der Geduldsfaden: Er nahm die Prinzessin, brachte sie wieder auf die Erde zurück und ließ sie frei. So wurde sie auf einer Insel wiedergeboren (weswegen sie seitdem auch als Schutzpatronin der Seefahrer gilt) und kümmerte sich, wie zuvor um die Toten, nun um ihren gestrengen Vater. Ihre Hingabe kannte dabei keine Grenzen, denn als dieser sich ein bösartiges Geschwür zuzog, schnitt sie sich ein Stück Fleisch aus dem Leib und legte es (wie man vermuten darf, unter Hersagung geeigneter Zaubersprüche) auf die kranke Stelle. Der durch diese mehr als selbstlose Handlung geheilte Vater ließ seiner Tochter zu Ehren ein Standbild errichten – nur kam es bei der Bestellung der Statue zu einem kleinen Mißverständnis zwischen ihm und dem Bildhauer: Durch die Lobeshymnen des bekehrten Vaters offenbar ein wenig verwirrt, verlieh der Künstler Guanyin nämlich tausend Arme und tausend Augen. Und genauso wird sie noch heute sehr oft abgebildet.

Gucumatz
➞ Kukulkán

Gunmangur
Gunmangur gilt im nördlichen Australien gewissermaßen als die »Vorstufe« Unguds*, der im ganzen Kontinent verehrten und gefürchteten, allmächtigen Wasser- und Regenbogenschlange.

Ursprünglich lebte Gunmangur samt Frau und etlichen Kindern auf der Erde einträchtig mit den Menschen zusammen, zu deren Nutz und Frommen er unter anderem die Enten, die fliegenden Hunde und die Fische erschaffen hatte.

Einer seiner Söhne aber – Djinimin, der »Fledermausmann« – war ein mißratener Bursche, und eines Tages ging dessen Bosheit so weit, daß er seine drei Schwestern, die rosenbrüstigen Papageien, vergewaltigte. Als ihm dieses Verbrechen ungestraft durchging, sann er auf noch Schlimmeres, und zu guter Letzt beschloß er, seinen eigenen Vater umzubringen. Und so geschah es denn auch: Als Gunmangur einmal mit einer großen Anzahl von Vogelmenschen gemütlich beim Dröhnhornblasen zusammensaß, durchbohrte Djinimin ihn hinterrücks mit seinem Speer.

Mit einem lauten Aufschrei stürzte sich der tödlich getroffene Vater ins Meer, wo ihm ein anderer Sohn den Speer aus der Wunde zog. Anschließend schleppte er sich, begleitet von seiner treuen Frau, die ihn, so gut es ging, pflegte, noch eine Weile durch das Land. Überall, wo er sich schmerzgepeinigt ausruhen mußte, entsprang eine Quelle. Zuletzt stürzte er sich in den Victoriasee und nahm als Rache für das Verbrechen, das an ihm begangen worden war, sämtliche Feuerstöcke, in seinem Haar verborgen, mit sich in die Tiefe.

Dadurch beraubte er die Menschen natürlich des Feuers und hätte sie also zu einem wahrhaft elenden Schicksal verdammt, wenn nicht der Habichtmann alles mit angesehen hätte und aus den Wolken hinabgestoßen wäre: So schaffte er es gerade noch, einen der Stöcke zu retten, bevor das Wasser über dem Gott zusammenschlug. Nicht verhindern aber konnte er, daß sich daraufhin eine riesige Flutwelle über das Land ergoß – Strafe genug für die Menschen, die ja eigentlich nichts mit der Tat des bösen Sohnes, des Fledermausmannes, zu tun gehabt hatten.

Gunmangur starb unter einem Felsen und verwandelte sich in die Regenbogenschlange, wobei der untere Teil des Regenbogens seine heraushängende Zunge verkörpert, der obere Teil seine Frau. Im Prinzip wohnt er seitdem im Bergsee Bia, wo auch seine Schwirrhölzer verborgen liegen, gleichzeitig überhaupt in jedem Gewässer Australiens, das er auf seiner Wanderung selbst ins Dasein gerufen hat. Die Nebel aber, die aus diesen aufsteigen, bilden die Milchstraße.

H

Hachiman

»Acht Banner«, wie sein Name übersetzt lautet, ist – wie sich schon an seinen rund 25 000 Schreinen ablesen läßt – einer der populärsten Götter Japans. Er gilt als der vergöttlichte fünfzehnte Tenno und wird als Schutzpatron des Minamoto-Klans und allgemein der Samurai sowie überhaupt als Kriegsgott verehrt. Um so verwunderlicher ist die Tatsache, daß seine Tempel vor allem an den zahlreichen Tauben zu erkennen sind: seinen Lieblingstieren, die folglich auch von seinen Verehrern geschützt und gefüttert werden. Das älteste und wichtigste Heiligtum des Hachiman befindet sich in Usa, im Norden der Insel Kyushu.

In seiner Funktion als Krieger ist der Gott vor allem für die Sicherheit des Reiches verantwortlich, wobei er nicht nur äußere Feinde daran hindert, ihre ungewaschenen Füße auf den geheiligten Boden Japans zu setzen, sondern sich auch tatkräftig in die inneren Angelegenheiten des Landes mischt. So war er bereits im achten Jahrhundert maßgeblich an der Unterwerfung eines Aufstands beteiligt, und wiederholt griff er durch Orakel in die innenpolitischen Ereignisse ein, stets mit dem Ziel, die »Sonnen-Nachfolge des Himmels« zu schützen.

Daß er kein primitiver, ausländerfeindlicher Schläger, sondern ein wahrhaft erleuchteter Krieger ist, bewies Hachiman schon dadurch, daß er, der shintoistische Gott, sich praktisch unmittelbar nach Einführung des Buddhismus zu dieser »neuen«, fremden Religion bekehrte und sofort zu einem ihrer begeistertsten Förderer wurde; so gelang es im Jahre 752 nur mit seiner Hilfe, den bronzenen »Großen Buddha« von Nara zu gießen. Dank seiner besonderen göttlichen Fähigkeiten avancierte er zudem sehr rasch vom bloßen Laienanhänger zum Bodhisattva – also zum Buddha, der den leidenden Geschöpfen zuliebe auf seine Erlösung verzichtet. Seitdem ist er als *Hachiman Daibosatsu* bekannt: »Großer künftiger Buddha Hachiman«.

Dieses friedliche »Amt« empfindet übrigens niemand als im Widerspruch zur Rolle des Kriegsgottes stehend, und so läßt sich Hachiman gern weiterhin in höfischer Kleidung und hoch zu Roß abbilden.

Hara
→ Shiva

Hari
→ Vishnu

Hathor
Das Gegenstück zur ägyptischen Kriegsgöttin Sachmet* ist, wie schon an deren beider jeweiligem Lieblingstier deutlich wird, die Liebesgöttin Hathor. Während die eine sich mit der Löwin identifiziert, liebt die andere die brave Kuh. Hathor schlüpft folglich entweder ganz in die Gestalt der Kuh oder trägt einen Kuhkopf oder aber wenigstens Kuhhörner auf dem menschlichen Kopf. Wie die Bedeutung ihres Namens, »Haus des Horus«, zeigt, stellte sie auch die Personifikation des königlichen Palastes dar, wurde doch der Pharao mit Horus* gleichgesetzt. Sobald ein König den Thron bestieg, verwandelte er sich in den Horusfalken und nahm dementsprechend einen neuen Namen an.

Der Falke aber ist ein Tier des Himmels, wie ja Horus mit seinen Flügeln die Erde überspannt, und so ist Hathor, als dessen »Haus«, der Himmel selbst. Früher stellten die Ägypter sich den Himmel tatsächlich als riesige Kuh vor, die einst den Urgewässern entstiegen war, und so scheint es nur natürlich, daß Hathor als Mutter des Sonnengottes Re* galt, den sie als Knäblein mit ihren Hörnern in den Himmel gesetzt hatte und mit dem sie seitdem auch eng verbunden blieb; zuweilen hieß es sogar, sie sei eines seiner Augen.

Die Kuh wurde aber nicht nur mit dem Himmel gleichgesetzt, sie ist auch – vielleicht etwas leichter nachzuvollziehen – der Inbegriff der Fruchtbarkeit, des Frau- und Mutterseins. Daher wurde Hathor auch als Muttergöttin, daneben aber als Göttin des Tanzes, der Musik und des Rausches verehrt. Vor allem Frauen konnten sich also bei jeder Gelegenheit an sie wenden – besonders dann, wenn der erwünschte Nachwuchs endlich wohlbehalten auf die Welt gekommen war. Hathor war nämlich auch diejenige, die in Gestalt der sieben Feen an dessen Bettchen trat und ihm sein Schicksal offenbarte.

Es war also tunlich, sich mit dieser Göttin gut zu stellen, und eine wirkungsvolle, dabei recht einfache Methode, ihr eine Freude zu machen, bestand darin, mit ihrem Lieblingsinstrument, dem Sistrum, zu rasseln. Dazu sangen ihre Verehrer und brachten ihr Rauschopfer dar. Hathor war, wie sich bei ihrer Vielseitigkeit und Familienfreundlichkeit denken läßt, sehr beliebt, und im Laufe der Jahrhunderte wurden ihr etliche Kultstätten eingerichtet. Hauptsächlich aber wohnte sie in ihrem Stammtempel im oberägyptischen Dendera, dessen 24 Vorhallensäulen die Form eines Sistrums nachbildeten.

Sie selbst – die »weibliche Seele mit den zwei Gesichtern«, wie sie genannt wurde – ist hier und anderswo durch einen Rundpfeiler dargestellt, von dem zwei Rinderköpfe oder zwei Frauenköpfe mit Kuhohren herabschauen.

Wurde Hathor schon im Reich am Nil so sehr geschätzt, daß ihretwegen etliche lokale Gottheiten ihren Platz räumen mußten, so liebten sie die im Ausland weilenden Ägypter ganz besonders. In den Bergwerksgebieten von Nubien und dem Sinai und auch im »Weihrauchland Punt«, dessen genaue geographische Lage unbekannt ist, gelangte sie zu höchsten Ehren, und im phönikischen Byblos wurde sie sogar – nach Verdrängung einheimischer Göttinnen – zur Stadtherrin erhoben.

He Bo

Mit diesem ehrenden Titel, der soviel wie »Flußgraf« bedeutet, wird der Gott des Huanghe, des Gelben Flusses, bezeichnet. Er ist ein wilder Gesell mit einem Fischleib wie bei uns zulande der Wassermann und wohnt in einem prunkvollen Schloß am Grunde des Stroms. Gesellschaft leistet ihm seine jeweils aktuelle Geliebte, denn He Bo schätzt die hübschen Frauen. Da die Menschen von dieser seiner großen Schwäche wußten und es stets geraten fanden, sich mit dem mächtigen Gott auf guten Fuß zu stellen, opferten sie ihm nicht nur Jadescheiben, sondern alljährlich auch eine Jungfrau. Sie wurde durch eine Schamanin ausgewählt, den Eltern abgekauft, gebadet und in neue Gewänder gekleidet. Anschließend wohnte sie ein paar Tage lang als Braut des Flußgrafen in einem Zelt am Strom und wurde dann anläßlich ihrer Hochzeit mit dem Gott auf einem Prunkbett im Wasser versenkt.

Um das Jahr 400 vor Christus wurde der hübsche Brauch allerdings mehr oder weniger aufgegeben. Und das kam so: Der Amtmann des Fürsten von Wei befand in einem Jahr die designierte Flußbraut für derart häßlich, daß er sie Seiner Erlaucht, He Bo, nicht zumuten wollte. Also schickte er die amtierende alte Schamanin mit dem Auftrag, den Gott um Entschuldigung für die Verzögerung zu bitten, gewaltsam in den Fluß. Verständlicherweise kehrte die Frau aber nicht, wie erwartet, vom Grund des Huanghe zurück, sondern blieb fürderhin verschwunden. Darauf sandte ihr der Amtmann drei ihrer Schülerinnen hinterher, damit sie die Säumige abholten. Aber auch sie vermochten es nicht, die allergnädigste Antwort des Flußgrafen zu übermitteln, da sie ebenso elend ertranken wie zuvor die Schamanin.

Da sah der Amtmann ein, daß Frauen einer derart heiklen Aufgabe offenbar nicht gewachsen waren, besann sich eines Besseren und versenkte den Dorfschulzen. Leider kam auch der nicht wieder, und nun begannen die Honoratioren des Ortes um ihre eigene Haut zu fürchten und setzten schließlich durch, daß der Flußgraf von nun an keine sterbliche Braut mehr erhalten sollte.

He Bo besitzt nicht nur einen von Drachen gezogenen Wagen, mit dem er, wann immer ihn die Lust dazu anwandelt, durch Wind und Wellen fährt, er kann sich auch selbst nach Belieben in ein solches Untier verwandeln. Mittlerweile dürfte er sich diesen Spaß allerdings weniger häufig gönnen, denn die Sache kostete ihn einst ein Auge.

Als er nämlich eines Tages in Gestalt eines weißen Drachen am Ufer seines Flusses auf und ab spazierte, erblickte ihn der Jagdgott Yi*, der große Drachentöter; flugs spannte er seinen Bogen und schoß ihm das linke Auge aus. Empört rannte He Bo zum Himmelsgott und verlangte, daß er Yi für diese Unverschämtheit töte. Der Himmelsgott erkundigte sich, wie es denn zu diesem Mißgeschick gekommen sei, und He Bo entgegnete: »Ich hatte mich nur eben in einen weißen Drachen verwandelt, lustwandelte als Drache im Freien.«

Da sagte der Himmelsgott, wäre er, wie es sich für ihn zieme, in der Tiefe des Flusses geblieben und hätte dort seine Pflicht getan, wäre ihm das nicht passiert; denn: »Wer da ein Reptil aus sich macht, ein Vierfüßertier, den trifft des Menschen Pfeil. Das liegt in der Dinge Natur. Yi trifft keine Schuld.«

Heiseb

Heiseb ist, wie ein Namibier einem wißbegierigen Ethnologen einmal zu erklären versuchte, »das größte Wesen, das älteste Wesen der Welt. Man kann sagen, so etwas wie der Herrgott.«

Ursprünglich lebte Heiseb, anders als manch ein anderer Hochgott, lange Zeit zusammen mit seinen Frauen auf der Erde und vertrieb sich die Zeit am liebsten damit, die armen Menschen zu ärgern. Einmal beispielsweise beschloß er, sie ein bißchen Hunger leiden zu lassen, und ließ zu diesem Zweck eine schöne große Dürre kommen. Als alle schon ganz schwach und abgemagert waren, rief er sie zusammen, stellte sich an ihre Spitze und marschierte mit ihnen los auf der Suche nach einem neuen schönen Land, wo es genug zu essen geben würde. Alles, was es an Nahrung auf der Welt überhaupt gab, hatte er aber in seinem Hut versteckt.

Also wanderten die Menschen und wanderten, und schließlich wurde ein kleines Kind müde und bat darum, hochgenommen zu werden. Heiseb setzte es sich auf die Schultern, doch als er es später wieder herunterließ, riß es ihm den Hut ab – und alle sahen, was er darin versteckt hatte. Nun blieb Heiseb, wollte er sich keine Prügel einhandeln, natürlich nichts anderes übrig, als seinen ganzen Reichtum – die Kartoffeln hierhin, die Honigbienen dahin, die Zwiebeln wieder woandershin – mit vollen Händen zu verteilen. Die Menschen brauchten nicht weiterzuwandern, denn nun hatten sie mehr als genug, um gut leben zu können. Nichtsdestotrotz waren sie verständlicherweise ziemlich sauer auf Heiseb, der ihnen andauernd solche üblen Streiche spielte.

Einmal allerdings hatte er ihnen tatsächlich wie ein richtiger Gott geholfen – damals, als die Sonne noch bei den Menschen auf der Erde wohnte. Sie hatte eine Menge Kinder, die Zikaden, und um die Mittagszeit pflegten diese um ihre Mutter herum wunderbare Musik zu machen. So schön waren die Töne, die sie hervorbrachten, daß jeder, der zufällig vorbeikam, wie magisch angezogen wurde und immer näher heranging, bis er so dicht an der Sonne war, daß sie ihm die Augen ausbrannte. Da beklagten sich die Menschen bei Heiseb, und er versprach, Abhilfe zu schaffen. Als es also wieder einmal Mittag war und die Zikaden vor einem gebannten Publikum musizierten, schlich er sich erst klammheimlich an die Sonne heran, dann sprang er vor, packte sie und schleuderte sie in den Himmel. Und damit war dieses Problem erledigt.

Ruhe herrschte damit allerdings noch lange nicht, denn Heiseb fuhr munter weiter fort, die Menschen auf alle erdenklichen Weisen zu quälen. Als daher eines Tages jemand das Gerücht aufbrachte, Gott sei tot, fingen alle an zu jubeln und Freudentänze aufzuführen. In Wirklichkeit aber lebte Heiseb natürlich noch: Er sah alles mit an, hörte die Menschen aus Freude über seinen Tod singen und regte sich fürchterlich auf. Also pirschte er sich an und sprang plötzlich mitten unter sie: »Ho!« rief er mit donnernder Stimme. »Ich bin keineswegs gestorben, aber euch werde ich bestrafen!«

Und da verwandelte er alle Urmenschen der Reihe nach in Tiere, und die Klippdächsin, die einsam und allein auf einem Stein saß und sang: »Ga, ga, ri, be, ho, Heisegeib ist tot!«, bestrafte er damit, daß sie von nun an immer zwischen den Steinen wohnen müsse. Er selbst aber sagte sich, daß sein Bleiben auf Erden nicht mehr das richtige sei, und verschwand.

»Der Alte ist nun ganz und gar fort. Ja, so war der alte Heiseb.«

Hekate

Die griechische Hekate aus dem alten Göttergeschlecht der Titanen ist eine sehr vielseitige und mächtige Göttin; »höchste Achtung«, versichert uns Hesiod, »genießt sie im Kreis der unsterblichen Götter«. Zeus* wies ihr nämlich nicht, wie den anderen Göttern, einen ganz speziellen Herrschaftsbereich zu, er schenkte ihr vielmehr je einen Anteil an Erde, Himmel und Meer; vielleicht erklärt dies, warum sie drei Gesichter hat. Ihr umsichtiges und gerechtes Walten und ihre Bereitschaft, jedem, der ihr Opfer darbringt, nach Kräften zu helfen, machte sie auch unter den Menschen äußerst beliebt.

Mit großem Eifer widmet sich Hekate ihren vielfältigen Aufgaben. Sie verleiht den Helden Glück und Sieg im Kampf, sie kümmert sich darum, daß die Schiffe heil zu ihrem Ziel und wieder nach Hause gelangen; sie sichert den Jägern eine reiche Beute und volle Netze den Fischern.

Hesiod nennt auch eine weitere Tugend: »Hilfreich wirkt sie mit Hermes im Stall, dem Vieh zu Gedeihen. Rinderherden und weithin weidende Ziegen und Scharen wolliger Schafe, und sind sie noch so gering: Sie vermehrt sie.«

Unter ihrer Obhut wachsen die kleinen Kinder zu starken Männern und gesunden Frauen heran, in Versammlungen gibt sie den Beratenden weise Gedanken ein, und dem, der sie verehrt, schenkt sie reichen Segen: »Aus der Fülle der Macht gewährt sie Glück ihm und Wohlstand.«

Insbesondere aber ist sie die Beschützerin der Tore und der Dreiwege, weshalb sie auch Trioditis (etwa »Dreiwegige«) genannt wurde. Und diese wichtige Funktion offenbart eine völlig andere Seite im Wesen der Göttin. Dreiwege und Kreuzwege sind nach alter, weltweit verbreiteter Vorstellung hochmagische Orte, an denen Geister, Dämonen und Gespenster ihr Wesen treiben. An diesen Punkten soll es möglich sein, einerseits in die Unterwelt und andererseits von dort in unsere Welt zu gelangen. Jemand, der über diese potentiell gefährlichen Plätze herrscht, muß nicht nur große Macht besitzen, sondern auch selbst zu den unheimlichen Wesen in enger Beziehung stehen.

Und auch letzteres trifft auf Hekate zu: Sie geht in der Unterwelt ein und aus und steht mit den Schatten und Gespenstern auf vertrautem Fuß. Sie selbst ist es, die die Geister in mondhellen Nächten zum Spuken verleitet und ahnungslose Menschen damit zu Tode erschreckt.

In diesem ihrem zweiten und besonders starken Aspekt wurde Hekate auch als Mondgöttin verehrt und damit als Beschützerin aller Wesen, die das Dunkel der Nacht – für welche Zwecke auch immer – suchen. Von ihren großen schwarzen Geisterhunden begleitet, treibt sie sich zu dieser Zeit auf Kreuzwegen, auf Friedhöfen und an anderen unheimlichen Orten herum und ist ständig von einem Schwarm von Geistern oder Seelen Verstorbener umgeben.

So war und ist sie die Lieblingsgöttin der Zauberinnen, Magier und Nekromanten. Sie sehen in Hekate ihre Schutzherrin, die Förderin ihrer Unternehmungen und die Meisterin, von der sie ihre Künste überhaupt erst erlernen. Deswegen kann sich auch jeder mit Gebeten und Opfergaben an sie wenden, der – ohne bereits zauberkundig zu sein – die Hilfe der dunklen Mächte gewinnen will.

Als die Königstochter Dido vom trojanischen Helden Äneas verlassen wurde, verfluchte sie ihn, bevor sie sich selbst tötete, indem sie Hekate – die Göttin, die man, wie es in der ›Äneis‹ heißt, »nachts in den Städten am Kreuzweg mit Heulen verehrte« – um Rache anflehte.

So bekannt und gefürchtet war diese düstere Seite Hekates, daß ihr vor allem auf Kreuzwegen, aber auch vor und sogar in Häusern kleine Heiligtümer oder Schreine eingerichtet wurden. Dort opferte man ihr regelmäßig bei Neumond Eier, Käse, Knoblauch und Honig, daneben auch schwarze Lämmer und vor allem Hunde. Wollte sich eine Familie vor dem unheilvollen Einfluß böser Geister schützen, wurde der zu opfernde Hund von allen Familienmitgliedern berührt, dann der Hekate geweiht und auf einen Kreuzweg gelegt. Beim Fortgehen durfte man sich auf keinen Fall umdrehen, weil man befürchtete, die Geister würden böse werden, wenn man ihnen beim Essen zusah.

Schon bereits versehentlich auf von anderen Bittstellern ausgelegte Gaben zu treten konnte schlimme Folgen nach sich ziehen. Hekate pflegte derlei Respektlosigkeiten mit Wahnsinn oder einer anderen für sie typischen Krankheit zu strafen. Ja, selbst wenn man lediglich *Zeuge* einer solchen Freveltat wurde, war es angeraten, sich rasch zu entfernen, sich Wasser über den Kopf zu gießen und umgehend eine Priesterin aufzusuchen, die einen mit einem Hundebaby in den

Händen umkreisen mußte, um den Zorn der Göttin zu besänftigen. Trotz dieser düsteren Aussichten scheuten sich die Armen früher allerdings nicht, die von Reichen für Hekate gespendeten (und für ihren üblen Geschmack berüchtigten) Speisen einzusammeln und selbst zu verzehren. Diese Diebstähle, die teilweise auch als reine Mutproben geschahen, waren allgemein bekannt und werden in der antiken Literatur immer wieder erwähnt. Überhaupt war das Opfer an Hekate ein so fest verwurzelter Brauch, daß die christliche Kirche sich noch im elften Jahrhundert genötigt sah, mit strengen Verboten dagegen anzugehen. Und nicht ohne Grund wurde die Göttin im Mittelalter – ebenso wie Diana – mit den Hexen, deren Versammlungen und nächtlichen Riten in Verbindung gebracht.

Hel

Hel ist die nordgermanische Göttin der Unterwelt, eines der Kinder Lokis*. Ursprünglich dürfte sie anders – oder wahrscheinlicher: gar nicht – geheißen haben, denn eigentlich ist »Hel« der Name ihres düsteren Reiches, der erst im Laufe der Zeit auf sie übertragen wurde. Der Weg zu Hel – oder nach Niflheim (»Finsterwelt«), wie ihr Reich genannt wird – ist lang und beschwerlich. Er führt durch tiefe, dunkle Täler immer weiter abwärts und nach Norden und endet am Fluß Gjöll, der mittels einer goldbedeckten Brücke überquert werden kann, zu deren Bewachung aber die Riesin Modgud abgestellt ist. Dann kommt ein großes Gitter und dahinter, mitten in Nebel und Finsternis, ragt Hels Haus empor. In der Edda heißt es auch, Hel hause unter einer der Wurzeln der Weltesche Yggdrasil.

Bei Hel geht es in jedem Fall ordentlich zu; jeder führt bei ihr das Leben, das ihm seinem Stand nach gebührt. Edle Neuankömmlinge werden von ihr mit allen Ehren in ihrem schönen hohen Saal empfangen. Für Baldr waren die Tische mit Ringen bestreut, die Dielen mit Gold belegt und der Met frisch gebraut. Die Vorstellung eines nach ethischen Kriterien zugeteilten jenseitigen Daseins der Freuden oder Qualen war den Germanen, zumindest in älteren Zeiten, offenbar fremd. Nach ihrem Glauben entschied im Prinzip nur die Todesart darüber, wo ein Mensch sein postmortales Leben verbrachte: Wer auf dem Schlachtfeld fiel, kam nach Walhall; alle übrigen (im Meer Ertrunkene ausgenommen) kamen zu Hel.

Da Baldr** durch einen Mistelpfeil starb, konnte er schlecht als Kriegsheld durchgehen und mußte daher nach Niflheim ziehen – allerdings nicht allein, wie wir von der Brückenbewacherin Modgud erfahren. Sie nämlich erklärt Odins Sohn Hermod, als er bei Hel um das Leben Baldrs bitten möchte: »Gestern ritt Baldr mit fünfhundert Begleitern über die Brücke; nicht weniger kracht die Brücke, wenn du allein sie betrittst.«

Um nicht selbst in der Unterwelt bleiben zu müssen, durfte Hermod nicht durch das Gittertor schreiten und die Umzäunung auch auf keinen Fall berühren. Also gab er seinem Pferd die Sporen und sprang einfach darüber weg.

In Niflheim angelangt, sah Hermod seinen Bruder auf dem Ehrenplatz sitzen; er blieb die Nacht über bei ihm – ohne allerdings von Hels köstlichen Äpfeln zu kosten, die ihn gleichfalls für immer an die Unterwelt gebunden hätten – und machte am Morgen der Göttin seine Aufwartung. Die Asen seien in großer Trauer um ihren Liebling, erklärte er ihr, und er verlange daher, daß Baldr mit ihm nach Hause reiten dürfe. So ein Wunsch war Hel noch nicht vorgekommen, und ganz bedingungslos wollte sie ihren hübschen Neuzugang nicht wieder hergeben. Also erklärte sie, die da oben möchten nun beweisen, was an der Sache sei. Wenn also, so sagte sie, »alle Dinge in der Welt, lebendige und tote, ihn beweinen, so soll er zurück zu den Asen fahren, aber bei Hel bleiben, wenn eins widerspricht und nicht weinen will«.

Mit diesem Bescheid mußte Hermod sich zufriedengeben. Der tote Baldr überreichte ihm noch rasch ein paar Geschenke für die Götter, seine gleichfalls verblichene Ehefrau Nanna gab ihrerseits einige Souvenirs aus Niflheim mit, darunter einen Überwurf, sie winkten sich zu, und Hermod kehrte nach Asgard zurück.

Er richtete den Asen aus, was Hel gesagt hatte, und sofort sandten sie Boten in die ganze Welt mit dem Auftrag an alle Geschöpfe, Baldr aus Niflheim »loszuweinen«. Und wie es in der ›Prosaedda‹ heißt: »Alle taten das, Menschen und Tiere, Erde, Steine, Bäume und alle Erze; wie du schon gesehen haben wirst, daß diese Dinge weinen, wenn sie aus dem Frost in die Wärme kommen.« Schon glaubten die Fortgeschickten, ihre Arbeit erfolgreich beendet zu haben, und machten sich wieder auf den Heimweg, als sie in einer Höhle noch eine Riesenfrau namens Thökk sitzen sahen. Also sagten sie noch einmal ihr Sprüchlein auf und baten sie, Baldr durch ihre Tränen zu befreien. Darauf antwortete Thökk (bei der es sich, wie viele glauben, um niemand anderen als den verkleideten Loki handelte, der Baldr endgültig los sein wollte):

»Thökk muß weinen mit trocknen Augen
über Baldrs Ende.
Nicht im Leben noch im Tod hatt' ich Nutzen von ihm:
Behalte Hel, was sie hat.«

Damit war Baldrs Schicksal besiegelt: Er mußte in Niflheim bleiben, wo er noch immer ist und Hels – wie man gesehen hat, durchaus nicht unerfreuliche – Gastlichkeit bis nach der Ragnarök genießen wird.

Helios

Der griechische Sonnengott Helios ist der Sohn der kuhäugigen Theia und des Titanen Hyperion und Bruder der rosenfingrigen Eos* und der Mondgöttin Selene. Jeden Morgen wird er von einem goldenen Hahn, seinem Wappentier, geweckt und von seiner rosenfingrigen Schwester den Göttern auf dem Olymp angekündigt. Er steigt aus dem Meer auf, setzt sich in seinen vierspännigen Wagen und prescht im Schlepptau der Eos über den Himmel. Im Westen, in dem einen seiner beiden herrlichen Paläste, angelangt, spannt er seine Pferde aus und läßt sie eine Weile auf den Inseln der Seligen weiden. Sobald sie sich satt gefressen haben, verlädt er sie und den Wagen auf eine Fähre, nimmt selbst in einer goldenen Schale Platz, und dann tritt er die Rückreise an, wobei er meist so müde ist, daß er schon während der Heimfahrt einschläft.

Wie wir spätestens seit Schillers ›Kranichen‹ wissen, zieht Helios, »der alles Irdische bescheint«, aus seiner hohen Position den Vorteil, alles, was auf der Erde geschieht, sehen zu können: *Er* wußte, wer den Ibykus ermordet hatte, und *er* wußte, wohin Persephone** entführt worden war. Als derjenige, der somit immer Zeuge jeder guten oder bösen Tat ist, wurde er auch als Eidgott verehrt.

Daß der Sonnengott alles sehen kann, heißt aber nun nicht, daß er wirklich immer alles *sieht*. Beispielsweise wurden ihm von den Gefährten des Odysseus etliche seiner heiligen Rinder vor der Nase weggeraubt und verspeist, ohne daß er davon etwas mitbekommen hätte.

Die Frevler entgingen dennoch nicht ihrer Strafe, denn Helios' Tochter Lampetie, deren Aufgabe es war, die väterliche Herde zu hüten, rannte flugs zu Papa und erzählte ihm, was geschehen war. Da wurde Helios furchtbar zornig und rief die Götter zur Rache auf. Und um seiner Forderung den rechten Nachdruck zu verleihen, fügte er, wie es in der ›Odyssee‹ heißt, hinzu: »Büßen die Frevler mir nicht vollgültige Buße des Raubes, steig ich hinab in Aides Reich und leuchte den Toten!«

Vielleicht war es diese Drohung, die Zeus augenblicklich zum Handeln bewog: Jedenfalls sandte er einen Orkan nebst einem Blitz, der das Schiff zerschmetterte und Odysseus' Gefährten bis auf den letzten Mann in den Hades beförderte. Doch der Götterkönig hatte ohnehin ein schlechtes Gewissen gegenüber Helios gehabt und hätte ihm vermutlich auch sonst geholfen. Als er nämlich in grauer Vorzeit die Inseln und Städte an die Götter verteilt hatte, war ihm plötzlich aufgefallen, daß er Helios übergangen hatte.

»Potz«, sprach er da, »nun kann ich wieder von vorn anfangen.«

»Aber nicht doch, Majestät«, soll Helios da höflich geantwortet haben. »Heute bemerkte ich Zeichen einer neuen Insel, die im Meere Kleinasiens den Fluten entsteigt. Mit ihr werde ich wohl zufrieden sein.«

Und seitdem hatte er bei Zeus etwas gut. Die Schicksalsgöttin Lachesis wurde als Zeugin für die neuen Besitzverhältnisse hinzugezogen, und als die besagte Insel, Rhodos, tatsächlich aufgetaucht war, ließ sich Helios darauf einen schönen Palast bauen. Mit der Nymphe Rhode bekam er ein paar Töchter und sieben Söhne, die später berühmte Astronomen wurden. Einer von ihnen, Phaethon, wurde allerdings nicht alt: Lange Zeit hatte er seinen Vater bestürmt, ihn doch einmal mit seinem herrlichen Sonnenwagen (eine Konstruktion des Hephaistos*) fahren zu lassen. Als zuletzt auch Rhode für den Sohn eintrat, gab Helios schließlich widerwillig nach. Phaethon fuhr los, hatte aber nicht genügend Kraft, die ungestümen weißen Rosse zu lenken. Sie liefen zunächst so weit nach oben, daß unten auf der Erde alle Lebewesen froren, und dann so steil hinab, daß die gesamte Vegetation verbrannte. Als Zeus sah, was der Junge da anrichtete, schleuderte er einen Blitz, und Phaethon stürzte tot hinab in die Fluten des Eridanos (Ovid behauptet dagegen: des Po). Seine Schwestern aber, die ihn innig geliebt hatten, wurden in Erlen oder Pappeln verwandelt, die seither das Ufer des Flusses säumen – und ihre Tränen in Bernsteintropfen.

Hephaistos

Der griechische Gott des Feuers und der Schmiede (die Römer nannten ihn Volcanus) hat es, Gott hin, Gott her, im Leben wahrhaft nicht leicht und braucht auch für den Spott nicht zu sorgen. Im Olymp ist er immer für einen Lacher gut, doch er trägt seine Rolle mit Fassung, ja, mit Selbstironie. Er weiß, daß er mit seiner umgeschlachten, eher zwergenhaften Gestalt, der haarigen Brust, dem stämmigen Nacken und vor allem seinen deformierten Füßen nicht eben einer der Hübschesten ist – um es milde auszudrücken.

Für den letztgenannten und schlimmsten Makel kann er sich bei seinem eigenen Vater Zeus* bedanken. Zwar war er schon lahm zur Welt gekommen, doch hielt sich der Schaden durchaus in Grenzen.

Aber bevor Zeus Gelegenheit hatte, Hephaistos vollends zum Krüppel zu machen, versuchte dessen Mutter, Hera*, das Problem mitsamt dem Problemkind aus der Welt zu schaffen: So sehr verletzte ihr verunstalteter Sohn ihre Eigenliebe, daß sie ihn kurzerhand über die Klippe des Olymps ins Meer warf. Hephaistos allerdings tat ihr nicht den Gefallen zu ertrinken: Er wurde von den beiden Meeresnymphen Thetis und Eurynome gerettet, gastfreundlich in ihrem unterseeischen Haus aufgenommen und liebevoll gepflegt. Sie waren es auch, die dem kunstfertigen Knaben die erste Schmiede einrichteten, und er dankte es ihnen, indem er ihnen die verschiedensten Schmuckstücke fertigte. Oder wie er im achtzehnten Gesang der ›Ilias‹ selbst erzählt:

> »Dort neun Jahre verweilt' ich und schmiedete mancherlei Kunstwerk,
> Spangen und Ring' und Ohrengehenk', Haarnadeln und Kettlein,
> dort in gewölbeter Grott', und der Strom des Okeanos ringsher
> schäumte mit brausendem Hall, der unendliche.«

So außergewöhnlich schön waren diese Geschenke an die Nymphen, daß sie sogar Heras Bewunderung erregten. Eines Tages nämlich traf sie Thetis zufällig auf der Straße. Die Meerjungfrau trug eine Brosche, die der Schmied gearbeitet hatte, und Hera erkundigte sich sofort, wo sie das herrliche Stück denn aufgetrieben habe. Thetis wollte erst nicht mit der Sprache herausrücken, aber die hohe Göttin ließ nicht locker, und so erfuhr sie denn zu ihrem Erstaunen zuletzt die ganze Wahrheit. Sie raufte sich die Haare über ihre eigene Dummheit und hoffte gleichzeitig, ihr Sohn habe ihr entweder verziehen – schließlich war er ja am Leben geblieben! – oder aber, noch besser, den mütterlichen Ausrutscher überhaupt ganz und gar vergessen.

Also ließ sie ihrem Sohn schöne Grüße ausrichten und wünschte sich als Ausdruck ihrer großen Huld von ihm ein mindestens ebenso hübsches Geschenk wie die Brosche der Thetis. Hephaistos hatte aber leider weder vergeben noch vergessen. Und als er von der Begegnung erfuhr, sah er die lang ersehnte Stunde seiner Rache endlich gekommen und machte sich unverzüglich ans Werk: Er schmiedete einen wundervollen Thron aus reinem Gold, verzierte ihn mit den kostbarsten Diamanten, Saphiren und Smaragden und ließ ihn seiner Rabenmutter bringen.

Hoch erfreut setzte sich Hera darauf und ließ sich von den anderen, natürlich neiderfüllten Göttinnen ausgiebig und von allen Seiten bewundern. Doch als sie sich schließlich wieder erheben wollte, sah sie sich plötzlich in einem überaus feinen, aber unzerreißbar starken Netz gefangen, das auch den vereinten Kräften sämtlicher Olympier standhielt. Entsetzt schickte sie den Götterboten Hermes* los, Hephaistos zu holen – doch ohne Erfolg. Der göttliche Schmied lachte sich ins Fäustchen und hatte seine Freude daran, seine Mutter zappeln zu lassen. Auch Ares*, der sich als nächster erbötig machte zu gehen, mußte unverrichteter Dinge und leicht angesengt wieder abziehen: Ihn empfing Hephaistos nämlich mit zu Flammenwerfern umfunktionierten Blasebälgen.

Schließlich erbarmte sich Dionysos* der allseits hämisch belächelten Gefangenen und machte sich mit seinem Satyrgefolge und etlichen Weinschläuchen auf den Weg zu Thetis' Grotte. Und wie immer hatte er auch in diesem Unternehmen Erfolg: Hephaistos konnte dem Alkohol ebensowenig widerstehen wie die anderen Götter und die Menschen und war bald so sternhagelvoll, daß er auf einen Esel geladen und im Triumphzug auf den Olymp geschafft werden konnte – nebenbei bemerkt, ein Lieblingssujet der griechischen Vasenmalerei. Und als er wieder nüchtern war, erklärte er sich endlich bereit, seine Mutter aus ihrer unrühmlichen Lage zu befreien – allerdings nicht ohne vorher seine Bedingungen gestellt zu haben.

Hera blieb trotz allem eine Ehrenfrau, und so richtete sie unter anderem Hephaistos auf seinen Wunsch eine prächtige Schmiede ein, in der Kyklopen an zwanzig Blasebälgen Tag und Nacht arbeiteten. Und nachdem sich Hephaistos als erstes einen umwerfenden Palast ganz aus Bronze gebaut hatte, machte er sich in seiner Werkstatt daran, die tollsten Dinge zu produzieren: Schmuck für die Göttinnen, Waffen für die Götter und auserwählte Helden, allen voran Thetis' Sohn Achilleus, für Zeus Blitze, für Helios einen Sonnenwagen und für Eros seine Pfeile. Daneben amüsierte er sich damit, allerlei Roboter herzustellen, so vor allem dreibeinige Tischchen mit goldenen Rädern, die selbständig zu den Festgelagen der Götter fahren und anschließend wieder zurückkehren konnten.

Daß Hephaistos auch mechanische Frauen konstruierte, hatte allerdings einen betrüblicheren Hintergrund, der oben schon angedeutet wurde: Als Zeus nämlich einmal Anstalten machte, Hera zu mißhandeln, und er ihn daran zu hindern versuchte, wurde der Göttervater so wütend, daß er zu Heras bereits erprobter Methode der Problembewältigung griff und den armen Schmied vom Olymp schleuderte. Diesmal allerdings landete Hephaistos nicht im Meer, sondern auf der Insel Lemnos, und beim Aufprall brach er sich beide Beine. Von da an konnte er nicht mehr selbständig gehen, und so benutzt er seitdem entweder goldene Krücken, oder er bedient sich der Hilfe seiner zu diesem Zweck konstruierten goldenen und sogar sprechenden Roboterdamen.

An und für sich sollte ihm für solche und andere Liebesdienste vielleicht auch mal seine Ehefrau, die Schönste der Schönen, Aphrodite*, zur Verfügung stehen, aber diese seltsame Verbindung ist, wie sich denken läßt, keine der glücklichsten. Aphrodite ist heilfroh, wenn ihr häßlicher Mann in seiner Schmiede werkelt und hämmert, daß der Olymp dröhnt, und sie Zeit und Gelegenheit hat, ihren eigenen Interessen nachzugehen, nämlich erstens, zweitens und drittens dem Ehebruch. Zwar suchte Hephaistos einmal, sie zu bessern, indem er seinen bei Hera erprobten Netztrick auch bei ihr und Ares anwandte (Weiteres hierzu unter Aphrodite), doch war die Wirkung nicht von langer Dauer, und so läßt sie der gehörnte Ehemann denn nolens volens gewähren und flüchtet sich in seine Arbeit, mit der er mehr Glück hat.

Uns Menschen hat Hephaistos allerdings mit einem seiner Werke wenig Freude bereitet. Er war es nämlich, der auf Geheiß des über die Menschen erzürnten Zeus aus Ton eine Frau erschuf und sie mit einem Funken des göttlichen Feuers zum Leben erweckte. Von allen Göttern aufs kostbarste ausgestattet, erhielt sie von Zeus den passenden Namen Pandora (»die Allbeschenkte«) und als Draufgabe etwas, weswegen sie überhaupt geschaffen worden war: ein hübsch ziseliertes Kästchen, in dem sich alle Übel dieser Welt befanden. Die listig gegebene Warnung, die Büchse *ja nicht* zu öffnen, schlug sie erwartungsgemäß, kaum daß die Götter wegguckten, in den Wind. Die Übel entwichen, Zeus hatte, was er wollte – und wir haben den Salat.

Hera

Wenn einer Göttin Unrecht getan wurde, dann der griechischen Hera. Das Bild, das man gemeinhin von ihr hat, ist das einer gehörnten und deshalb verbitterten Ehefrau, die den lieben langen Tag nichts anderes tut, als ihrem Mann hinterherzuspionieren und zu versuchen, seine Seitensprünge zu vereiteln. Bekannt ist auch, daß sie sich dabei oft ziemlich brutal verhält, indem sie beispielsweise die eine Geliebte, Semele, vom Blitzstrahl verbrennen ließ, eine andere, Io, als Kuh in den Wahnsinn trieb, Herakles, dem Sohn einer dritten, zwei Giftschlangen in die Wiege legte und derlei Dinge mehr. Und mit ihrem eigenen Sohn, Hephaistos**, ging sie auch nicht besser um.

Hartherzig, mitleidlos und grausam in ihrer Rache erscheint sie also, ein Eindruck, der sich verdichtet, wenn man sieht, mit welch unversöhnlichem Haß sie die Trojaner verfolgte. Bei einem von ihnen, Paris, läßt sich dieses Gefühl zur Not ja nachvollziehen, kürte er doch nicht sie, sondern Aphrodite* zur schönsten Göttin. Hera machte allerdings keine feinen Unterschiede und bezog in ihren Zorn sämtliche Trojaner mit ein, und um den protrojanischen Zeus vom Schlachtgetümmel abzulenken, bediente sie sich eines für sie, wie es scheint, eher untypischen Mittels: Sie wusch sich sorgfältig, salbte sich mit »lauterem Öle«, das Erde und Himmel »mit Wohlgerüchen umhauchte«,

> »hüllte sich drauf ins Gewand, das ambrosische, so ihr Athene
> zart und künstlich gewirkt und reich an Wundergebilde;
> dann mit goldenen Spangen verband sie es über dem Busen;
> schlang sodann umher den Gürtel, mit hundert Quästen
> umbordet«.

Es folgten zierliche Ohrgehänge und duftige Schleier und schließlich der von Aphrodite ausgeliehene »wunderköstliche« Zauberbusengürtel, dem kein Mann widerstehen kann – mit Sicherheit nicht der sinnenfrohe Zeus. Dergestalt ausgerüstet, gelang es ihr mühelos, den auf dem Gipfel des Idagebirges thronenden Gott zu verführen; ja, er gestand ihr sogar, daß keine der »Göttinnen oder Weiber« ihm das Herz im Busen je mit so mächtiger Glut bewältigt habe wie sie in diesem Augenblick. Vor ihrer Heirat, als sie nur ein liebendes Geschwisterpaar gewesen waren, hatte es zwischen ihnen beiden durchaus öfter solche Schäferstündchen gegeben, obgleich behauptet wird, Zeus habe Hera nur mit List gewonnen – indem er sich ihr in Gestalt eines Kuckucks näherte und sich auf diese Weise mit ihr vereinigte.

Aber Hera scheint damals tatsächlich noch eine andere gewesen zu sein – die langen Jahrtausende, in denen sie ununterbrochen betrogen wurde, lagen noch vor ihr, und sie hatte Zeit und Muße, sich voll und ganz ihren vielfältigen Aufgaben zu widmen. Die Menschen liebten sie, liebten sie so sehr, daß sie ihr beispielsweise in Argos, Samos und Perachora Tempel errichteten und ihr, der Göttin des Hauses, kleine Nachbildungen von Häusern weihten. Eine weitere wichtige Aufgabe der Hera war der Schutz des Viehs, der Schafe, Ziegen und Pferde, vor allen Dingen aber der Rinder. Kühe mochte sie von jeher ganz besonders, und daher waren neben den Modellhäuschen die wichtigsten Opfergaben für Hera kleine Rinderfigürchen.

Somit war sie – die »Kuhäugige«, wie sie häufig genannt wurde – die Schutzgöttin eines der wichtigsten Erwerbszweige der damaligen Menschen und als solche selbstredend von großer Bedeutung. Doch damit nicht genug, verehrte man sie auch als Patronin der Seefahrt – der anderen essentiellen Einkommensquelle in jenen fernen Zeiten.

So hatte Hera also allen Grund, glücklich und zufrieden zu sein, und vermutlich war sie es – und wäre es auch geblieben, wenn sie nicht, ja, wenn sie nicht ausgerechnet an einen Schürzenjäger wie Zeus geraten wäre! Aber man müßte schon eine Heilige sein, um unter solchen Verhältnissen seine innere Ruhe zu bewahren; und Göttinnen sind in dieser Hinsicht eben wohl auch nur Menschen.

Hermes

Er ist der liebenswürdigste unter den griechischen Göttern und im wesentlichen mit allen gut Freund, was angesichts der permanenten Zänkereien, Intrigen und Rachefeldzüge auf dem Olymp einem wahren Wunder gleichkommt. Vielleicht liegt es an seiner spitzbübischen Schlitzohrigkeit, daß niemand ihm wirklich böse sein kann und niemand ihn als ernstzunehmenden Rivalen empfindet. Dieser Charakterzug ist ihm angeboren und kam auch bereits sehr früh zum Ausdruck. Denn, wie es in der ihm gewidmeten Homerischen Hymne heißt: »Morgens geboren, spielte er mittags schon munter die Leier,/ Stahl am Abend die Rinder des sicheren Schützen Apollon.«

Geboren wurde Hermes als Sohn der Bergnymphe Maia und des Göttervaters Zeus* in einer Höhle des Berges Kyllene in Arkadien. Seine Mutter legte ihn in sein Bettchen und hielt ihn dort für gut aufgehoben. Kaum aber hatte sie dem Baby den Rücken gekehrt, als es auch schon, nur mit einer Windel bekleidet, zunächst aus der Wiege und dann aus der Höhle kroch.

Dort begegnete ihm eine große Schildkröte. Als der kleine Bub sie sah, kam ihm die erste geniale Idee seines Lebens: Er tötete sie und bastelte aus ihrem Panzer – sowie aus Rindshaut und Schafdärmen, die wunderbarerweise parat lagen – ein Musikinstrument: die erste Lyra. Nachdem er sie mit ein paar Stegreifliedern eingeweiht hatte, bekam er großen Hunger. Inzwischen war es auch Abend geworden, und da seine Mutter immer noch nicht wieder in Sicht war, machte er sich auf den Weg, um selbst für sein Nachtessen zu sorgen.

Wie es sich traf, kam er an einer Weide vorbei, auf der viele Rinder des Apollon* weideten. Er sonderte höchst bescheiden fünfzig von ihnen aus und trieb sie, zur Irreführung etwaiger Verfolger, rückwärts in Richtung Höhle. Sich selbst bastelte er zuvor eine Art Schneeschuhe, durch die er keinerlei Spuren hinterließ.

Unterwegs kam er an einem alten Mann vorbei und schärfte ihm unter Androhung mafioser Repressalien ein, ihn ja nicht zu verpetzen: »Sieh nichts, wie Blinde, und hör nichts, wie Taube, und schweige!« (Sonst könnte deinen Weinbergen – rein zufällig – was passieren …)

Zu Hause angekommen, wo die Mutter Maia seltsamerweise immer noch nicht eingetroffen war, schlachtete der windelbehoste Kleine zwei der stattlichen Rinder, erfand eben mal die Kunst, durch Reiben trockener Hölzchen Feuer zu machen, briet von dem Fleisch und schlug sich den Bauch voll. Als er satt und zufrieden in seiner Wiege lag, die Lyra nach Kinderart neben sich, die anderen Rinder in einem Winkel der Höhle versteckt, kam endlich auch Maia nach Hause, und kurz nach ihr platzte Apollon herein.

Natürlich hatte der alte Mann den Mund nicht gehalten, und nun forderte der aufgebrachte Gott sein Vieh zurück. Baby Hermes leugnete standhaft, irgend etwas mit dem Raub zu tun gehabt zu haben, aber Apollon sagte:

> »Früchtchen, Betrüger, Flunkerer du, wahrhaftig, dir traue
> sicher ich zu, daß du nachts in bewohnte Behausungen einbrichst
> und nicht einem Menschen allein das Hemde noch ausziehst.«

Nun, das Ende vom Lied war, daß Hermes, beim Wickel gepackt und vor Zeus geschleift, schließlich seine Tat gestand und Apollon besänftigte, indem er ihm seine Lyra verehrte. Apollon schenkte ihm zum Dank einen Zauberstab, mit dem er nach Belieben jeden einschläfern konnte, und Zeus, der sich heimlich über das gewitzte Bürschlein amüsierte, erhob ihn zum Götterboten. Er vertraute ihm außerdem an, für die Wahrung des Wegerechts zu sorgen, Verträge zu schließen und den Handel zu fördern. Er versah ihn für seine langen Reisen mit Flügelschuhen und einem breitkrempigen Hut, gab ihm einen Heroldsstab in die Hand, ermahnte ihn augenzwinkernd zur Aufrichtigkeit und ließ ihn ziehen.

Hermes machte seine Sache gut – so gut, daß Reisende und Hirten ebenso wie Händler, Redner und Diebe ihn zu ihrem Lieblingsgott und Schutzpatron kürten. Da er auch das Boxen und das Turnen »erfunden« haben soll und außerdem den jungen Männern besonders nahestand, riefen ihn auch die Athleten vor Beginn jedes Wettkampfs an. Überhaupt hielt man Hermes für einen Glücksbringer – vielleicht, weil neben vielem anderen auch das Würfelspiel von ihm erfunden worden sein soll.

Dabei hat er durchaus auch eine sehr ernste Seite, denn er ist es, der mit sanfter Hand die Toten zum Hades geleitet. Hierin zeigt sich sein eigentlicher Charakter vielleicht am deutlichsten: Er ist ein Wanderer zwischen den Welten – einmal, konkret, zwischen der Götter-, der Menschen- und der Unterwelt; dann aber auch in dem Sinne, daß er eigentlich keiner dieser Welten ganz angehört. Er ist der Gott der Übergänge, der Lücke zwischen dem »Nicht mehr« und dem »Noch nicht«, aus der grundsätzlich Gutes wie Böses hervorkommen kann.

Daher erhofften sich die Menschen von ihm Schutz vor jeder unerwarteten Gefahr, sei es auf Reisen, sei es daheim, und stellten etwa zur Abwehr böser Geister und sonstiger unheilvoller Einflüsse ihm geweihte Steinpfeiler, die sogenannten Hermen, neben ihren Haustüren auf.

Auch eine andere, noch heute weitverbreitete Sitte wird in Griechenland auf Hermes zurückgeführt: an Wegkreuzungen, auf Berggipfeln und anderen mit Geistern in Verbindung gebrachten Orten Steinhaufen zu errichten. Der Name des Gottes soll mit der griechischen Bezeichnung für diese Steinmale (*Hérmakes*) zusammenhängen, und so wurde Hermes oft auch einfach in Form eines Steinblocks verehrt.

Ein Gott, der ständig in Geschäften unterwegs ist, eignet sich nicht sehr gut für ein häusliches Leben mit Weib und Kindern. Doch obwohl Hermes daher bis heute unverheiratet geblieben ist, hatte er hin und wieder Affären, aus denen etliche Kinder resultierten. Am bekanntesten dürfte – neben Pan*, dessen Abstammung allerdings nicht hundertprozentig geklärt ist – Hermaphrodit sein, den er, wie der Name schon anzeigt, mit keiner Geringeren als Aphrodite zeug-

te. In diesen bildschönen Jüngling verliebte sich einst die Quell-
nymphe Salmakis, und als er nichts von ihr wissen wollte, brachte sie
ihn dazu, wenigstens in ihrem Wasser zu baden.

Doch als er ihr schließlich den Gefallen tat, umschlang sie ihn, so
fest sie konnte, und bat die Götter, sie auf immer zu vereinen. Ihr
Wunsch wurde ihr gewährt, und sie verschmolz mit ihrem Geliebten
zu einer, wie es in Ovids ›Metamorphosen‹ heißt, »Zwittergestalt, die
man weder Frau noch Mann nennen kann«.

Jeder aber, der seit diesem Tag in der Quelle badete, verließ sie, so
heißt es weiter, »als Halbmann«.

Ho Po
→ He Bo

Hoderi no Mikoto
Hoderi no Mikoto, »Seine Hoheit Feuerschein«, ist einer der drei
Söhne des japanischen Gottes Ninigi* und der Fuji-san. Ninigi, der
anfänglich gewisse Zweifel an seiner Vaterschaft hegte, da seine Frau
nach einer einzigen Nacht schwanger geworden war, wurde auf dra-
stische Weise beruhigt: Fuji-san zündete kurz entschlossen die Ge-
burtshütte an, in der sie sich aufhielt – und blieb unversehrt. Dieses
Feuerordal beeindruckte Ninigi so sehr, daß er seinen drei Söhnen
entsprechende Namen gab, denn die beiden Brüder Hoderis heißen
Hosuseri no Mikoto »Seine Hoheit Feueranwuchs« und »Seine Hoheit Feuerabnahme«, Hoori no Mikoto*.

Hoderi wurde auch »Prinz Meerglück« genannt, während der jüngere Hoori als »Prinz Bergglück« bekannt ist. Diesen Namen entsprechend hatte der eine ausschließlich Erfolg beim Fischen, der andere nur auf der Jagd. Eines Tages beschlossen die beiden Brüder, daß
jeder es einmal mit dem Ressort des anderen probieren sollte, und zu
diesem Zweck tauschten sie ihre Geräte: Hoderi gab seinem Bruder
die glückbringende Angelrute mit dem daran befestigten Wunderha-
ken, während Hoori ihm dafür seinen Bogen lieh.

Das Unglück wollte es aber, daß Prinz Bergglück den kostbaren
Haken im Meer verlor, woraufhin sein Bruder – der ohnehin schlech-
ter Laune war, weil er nichts erlegt hatte – über die Maßen zornig wurde und erklärte, Hoori müsse sich augenblicklich auf die Suche
machen und das Wunderding wieder beischaffen. Also zog Hoori los,
wanderte den endlosen Strand entlang und gelangte schließlich zum
Palast des Meeresgottes. Dort verliebte er sich prompt in dessen

Tochter, heiratete sie und vergaß erst mal den Angelhaken und seinen vor Wut schäumenden älteren Bruder.

Nach drei Jahren aber erinnerte er sich wieder daran, warum er überhaupt losgezogen war, und bat seinen Schwiegervater, ihm bei der Suche zu helfen. Der fragte sämtliche Fische, ob sie den Haken nicht gesehen hätten, und endlich hatten sie Glück, und Hoori konnte, auf dem Rücken eines Seeungeheuers reitend, Hoderi sein Eigentum wiederbringen. Der Meeresgott hatte ihm zum Abschied aber außer diesem Reittier – für den Fall, daß er sich gegen den Zorn seines Bruders zur Wehr setzen müßte – noch das Flut-steige-Juwel und das Flut-sinke-Juwel mitgegeben.

Wie nützlich diese Geschenke waren, zeigte sich sofort, denn der nachtragende Hoderi warf Hoori den Haken vor die Füße. Da ließ dieser das Meer so sehr ansteigen, daß der Ältere beinahe ertrunken wäre, und ließ es mit Hilfe des zweiten Edelsteins erst dann wieder zurückweichen, als Hoderi reumütig um Verzeihung gebeten hatte. Von diesem Zeitpunkt an hatte Hoori Oberwasser, und Hoderi versuchte nie wieder, sich mit ihm anzulegen. Im Gegenteil: Seine Nachkommen dienten fürderhin als Leibwache im japanischen Kaiserhaus, dessen erster Vertreter ein Enkel Hooris war.

Hönir

Hönir ist der ängstlichste der Asen, des mächtigsten nordgermanischen Göttergeschlechts, und niemand weiß so recht, wozu er eigentlich da – oder besser gesagt: gut ist. Es heißt zwar, er habe in grauen Urzeiten den Menschen Seele und Geist verliehen, doch paßt das vielleicht nicht ganz zu dem, was später von ihm behauptet wurde: Er soll nämlich so dumm wie Bohnenstroh sein. Ein Forscher wollte gar in ihm einen Wolkengott sehen, denn »die Wolke ist hohl und leer, wie Hönir ein Hohlkopf«.

Daß Hönirs Verstand auf diese schmähliche Weise in Zweifel gezogen wird, hat er letztlich dem Krieg zwischen den Asen und deren Götterkollegen, den Wanen, zu verdanken. Beim Friedensschluß nämlich wurden von beiden Parteien Geiseln ausgetauscht. Die Wanen gaben Njörd, Freyr* und Freyja*, die Asen Hönir. Sie begründeten ihr etwas kümmerliches Angebot damit, daß Hönir schließlich ein großer, stattlicher und ungewöhnlich schöner Mann sei, der sehr wohl zum Häuptling tauge; als Draufgabe schenkten sie den Wanen allerdings dann noch Mimir, ein außerordentlich kluges Wesen, aus dessen Quelle auch Odin* seine Weisheit bezogen hatte.

Die Wanen waren zunächst zufrieden mit dem Tausch und erhoben Hönir auch prompt zum Häuptling. Wenn nun Versammlungen einberufen wurden oder sonstwie die Entscheidung oder die Meinung des Gottes gefragt war, saß Mimir neben ihm und erklärte ihm, worum es ging und was er am besten sagen solle. War Mimir aber einmal verhindert, fällte Hönir unweigerlich den stereotypen Schiedsspruch: »Mögen andre raten.«

Nachdem das etliche Male so gelaufen war, begannen die Wanen zu ahnen, daß sie mit ihrem schönen neuen Häuptling keinen besonders guten Fang gemacht hatten. Sie fühlten sich von den Asen betrogen, enthaupteten den unglücklichen Mimir, der überhaupt nichts dafür konnte, und schickten dessen Kopf zu den Asen zurück.

Der schöne Hönir hat seitdem viel Freizeit, die er besonders gern dazu nutzt, Odin und andere Götter auf ihren Reisen zu begleiten – wobei er aber auch hier das Handeln und insbesondere das Kämpfen mit etwaigen Riesen und sonstigen Ungeheuern seinen Gefährten überläßt. Warum gerade er einer der wenigen sein wird, die den Weltuntergang, die Ragnarök, überleben, weiß keiner so recht; vielleicht weil er so schön ist.

Hoori no Mikoto

Hoori no Mikoto, »Seine Hoheit Feuerabnahme«, auch als Hohodemi bekannt, ist einer der drei Söhne des Ninigi*, des Enkels der japanischen Sonnengöttin Amaterasu*. Er wird auch »Prinz Bergglück« genannt, weil er stets Erfolg bei der Jagd hat, während seinem älteren Bruder Hoderi no Mikoto* das Glück ausschließlich beim Fischfang hold ist.

Als er eines Tages nach dem verlorengegangenen Ankelhaken Hoderis** suchen mußte, lernte Hoori die Tochter des Meeresgottes kennen, Toyotama-hime, die »Prinzessin üppiger Edelstein«; er heiratete sie und war sehr glücklich mit ihr – allerdings nur wenige Jahre lang. Dann wurde Toyotama-hime nämlich schwanger, und als die Geburt herannahte, stieg sie aus dem Meer heraus und begab sich in ein eigens für sie eingerichtetes Gebärhaus. Ihrem Mann verbot sie kategorisch, auch nur in ihre Nähe zu kommen. Hoori aber konnte dem Verlangen, seine reizende Gemahlin zu besuchen, nicht widerstehen, und schlich sich eines Nachts in die Hütte.

Als er in Ermangelung einer anderen Lichtquelle seinen Kamm in Brand steckte und als Fackel benutzte, sah er zu seinem Entsetzen, daß Toyotama-hime zur Niederkunft wieder ihre eigentliche Gestalt angenommen hatte und zu einem Seeungeheuer geworden war! Wütend darüber, daß Hoori sich nicht an ihre Weisung gehalten hatte, und zugleich beschämt, von ihm in dieser unvorteilhaften Erscheinung ertappt worden zu sein, verließ die Prinzessin ihren Mann auf Nimmerwiedersehen. Immerhin schickte sie ihm als Ersatz ihre jüngere Schwester – weniger allerdings, um ihm einen Gefallen zu tun, als vielmehr um ihrem gleichfalls zurückgelassenen Baby eine verläßliche Ziehmutter zu sichern.

Der kleine Prinz erhielt den ebenso schönen wie langen Namen »Des Himmels sonnenhoher Prinz, des Wellenstrandes Tapferer, Kormoranfeder-Schilfdach-Unfertiger« (letzteres, weil er in einer noch nicht fertig mit Kormoranfedern gedeckten Hütte zur Welt gekommen war) und war mit seiner Ersatzmutter so zufrieden, daß er sie später heiratete und mit ihr Jimmu zeugte – den ersten eigentlichen Kaiser Japans.

Horus

Der falkenköpfige Horus, dessen Name wörtlich »der Ferne« bedeutet, ist der Sohn der Isis* und des Osiris* und war nach Auskunft Diodors der letzte Gott, der als König über Ägypten herrschte. Die Griechen setzten ihn mit Apollon* gleich, da er von seiner Mutter die Wahrsagekunst erlernt hatte. Außerdem ist er, ebenfalls dank ihrer Belehrungen, ein großer Heiler und wurde darüber hinaus durch Osiris in der Kriegskunst unterrichtet.

Alle diese Fähigkeiten konnte er gut gebrauchen, besonders aber die letztgenannte, denn ihm war es bestimmt, seinen Vater zu rächen.

Seth**, der Bruder von Horus' Eltern, hatte aber nicht nur Osiris getötet, um selbst an die Macht zu gelangen, er wollte zur Sicherheit auch dessen Sohn aus dem Weg schaffen. Nach langer Suche fand er ihn schließlich und warf ihn kurzerhand in den Nil. Isis aber war rechtzeitig zur Stelle, zog den geliebten Sohn wieder aus dem Wasser, verlieh ihm in Anbetracht weiterer möglicher Attentate die Unsterblichkeit und redete ihm zu, ihren bösen Bruder doch endlich unschädlich zu machen.

Osiris kam eigens deshalb aus der Unterwelt und lehrte seinen Sohn alles, was er für seine Aufgabe wissen mußte. Zum Abschluß fragte er ihn, was er für das Edelste halte, und Horus antwortete: Vater und Mutter zu rächen, denen Schlimmes widerfuhr. Weiter fragte Osiris ihn, welches Tier dem Krieger am nützlichsten sei, und Horus entgegnete: das Pferd. Als sich der Vater wunderte, daß er nicht den

Löwen genannt habe, erklärte Horus, das Pferd sei viel geeigneter dazu, den fliehenden Feind zu zerstreuen und anschließend völlig zu vernichten. Da wußte Osiris, daß sein Sohn genug gelernt hatte, und schickte ihn in den Kampf gegen seinen Onkel – und nun war es an Seth, sich zu verstecken.

Doch er entging seinem Schicksal nicht – wenn es auch noch ein Weilchen dauerte. Horus suchte und fand ihn und brachte ihn gefesselt zu seiner Mutter, allerdings ging diese Festnahme für beide Seiten nicht ohne körperliche Schäden ab: Horus verlor das rechte Auge, sein Sonnenauge, und Seth dafür seine Hoden. Das Auge brachte Horus als wahrhaft liebender Sohn seinem Vater als Opfer dar und ermöglichte es ihm dadurch, im Totenreich weiterzuleben.

Nun aber zeigte sich der übermenschliche Edelmut der Isis, denn sie hatte Erbarmen mit dem, der ihren Mann ermordet und ihren Sohn verstümmelt hatte – und ließ ihn laufen. Als Horus sah, daß er sich völlig umsonst geplagt hatte, platzte ihm der Kragen, und in einem Anfall von Jähzorn schlug er seiner Mutter Isis** den Kopf ab.

Wie sich zeigte, hätte sie auch besser daran getan, hart gegen den Mörder ihres Mannes zu bleiben, denn Seth machte sich umgehend daran, ein großes Heer zu mobilisieren, und zog gegen Horus ins Feld. Er setzte das Gerücht in Umlauf, Horus sei überhaupt nicht wirklich das Kind des Osiris, sein (Seths) Anspruch auf die Krone sei also völlig legitim. Doch das Gute triumphierte: Nach zwei erbitterten Schlachten konnte Seth endgültig besiegt werden.

Horus trägt nicht umsonst einen Falkenkopf, denn er ist der »Himmelsfalke«, dessen Flügel sich über die ganze Erde spannen und sie so vor dem Chaos schützen. Sonne und Mond sind seine zwei Augen, die über alles wachen, was in der Welt geschieht.

Die Verehrung dieses Gottes brachte es mit sich, daß im ganzen Land Falkenkulte blühten, und das herausgerissene – und anschließend durch Thot* wieder »reparierte« – Horusauge, Abbild der Sonne, wird bis auf den heutigen Tag gern als besonders wirkmächtiges Amulett getragen. Das Auge gilt allgemein als das Opfer eines Sohnes an seinen Vater und hat als solches die Kraft, alles Böse abzuwehren. Denn wie es im ›Ägyptischen Totenbuch‹ heißt: »Das Horusauge verleihet das ewige Leben, und es beschützt mich, auch wenn es sich schließt.«

Hou Zi

Hou Zi ist ein chinesischer Hirsegott, darüber hinaus allgemein Schutzherr und Stifter des Feldbaus: Er war es nämlich, der die Menschen in grauer Vorzeit, als sie nach der Sintflut wieder ganz von vorn beginnen mußten, den Getreideanbau lehrte.

Hou Zis Mutter war die Ahnherrin der Qiang, die Stammutter der Zhou-Könige, der Vater ... ist nicht so ganz klar. Die edle Dame wurde nämlich dadurch schwanger, daß sie versehentlich auf den großen Zeh des Fußabdrucks des allmächtigen Himmelsgottes trat. Als das ungewollte Kind geboren war, setzte sie es aus – die einen sagen, in einem Hohlweg, die anderen behaupten, sie habe es in einen See geworfen. Dem Baby aber geschah nichts, denn die Kühe spendeten ihm Milch, und die Vögel des Waldes deckten es mit ihren Flügeln zu, damit es nicht fröre; und falls die Version mit dem See die richtige ist, überzog sich dieser mit einer wärmenden Eisschicht.

Sobald der Kleine laufen konnte, begann er, für sich selbst Nahrung zu suchen und anzupflanzen: Er setzte Bohnen, säte Korn, steckte Kürbis- und Melonenkerne in die Erde und jätete das Unkraut. Und so wurde aus ihm »Väterchen Hirsegottkönig«.

Ihn baten die Bauern um Regen, ihn flehten sie an, ihr Getreide zu segnen und die Schädlinge zu vernichten; so wird er im ›Shijing‹, dem ›Buch der Lieder‹, mit folgenden Worten angerufen:

> »Beseitige die Schädlingsraupen und die Kornfraßkäfer,
> damit sie nicht dem Junghalm unserer Felder schaden!
> Urahn der Felder, Herr der Engel, ergreife sie,
> überreiche sie dem flammenden Feuer!«

Huangdi

Der »Gelbe Kaiser« ist einer der chinesischen Himmelsgötter. Die Farbe Gelb ist ihm deshalb unter allen anderen besonders lieb, weil er einst darauf baute, daß das Fluidum der Erde siegen würde. Und als es sich erwies, daß er damit recht gehabt hatte, richtete er sich in all seinem Tun nach der Erde. Er ließ Gräser und Blumen und Bäume wachsen, die im Winter nicht verdorrten, er schuf die Tiere und die übrige Natur, darunter die hundert Getreidesorten, und er ordnete die Himmelskörper. Zusammen mit seiner Frau Leizu, der Donnergöttin und Erfinderin der Seidenraupenzucht, lebt er im Wolkenhimmel oder auf dem »chinesischen Olymp«, dem Kunlun – mal auf dem einen und mal auf dem anderen seiner Gipfel. Hier begießt er, wenn er ein wenig Muße hat, die Zinnoberbäume mit quellendem Jadefett, und die nach fünf Jahren daraus entstehenden Jadeknospen verteilt er an die Dämonen und Engel des Himmels, die er in regelmäßigen Abständen zu Großversammlungen zu sich zitiert.

Zumeist aber bleibt dem Himmelsgott keine Zeit für solch angenehme Tätigkeiten, denn er muß sich um so ziemlich alles kümmern, was für die Menschen von Belang ist. Eine seiner wichtigsten Aufgaben besteht darin, dafür zu sorgen, daß die ihm unterstellten Götter ihre Arbeit gewissenhaft erledigen und daß beispielsweise mit der Witterung alles seinen rechten Gang geht. Zu diesem Zweck führte er einst eine Wolkenordnung ein, ernannte einen Wolkenmeister und teilte den Wolken Namen zu. Als oberster Herr über Donner und Regen paßt er auch auf, daß keine Dürren eintreten und sich dann, wenn es nötig ist, ein kräftiges Gewitter über die Erde ergießt.

Neben diesen organisatorischen Tätigkeiten widmet sich Huangdi aber durchaus auch wissenschaftlichen und musischen Aktivitäten; so erfand er beispielsweise die Schrift, die Töpferscheibe und den Kompaß und komponierte wirkmächtige Melodien – darunter eine, die er anschließend den Menschen beibrachte. Mit ihr können sie am Tag der Sommersonnenwende die Erdgeister aus ihren unterirdischen Behausungen hervorlocken.

Schließlich ist Huangdi auch als großer Gelehrter auf dem Gebiet der Alchimie und Medizin bekannt. Er ließ nämlich eines Tages den Donnergott zusammen mit Qi Bo, dem Vorschmecker der Drogen, 81 medizinische Probleme sowie den Kreislauf untersuchen, die er selbst anschließend im ›Buch der Schwierigkeiten‹ ausführlich erörterte. Damit nicht genug, verfaßte er ein achtzehnbändiges Werk über die Heilkunst, das ›Huangdi Neijing‹ und lehrte die Menschen die Kunst der Akupunktur.

Besonders bemerkenswert erscheint bei alledem der Umstand, daß Huangdi von 2697 bis 2597 (andere sagen, 2674 bis 2575) vor Christus lebte, einer der ersten chinesischen Kaiser war und die Unsterblichkeit erst im Alter von hundert Jahren, und zwar auf alchimistischem Wege erlangte.

Huitzilopochtli

»Kolibri links«, wie sein Name übersetzt lautet, war der Stammesgott der Azteken und wurde, mit dem Aufstieg seines Volkes, zum Beschützer und Hauptgott des – zum Teil aus allerlei unterworfenen Stämmen zusammengetragenen – neuen Pantheons. Huitzilopochtli leistete den Azteken in seiner Funktion als Kriegsgott wertvolle Dienste, und sie dankten es ihm mit treuer Verehrung. Ihm weihten sie einen der beiden Tempel der Hauptpyramide von Tenochtitlán und brachten ihm regelmäßig Menschenopfer dar, wobei den Unglücklichen das Herz aus dem Leib geschnitten wurde und die toten Körper dann die Tempelstufen hinabgeworfen wurden.

Dieser grausame Brauch war aber nicht einfach eine barbarische Erfindung der Azteken, sondern die rituelle Reinszenierung eines Ereignisses, das sich in grauer Vorzeit bei der Geburt des Gottes abgespielt hatte.

Damals fand die spätere Mutter des Huitzilopochtli, Coatlicue, nach einer am Berg Coatepec vollzogenen Bußübung beim Kehren einen Knäuel aus wunderschönen Federn. Sie hob ihn verwundert auf, und da sie erst einmal nicht wußte, wohin damit, steckte sie ihn unter den Bund ihres aus Schlangenhäuten gewebten Rockes. Die Federn aber waren mit Samen imprägniert, und Coatlicue wurde durch sie geschwängert. Als ihr Bauch immer dicker und dicker wurde, begannen ihre übrigen Kinder erst sich zu wundern und dann sich über die Schande, die durch diesen künftigen Bastard über sie gebracht werden würde, zu ärgern. Zornig verlangten sie schließlich von ihr zu wissen, wer der Vater sei, und da Coatlicue es ja selbst nicht wußte und es ihnen daher tatsächlich nicht sagen konnte, erklärte Coatlicues Tochter, Coyolxauhqui ihren Brüdern:

»Meine großen Brüder, entehrt hat sie uns. Wir können unsere Mutter, die Verdorbene, die schon ein Kind trägt, nur noch töten.«

Die Mutter war über das, was ihre eigenen Kinder planten, nicht wenig betrübt, doch da wurde sie plötzlich von dem Ungeborenen aus ihrem Bauch heraus getröstet. Es versicherte ihr, es sei bereits voll entwickelt, und sie brauche sich keine Sorgen zu machen. Und tatsächlich, als die böse Tochter samt ihren Brüdern zum Berg Coatepec kam, wo sich Coatlicue aufhielt, machte Huitzilopochtli (denn um niemand anderes handelte es sich natürlich bei dem sprechenden Fötus) sein Wort wahr: Er wurde genau rechtzeitig geboren, sprang aus dem Mutterleib, schwang seine flammende Waffe namens Türkisschlange und schlug seiner Schwester den Kopf ab. Ihr Rumpf polterte den Berg hinab und zerbrach in Stücke. Die Arme fielen hierhin, die Beine dorthin und der Rest wieder woanders.

Damit ließ es Huitzilopochtli aber nicht bewenden, denn er verfolgte anschließend seine zahlreichen Brüder und brachte auch die meisten von ihnen um.

Dieses Ereignis war es also, das die Azteken ihrem »Kolibri links« zu Ehren immer wieder auf so grausige Art und Weise zelebrierten. Kaum zu glauben, daß dieser düstere, blutrünstige Huitzilopochtli auch eine Sonnengottheit ist!

Hunahpú

Unter den Göttern der Maya gibt es ein Zwillingspaar, Hun Hunahpú, »Eins-Jäger«, und Vucub Hunahpú, »Sieben-Jäger«, über dessen heldenhafte Taten uns das erstmals im sechzehnten Jahrhundert aufgezeichnete ›Popol Vuh‹ oder ›Buch des Rates‹ berichtet.

Hun Hunahpú und sein Bruder vergnügten sich am liebsten mit Würfeln und Ballspielen. Dabei hatten sie es unglücklicherweise so getroffen, daß ihr Bolzplatz auf dem Pfad in die Unterwelt lag, Xibalbá – und die Herren von Xibalbá, Eins-Tod und Sieben-Tod, regten sich auf:

»Was machen die da oben auf der Erde? Wer läßt die Erde erzittern und macht so viel Lärm?«

Sie riefen die Dämonen der Unterwelt zusammen, darunter solch üble Gestalten wie »Herr Aassammler«, »Herr Knochenbrecher« und »Herr Schädelzertrümmerer«, und beschlossen, die Zwillinge durch vier Eulenbotschafter zu sich zum Ballspiel einzuladen. Eins-Jäger und Sieben-Jäger stimmten zu und machten sich durch Stromschnellen, Stachelbäume, enge Schluchten und einen Fluß aus Blut auf den Weg nach Xibalbá. An einem Kreuzweg angelangt, wandten sie sich allerdings in die falsche Richtung und hielten für sie zur Irreführung aufgestellte Holzpuppen für die Totengötter. Als sie diese ehrerbietig begrüßten, schütteten sich die Bewohner von Xibalbá vor Lachen aus und hießen die beschämten Jünglinge dann auf einer Bank Platz nehmen.

Arglos setzten sich die Zwillinge und verbrannten sich an der glühenden Steinbank das Hinterteil – wiederum Grund genug für die Bewohner Xibalbás, in dröhnendes Gelächter auszubrechen. Nun wurde von den Hunahpús verlangt, solange sie in der Unterwelt blieben, bestimmte Fackeln und Zigarren so abzubrennen, daß sie am nächsten Morgen noch unversehrt sein würden. Eins-Jäger und Sieben-Jäger konnten diese vertrackte Aufgabe nicht lösen, und so ließen die Herrscher des Totenreichs sie zur Strafe opfern.

Das Haupt Hun Hunahpús hängten sie in einen Baum, wo es sich in einen Flaschenkürbis verwandelte. Als die Unterwelt-Jungfrau Xquic des Weges kam und ihn pflückte, spuckte er ihr in die Hand und schwängerte sie dadurch. Und so wurden die zwei geopferten Götter – abermals als Zwillinge, diesmal mit Namen Hunahpú und Ixbalanqué – wiedergeboren, und wie in ihrer voraufgegangenen Existenz vergnügten sie sich in der Hauptsache mit Ballspielen über den Köpfen der Totenherrscher.

Eins-Tod und Sieben-Tod horchten auf: »Wer erdreistet sich neuerdings, über unseren Häuptern zu spielen und hinderlichen Lärm zu vollführen?« sagten sie, und wiederum wurden die Eulenboten entsandt, um die beiden Übeltäter zum Ballspielen nach Xibalbá zu holen. Diesmal aber waren die beiden gewitzt, fanden mit Hilfe einer Mücke heraus, wer die wirklichen Herren der Unterwelt waren, begrüßten also sie und nicht die Holzpuppen und setzten sich auch nicht auf die glühende Steinbank. Sogar die Aufgabe mit den Fackeln und Zigarren lösten sie diesmal, indem sie, statt sie anzuzünden, rote Federn und Glühwürmchen darauf steckten.

Damit hatten ihre Prüfungen allerdings noch kein Ende, denn anschließend mußten sie noch einige weitere Proben bestehen und unter anderem das »Haus der Messer« und das »Haus der Jaguare« überstehen. Mit allem kamen sie zurecht, nur als sie schließlich ins »Haus der Fledermäuse« geschickt wurden und Hunahpú zu früh seinen Kopf aus seinem Blasrohrversteck hervorstreckte, stieß die Killerfledermaus Camazotz auf ihn hinunter und riß ihm den Kopf ab.

Nun triumphierten die Totengötter und die Bewohner von Xibalbá, doch Ixbalanqué hatte unterdessen seine Freunde, die Tiere, versammelt und von einem von ihnen einen Kürbis erhalten, der wunderbarerweise sehen und sprechen konnte. Ihn setzte er auf den Rumpf seines Bruders, wo er wie dessen Gesicht aussah.

So ausgerüstet, begannen die Zwillinge mit Eins-Tod und Sieben-Tod ihr Ballspiel, wobei der richtige Kopf Hunahpús als Ball diente. Ixbalanqué schoß ihn aber kurz darauf irgendwo ins Aus, wo schon ein Kaninchen wartete und durch sein merkwürdiges Hopsen die Aufmerksamkeit der Bewohner Xibalbás ablenkte, während Ixbalanqué den Kopf aus dem Gebüsch holte und seinem Bruder wieder aufsetzte. Die Totengötter merkten bald, was da gespielt wurde, und ärgerten sich sehr. Jetzt hatten sie genug von den Scherzen; sie bauten eine große Feuergrube und ließen die Zwillinge darüber springen, in der Hoffnung, daß sie hineinfallen würden, was diese auch prompt taten. Sie verbrannten mit Haut und Haaren, und die übriggebliebenen Knochen wurden anschließend auch noch zu Mehl zerrieben und in den Fluß gekippt.

Dort allerdings wurden sie nicht etwa fortgespült, sondern nahe-liegenderweise in Fischmenschen verwandelt. Nun hoben die beiden abermals Auferstandenen ihrerseits zum Feldzug gegen die Herren von Xibalbá an. Sie verkleideten sich als Bettler und zogen als Gaukler durch die Lande. Durch ihre Tänze, den Eulentanz, Eichhorntanz, Gürteltiertanz, bezauberten sie jedermann. Als ihr Ruf auch nach Xibalbá gelangte, sollten sie auch dort zeigen, was sie konnten.

»Tanzet! Führt zuerst den Tanz vor, in dem ihr euch die Brust öff-net. Dann zündet mein Haus an. Macht alles, was ihr könnt«, sagte der eine der beiden Totengötter.

Sie taten wie geheißen, und alle waren begeistert. Nun sollten sie einem Hund die Brust öffnen und ihn anschließend wieder zum Leben erwecken. Auch diese Übung gelang. Der Hund freute sich, »und mit dem Schwanz wedelte er, als das Leben wiederkehrte«.

Die Zuschauer tanzten vor Vergnügen, als die Gauklerzwillinge ih-nen das Haus über dem Kopf ansteckten und trotzdem alle unver-sehrt blieben. Als schließlich Ixbalanqué seinem Bruder das Herz aus der Brust holte, ihn enthauptete, zerstückelte und dann völlig intakt wiederauferstehen ließ, waren Eins-Tod und Sieben-Tod außer sich vor Vernügen und verlangten, daß man dasselbe auch mit ihnen mach-te. Darauf hatten die Zwillinge natürlich nur gewartet. Sie öffneten den Totengöttern zwar wunschgemäß die Brust, ließen sie aber dann – zum Entsetzen der Zuschauer, der Einwohner von Xibalbá, die unverzüglich die Flucht ergriffen – tot liegen.

»Und das geschah zur Strafe. Jäh starb da ein Herr und wurde nicht erweckt.« Die beiden Zwillinge aber stiegen zum Himmel auf, der ei-ne wurde zur Sonne, der andere zum Mond.

I

Idun

Idun ist die Frau des nordgermanischen Dichtergottes Bragi*, und
sie galt als die lieblichste unter den Asinnen. Sie ist die leibhaftige
Unsterblichkeit, da sie nie geboren wurde und schon immer dage-
wesen ist. Damit ist sie auch das Symbol ewiger Jugend, und es scheint
nur natürlich, daß ihr die große Aufgabe anvertraut wurde, auch die
anderen Götter jung zu erhalten. Zu diesem Zweck verwahrt sie goldene Äpfel, von denen die Götter jeden Tag einmal essen müssen, damit ihr Aussehen unverändert bleibt.

Idun hält diese Äpfel sorgfältig und fest in einer Truhe verschlossen; einmal jedoch machte sie eine Ausnahme und hätte deshalb beinahe Unglück über die Götterwelt gebracht. Vor langer Zeit nämlich
unternahmen Odin*, Loki* und Hönir* zusammen eine Reise durch
das Land der Riesen und Zauberer, und als sie Hunger bekamen, setzten sie sich unter einen Baum, entzündeten ein großes Feuer und
schlachteten einen dicken Ochsen, der in einer Herde in der Nähe
geweidet hatte. Sie versuchten, das Fleisch zu sieden, doch wie lange
sie es auch im Kessel über dem Feuer ließen, es blieb unverändert roh.

Mit knurrendem Magen wunderten und ärgerten sie sich, bis eine
Stimme aus dem Baum über ihnen ertönte, die da sagte: »Wollt ihr ge-
statten, daß ich mich von dem Ochsen sättige, so soll der Sud sieden.«
Die Götter schauten auf und sahen einen Adler, der kein anderer als
der Riese Thjazi war. Da ihnen nichts anderes übrigblieb, willigten
sie ein, und der Adler stieß augenblicklich herab, setzte sich auf den
Rand des Kessels und aß auf einen Satz die beiden Vorderviertel des
Ochsen auf.

Da hörte für Loki der Spaß auf. Er hob eine Stange vom Boden auf,
schlug damit auf den Vogel ein und bohrte sie anschließend so tief in
dessen Rumpf, daß sie darin steckenblieb. Und als der Adler aufflog,
um die Flucht zu ergreifen, blieb Loki samt der Stange an ihm hängen. Thjazi schleifte den Gott dicht über dem Boden über dorniges
Gestrüpp, Steine und Bäume, bis Loki laut um Gnade brüllte. Der
Adler rief, er werde ihn nur dann schonen, wenn er ihm schwöre, Idun
samt ihren Äpfeln zu beschaffen. Natürlich versprach es ihm der
Geschundene und kam zu Hause daraufhin frei. Nun mußte Loki allerdings Idun dazu bewegen, mit ihm zu kommen, und zu diesem

Zweck erzählte er ihr, er habe in einem Wald Äpfel gesehen, die mindestens so schön wie die ihren seien; und wenn sie ihm nicht glaube, könne sie sich ja gern selbst davon überzeugen. Das konnte Idun nicht auf sich sitzen lassen, und um Loki zu beweisen, daß ihre Äpfel doch viel, viel hübscher seien, nahm sie sie auf seinen Rat hin zum Vergleich mit auf die Reise.

Kaum waren sie an Ort und Stelle angelangt, kam Thjazi wieder einmal als Adler verkleidet herbei, packte Idun samt ihren Äpfeln und flog mit der kostbaren Beute nach Riesenheim. Jetzt waren die Asen übel dran, denn ohne ihren täglichen Apfelgenuß alterten sie ebenso rasch wie die Menschen und gerieten bald in Panik. Sie hielten eine Krisensitzung ab und fragten sich gegenseitig, wer Idun zuletzt gesehen habe. Wie sich herausstellte, hatte der eine oder andere beobachtet, wie die Göttin zusammen mit Loki verschwunden war, und sofort richtete sich der Verdacht der Asen gegen den Erzbösewicht. Sie packten ihn und drohten ihm Prügel und Schlimmeres an, falls er nicht augenblicklich mit der Wahrheit herausrückte.

Loki ist ein Schurke, aber bestimmt kein Held. Er beichtete, was geschehen war, und versprach, selbst nach Idun zu fahnden, falls Freyja* ihm ihr Falkengewand leihe. Er erhielt das Verlangte und fand nach einigem Suchen das Haus des Riesen und auch das Zimmer, in dem Idun gefangengehalten wurde. Sieben eiserne Türen versperrten den Zugang zu diesem Raum, doch als der Riese gerade auf dem nahe gelegenen See ruderte, konnte der falkengestaltige Gott durch ein winziges Fensterchen zur Göttin eindringen. Er verwandelte sie – und wohl auch die Äpfel – in eine Schwalbe (andere sagen in eine Nuß) und flog mit ihr in den Fängen davon.

Der Riese aber war nicht dumm; kaum nach Hause gekommen, begriff er sofort, was geschehen war, nahm wieder die Gestalt eines Adlers an und machte sich an die Verfolgung der zwei Flüchtenden. Die Götter hielten schon die ganze Zeit nach ihrer Jugendgöttin Ausschau, und als sie Falke und Adler kommen sahen, türmten sie Hobelspäne auf einen Haufen und entzündeten, sobald Loki innerhalb der Burgmauern gelandet war, ein gewaltiges Feuer. Der Adler folgte so dicht auf, daß er nicht mehr bremsen konnte und sich das Gefieder verbrannte. Da packten ihn die Asen und töteten ihn.

Idun ihrerseits holte nun rasch ihre Äpfel hervor und ließ jeden Gott und jede Göttin davon abbeißen, damit sie wieder so jung und strahlend wurden wie ehedem.

Imana

Der Hochgott der Bantu von Ruanda ist so erhaben, daß die Menschen es nicht einmal wagen, direkte Gebete oder gar konkrete Bitten an ihn zu richten. Im Bedarfsfall sagen sie höchstens bescheiden: »Wenn Imana jetzt bei mir wäre, dann würde er mir helfen.«

Das war allerdings nicht immer so; früher zeigte sich Imana durchaus umgänglich und hatte immer ein offenes Ohr für die Wünsche und Sorgen seiner Geschöpfe. *Noch* früher lebte er mit ihnen sogar, wenn man so möchte, unter einem Dach, nämlich im Himmel. Einst hatte er zwei Welten geschaffen, das Land über den Wolken, der Sonne und den Sternen und das unter den Wolken gelegene, auf dem Leid und Elend herrschten.

Alle zusammen wohnten da, wo es Nahrung und Glück im Überfluß und weder Krankheiten noch sonst einen Verdruß gab – und alle waren glücklich. Alle … bis auf zwei Schwestern, die beide keine Kinder bekommen konnten. Eines Tages faßte sich die eine, Nyinakigwa, ein Herz, ging mit einigen Geschenken zu Imana und klagte ihm ihr Leid. Er versprach, Abhilfe zu schaffen, allerdings nur unter der Bedingung, daß sie keiner Menschenseele etwas darüber sagen dürfe, wie sie zu dem Kind gekommen sei, sonst müsse es sterben. Nyinakigwa gab ihr Wort, und Imana nahm Ton, formte mit seinem Speichel daraus ein kleines Figürchen und sagte:

»Leg das Kindchen in eine Schale und gib neun Monate lang morgens und abends frische Milch dazu, bis es zu einem richtigen Baby geworden ist.« Die Frau tat wie geheißen, und als die neun Monate um waren, hatte sie einen hübschen Jungen, über den sich ihr Mann, der natürlich keine Ahnung von dem Geheimnis hatte, sehr freute. Auf dieselbe Weise bekam Nyinakigwa von Imana später noch einen weiteren Knaben und ein Mädchen, beides gleichfalls außerordentlich hübsche und gescheite Kinder. Und alle waren zufrieden – bis Nyinakigwa eines Tages ihrer Schwester das Geheimnis ausplauderte.

Imana sah und hörte natürlich sofort, was geschehen war, und ließ sich auch von den vereinten Bitten der Frauen nicht umstimmen. Das einzige, was er ihnen zusicherte, war, daß die Kinder nicht sterben müßten und daß er ihnen ihr Schicksal erleichtern wolle. Er öffnete den Himmel einen Spaltbreit, und die zwei Jungen und das Mädchen purzelten an den Sternen, der Sonne und den Wolken vorbei geradewegs auf die Erde, dort, wo sich das heutige Ruanda befindet.

Da standen die drei nun und hatten nichts zu essen und wußten nicht, wovon sie leben sollten. Es war kalt, aber sie hatten auch kein

Feuer, um sich zu wärmen. Mit Müh und Not bauten sie sich eine primitive Hütte und krochen hinein. Nach zehn Tagen dieses elenden Lebens riefen sie Imana um Hilfe an, und im selben Augenblick krachte es, und ein großer Blitz fuhr neben ihnen in die Erde – und schon hatten die drei Kinder Feuer und Wärme. Kurz darauf öffnete sich der Himmel einen Spaltbreit, und Imana warf seinen Schützlingen erst einen Schmiedehammer und einen Blasebalg hinunter. Und da er schon einmal dabei war, ließ er noch einige weitere nützliche Gegenstände folgen, wie beispielsweise eine Sichel, das Blatt einer Hacke sowie (da ein Gott keine halben Sachen macht) auch den dazugehörigen Griff.

Und da auf der Ur-Erde noch keine Bananen und ähnliche Nahrungspflanzen wuchsen, ließ Imana nach und nach handvollweise Samen hinunterrieseln. Die Kinder hoben alle Geschenke dankbar auf, hackten und ackerten und säten und pflanzten, bis sie Nahrung in Hülle und Fülle hatten. Ihre Nachbarn, die keine so guten Verbindungen »nach oben« hatten und daher nichts von dem kannten, was sie bei den drei Kindern sahen, liehen sich nacheinander Hacke und Samen aus, um auch ihre Felder auf diese geniale Weise zu bearbeiten. Und als das Gerät bei dieser Überbeanspruchung kaputtging, lernten die Brüder, neues zu schmieden, und brachten es auch den anderen bei.

Nun fehlten zu ihrem Glück allerdings noch die Tiere, und wieder beteten die drei Geschwister zu Imana. Eine so wichtige Angelegenheit wollte der Gott allerdings nicht allein entscheiden, also berief er eine himmlische Konferenz ein. Hier wurde beschlossen, von jedem Tier, das bei den Göttern lebte, ein Paar auf die Erde zu schicken. Ein Transportblitz wurde bereitgestellt, und Tierpaar um Tierpaar fuhr – von Imana instruiert, ja fruchtbar zu sein und sich zu vermehren – damit nach Ruanda. Als letzter kam ein Abgesandter Imanas herunter und richtete den Geschwistern aus, einer der Brüder solle sich mit seiner Schwester verheiraten. Nach einigem Hin und Her willigten sie ein, und der vorerst ledig gebliebene Bruder heiratete ein Weilchen später die erste Tochter seiner Geschwister.

Und so haben wir es Imana zu verdanken, daß unsere Welt nicht ganz so unwirtlich ist, wie sie es von Hause aus einmal war!

Inanna
➥ Ischtar

Inari

Diese shintoistische Gottheit besitzt als Schutzherrin des Reisanbaus und des Handels, der Schwertschmiedekunst, der Musik und der Bordelle eine gewaltige Bedeutung – was sich unter anderem auch darin zeigt, daß sie sich auf kein Geschlecht festlegen läßt: Sie wird sowohl als Sohn des Sturmgotts Susanoo* verehrt, trägt dann einen Bart und heißt Uka no Mitama no Kami (»Erhabener Geist der Nahrung«), oder auch als Frau mit langem, wallenden Haar, Ukemochi no Kami.

Inaris heiliges Tier – das ihr (beziehungsweise ihm) zugleich als Bote und als persönliche Erscheinungsform dient – ist der Fuchs. Aus diesem Grunde wurde dieses Tier namentlich von den Reisbauern in hohen Ehren gehalten, zumal man um seine Fähigkeit wußte, den Feldern Fruchtbarkeit zu schenken. Das war aber noch längst nicht alles, denn der Fuchs soll sich außerdem auch nach Belieben verwandeln können und besonders gern die Gestalt einer Frau annehmen. Und während er einerseits, als Inaris tierisches Alter ego, die Äcker durch seine Anwesenheit segnet und die jungen Reispflanzen wachsen und gedeihen läßt, kann er andererseits auch großes Unglück über die Menschen bringen.

Daher ist es ratsam, Inari und ihre Füchse durch Gebete und Opfergaben bei Laune zu halten, doch dazu bieten ihre weit über 30 000 Tempel und Schreine – die sich keineswegs nur in ländlichen Gegenden oder unmittelbar in der Nähe von Feldern, sondern etwa auch in Theatern, Hotels, Geschäften und Privathäusern finden – glücklicherweise reichlich Gelegenheit.

Die große Beliebtheit der Inari hatte übrigens zur Folge, daß sie per kaiserlichen Erlaß den höchsten Rang erhielt, den eine Gottheit in Japan überhaupt innehaben kann, und ihr Hauptheiligtum in Fushimi zum »Großen Reichsschrein« erhoben wurde.

Indra

In seiner Jugend, so um 1500 vor Christus, war Indra ein Gott, wie ihn die Arier sich schon immer gewünscht (und auch immer wieder gefunden) haben: ein kraftmeiernder Raufbold, Sexprotz und Säufer. Die Menschen priesen ihn als gutmütig, freigebig, weise, klug und furchtlos und hielten ihn mit ganzen Fässern von Soma*, einem mystischen Rauschtrank, bei Laune; und er half ihnen im Gegenzug tatkräftig bei der Eroberung Indiens, indem er, auf seinem goldenen Streitwagen einherstürmend, einheimische Dämonen en masse erlegte und gegnerische Burgen mit seiner Lieblingswaffe, dem Donnerkeil (*Vajra*), zertrümmerte.

Nicht nur sittlich, auch ästhetisch entsprach er durchaus den noch etwas ungeläuterten Idealen seiner Anhänger: Mit seinem herabwallenden Rauschebart, seinem goldenen Gebiß, seiner Trinkerlippe und, nicht zu vergessen, seinen tausend Hoden, war er, gelinde gesagt, eine auffällige Erscheinung. Hinzu kam, daß ihn eines Tages die Lust anwandelte, die Gemahlin des Sehers Gautama zu verführen; worauf dieser ihn wutentbrannt verfluchte, daß sein ganzer Körper fortan über und über mit dem einzigen bedeckt sein sollte, was er im Kopf hatte: weiblichen Geschlechtsteilen. Seitdem trägt Indra den Beinamen »der Tausend-...äugige«.

Im Laufe der Jahrhunderte vermischten sich die Arier mit den indischen Ureinwohnern zu einer brauneren und zivilisierteren Rasse, und auch Indra paßte sich den neuen Verhältnissen an. Er stieg vom Streitwagen auf den weißen Elefanten Airavata um und avancierte zum König der Götter; doch da sich diese in Indien in aller Regel nichts vorschreiben lassen, hat er eigentlich nicht viel mehr zu tun, als zur rechten Jahreszeit Regen zu spenden und seinen himmlischen Tanzmädchen, den Apsaras, bei ihren Darbietungen zuzusehen. Gelegentlich erteilt er diesen allerdings auch besondere Aufträge. Immer dann nämlich, wenn ein Mensch durch übermäßige Askese so viel Macht ansammelt, daß der Himmel ins Wanken gerät, schickt Indra eine Apsara auf die Erde, damit sie den Betreffenden auf andere Gedanken bringt und er seine asketische Kraft unsachgemäß verjubelt.

Auch seinen berühmtesten Gegner, Vritra, soll Indra auf diese unsportliche Weise besiegt haben. Vritra war ein Dämon, dessen Lieblingsbeschäftigung darin bestand, Flüsse und andere Gewässer zu rauben und zu verschlingen oder in Höhlen einzusperren. Dann legte er sich wie Fafner als dicke Schlange davor und bewachte sie. Als Indien völlig auszutrocknen drohte, mußte Indra – als Götterkönig und Regengott – schließlich eingreifen. Er schlug Vritra ein Geschäft vor: Wenn der Dämon mit dem Wasserdiebstahl aufhörte, würde er, Indra, mit ihm seinen Thron teilen. Als der Dämon ihm nicht glaubte, rutschte der Gott ein Stückchen zur Seite und machte ihm neben sich Platz. Da umarmten sich die beiden und gelobten sich ewige Freundschaft.

Auf diese hinterlistige Weise hatte Indra also das Mißtrauen des Vritra eingeschläfert, und als dieser sich eines Tages in einem Park erging, schickte ihm der Götterkönig die hinreißend hübsche Apsara Rambha mit einigen Gefährtinnen hinterher.

Die himmlischen Mädels führten einen ihrer speziellen Tänze auf, und prompt war es um Vritra geschehen. Unter leidenschaftlichen Seufzern flehte er Rambha an, ihn zu heiraten, und sie willigte instruktionsgemäß ein – allerdings unter der Bedingung, daß er ihr nie etwas abschlagen dürfe. Um ihn gleich auf die Probe zu stellen, gab sie ihm einen Becher Wein zu trinken, dann noch einen und noch einen und *noch* einen …, bis der Dämon schließlich sturzbetrunken umkippte. Und so konnte ihm Indra ohne jedes Problem den Garaus machen.

Da diese Episode für den Helden Indra nicht besonders rühmlich ist, sollten wir zu seiner Ehrenrettung doch hinzufügen, daß er nach einer älteren (und deshalb bestimmt wahreren) Version der Geschichte Vritra in einem ehrlichen Kampf Mann gegen Mann besiegte und die eingesperrten Wasser eigenhändig befreite, so daß sie wieder vom Himmel herab auf die Erde stürzen konnten.

Inti
→ Pachacamac

Ischtar
Die große Inanna (»Herrin des Himmels«), gewissermaßen die sumerische Inkarnation der kanaanäischen Astarte*, wurde in späterer, babylonisch-assyrischer Zeit schlicht Ischtar oder »Göttin« genannt. Und genau das war sie lange Zeit auch: die Göttin schlechthin, die »Erste von Himmel und Erde«, die – im ganzen Alten Orient geliebte und verehrte – höchste, mächtigste und bekannteste Göttin des mesopotamischen Pantheons. Von ihr heißt es in einer altbabylonischen Hymne:

> »Bei dieser Göttin ist Rat zu finden;
> die Geschicke von allem faßt sie in ihrer Hand.
> Wo sie hinsieht, ist Heiterkeit geschaffen,
> Lebenskraft, Pracht, Fortpflanzungskraft von Mann und Frau.
> Sie liebt Erhörung, Liebeserweisungen, Freundlichkeit;
> auch das Einandergewähren hat sie in der Hand.«

Die – vermutlich vom Mondgott Nanna* und dessen Gattin Ningal abstammende – Ischtar ist eine sehr vielseitige Göttin, die sich mit den unterschiedlichsten Aufgaben befaßt und mit Hilfe ihrer besonderen göttlichen Kräfte (*Me*) auch mühelos bewältigt. Erworben hatte sie sich diese Kräfte, die ursprünglich dem Gott Enki* gehörten, allerdings auf eine nicht eben ruhmreiche Weise. Ischtar hatte die Me für sich und ihre Lieblingsstadt Uruk gewinnen wollen, wußte aber, daß Enki sie ihr freiwillig nie abtreten würde. Also stattete sie dem Gott einen Besuch ab und blieb ein paar Tage in dessen Palast. Eines Abends schlug sie ihrem Gastgeber vor, sie könnten doch zum Zeitvertreib ein Bier-Wettsaufen veranstalten. Gesagt, getan: Binnen weniger Stunden lag Enki unterm Tisch, und Ischtar hatte dem Volltrunkenen die vierzehn Me-Kräfte abgegaunert. Sie packte die kostbare Beute auf ihr Himmelsschiff und machte, daß sie schleunigst fortkam.

Als Enki seinen Rausch endlich ausgeschlafen hatte, konnte er sich an nichts mehr erinnern und wunderte sich, wo seine Me abgeblieben waren. Sein Wesir Isimu erzählte ihm, was sich ereignet hatte, und sofort entsandte Enki Isimu nebst ein paar Dämonen zu den sieben Stationen, an denen Ischtar, wie er wußte, unterwegs haltmachen würde. Zwar gelang es den Dienern tatsächlich, die Göttin abzufangen, doch sie schaffte es mit einer List, das Boot samt Inhalt zu entführen und sicher nach Uruk zu bringen. Als Enki erkannte, daß nichts mehr zu machen war, erwies er sich allerdings als guter Verlierer, denn er überließ Ischtar nicht nur seine Me, er bot ihr darüber hinaus ein immerwährendes Friedensbündnis an.

Bei dieser großmütigen Handlung dürfte vielleicht aber auch der Liebreiz der Göttin eine gewisse Rolle gespielt haben – sowie ihre Gewohnheit, sich im allgemeinen nackt zu präsentieren. Aus ebendiesem Grund gilt sie auch als die göttliche Geliebte schlechthin, deren Hauptinteresse die geschlechtliche Liebe und damit die Fruchtbarkeit von Mensch und Tier ist.

Wie stark um die Sexualität zentriert der Ischtarkult zuzeiten gewesen ist, zeigt Herodots Schilderung der »häßlichsten Sitte der Babylonier«. Seine Behauptung, jede babylonische Frau habe sich einmal im Leben zum Tempel der Ischtar begeben und sich dort »einem Manne aus der Fremde preisgeben« müssen, ist zwar nach heutigem Wissensstand stark übertrieben, das Phänomen der Tempelprostitution als solches wird allerdings nicht angezweifelt.

Herodot zufolge saßen die Frauen im Tempel der Ischtar (oder Aphrodite, wie der Grieche sie nennt) in langen Reihen, und die Fremdlinge schritten hindurch und wählten sich jeweils eine von ihnen aus, indem sie ihr ein Geldstück in den Schoß warfen. Die Paarung vollzog sich dann irgendwo außerhalb des Heiligtums. »Ist es vorüber, so geht sie nach Hause und ist der Pflicht gegen die Göttin ledig. Wenn du ihr nachher noch soviel bietest, du kannst sie nicht noch einmal gewinnen. Die Schönen und Wohlgewachsenen sind sehr schnell befreit; die Häßlichen müssen lange Zeit warten und gelangen nicht dazu, dem Brauch zu genügen. Drei, vier Jahre müssen manche im Tempel weilen.«

Wohl aufgrund ihrer extremen Sinnenfreude ist Ischtar unfähig, eine dauerhafte Beziehung einzugehen. Ihr werden zwar zahlreiche Liebhaber und einige Ehemänner nachgesagt, doch war nur einer von ihnen von Bedeutung: Dumuzi* (auch bekannt unter seiner hebräisch-aramäischen Namensform Tammuz). Allerdings war auch dieser Beziehung kein glückliches Ende beschieden, und Dumuzi, den sie anfangs eigentlich gar nicht hatte erhören wollen, hätte besser daran getan, die Finger von ihr zu lassen.

Aus irgendeinem nicht näher bekannten Grund – manche vermuten, weil ihr die Herrschaft über den Himmel nicht mehr genug war – begab sich Ischtar (beziehungsweise Inanna, wie sie damals noch hieß) einst in die Unterwelt. Diese an sich schon schwierige Tat vollbrachte sie mit Hilfe einer ihrer Me-Kräfte – und zwar sehr zum Ärger ihrer Schwester Ereschkigal, die bis dahin ungestört über das Totenreich regiert hatte. Unterwegs hatte Ischtar ihrer treuen Dienerin Ninschubur erklärt, wie sie sich zu verhalten habe, falls sie nicht zurückkehren sollte.

Als Ereschkigal von Ischtars Ankunft erfuhr, befahl sie ihrem Türhüter, ihr an jedem der sieben aufeinanderfolgenden Unterweltstore jeweils eines ihrer Herrschaftsinsignien abzunehmen, und so erschien die Himmelsgöttin schließlich völlig nackt und machtlos vor ihrer finsteren Schwester. Darauf hatte Ereschkigal aber nur gewartet: Sie tötete Ischtar mit ihrem Todesblick und hängte den Leichnam an einem Haken an der Wand auf. In dem Augenblick, in dem Ischtar in der Unterwelt verschwand und ermordet wurde, endete jegliches Sexualleben auf Erden: Weder Tiere noch Menschen paarten sich mehr, und kein Geschöpf pflanzte sich mehr fort.

Verzweifelt lief die gute Dienerin zu verschiedenen Göttern und flehte sie an, ihre Herrin zu erlösen, und schließlich erklärte sich Enki bereit, Ischtar zu retten. Er kratzte unter seinen Fingernägeln ein wenig Dreck hervor und schuf daraus zwei Wesen, die weder weiblich noch männlich waren, hauchte ihnen Leben ein und schickte sie mit dem Auftrag in die Unterwelt, Ischtar mit der Speise und dem Wasser des Lebens zu besprengen und wieder mit heraufzubringen. Als geschlechtslose Wesen unterlagen die beiden nicht den Gesetzen, die sonst in der Unterwelt herrschen. Sie gelangten daher unbehelligt zu Ereschkigal, erhielten nach einigem Hin und Her auch Ischtars Leichnam zum Geschenk und erweckten ihn sofort weisungsgemäß mit Hilfe der mitgebrachten Zaubermittel zum Leben.

Als Ischtar aber wieder in die Oberwelt zurückkehren wollte, traten ihr die Galla-Dämonen in den Weg und verlangten, daß sie an ihrer Stelle jemand anders zurückließ, und da die Göttin ihnen weder ihre treue Dienerin noch ihre Söhne ausliefern wollte, begleiteten sie sie bis zu ihrer Stadt Uruk.

Ischtar hatte eigentlich erwartet, ihren Gemahl verzweifelt und in tiefer Trauer vorzufinden; statt dessen saß er in prachtvolle Gewänder gekleidet auf seinem Thron und spielte stillvergnügt auf seiner Hirtenflöte. Da wurde Ischtar furchtbar zornig.

»Worte des Ingrimms sprach sie gegen ihn aus.
Den Anklageschrei schleuderte sie ihm ins Gesicht:
Nehmt ihn! Fort mit Dumuzi!«

Das ließen sich die Dämonen natürlich nicht zweimal sagen: Sie zerstückelten Dumuzi mit ihren Äxten und nahmen ihn mit sich in die Unterwelt – und das Land verdorrte (hierzu mehr unter Dumuzi).

Inanna-Ischtar ist also eine Göttin der Liebesfreuden, aber keine, die mit sich spaßen ließe; sie legt die Spielregeln fest, und wer nicht spurt, hat bei ihr nichts zu lachen. Als sie einmal Gilgamesch, dem sagenhaften sumerischen König von Uruk, ihre Liebe gestand, zählte ihr der Macho all die Geliebten auf, die sie im Laufe ihres langen jungen Lebens schon im Stich gelassen hatte, und ließ sie kalt lächelnd stehen. Weiß vor Wut stampfte Ischtar da mit dem Fuß auf, biß sich auf die hübschen Lippen und sandte umgehend den Himmelsstier auf die Erde, der die Menschen mit seinem Schnauben tötete, die Felder verwüstete und die Gewässer leer trank.

In einem anderen Fall schickte sie gleich drei Plagen über Sumer, weil ein Gärtner sie, als sie in einem Lustpark eingeschlafen war, hinterrücks vergewaltigt hatte.

Die übertriebene Reaktion, die Ischtar hier zeigte (daß man uns nicht mißversteht: dem *Gärtner* hätte sie ruhig die Hölle heiß machen können, aber was konnte das arme Sumer für die Untat?), zeigt eine andere Seite ihres Charakters: den der rächenden Kriegsgöttin, als welche sie ebenfalls weithin bekannt und gefürchtet war. Der altbabylonische König Hammurabi begründete seine Siege mit der Hilfe der Göttin, und auf einer Votivgabe an den König steht dementsprechend geschrieben: »Ischtar schenkte dir Kampf und Schlachtgewühl; was kannst du dir mehr erhoffen?«

Nebukadnezar I. erklärte, er habe die Elamiter auf Befehl der beiden Kriegsgottheiten Ischtar und Adad geschlagen; und auch die assyrischen Herrscher Assurnasirpal und Assurbanipal gehörten zu den glühenden Verehrern der Göttin und ersuchten sie auch um Orakel für ihre Kriegszüge.

Letzterem offenbarte sich Ischtar in der Vision eines Sehers, sie prophezeite ihm den Sieg über Elam und befahl ihm, ihr Kultbild von dort zurückzubringen. Wie respektvoll, ja untertänig, um nicht zu sagen geradezu kriecherisch die Haltung der großen Könige Ischtar gegenüber war, zeigen die folgenden Verse aus einem akkadischen Hymnus an die Göttin:

> »Assurnasirpal bin ich, dein hochbetrübter Knecht,
> der demütige, der deine Gottheit fürchtet,
> der umsichtige, dein Liebling; der die Brotopfer für dich
> regelmäßig darbringt und Opfer für dich unaufhörlich hingibt ...
> Ich, Assurnasirpal, der aufgescheuchte, der dich fürchtet,
> der den Gewandsaum deiner Gottheit ergreift,
> zu dir als Herrin betet: Blicke mich an, Herrin,
> dann will ich dein Urteil anbeten; die du zürntest,
> erbarme dich, daß dein Gemüt besänftigt werde!«

Isis

Die ägyptische Isis ist eine der Gottheiten, denen die Menschen über Tausende von Jahren die Treue hielten. Einer der Gründe hierfür dürfte vermutlich darin zu suchen sein, daß sie in überaus enger Beziehung zu dem steht, was für uns Sterbliche lebensnotwendig ist: der Natur – ja, sie gilt als die Personifizierung der alles nährenden Erde selbst. Der Apfel fiel, wie so oft, auch in ihrem Fall nicht weit vom Stamm, da Isis das Kind des Erdgottes Geb* und der Himmelsgöttin Nut* ist, die außer ihr noch die Tochter Nephthys und die Söhne Osiris** und Seth* zeugten.

Isis liebt ihre Geschwister, und zwar so sehr, daß sie einen ihrer Brüder heiratete: Osiris, der als Thronfolger Herrscher über Ägypten wurde. Wie gut die beiden sich als Herrscherpaar machten und was sie den Menschen an Wohltaten erwiesen, beschreibt Diodor: »Er schaffte zuerst die Sitte ab, Menschenfleisch zu essen, nachdem Isis die Gerste und den Weizen entdeckt hatte, welche im Lande wild wuchsen, ohne daß man sich derselben bediente; und da Osiris die Behandlungsart dieser Früchte erfand, so gewöhnten sich alle gern an eine andere Nahrung, weil sie die neuen Speisen angenehm fanden. Auch Gesetze hat Isis gegeben, damit die Menschen einander Recht widerfahren ließen und der gesetzlosen Willkür und Gewalt durch die Furcht vor der Strafe gesteuert würde.«

Nicht lange aber durfte sich das Reich über seinen neuen Regenten freuen, nicht lange blieb das Glück ungetrübt, denn Seth**, der böse und neidische Bruder, ermordete Osiris heimtückisch und ließ dessen Leichnam in einer schön verzierten Kiste auf dem Nil aussetzen.

Als Isis erfuhr, was geschehen war, schnitt sie sich zum Zeichen ihrer großen Trauer eine Haarlocke ab, ließ ihren Sohn Horus* in Buto zurück und machte sich dann auf die Suche nach dem Körper ihres Mannes, da sie wußte, daß er, solange er nicht begraben war, keine Ruhe finden würde.

Als sie schließlich den Sarg mit dem toten Gemahl gefunden hatte, verbarg sie ihn sorgfältig und kehrte kurz zu ihrem Sohn zurück, um zu sehen, wie es ihm ginge.

Einzufügen wäre hier, daß Isis nach einer anderen Version der Geschichte ihren Mann mit Hilfe ihrer Zauberkräfte kurzzeitig zum Leben wiedererweckte, indem sie ihm in Gestalt eines Falken Lebensluft zufächelte, und erst dann mit ihm Horus zeugte. So heißt es in einem Osiris-Hymnus:

> »Isis, die Zauberin, verteidigte ihren Bruder.
> Sie kam, ihn unermüdlich zu suchen. Sie flog rund
> und rund über die Erde, Klagerufe des Grams ausstoßend,
> und … sie machte Wind mit ihren Schwingen, sie machte,
> daß sich seine hilflosen Glieder erhoben; sie empfing
> von ihm sein Wesen und machte daraus einen Erben.«

Ob sie das Baby nun schon vorher gehabt hatte oder aber erst auf diese seltsame Weise bekam, jedenfalls verbarg Isis es vor Seth in den Sümpfen des Nils. Der böse Bruder aber war heimlich ihren Spuren gefolgt; er fand den versteckten (und mittlerweile wieder toten) Osiris und zerstückelte ihn zornig in vierzehn Teile, die er in den Nilsümpfen verstreute.

Ein zweites Mal außer sich vor Kummer, machte sich Isis, sobald sie sah, was geschehen war, in einem Papyrusboot auf den Weg, alle

Glieder aus dem Schlamm wieder herauszuklauben. Jedesmal wenn sie beziehungsweise ihr treuer Begleiter Anubis* ein Glied gefunden hatte, bildete sie darum aus Wachs einen vollständigen Körper und ließ ihn als Leichnam ihres Gemahls in allen Ehren bestatten. Daher kommt es, daß es so viele Begräbnisstätten des Osiris gibt. Das einzige Stück, das Isis und Anubis nicht finden konnten, war das Zeugungsglied des Gottes. Daher ließ sie es aus Feigenholz nachbilden, und seitdem war der Phallus als Symbol der zeugenden Naturkraft den Ägyptern heilig.

Nachdem Isis ihren Mann bestattet und ihn durch Horus** hatte rächen lassen, konnte sie sich wieder in Ruhe ihren Dienstgeschäften widmen. Ihr Aussehen war allerdings nicht unwesentlich verändert: Horus hatte ihr bei einem Streit über die »Begnadigung« Seths im Zorn den Kopf abgeschlagen und Thot* ihr an dessen Stelle rasch einen Kuhkopf aufgesetzt. Zwischen den Hörnern trägt sie stets die Sonnenscheibe und das Zeichen des Thrones, ihre Namenshieroglyphe.

Isis nahm ihrem Sohn die unbedachte Tat allerdings nicht übel und bewahrte ihn weiterhin mit Hilfe ihrer Zauberkünste vor allen Gefahren wie Feuer, Gift, Schlangenbissen und dergleichen mehr. Und außerdem liebten sie ihre Verehrer – Kuhkopf hin, Kuhkopf her – so, wie sie war, und überhäuften sie mit immer mehr Ämtern: So stieg sie nicht nur zur Mondgöttin auf, sie erhielt auch die Schlüssel zur Unterwelt und ist seitdem zusammen mit ihrem Gatten Richterin und Königin auch über dieses Reich.

Damit nicht genug, ernannte man sie auch zur Schutzherrin des Meeres und der Schiffahrt, des sittlichen Lebenswandels, der Ehe – aber auch der ungezügelten Geschlechtslust. Letzteres ist auch der Grund, warum es in ihrem Kult, vor allem in Rom, oft zu Ausschreitungen und Orgien kam (weshalb ihre Tempel dort des öfteren geschlossen wurden). Solche Vorkommnisse hielten aber niemanden davon ab, der großen Göttin weiterhin zu huldigen, im Gegenteil: Selbst Kaiser, wie Domitian, Caracalla und Commodus, rechneten es sich als Ehre an, als Priester der Isis zu fungieren, und ihre Verehrung breitete sich über das gesamte Römische Reich aus – sogar in Rottenburg am Neckar fand man die Überreste eines Isis-Tempels!

Trotz ihrer unfaßbaren Erhabenheit, die sie von sich verkünden ließ: »Ich bin das, was war, was ist und was sein wird – meinen Schleier hat noch kein Sterblicher gehoben«, liebten die Menschen Isis von Herzen – wie aus einem Gebet deutlich wird, das Apuleius in seinem

›Goldenen Esel‹ überliefert hat und in dem es unter anderem heißt:
»Dich verehren die oberen und unteren Götter. Du rollst die Erde im
Kreise herum, entzündest das Licht der Sonne, regierst die Welt und
hältst den Tartarus untertan. Dir antworten die Gestirne, jauchzen
die Götter, kehren die Jahreszeiten wieder und dienen die Elemente.
Auf deinen Wink wehen die Lüfte, füllen sich die Wolken, keimt der
Samen und sprießen die Keime. Deine Majestät scheuen die Vögel
unterm Himmel, die wilden Tiere auf den Bergen, die Schlangen in
den Klüften und die Ungeheuer im Meer ... So laß dir denn wohlge-
fallen, was demütig meine fromme Armut dir gelobt! Ewig soll dein
göttliches Antlitz, ewig dein gepriesener Name hoch verehrt im in-
nersten Heiligtum meines Herzens leben.«

Itzamná

Itzamná war der wichtigste Gott der Maya, schließlich erschuf er
einst die Welt. Das ist lange her, und daher ist er inzwischen ziemlich
betagt, alt und runzlig, aber mit den vielen Jahren auch weiser geworden als die anderen Götter. Er war es denn auch, der die Schrift
erfand, und daher verehrten ihn die Maya auch als Gott des Wissens,
des Lernens und damit einhergehend der Wissenschaften. Seine inzwischen gleichfalls greise Frau, Ix Chel, betätigte sich früher als
Hebamme und kannte sich auch in den Heilkünsten hervorragend
aus.

An seine Verehrer stellte Itzamná übrigens keine geringen Ansprü-
che: Seine bevorzugten Opfergaben waren »weiblicher Weihrauch«
und in Mais gebackene Iguanas.

Ixbalanqué
→ Hunahpú

Ixmukané

Ixmukané ist »die Alte«, eine weise alte Göttin der Maya, die sich
hauptsächlich mit Spinnen und Weben beschäftigt. Ihr Gesicht ist
völlig verrunzelt, ihre Haare werden durch ein Band zusammenge-
halten. Bei ihrer hochsymbolischen Beschäftigung, die sie mit dem
Jahr in Verbindung bringt, wird sie zuweilen von Kukulkán* unterstützt, der ihr den Webrahmen hält. Denn mit ihm zusammen wirk-
te sie in grauer Vorzeit die Welt. Und wie die Parzen und Moiren
schneidet sie auch zuweilen die Lebensfäden ab; verständlich also,
daß sie in hohen Ehren und durch Opfer bei Laune gehalten wurde.

Anders als manch eine andere wichtige mexikanische Gottheit erhielt sie aber keine Menschenherzen oder ähnlich grausliche Gaben, sondern mit »männlichem« Weihrauch dargebrachte Truthähne.

Irgendwann muß sich Ixmukané aber auch mit anderem beschäftigt haben als nur mit Spinnen und Weben, denn schließlich gebar sie die zwei Hunahpús*, deren wunderbare Taten im ›Popol Vuh‹ ausführlich geschildert werden.

Izanagi und Izanami

Der japanische Gott Izanagi, dessen Name »Einladender Herr« bedeutet, liebte seine jüngere Schwester Izanami (»Einladendes Weib«), und sie beide waren es, die – nachdem es vor ihnen schon eine Reihe anderer Gottheiten gegeben hatte – die Schöpfung recht eigentlich in Gang brachten. Bevor sie allerdings diese große Arbeit in Angriff nahmen, sollten sie auf Anraten der anderen Götter erst einmal ordentlich heiraten. Die Erde war damals aber noch ganz dünn und schwamm wie eine Ölhaut auf dem uranfänglichen Ozean. Also rührte das zärtliche Geschwisterpaar mit einem Edelsteinspeer so lange in den Urfluten herum, bis eine Insel entstand, auf der sie sich eine Hütte bauen konnten und mit einer richtigen Hochzeitszeremonie Mann und Frau wurden.

Dann machten sie sich ans Werk und erschufen erst die acht Inseln, aus denen Japan im wesentlichen besteht, dann noch ein paar weitere für die Armen, die das Pech haben würden, als Nichtjapaner geboren zu werden, und schließlich riefen sie die zahllosen Naturgottheiten ins Leben, die sich fortan darum kümmern würden, daß alles auf der Welt seinen geordneten Gang ging. Bei einem von ihnen aber hatten sie sich gründlich verrechnet, denn der Feuergott – ihr letzter gemeinsamer Sprößling – verbrannte bei seiner Geburt seine Mutter so schlimm, daß sie daran starb. Zur Strafe für diese Untat wurde er anschließend von seinem Vater in kleine Stücke gehauen und über die ganze Welt verstreut.

Nun blieb der armen toten Izanami nichts anderes übrig, als ihren Brudergemahl zu verlassen und sich in die Unterwelt zurückzuziehen, doch Izanagi war so untröstlich über ihren Verlust, daß er ihr bald darauf folgte. Nachdem er lange durch die Finsternis geirrt war, fand er sie endlich (er erkannte sie an ihrer Stimme) und versuchte sofort, sie dazu zu überreden, wieder mit ihm auf die Erde zu kommen. Wie Persephone** hatte Izanami jedoch bereits etwas Totenspeise zu sich genommen und war daher auf ewig der Unterwelt verfallen. Nun hätte sich in *der* Hinsicht vielleicht noch etwas drehen lassen (siehe Persephone) – doch leider übertrat Izanagi das noch ehernere Gesetz, im Totenreich kein Licht zu machen, und wandte sich obendrein nach seiner sittsam hinter ihm stehenden Gemahlin um. Als er aber im Licht seiner Fackel sah, daß der Körper der Geliebten schon teilweise in Verwesung übergegangen war, ergriff er Hals über Kopf die Flucht, verfolgt von gräßlichen Weibern und Donnergottheiten, die im sich zersetzenden Leib der Izanami entstanden waren. Er vermochte sich der Dämonen nur dadurch zu erwehren, daß er sie mit Pfirsichen bewarf, die er zum Glück unterwegs pflücken konnte.

Heil oben auf der Erde angekommen, mußte Izanagi sich einer strengen Reinigungszeremonie unterziehen – schließlich war er ja ausgiebig mit dem Tod in Berührung gekommen. Er wusch sich also nacheinander sämtliche Körperteile, und als er beim linken Auge angekommen war, entstand plötzlich die Sonnengöttin Amaterasu*, und als er das rechte wusch, der Mondgott Tsukiyomi no Mikoto*. Als die Nase an die Reihe kam, wurde der Sturmgott Susanoo* geboren. Auch beim Säubern der übrigen Gliedmaßen waren allerlei Gottheiten zum Vorschein gekommen, doch die drei Genannten waren und sind Izanagi am liebsten. Seiner Tochter wies er das Himmelsgefilde als Herrschaftsbereich zu, Tsukiyomi erhielt das Reich der Nacht, und der Sturmgott das Meer, um sich dort nach Herzenslust auszutoben.

Nun konnte sich Izanagi zur Ruhe setzen und seiner für immer verlorenen Gattin nach Herzenslust nachtrauern; seit damals nämlich kümmern sich seine Kinder um sämtliche Amtsgeschäfte.

J

Jahwe-Gottvater-Allah

»Lobe den Herrn, meine Seele!
Herr, mein Gott, du bist sehr herrlich;
du bist schön und prächtig geschmückt.
Licht ist dein Kleid, das du anhast.
Du breitest den Himmel aus wie einen Teppich;
du baust deine Gemächer über den Wassern.
Du fährst auf den Wolken wie auf einem Wagen
und kommst daher auf den Fittichen des Windes.«

Der Gott, der hier so poetisch gepriesen wird, gehört wohl zu den interessantesten unsterblichen Gestalten überhaupt. Das Besondere an ihm liegt allerdings weniger in seinem Charakter oder seinen Attributen begründet – denn allmächtige, gerechte, rächende, barmherzige, liebevolle, weise oder unerforschliche Götter gibt es auch etliche andere. Wirklich erstaunlich sind vielmehr seine Wandlungen, und zugleich die Tatsache, daß er nach jeder Veränderung ein anderer geworden – und zugleich er selbst geblieben ist. Der Gott, der keinen einzelnen, übergreifenden Namen hat (außer man wollte ihn schlicht »Gott« nennen, was aber eine Diskriminierung der anderen Götter bedeutete), ist nämlich zugleich *einer* und *drei*.

Damit entspricht er natürlich genau der Definition einer Dreifaltigkeit, und so wäre es möglich, ihn in seiner Gesamtheit »die Trinität« zu nennen. Eine solche Bezeichnung brächte die Tatsache gut zum Ausdruck, daß die Gottheit eine einzige ist, aber für ihre verschiedenen Verehrer und Religionen drei unterschiedliche Manifestationen annimmt.

Allerdings würden die jeweiligen Anhänger der drei Personen, Jahwe, Gottvater und Allah diese Verwendung des Wortes »Trinität« vermutlich als beleidigend empfinden; die Juden und die Moslems könnten darin einen verkappten »Eingemeindungsversuch« wittern – und die Christen verstehen unter der Dreifaltigkeit ja etwas ganz anderes. Also ist es vielleicht besser, die vorgeschlagene Umbenennung im Raum stehen zu lassen, aber ansonsten weiterhin von »Gott« zu reden.

1. Jahwe: Die erste Person der dreieinigen Gottheit dürfte zu den »dienstältesten« Göttern überhaupt zählen. Wie wir dem jüdischen Kalender entnehmen können, ist das genaue Datum seines Dienstantritts der 7. Oktober 3761 vor Christus, der Tag, an dem er Himmel und Erde erschuf – ein Sonntag übrigens, wie man anhand des 1. Buches Mose leicht nachrechnen kann: Sechs Tage lang schuf er, am siebten, dem Sabbat (Samstag), ruhte er sich aus.

Dem christlichen Abendland von Jahwes Taten zu erzählen hieße wahrlich, Eulen nach Athen zu tragen. Die meisten wissen, daß Jahwe die Welt und die Menschen erschuf; die Sintflut schickte und Noah und die Seinen zu den Stammeltern einer neuen Menschheit machte; einen Bund mit Abraham schloß; sein auserwähltes Volk verschiedentlich züchtigte, aber auch aus vielerlei Gefahren und Sklavereien errettete; daß er die Juden durch das Rote Meer führte und den Pharao demütigte; Moses die Tora offenbarte; bei der Eroberung des Gelobten Landes tatkräftig mithalf und sich immer wieder, wenn Israel sittlich und vor allem religiös auf Abwege zu geraten drohte, durch Propheten zu Wort meldete. Darauf braucht also nicht näher eingegangen zu werden.

Was allerdings oft vergessen wird, ist die Tatsache, daß Jahwe kein *einziger* Gott ist – und dies auch nie behauptet hat. Im Gegenteil; aus der Weise, wie er sich Moses auf dem Sinai vorstellte, und aus seinem ersten Gebot geht sogar eindeutig hervor, daß er um die Existenz anderer Gottheiten durchaus wußte: »Ich bin der Herr, dein Gott. Du sollst keine anderen Götter neben mir haben.« Er wußte und räumte ein, daß es außer ihm noch zahllose andere Götter und Göttinnen gab und gibt; nur verlangte er – und das war sein gutes Recht –, daß *sein* Volk sich nicht mit anderen einließ. Es wäre ja schließlich auch ziemlich herz- und verantwortungslos gewesen, als *einziger* Gott der Welt mit einem kleinen Volk einen Exklusivvertrag abzuschließen und den Rest der Menschheit – wörtlich und im übertragenen Sinne – zur Gottlosigkeit zu verdammen!

Aber so war und ist Jahwe nicht: Er weiß, daß er nur Einer unter Vielen ist; aber für *sein Volk*, das junge Israel, will er der Einzige sein. Und das ist ein nachvollziehbarer, sympathischer, ja, menschlicher Zug an ihm.

Daß er einer unter vielen ist, heißt jedoch nicht, daß er ein Allerweltsgott wäre. Wenigstens zwei Eigenschaften heben Jahwe aus der Masse der meisten anderen Unsterblichen heraus: Erstens ist er unsichtbar, und zwar grundsätzlich, wesenhaft unsichtbar – weswegen man sich ja auch »kein Bildnis« von ihm machen darf. Das mag uns heutigen Abendländern wie eine Selbstverständlichkeit erscheinen, aber wie Thomas Mann in ›Das Gesetz‹ so schön herausarbeitet, war ein schlechthin unsichtbarer Gott seinerzeit (und ist es in den meisten Kulturkreisen noch heute) etwas schier Unerhörtes. »Normale« Götter, selbst allmächtige, absolute Allgottheiten wie Devi* oder Shiva*, *sind* – potentiell – sichtbar, und zwar nicht etwa deswegen, weil deren Verehrer zu dumm oder zu primitiv wären, um den Begriff einer unsichtbaren Gottheit fassen zu können. Sie sind es, weil das *grundsätzliche* Fehlen von Sichtbarkeit ein Mangel wäre, der die Allmacht und Vollkommenheit des betreffenden Gottes augenblicklich wie ein Kartenhaus einstürzen ließe. Daß es auch die meisten anderen Gottheiten vorziehen, sich gelegentlich *nicht* auf visuellem Weg zu offenbaren, steht auf einem ganz anderen Blatt.

Eine weitere und vielleicht wichtigere Besonderheit ist die Tatsache, daß Jahwe ein Gott ist, der aus seinen »Fehlern« gelernt hat. Nachdem er – wie viele andere vor und nach ihm auch – die ganze Welt und die Menschen erschaffen und letztere kurze Zeit darauf wegen ihrer Bosheit mit Mann und Maus ersäuft hatte, beging er nicht etwa wieder die gleiche Dummheit, sich für die *ganze* Menschheit verantwortlich zu fühlen; wie die Geschichte zeigt, kommen ja auch die allerwenigsten Götter mit dieser Aufgabe klar. Nein, wie wir wissen, beschränkte er sich diesmal auf *ein* Volk – auf ein kleines, anfangs recht unzivilisiertes Volk, das zudem (zum Zeitpunkt seines Bundes mit Abraham) noch überhaupt nicht existierte. Mit dem Rest der Sterblichen, dachte er wohl, mochten sich seine Kollegen und Kolleginnen befassen: *Er* würde sich sein eigenes, spezielles Volk heranziehen!

Und wie man zugeben muß, traf er dabei eine kluge Wahl. Er verbündete sich mit keiner der damaligen oder späteren götter-übersättigten Hochkulturen, sondern erwählte sich einen wilden, zähen, mutigen und geistig überaus regen Stamm von Halbnomaden. Mit diesem Volk schloß er einen Bund, dieses Volk führte er ins Gelobte Land, begleitete er in verschiedene Verbannungen, in die Diaspora und schließlich, nach vielen Jahrhunderten, wieder heim nach Palästina.

Und wenn man bedenkt, daß dieses kleine Volk nicht nur – fast – alle Propheten der zwei Weltreligionen Christentum und Islam, dazu den Sohn Gottvaters sowie eine Unzahl weiterer großer und größter Persönlichkeiten hervorgebracht hat, sondern auch mit Jahwes Hilfe die schlimmsten Verfolgungen überstanden und sich zuletzt in seinem kleinen Stück Land gegen eine erdrückende feindliche Übermacht behauptet hat, kann man nur sagen: Jahwe *ist* weise, und er *ist* ein treuer Gott.

2. Gottvater: Allerdings scheint Jahwe diese Standhaftigkeit auf die Dauer hart angekommen zu sein. Vielleicht ärgerten ihn zuerst die immer wieder vorkommenden Seitensprünge seines Volkes (selbst der weise Salomo huldigte ja der Astarte**), vielleicht erkannte er später, daß immer mehr göttliche Kollegen in der näheren und weiteren Umgebung abgewirtschaftet hatten und der Augenblick für einen Umsturz gekommen war. Jedenfalls ereignete sich genau 3761 Jahre nach Entstehung der Welt eine in Götterkreisen nicht eben häufige Sache: Gott spaltete sich auf. Als Jahwe blieb er weiterhin sich selbst und Israel treu; als Gottvater wurde er sein eigener Sohn und machte sich an die Eroberung des Abendlandes, dann auch weiterer großer Teile der übrigen Welt.

Um die Erstaunlichkeit dieses Ereignisses recht würdigen zu können, muß man sich vergegenwärtigen, daß Gottvater ja nicht als ein »neuer« Gott auftrat; er erklärte nicht etwa, er sei bis dahin verborgen gewesen und offenbare sich nun, da die Zeit reif sei, durch seinen Sohn, um alle bisherigen Religionen und Gottheiten außer Kraft zu setzen. Nein, er identifizierte sich voll und ganz mit seiner Vergangenheit als Jahwe, was sich ja auch daran zeigt, daß die Christen die jüdische Bibel als ihr ›Altes Testament‹ vereinnahmten. Er behauptete, derjenige zu sein, der immer wieder mit den Erzvätern und durch die Propheten gesprochen hatte und der von diesen verheißen worden war – der Gott Abrahams und Davids und zugleich der angekündigte Messias.

Damit aber verleugnete er sich selbst als der »jüdische« Jahwe, der ja natürlich weiterhin existierte und noch immer existiert. Denn wenn zwei Götter von sich behaupten, derjenige zu sein, der zu Moses sprach und all die übrigen bekannten Taten vollbrachte, dann – so folgert zumindest die abendländische Logik – muß einer von beiden (oder müssen dessen Anhänger) eigentlich nicht die Wahrheit sagen.

Und daß es tatsächlich zwei verschiedene Götter sind, sieht man sofort: Jahwe legte von jeher – und legt weiterhin – den allergrößten Wert auf die Einhaltung des Gesetzes. Er verlangt keinen Glauben, sondern Gehorsam. Er mischt sich nicht in anderer Leute Angelegenheiten, sondern kümmert sich um *sein* Volk und sonst um gar nichts; und vor allem hat er keinen Sohn, der ihm gleich wäre. Ganz

anders Gottvater: Er hat durch seinen Sohn und dessen Jünger einen
Großteil seiner eigenen Gesetze über den Haufen geworfen. Er
macht den Glauben an ihn und seinen Sohn zur Bedingung der Erlösung; und er wendet sich an *alle* Menschen. Und da er es außerdem
zuläßt, daß seine Anhänger sein erstes Gebot als Erklärung seiner alleinigen Existenz umdeuten, stempelt er nicht nur alle, die vor seiner
Menschwerdung lebten oder aus sonstigen Gründen bei ihren
Göttern bleiben, als verblendete Götzenanbeter ab – er läßt auch das
Volk im Stich, das ihm als Jahwe weiterhin die Treue hält.

Glücklicherweise *lebt* er aber durchaus auch als Jahwe weiter, so daß
Israel im Jahre 3761 der Welt nicht plötzlich ohne Gott blieb und
Gottvaters »Verrat« an seinem ehemaligen Volk eine eher äußerliche
Angelegenheit war. Und da die Wege des Herrn *wirklich* unerforsch-
lich sind und der menschliche Verstand sich nicht anmaßen kann, sei-
ne logischen Gesetze auf das Wesen des Absoluten anzuwenden, hat
Gott, wie wir sehen, keine Schwierigkeiten damit, gleichzeitig als
Einziger (Gottvater/Sohn/Heiliger Geist) und als Einer unter Vie-
len (Jahwe) zu existieren.

Auf die unbestreitbar ungeheuren Erfolge, die Gottvater im Laufe
der Jahrhunderte erringen konnte, braucht hier ebensowenig eingegangen zu werden wie auf Jahwes Taten; dennoch scheint Gott auch
mit dem Erreichten nicht restlos zufrieden gewesen zu sein. Weltliche
Macht ist schließlich nicht alles. Und was die *spirituelle* Qualität
seiner Revolution angeht, dürften dem Herrn schon bald ernste
Zweifel gekommen sein. Die zwei vielleicht wichtigsten Grundsätze
seines Sohnes und damit seiner Religion – »Liebet eure Feinde«
(Matth. 5, 44) und »Was ihr getan habt einem unter meinen geringsten Brüdern, das habt ihr mir getan« (Matth. 25, 40) – sind praktisch
vom ersten Augenblick an und hinfort zu jeder sich bietenden Gelegenheit mit Füßen getreten worden. Und das Fehlen klarer und ver-
bindlicher, also wirklich göttlich geoffenbarter Gesetze bedingte bei
den Menschen eine innere Haltlosigkeit. Die bekannten Folgen waren chronische Unsicherheit, ständige Meinungsverschiedenheiten
und ein Wust von mit der Zeit sich wandelnden, einander widerspre-
chenden Regeln und Vorschriften, die eher der materiellen Unter-
drückung und Ausbeutung als dem Seelenheil dienten. – Diesen
Eindruck jedenfalls hatte Gott offenbar.

3. Allah: Diesmal ließ Gott sich und den Menschen keine dreieinhalb
Jahrtausende Bedenkzeit; schon nach knapp 600 Jahren besann er

sich als Allah wieder auf seine Wurzeln und erwählte einen weiteren – bislang letzten – Gesandten: Mohammed. Wie bereits als Gottvater bekannte er sich erneut zu seinen früheren, biblischen Verkündigern, wobei er von den jüdisch-christlichen Propheten allerdings nur einen, Jonas, als solchen gelten ließ; dafür erklärte er eine Reihe weiterer uns wohlbekannter Gestalten, denen er als Jahwe und/oder Gottvater diesen Status *nicht* zuerkennt, zu seinen Propheten: die drei wichtigsten, Abraham, Moses und Jesus; dann Noah, Isaak, Ismael, Jakob, Josef, Johannes den Täufer, Salomo, David und einige andere. Und er kehrte in seinen Forderungen an die Menschen zu seiner einstigen – beziehungsweise durch Jahwe weiterhin bestehenden – Strenge und Klarheit zurück. Anders als Jahwe wandte er sich aber, wie Gottvater, an *alle* Menschen.

Als Allah führte Gott das Gesetz wieder ein. Er verließ sich nicht mehr darauf, daß die Menschen aufgrund idealer Gebote von Nächstenliebe und Brüderlichkeit schon das Richtige tun würden: Er sagte ihnen klipp und klar, was sie tun *sollten*. Seine hauptsächlichen Forderungen sind als die »fünf Säulen des Islam« bekannt.

Erstens das Glaubensbekenntnis: »Es gibt keinen Gott außer Gott, und Mohammed ist der Prophet Gottes.« Dieses Bekenntnis muß jeder Gläubige wenigstens einmal in seinem Leben laut, korrekt, freiwillig, im klaren Wissen um seine Bedeutung und aus ganzem Herzen aussprechen.

Zweitens das Gebet: Jeder Gläubige muß fünfmal am Tag beten, und zwar erstens vor Sonnenaufgang, zweitens kurz nach Mittag, drittens am späteren Nachmittag, viertens unmittelbar nach Sonnenuntergang und fünftens schließlich vor dem Schlafengehen. Vor jedem Gebet soll sich der Gläubige rituell reinigen, und auch das eigentliche Gebet folgt einer genau festgelegten Form, mit abwechselnd stehend, kniend und »liegend« zu sprechenden oder im Geist aufzusagenden Formeln. Bekanntlich verneigt sich der Gläubige dabei in Richtung Mekka. In älteren Zeiten orientierte sich das Gebet dagegen nach dem Felsendom in Jerusalem als dem Ort, wo Abraham der Tradition nach Gott seinen Sohn zu opfern bereit gewesen wäre.

Drittens die *Zakat* (»Reinigung«): Damit ist die Entrichtung einer Steuer gemeint, durch die der verbleibende Besitz in religiösem und juristischem Sinne »gereinigt« wird. Der genau festgelegte Steuersatz reicht von zweieinhalb Prozent (für Geld und Edelmetalle) bis zu zehn Prozent (für Getreide und Obst aus Land, das durch Regen, also nicht künstlich, bewässert wird). Diese Steuer wird von der weltlichen Obrigkeit eingezogen und soll nach Vorschrift des Koran in erster Linie den Armen zugute kommen, darüber hinaus aber auch für andere mildtätige und gemeinnützige Zwecke verwendet werden.

Viertens fasten: Während des Ramadan, des neunten Monats des islamischen Mondkalenders, darf der Gläubige zwischen Sonnenauf- und Sonnenuntergang weder essen noch trinken, noch rauchen. Die Heiligkeit des Ramadan rührt daher, daß der Koran (wie in der zweiten Sure, Vers 185, nachzulesen) während ebendieses Monats geoffenbart wurde. Wenn jemand aus gesundheitlichen Gründen nicht fasten darf, kann er sich durch Speisung eines Bedürftigen von dieser Pflicht »loskaufen«.

Fünftens der *Hadsch*: Jeder Gläubige sollte – »sofern er es sich leisten kann« und sofern er die Versorgung seiner Angehörigen während seiner Abwesenheit garantieren kann – wenigstens einmal im Leben in der dafür vorgeschriebenen Jahreszeit (um die Mitte des letzten Monats des islamischen Mondkalenders) nach Mekka zur heiligen Kaaba pilgern und dort bestimmte Rituale durchführen.

Natürlich legt Allah nicht nur Wert auf »äußere Formen«, sondern er verlangt auch, daß der Mensch an fünf Dinge *glaube*: an den einen, einzigen, allmächtigen, barmherzigen Gott; an die Engel; an die geoffenbarten Schriften; an die Propheten; und an den Tag des Gerichts.

Und hier endet diese (zugegebenermaßen sehr persönliche) kurze Geschichte des dreifaltigen Gottes – desjenigen, von dem der große islamische Mystiker Jalal ad-Din Rumi sang:

> »Geschlecht um Geschlecht
> ist ins Dunkel gegangen,
> doch die Eigenschaften Gottes
> sind wandellos und ewig.
> Das Wasser dieses Flusses
> hat sich zahllose Male erneuert;
> das Spiegelbild des Mondes und der Sterne
> ist dasselbe geblieben.
> Nicht das Wasser ist sein Grund,
> sondern die leuchtenden Reiche des Himmels.«

Janus

Janus ist der Gott des Anfangs und einer der wenigen großen römischen Götter, die keine griechische Entsprechung haben – worauf Ovid mit den stolzen Worten hinweist: »Hellas besitzt nirgends ein Numen wie dich.«

Janus ist für alles zuständig, was in irgendeiner Weise einen Neubeginn darstellt: den Anfang des neuen Jahres, des neuen Monats, der neuen Wochen und des neuen Tages. Neben diesen zeitlichen kümmert er sich aber auch um die räumlichen »Anfänge«, also etwa um die Punkte, an denen eine Stadt oder ein Haus beginnt, mithin um Tore und Türen. Er galt im alten Rom als der Beschützer dieser äußerst numinosen, von Geistern und anderen übelwollenden Wesen bedrohten Lokalitäten und war daher von immenser Bedeutung für die Menschen.

Da bei Durchgängen die Gefahr aber grundsätzlich von beiden Seiten droht, besitzt Janus praktischerweise zwei Köpfe. Er selbst sagt diesbezüglich bei Ovid:

> »Jede Haustür hat zwei Seiten, nach hierhin und dorthin
> blickt sie, nach draußen zum Volk, aber nach drinnen zum Lar.
> Wie bei euch der Hüter der Tür an der Schwelle den Platz hat,
> um zu sehen, was kommt, um zu sehen, was geht,
> so bin ich bestellt zum Hüter der Tore des Himmels,
> Ost und West zugleich seh ich mit doppeltem Blick.«

Als »Pförtner« trägt Janus natürlich stets einen Schlüssel bei sich, mit dem er des Morgens den Himmel aufschließt, und dementsprechend war das älteste Kultmal des Janus in Rom schlicht ein einfacher hölzerner Riegel, der in zwei einander gegenüberliegende Hauswände eingelassen war.

Mit der anderen Hand stützt Janus sich in der Regel auf seinen Stab, denn er ist schon ziemlich alt, ja, es heißt, er sei einer der ältesten römischen Götter überhaupt. In grauer Vorzeit ließ er sich auf einem Hügel in Rom nieder und regierte von hier aus über Latium. Als Saturn* (siehe hierzu unter Kronos) von seinem eigenen Sohn aus Griechenland vertrieben wurde, soll ihm Janus freundlich Asyl gewährt haben, und der Flüchtling ließ sich dankbar auf dem Kapitol häuslich nieder.

Janus seinerseits erfand mal eben rasch den Ackerbau, sorgte für eine ordentliche Gesetzgebung, führte die Münzwirtschaft ein und kurbelte den Handel an, indem er den Römern beibrachte, wie man seetüchtige Schiffe baut. Er wies den später hinzukommenden Göttern ihre jeweiligen Tempel zu, weihte sie und erklärte ihren Verehrern die angemessenen Opferbräuche. Kurz – als Gott des Anfangs begründete er auch die gesamte Zivilisation und damit, zusammen mit Saturn, das Goldene Zeitalter.

Die Menschen dankten ihm seinen Einsatz, indem sie ihn vor Beginn jeder wichtigen Unternehmung anriefen: der Konsul bei seinem Amtsantritt ebenso wie der Bauer, bevor er sich ans Säen oder Ernten machte. Bei allen Gebeten wurde als erster er genannt, und bei Götterfesten war er es, der die ersten Opfer und auch die »Erstlinge« der Erntefrüchte erhielt. Vor allem der Jahresbeginn, der erste Januar, war ihm geweiht, und an diesem Tag brachte man ihm Wein, Früchte und aus Mehl, Milch und Honig hergestellte Kuchen dar.

Als Kulturheros war Janus auch Schutzherr der Friedensschlüsse – und als Stifter speziell der *römischen* Zivilisation stand er naturgemäß auch in einer gewissen Beziehung zum Krieg. Sichtbarer Ausdruck dieser Funktion war der Brauch, die Türen seines Tempels auf dem Forum in Kriegszeiten offenstehen zu lassen und sie nur, wenn Frieden herrschte, zu schließen. Letzteres war bis zum Beginn der Kaiserzeit bezeichnenderweise insgesamt nur zweimal (!) der Fall gewesen; doch wie Augustus stolz erklären konnte, wurde »dieser Tempel, während ich der erste Mann des Staates war, auf Anordnung des Senats dreimal geschlossen«.

Juno

Der Name der höchsten römischen Göttin bedeutet soviel wie »junge Frau« oder »Mädchen«, und schon daran zeigt sich, daß sie ursprünglich – das heißt, bevor sie mit der griechischen Hera* und Jupiter* mit Zeus* gleichgesetzt wurde – eine ledige und eigenständige Persönlichkeit war. Dementsprechend ist sie von Hause aus der »gute Geist« der Weiblichkeit schlechthin: Sie wacht über das Wohl aller Frauen, ganz besonders aber der Schwangeren. Als *Juno Lucina*, also die Göttin, die den Babys ans Tageslicht (*Lux*) verhilft, steht sie ihnen während der Niederkunft bei. Sie sorgt dafür, daß bei der Geburt keine Probleme auftreten und Mutter und Kind die ganze Prozedur heil und gesund überstehen. Zum Dank dafür stellte man ihr, sobald die Angelegenheit vorüber war, im Atrium (dem offenen Hauptraum des Hauses) einen Tisch mit einem Speiseopfer auf.

Manch eine Römerin mag allerdings nicht unbedingt glücklich über Junos ständige Präsenz gewesen sein; die Göttin wachte nämlich nicht nur über die Schwangeren – sie achtete auch streng darauf, daß kein Mädchen *zu früh* zu einer solchen wurde, ja, daß es so lange Jungfrau blieb, wie es sich gehörte. Wer sich in bezug auf seine Tochter (oder Angebetete) diesbezüglich Gewißheit verschaffen wollte, konnte die Betreffende von der Göttin testen lassen: Er brachte sie zu einem Höhlenheiligtum der Juno, und die Priesterinnen legten der dort hausenden heiligen Schlange eine Gabe vor. Verschmähte das Tierchen die gebotene Nahrung, war der sündhafte Lebenswandel der Probandin zweifelsfrei erwiesen. Nahm es sie dagegen an, war nicht nur die Ehre des Mädchens gerettet – die huldvolle Entgegennahme der Opferspeise wurde als ein gutes Vorzeichen für das ganze Land betrachtet, denn dann rief, wie Properz uns mitteilt, der Bauersmann aus: »Das wird ein fruchtbares Jahr!«

Gewissermaßen zwischen diesen zwei Funktionen – Schwangerenbetreuung und Keuschheitsschutz – vermittelnd, tritt als ein dritter Zuständigkeitsbereich der Juno die Heirat. Anders als Ceres*, die sich eher um die Ehe als solche kümmert, ist Juno für die *Eheschließung* zuständig. Sie vereint Mann und Frau, wobei sie ihnen symbolisch als Brautführerin dient; die späteren, prosaischeren Aspekte des Verheiratetseins überläßt sie lieber Ceres.

Die großen öffentlichen Feste, die zu Ehren der Juno gefeiert wurden – und zwar vornehmlich von der Bevölkerungsgruppe, die ihr am nächsten stand, den jungen Leuten – bezogen sich auf eine weitere Funktion der göttlichen Frau: die Fruchtbarkeit. Bei den Lupercalien, die am 15. Februar bei der Höhle gefeiert wurden, wo Romulus und Remus von der Wölfin gesäugt worden sein sollen, schlugen in Bocksfelle gekleidete junge Männer ebenso junge Matronen mit Riemen aus Bockshaut – ein Ritus, den ehemals Juno selbst angeordnet haben soll.

Am siebten Juli fand ein weiteres Fest statt, an dem allerdings ausschließlich Frauen (Sklavinnen und Freie) beteiligt waren: die *Nonae Caprotinae*. Hierbei spielte die Feige, Symbol des weiblichen Geschlechtsteils, eine zentrale Rolle. Zweige von einem Feigenbaum wurden abgeschnitten und der austretende milchige Saft der Göttin geopfert. Auch dieses Fest zeigt indirekt Junos enge Beziehung zur Ziege: Caprotina, der im Namen dieses Feiertages enthaltene Beiname der Göttin, ist aus *Capra*, »Ziege« abgeleitet. Und tatsächlich ist die Ziege der Juno vor allen anderen Tieren heilig.

Sie liebt sie so sehr, daß sie, anders als ihre griechische Kollegin Hera, die sich im wesentlichen für das Großvieh, besonders aber für die Kühe zuständig fühlt, sich als Hüterin der Ziegen betätigt. Ihre Zuneigung zu den meckernden Vierbeinern bringt sie auch dadurch zum Ausdruck, daß sie oft ein Bocksfell über dem Kopf trägt, dessen Hörnchen und Ohren auf diese Weise so aussehen, als wären sie ihre eigenen.

Ihre enge Verbindung zu den Ziegen ließe den Eindruck aufkommen, daß sich Juno am wohlsten auf dem Land fühlt, doch ebensowenig, wie sie sich als reine Frauengöttin festlegen läßt, so auch in diesem Punkt. Sie ist neben allem anderen nämlich auch die Schützerin der Städte, allen voran natürlich Roms und dann des ganzen Reiches. Sie ist die stets junge, schöne Königin, Regina, die zusammen mit Jupiter darüber wachte, daß ihr Volk gedieh und sich vermehrte wie ihre geliebten Ziegen.

Jupiter

Sein Name – er bedeutet soviel wie »Himmelsvater« – sagt schon alles: Er ist zugleich der Gebieter des alles überwölbenden, bisweilen strahlenden, bisweilen wolkenverhangenen Himmels, und er ist der Vater (das heißt, römisch-patriarchalisch gedacht, weniger der Erzeuger als der unumschränkte Herr) der Götter und der Menschen.

Jupiter ist, wie sein griechischer Bruder Zeus*, der Herr über Blitz und Donner und allgemein über das Wetter. Dementsprechend war er es, den man in frühester Zeit um Regen bat, und zwar dadurch, daß die Matronen Roms, ganz unvereinbar mit ihren sonstigen Gepflogenheiten, mit aufgelösten Haaren und barfuß, und die Magistrate ohne ihre Würdezeichen zum Kapitol pilgerten. Noch älter war der Brauch, einen Stein durch die Stadt zu schleifen und den Gott dabei anzuflehen, der Dürre doch endlich ein Ende zu machen.

Ein Stein, genauer gesagt, ein Feuerstein, war es auch, bei dem man im Namen Jupiters einen Eid ablegte und mit dem das Eidopfer, ein Schwein, erschlagen wurde. Denn in seinem Vater-Aspekt ist der höchste Gott der Römer auch die oberste sittliche Instanz und damit unter anderem auch der Schwurgott, der alle, die einen Meineid leisten, unnachsichtig mit seinem Blitz bestraft. Der Blitz ist dabei nicht lediglich sein Werkzeug, sondern geradezu seine Manifestation, die Verkörperung, in der er selbst vom Himmel herniederfährt und dabei seine Macht unter Beweis stellt. Dementsprechend galten alle Orte oder Bäume, in die ein Blitz eingeschlagen hatte, als direkt von Jupiter berührt, von ihm gleichsam imprägniert und daher als heilig und ihm geweiht.

In Übereinstimmung mit dieser wichtigen Funktion des Eidgottes paßte Jupiter auch darauf auf, daß Verträge von allen Beteiligten eingehalten und die Heiligkeit von Grenzen gewahrt blieben. Daher gab es auf dem Kapitol auch einen Grenzstein, der seinen Namen trug und der sich selbst dann nicht verrücken ließ, als dort sein Tempel gebaut werden sollte. Man ließ den Stein schließlich, wo er war, und damit er wie gewohnt im Freien stehen konnte, sparte man im Dach des Tempels eine Öffnung aus. Jupiter soll es gewesen sein, der einstmals das Land an die Menschen verteilte und damit auch die Grenzen ein für allemal festlegte.

Der Tempel auf dem Kapitol, in dem später auch Juno* und Minerva* einquartiert wurden, ist nicht nur der älteste Tempel des römischen Staatskultes, er war auch Zentrum zahlreicher wichtiger Amtshandlungen. So war er der Ort, an dem Verträge ausgehängt wurden, an dem Feldherren Opfer darbrachten, bevor sie auszogen, wo Kriegserklärungen beschlossen wurden und wo alle Triumphzüge endeten.

In den unterirdischen Gewölben dieses Tempels wurden außerdem die ›Sibyllinischen Bücher‹ aufbewahrt, eine Orakelsammlung, die, wann immer ungünstige Vorzeichen auftraten, befragt und gedeutet wurde. Als Himmelsgott hat Jupiter nämlich eine besondere Beziehung zu allem, was fliegen kann, ganz besonders aber zum König der Vögel, dem Adler. Und da es bei den Römern üblich war, aus dem Flug der Vögel zu weissagen, galt Jupiter auch als der älteste, ja als der Orakelgott schlechthin.

Neben all diesen gewichtigen Qualitäten, die ihn als zürnend bedrohlichen oder zumindest ehrfurchtgebietenden Herrn erscheinen lassen, hat Jupiter aber auch eine große Schwäche für etwas, das ihn ein wenig in die Nähe von uns Sterblichen rückt: den Wein.

Nicht Bacchus*, sondern *ihm* zu Ehren wurde am 19. August in den Weinbergen ein großes Weinfest gefeiert, die *Vinalia rustica*. Jupiter wurde dabei gebeten, die letzte Phase der Reife vor der Ernte zu segnen und dafür zu sorgen, daß keine Schädlinge die Trauben verdarben.

Und wenn es endlich soweit war, war es der Priester des Jupiter, der die Lese eröffnete, indem er seinem Gott ein Lamm opferte und feierlich die erste Traube schnitt. Das dritte Weinfest schließlich, das zu Ehren des Jupiter gefeiert wurde, fand am 11. Oktober statt, weil nun der junge Wein probiert werden mußte. Ihm schrieben die Römer besondere Heilkraft zu.

Jupiter nahm auch weiterhin am Gedeihen des Weines Anteil, denn im April spendete man ihm vom letztjährigen Wein, dessen Reifungsprozeß nunmehr als abgeschlossen galt. Angesichts solcher ihm vorenthaltenen Weinehren hätte Bacchus wahrlich allen Grund, eifersüchtig zu sein! Aber Jupiter ist nun einmal der Himmelsgott, und die römischen Weinbauern wußten ebensogut wie die heutigen, wie abhängig die Güte ihres edlen Gewächses von der Witterung ist. Sie hielten es daher für sicherer, ihre Pflanzen ebenso wie deren Früchte und das daraus resultierende Getränk lieber unter allerhöchsten Schutz zu stellen, als sich auf einen eher untergeordneten Gott zu verlassen – und daß sie damit nicht schlecht beraten waren, beweist noch heute die Güte des italienischen Weines!

K

Kali

Kali bedeutet auf Sanskrit »die Schwarze«, und schwarz ist sie in jeder Hinsicht, die in ganz Indien, ganz besonders aber in Bengalen hochverehrte Göttin. Wie jeder Mensch nicht nur ein Sonntagsgesicht hat, sondern auch eine dunkle, eine negative Seite in sich birgt, so ist es auch bei den Göttern. Denn eigentlich ist Kali der personifizierte »Schatten« der Göttin Durga* oder Parvati*, der furchterregende Aspekt der Devi*. Dargestellt wird sie meist als häßliche, blutbeschmierte alte Frau, mit Raubtierzähnen, heraushängender Zunge und einer Halskette aus Totenköpfen und einem Rock aus abgehackten Menschenarmen als einziger Kleidung. Ihre Hände starren vor Waffen, und eines ihrer Hauptvergnügen ist es, auf dem Leichnam Shivas* zu tanzen.

Doch wäre es ein gröblicher Fehler, aus dem Gesagten zu schließen, Kali sei eben eine gewöhnliche »schreckliche« oder »gefährliche« Göttin, eine »Teufelin«, der man möglichst nicht in die Quere kommen sollte und vor der man sich am besten dadurch rettet, daß man sich unter die Röcke der (oder des) »Guten« verkriecht. Ihre Verehrer nennen sie »Mutter«, und das ist kein Euphemismus. Tatsächlich ist Kali, richtig betrachtet, die barmherzigste Erscheinungsform der Devi überhaupt, denn was sie in ihrem besinnungslosen Blutrausch vernichtet, ist die Verblendung – die menschliche Einbildung, eine allmächtige und allgegenwärtige Gottheit könnte *ausschließlich* »gut«, »liebevoll«, »weise« sein, und was es der verharmlosenden positiven Eigenschaften sonst noch gibt.

Kama

→ Shiva

Kanil

Kanil oder Ixkanil, wie er im ›Popol Vuh‹ genannt wird, ist einer der wichtigsten Götter eines Volkes, das sich außer von der Jagd hauptsächlich von Mais ernährte. Denn Kanil ist der Maisgott der Maya.

Er identifiziert sich so sehr mit seiner Aufgabe, daß er auch äußerlich der von ihm betreuten und beschützten Pflanze gleicht: Sein langgezogener Kopf ähnelt einem von seinen Hüllblättern umgebenen Maiskolben, und seine vom Scheitel sprießenden Haare erinnern stark an die seidigen dunkelroten Fäden, die von der Kolbenspitze herabhängen. Deshalb besitzt er auch noch einen zweiten Namen, Ixlanleox, was soviel wie »der köstliche Blätterschopf« bedeutet. Und als wäre er mit einem solchen Kopf noch nicht hinlänglich geschlagen, hat Kanil auch noch den Körper eines Zwerges.

Obwohl er als der Gott der Nahrungspflanze schlechthin der Herr des Lebens, des Wachstums, des Gedeihens, der sprießenden Natur ist, erleidet Kanil alljährlich ein trauriges Schicksal: Jeden Herbst wird er, ebenso wie seine Maispflanzen zur Erntezeit, gnadenlos enthauptet – um jedes Frühjahr allerdings aus der Erde neu aufzuerstehen, wobei ihm seine Kinder, die Heldenzwillinge Hunahpú* und Ixbalanqué, nach Kräften behilflich sind.

Kannon
→ Guanyin

Kotan-kar-kamuy
Kotan-kar-kamuy ist der Schöpfergott der Ainu, der Ureinwohner Japans. Wie viele Götter dieser Kategorie ist er eine recht profillose Gestalt, und doch war er es, der einst in mühsamer Handarbeit Erde und Himmel – die bis dahin einen einzigen Sumpf gebildet hatten, über dem ein undurchdringlicher Nebel wallte – mit Axt und Hacke voneinander trennte. Ganz ohne Hilfe war er bei diesem herkulischen Unterfangen allerdings nicht, denn die Bachstelze stand ihm getreulich zur Seite.

Als die vielen Tiere im Himmel sahen, wie hübsch und gemütlich die Erde jetzt geworden war, baten sie Kotan-kar-kamuy, doch dort wohnen zu dürfen. Er erlaubte es ihnen unter der Bedingung, daß sie fortan den Menschen dienen sollten, die er noch herzustellen gedenke. Aus Erde und Weidenzweigen bastelte er also sorgfältig den Ururahnen der Ainu und wollte sich anschließend gerade daranmachen, ihn mittels seiner Schöpferkräfte zu einem gottgleichen Wesen zu erheben, als ihn plötzlich dringende Geschäfte zurück in den Himmel riefen. Er ließ alles stehen und liegen, rief den Fischotter herbei und befahl ihm, das Werk an seiner Stelle zu vollenden. Er erklärte ihm hastig, was er zu tun habe, und verschwand.

Der Fischotter hatte allerdings nur mit halbem Ohr zugehört und hatte im übrigen auch nicht die geringste Lust zum Arbeiten. Er verschob die Sache also auf später und spielte erst einmal ausgiebig im

Wasser herum, planschte und tollte – bis er ganz und gar vergaß, was ihm Kotan-kar-kamuy gesagt hatte.

Daher kommt es also, daß wir Menschen nur Menschen sind, voller Fehler, Macken und Mucken.

Krishna
→ Vishnu

Kronos
Nachdem Uranos**, der griechische Ur-Himmelsgott, auf Anstiftung seiner eigenen Mutter und Ehefrau kastriert worden war, konnte er nicht nur keine Nachkommen mehr zeugen, er war auch als Herrscher nicht mehr zu gebrauchen. Denn wer wollte schon einen Kapaun als König! Seine Nachfolge trat sein jüngster Sohn Kronos an, der sich als erstes mit seiner eigenen Schwester Rheia verheiratete. Doch auch hier hing der Ehesegen bald schief, da dem Kronos von seinen Eltern geweissagt worden war, einer seiner Söhne werde ihn eines Tages entthronen.

Um dem Schicksal ein Schnippchen zu schlagen, verlegte er sich zu Rheias großem Kummer darauf, jeden Jungen, den sie ihm gebar, unverzüglich zu verschlingen. Nachdem sie sich das allerdings ein paar Babys lang angeschaut hatte, dachte sie sich eine List aus, um das nächste Kind, mit dem sie bereits schwanger ging, zu retten: Kronos bekam einen in Windeln gewickelten Stein zu verschlucken, und Zeus** blieb daher am Leben.

Und sobald er groß und stark geworden war, erfüllte der spätere Götterkönig die Weissagung seiner Großeltern: Er forderte Kronos heraus und schaffte es mit Hilfe seiner wieder ausgespuckten Geschwister, ihn nach langem Kampf zu besiegen und unter die Erde zu verbannen.

Einige wollen dagegen wissen, daß Zeus den Vater, als dieser sich am Honig berauscht hatte (denn Wein gab es vor Dionysos'* Geburt ja noch nicht), fesselte und ihn zu den Inseln der Seligen brachte, wo Kronos noch heute, zusammen mit seiner Gattin Rheia, wie ein abgedankter König glücklich und zufrieden lebt. So oder so aber endete mit Kronos' Herrschaft auch das Goldene Zeitalter – denn das nahm er mit ins Exil.

Kubera

Kubera ist der indische Gott des Reichtums und überhaupt des Wohl-
standes, und da nach indischer (wie nach europäischer) Vorstellung
Zwerge und Gnomen die Schätze der Erde hüten, vermehren und bewachen, gilt Kubera darüber hinaus als Herr über diese Geister-
scharen und wird auch selbst als Zwerg abgebildet.

Der Arme ist nicht besonders schön: Er hat ein einziges Auge,
einen dicken Bauch, drei Beine und acht Zähne, aber da er stinkreich
ist, behängt er sich über und über mit Edelsteinen und trägt stets
einen Geldsack mit sich herum – wie übrigens auch seine Unterge-
benen. Sein »Reittier« ist ein Mensch. Vielleicht soll dies seine Nähe
zu uns Sterblichen versinnbildlichen; schließlich stehen uns die
Zwerge und Naturgeister, über die er regiert, weit näher als die erlauchten Himmlischen.

Kubera ist mächtig stolz auf sein Amt, und er hat auch hart genug
dafür geschuftet. In grauer Vorzeit hatte er sich zehntausend Jahre
lang ins Wasser gestellt und dabei den Kopf untergetaucht, in der
Hoffnung, Brahma* würde ihm daraufhin seinen sehnlichsten
Wunsch erfüllen und ihn zum Gott des Reichtums machen. Aber
Brahma erschien nicht. Also ließ Kubera sich eine *noch* härtere
Kasteiung einfallen und stellte sich, ebenfalls ein paar tausend Jahre
lang, auf einem Bein in das Zentrum von vier Feuern, wobei die glühende Sonne als fünftes von oben das Ihre dazutat.

Da endlich ließ sich Brahma erweichen; er ernannte ihn zum Herrn
über alle Schätze und als Draufgabe noch zum Beschützer der Himmelsrichtung Norden. Kubera dankte ihm überschwenglich, rannte
zu seinem Vater und erzählte ihm freudestrahlend von der Ehre, die
ihm widerfahren war. Auch der Vater freute sich und baute ihm eine
Stadt mit einem großen schönen Garten. Dort lebte Kubera lange
Zeit froh und glücklich, bis ihm einfiel, daß er doch eigentlich Untertanen bräuchte. Also übte er noch einmal hundert Jahre lang Askese,
bis ihm Shiva* erschien und ihn zum König über die Naturgeister
machte.

Kukulkán

Die im Hochland von Guatemala auch als Gucumatz (und bei den
Azteken als Quetzalcoatl*) bekannte »Gefiederte Schlange« war
außerordentlich beliebt und einer der wichtigsten Götter der Maya.
Als besonders hübsch kann man Kukulkán allerdings nicht bezeichnen mit seiner rüsselförmig baumelnden Nase und der heraushän-

genden Zunge. Aber in dieser Hinsicht scheinen die Völker Mittel-
amerikas – ganz im Gegensatz etwa zu den Griechen – nicht besonders anspruchsvoll gewesen zu sein.

Kukulkán hat mit der sprießenden Natur zu tun, denn eines seiner
Attribute ist ein keimendes Maiskorn. Daneben hält er oft Fackeln
in den Händen, um seine enge Verbundenheit mit dem Feuer und damit seine Macht anzudeuten. Kukulkán wurde als Schöpfergott und
Kulturbringer verehrt. Er war es nämlich, der den Menschen unter
anderem zeigte, wie man Städte baut.

Kumara
→ Skanda

Kunnecup-kamuy
»Die Nacht-erleuchtende Gottheit«, wie sein Name übersetzt lautet,
ist der Mondgott der japanischen Ainu. Er ist der Gemahl der
Sonnengöttin Tokapcup-kamuy*, wobei die beiden allerdings eine
eher ruhige Ehe führen. Kunnecup-kamuy wohnt nämlich tagsüber
in der Unterwelt und verläßt seine Behausung nur nachts – wann
also sollte er seiner Frau überhaupt begegnen? Immerhin wissen die
Ainu, daß er seine Gattin immer dann besucht, wenn er nachts mal
nicht am Himmel zu sehen ist. Übrigens ist gar nicht ganz klar, wer
von den beiden denn nun eigentlich der Mann und wer die Frau ist
(das Ainu-Wort *kamuy* bedeutet einfach nur »Gottheit«, über das
Geschlecht sagt es nichts aus); so viel weiß man aber immerhin, daß
die Sonne von beiden mit Abstand mehr Power hat.

Kunnecup-kamuy kann man dagegen als eine eher bläßliche Gestalt beschreiben, der im Auftrag des ansonsten ebensowenig herausragenden Schöpfergottes Kotan-kar-kamuy* in der Nacht nach
dem Rechten sieht, während seine Frau schläft.

Kybele
Von Geburt aus ist die aus Kleinasien stammende Kybele eigentlich
ein Mensch, denn sie war die Tochter des phrygischen Königs Meon
und dessen Frau Dindyme. Meon hatte sich aber einen Sohn gewünscht, und aus Ärger über die Geburt einer Tochter setzte er das
Baby auf einem Berg aus, der Kybelos hieß. Das besondere Schicksal
des Kindes wollte es, daß es hier nicht verhungerte, sondern zunächst
von Panthern und Löwen aufgezogen und später von Hirten gefunden wurde, die sich seiner liebevoll annahmen.

Kybele, wie man sie nun nach dem Ort, wo sie ausgesetzt worden war, nannte, wuchs zu einem auffallend schönen und klugen Mädchen heran, das zudem einige besondere Begabungen aufwies. Beispielsweise erfand sie Pfeifen und Trommeln, mit deren Klängen sie die Krankheiten der Tiere ihrer Zieheltern heilen konnte. Ihre Gaben und ihr Aussehen waren aber so ungewöhnlich, daß schließlich auch der König auf sie aufmerksam wurde, in ihr seine verstoßene Tochter wiedererkannte und sie in Ehren zu sich in den Palast zurückholte.

Kurz darauf verliebte sich Kybele in einen hübschen Jungen mit Namen Attis, den Enkel des Flußgottes Sangarios. Er schwor ihr ewige Treue, und die beiden waren eine ganze Zeit lang glücklich miteinander – bis Attis sich in eine andere Königstochter verguckte und sie um ihre Hand bat. Die über den Treuebruch begreiflicherweise erzürnte und verletzte Kybele erschien bei der Hochzeitsfeier und ließ ihren Geliebten – und sämtliche Hochzeitsgäste gleich mit – wahnsinnig werden. In seiner Raserei lief Attis ins Gebirge und entmannte sich selbst unter einer Kiefer, worauf er qualvoll verblutete.

Als Kybele sah, was sie angerichtet hatte, packte sie die Verzweiflung, und ruhelos irrte sie von Stund an von Berg zu Berg und von Land zu Land, bis schließlich Apollon* sie in ihre Heimat zurückrief und sie zur Göttin, ja zur Schutzherrin des Landes erhob. Seitdem thront sie auf den Gipfeln der Berge oder läßt sich in ihrem von Löwen und Panthern gezogenen Wagen umherfahren, stets begleitet von laut musizierenden dämonischen Wesen, den Kureten und den Korybanten.

Die Menschen schlossen Kybele rasch in ihr Herz, da sie als Herrin über die Natur dafür verantwortlich zeichnet, daß im Frühjahr alles zu neuem Leben erwacht und sich Mensch und Tier regelmäßig vermehren. Ihr Ruhm breitete sich bald weit über die Reichsgrenzen hinaus in ganz Kleinasien aus, und zur Zeit der Perserkriege gelangte er auch nach Griechenland. Die Anhänger und die Priester der Kybele verhielten sich nicht weniger wild als diejenigen des Dionysos*. Sie schwärmten, namentlich im Frühling, unter fuchterregendem Geschrei, mit Fackeln und lärmenden Musikinstumenten wie Zymbeln, Pauken und Pfeifen in den Händen, tanzend durch die Wälder und feierten ihre Göttin. Etliche von ihnen bewiesen ihre Ergebenheit dadurch, daß sie sich, wie Kybeles Geliebter Attis, eigenhändig kastrierten.

Als Anfang des dritten vorchristlichen Jahrhunderts ein Orakel den Römern verhieß, jeder nahende Feind könne dadurch vertrieben werden, daß man die höchste Göttin Kleinasiens nach Rom brachte, setzte sich der Siegeszug der Kybele fort. Ihr ältestes Heiligtum, ein schwarzer Meteorstein, wurde umgehend von Pessinus nach Rom gebracht, und von diesem Zeitpunkt an verehrte man sie zusammen mit ihrem geliebten Attis vor allem mit einem fünf Tage währenden äußerst prunkvollen Fest, das alljährlich Ende März, also zum Frühlingsanfang begangen wurde.

Anfangs bemühten sich die sittenstrengen Römer, die orgiastische Seite des Kybele-Kultes, so gut es ging, in Schranken zu halten; seit Beginn der Kaiserzeit gab es aber kein Halten mehr. Die Gläubigen warfen sämtliche Hemmungen über Bord, sangen unzüchtige Lieder, zogen sich nackt aus und paarten sich querbeet. Von der großen Göttin in Besitz genommen, gerieten sie in Ekstase, fügten sich nicht selten selbst Wunden zu oder stürzten sich mit gezücktem Messer in die gleichermaßen rasende Volksmenge. Kurz, es war jedesmal ein richtiges, dionysisches Volksfest, bei dem jeder auf seine Kosten kam.

Nun – natürlich gab es auch im alten Rom apollinischere Gemüter, die keinen Sinn für derlei orgiastische Kulte hatten; so schreibt Catull:

»Große Göttin, Göttin Kybele, die du herrschst am
   Dindymosberg,
verschon von allem Wahnsinn, den du liebst, mir Herrin das
   Haus!
Bringe andere zum Rasen, mache andere verrückt!«

L

Lakshmi

Lakshmi, auch Shri genannt, ist die Gefährtin Vishnus* und die indische Göttin des Glücks und der Schönheit. Sie ist natürlich jung und bildhübsch und gilt – neben dem Unsterblichkeitstrank – als das kostbarste Ding, das aus dem Milchozean hervorgequirlt wurde (siehe hierzu unter Shiva). Wenn sie nicht gerade ihrem Gemahl die Füße massiert, steht sie auf einem Lotos, und eine Lotosblüte hält sie stets in der Hand.

Jeder hat seine eigenen Vorstellungen vom Glück, und so bedeutet Lakshmi auch für jeden etwas anderes. Königen beispielsweise (als deren »göttliche Hauptgemahlin« sie gilt) schenkt sie Macht und Ruhm, Kaufleuten Reichtum, Frauen Schönheit. Für Bauern ist der Inbegriff des Glücks eine gute Ernte, und dementsprechend wird Lakshmi auf dem Land auch als Getreidegöttin verehrt und gepriesen. Ja, sogar den Kuhdung, der armen Leuten als Brennmaterial dient, bringt man mit ihr in Zusammenhang.

Vor langen Zeiten nämlich spazierte Lakshmi an einer Herde Kühe vorbei, die friedlich auf einer Wiese grasten. Die Göttin blieb stehen, sah den Tieren zu und freute sich an ihnen. Sie fand tatsächlich so großen Gefallen an ihnen, daß sie ihnen einen Wunsch freistellte. Die Kühe aber waren so sehr mit sich und ihrem Los zufrieden (es waren ja *indische* Kühe!), daß sie das Geschenk ausschlugen. Lakshmi jedoch ließ nicht locker, also gingen die Kühe mit sich zu Rate und fanden zuletzt doch etwas, was sie sich wünschen konnten: Die Göttin sollte bewirken, daß auch in ihrem Dung das Glück wohne. Ihr Wunsch wurde natürlich prompt erfüllt – und seitdem betrachten die Hindus Kuhdung als eine der glückbringendsten und reinsten Substanzen überhaupt.

Leigong

Leigong, der »Donnerherzog«, ist einer der chinesischen Donnergötter. Er liebt es, sich als furchterregendes Mischwesen darstellen zu lassen: mit einem drachenartigen Tierkörper und Fledermausflügeln oder aber einem Adlerschnabel und dazu einem menschlichen Gesicht. Manchmal sieht man ihn auch umgeben von den anderen leitenden Beamten des Donnerministeriums, so dem Windgott Feng Bo

(Fei Lian*), der »Mutter des Blitzes«, Dianmu, und Yushi, dem Regenmeister. In dem Fall tritt Leigong selbst allerdings meist in menschlicher Gestalt und im Gewand eines hochrangigen Mandarins auf. In der einen Hand hält er für gewöhnlich einen Meißel, in der anderen einen Hammer, mit dem er, wenn er in Zorn gerät, zuschlägt – worauf es donnert.

Solche Wutausbrüche können mitunter auch für Leigong selbst unliebsame Auswirkungen haben; so geschah es beispielsweise einmal, daß der Donnerherr sich bei dem Versuch, im Rahmen eines aufsehenerregenden Gewitters – gleichsam als Krönung – einen mächtigen Baum zu spalten, ungeschickterweise selbst in den entstandenen Spalt einklemmte. Nun saß er fest. Wie es aber das Schicksal so wollte, hatte ein Junge unter ebendemselben Baum Schutz vor dem Unwetter gesucht. Leigong bat ihn, ihm zu helfen, und versprach ihm für den Fall, daß er ihn wieder freibekäme, eine fürstliche Belohnung. Der findige Bub trieb Steine wie Keile in den Spalt, bis dieser sich ausreichend geweitet hatte und Leigong unversehrt herausschlüpfen konnte.

Der Gott hielt sein Wort und überreichte dem Jungen ein Buch, das haarklein die Kunst beschrieb, Donner und Regen herbeizurufen und jegliche Krankheit zu heilen. Dank diesem kostbaren Geschenk wurde aus Ye Jianshao, wie der Knabe hieß, später ein berühmter Arzt und Regenmacher – der sich übrigens auch weiterhin auf die Gunst seines göttlichen Beschützers verlassen konnte. Als Ye nämlich eines Tages im Vollrausch randalierte und daraufhin festgenommen wurde, brauchte er nur Leigong um Hilfe anzurufen, und schon ertönten so ohrenbetäubende Donnerschläge, daß der Präfekt aus Angst vor dem Zorn Leigongs den Festgenommenen auf der Stelle wieder laufenließ.

Auf den (durchaus berechtigten) Zorn des Donnergottes soll übrigens auch eine gewaltige Sintflut zurückgehen, der fast die gesamte Menschheit zum Opfer fiel – und das kam so: Einst verfiel ein Bauer auf die äußerst dumme Idee, den Donnergott zu fangen. Zu diesem Zweck stellte er sich während eines Gewitters, einen offenen Käfig neben sich und eine große Kneifzange in der Hand, neben seiner Hütte ins Freie.

Sobald er Leigong kommen sah – der natürlich auf alles, nur nicht auf eine solche Dreistigkeit gefaßt war –, packte er ihn mit der Zange und stopfte ihn in den Käfig. Da er ihn am nächsten Tag schlachten und einpökeln wollte, mußte er anschließend auf den Markt, um ordentlich Gewürze einzukaufen. Bevor er losmarschierte, schärfte er seinen beiden Kindern ein, dem Gefangenen in seiner Abwesenheit bloß nichts zu essen und zu trinken zu geben.

Kaum war er fort, begann Leigong so jämmerlich über quälenden Durst zu klagen, daß die Kinder, ein Junge und ein Mädchen, schließlich Mitleid mit ihm bekamen und ihm etwas Wasser reichten. Sobald der Gott aber die Flüssigkeit aufgenommen hatte, wuchsen ihm schier unermeßliche Kräfte; mit einem Ruck sprengte er den Käfig und war frei. Zum Dank dafür, daß sie ihm geholfen hatten, schenkte er den Kindern einen Zahn; den sollten sie in die Erde stecken, dann würde eine wunderbare Frucht daraus wachsen. Damit verschwand er.

Die Kinder taten wie geheißen, und sofort entstand aus dem Zahn eine riesige Pflanze, an der ein großer Flaschenkürbis reifte. Zum Spaß sägten die Geschwister den Deckel ab, entfernten das Innere und setzten sich hinein.

Leigong aber hatte die Schmach, die ihm der Bauer angetan hatte, keineswegs vergessen: Schon am nächsten Tag begann es zu regnen und zu regnen, die Flüsse und Seen traten über die Ufer, und die Sintflut setzte ein.

Das Mädchen und der Junge flüchteten sich in den Kürbis, der böse Bauer jedoch (der auf dumme Ideen abonniert zu sein schien) in einen eisernen Kahn. Er schwamm damit bis zum Himmelstor und verlangte, die Flut solle augenblicklich aufhören. Augenblicklich ließen Regen und Wind nach, und der Wasserspiegel sank so abrupt, daß der Bauer samt seinem Boot auf der Erde zerschellte.

Die beiden Kinder aber überlebten in ihrem elastischen Kürbis und begründeten (nach einem »Hasch-mich-um-den-Baum-herum-Einkriegezeck«, wie die alten Quellen berichten, bei dem der Bruder die Schwester fing und zu seiner Gattin machte) das heutige Menschengeschlecht.

Liber
→ Bacchus

Lir
→ Manannán Mac Lir

Loki

Loki ist der Erzschuft unter den germanischen Göttern: arglistig, heimtückisch und stets darauf bedacht, irgendwo Unheil anzurichten oder wenigstens den einen gegen den anderen aufzuhetzen. Selbst Sohn eines üblen Riesen, ist er mit einer recht farblosen Frau, Sigyn, verheiratet, mit der er auch zwei Söhne, Wali und Nari oder Narwi, hatte. Während von diesen beiden nichts Negatives zu berichten ist, läßt sich dies von den Sprößlingen, die Loki außerehelich mit der Riesin Angrboda zeugte, leider nicht behaupten: Sie sind die schrecklichen Ungeheuer, die dereinst mit dafür sorgen werden, daß die Götter in der Endschlacht der Ragnarök unterliegen – der Fenriswolf, die Midgardschlange und die Todesgöttin Hel*.

Man sollte meinen, daß die anderen Götter um einen solchen Satansbraten einen großen Bogen machen und so wenig wie möglich mit ihm zu tun haben wollen. Aber Loki sieht nicht nur gut aus – die ›Prosaedda‹ sagt, er sei »schmuck und schön von Gestalt« –, er versteht sich auch darauf, zu schmeicheln und sich in kriecherischer Weise anzubiedern. Und dagegen ist, wie man weiß, kaum einer gefeit. Speziell mit Odin* schloß er außerdem einst Blutsbrüderschaft, und er hat keine Scheu, ihn bei Bedarf immer wieder einmal daran zu erinnern:

> »Gedenkst du, Odin, daß in der Urzeit
> wir beide das Blut gemischt?
> Nimmer des Biers zu genießen schwurst du,
> man böte es beiden denn dar.«

Hinzu kommt, daß Loki stets bereit ist, dem einen oder anderen Gott einen Dienst zu erweisen, damit dieser anschließend in seiner Schuld steht. Daß er dabei unbeabsichtigterweise auch manch Gutes bewirkt, tut seiner grundsätzlichen Bösartigkeit keinen Abbruch. Sein Metier jedenfalls ist das Ränkeschmieden, und ein Gewissen oder gar ein Herz scheint er nicht zu besitzen; so scheute er in seiner berühmten Schmährede, der »Lokasenna«, nicht einmal davor zurück, ehemalige Geliebte öffentlich bloßzustellen.

Diese Rede hielt er anläßlich eines bei dem Meergott Ägir stattfindenden Gelages der Götter, die Loki wohlweislich nicht eingeladen hatten. Er erfuhr natürlich davon, ging zum Ort des Geschehens, machte sich an Ägirs Diener heran und fragte ihn, was die Götter denn da drinnen so redeten. Als er erfuhr, daß sie sich über seine Untaten beklagten, geriet er in Wut und erklärte:

»Eintreten will ich in Ägirs Halle,
die versammelten Trinker zu sehn;
Ärger und Unlust bring ich den Asen
und vergälle ihnen den goldenen Met.«

Er schob den protestierenden Diener beiseite und wollte schon in den
Saal treten, als Bragi* ihm den Weg verstellte und die stabenden Worte
sprach: »Stätte und Sitz verstatten beim Trunk dir die Asen in Ewig-
keit nicht!«

Jetzt aber setzte Loki seinen Trumpf ein: Er pochte auf seine Blutsbrüderschaft mit Odin, und so mußte man ihn einlassen. Prompt
konnte er also loslegen und gegen jeden Anwesenden die ein oder andere Gemeinheit vorbringen – zuallererst natürlich gegen Bragi.
Dann aber bekam jeder, der versuchte, sich vermittelnd einzumischen, sein Fett ab, wobei Loki keinen Unterschied machte, ob der
oder die Angesprochene sich für oder gegen ihn ins Zeug gelegt hatte. Die arme Idun* etwa, die Bragi zur Mäßigung aufrief, da Loki nun
einmal der Ziehsohn des Odin sei, wurde mit den Worten mundtot
gemacht: »Schweige du, Idun, die von allen Weibern am meisten nach
Männern jagt.«

Und auch im weiteren Verlauf seiner Schmährede begann Loki stets
mit denselben Worten: »Schweige du«, um dann vor aller Ohren eine böse Wahrheit über den oder die Betreffende kundzugeben. Als
letzter war Thor an der Reihe, doch der schaffte es endlich, den
Widerling zum Schweigen zu bringen, indem er ihm drohte, ihm mit
seinem Hammer den Mund zu stopfen und in die Totenwelt hinab-
zusenden.

Da gab Loki Ruhe und rang sich sogar ein halbes Kompliment ab,
als er sagte: »Dir allein gedenk ich zu weichen, und ich weiß, daß du
kämpfen kannst.« Seinen Abgang allerdings würzte er noch rasch mit
einem Fluch an Ägir, der sich späterhin auch wirklich bewahrheite-
te. Ihm verhieß er, daß all sein Hab und Gut in Feuer aufgehen würde.

Immerhin ist erfreulich zu berichten, daß Loki schließlich doch erhielt, was er verdiente. Als er nämlich Hödr dazu brachte, den allseits
geliebten Baldr** zu ermorden, und dann auch noch verhinderte, daß
dieser aus der Unterwelt ausgelöst wurde, hatten die Götter die Nase
gestrichen voll von ihm. Sie zogen los, um ihn zu fangen, doch er verwandelte sich in einen Lachs und hielt sich sicherheitshalber tagsüber
unter einem Wasserfall auf, in der Hoffnung, daß sie ihn nicht bemer-

ken würden. Von seinem Thron aus aber hatte Odin ihn sehr wohl gesehen, und mit Hilfe eines gespannten Netzes trieben die Asen ihn von dem Wasserfall fort flußabwärts. Thor watete dabei in der Mitte des Stromes, um zu verhindern, daß der Gejagte über das Netz zurücksprang.

Je mehr sie sich aber dem Meer näherten, desto unbehaglicher wurde Loki die Sache, und so riskierte er doch noch einen Sprung über das Netz; Thor jedoch erwischte ihn gerade noch am Schwanz. Damit hatte Loki ausgespielt. Die Asen brachten ihn in eine Höhle, fingen seine beiden Söhne Wali und Nari, verwandelten den einen in einen Wolf, der prompt den anderen auffraß, und benutzten dann dessen Därme, um Loki zu fesseln. Sie banden ihn über drei Felsen, von denen der eine unter seinen Schultern, der zweite unter seinen Lenden, der dritte aber unter den Kniegelenken zu liegen kam.

Mit Hilfe ihrer Zauberkraft bewirkten sie anschließend, daß die Därme sich in Eisen verwandelten, damit Loki auch wirklich sicher gebunden sei. Anschließend nahm die Göttin Skadi* einen ekligen Giftwurm und befestigte ihn so über Lokis Kopf, daß ihm das Gift permanent aufs Gesicht träufelt. Lokis Frau, die wahrhaftig Grund hätte, ihrem Mann seine Strafe zu gönnen, hat allerdings Mitleid mit ihm und hält eine Schale unter das Gift, damit es hineintropft und Loki verschont. Immer aber, wenn sie die Schale leeren muß und das Gift frei tropfen kann, schüttelt sich Loki und windet sich vor Schmerz so gewaltig, daß die ganze Erde erzittert und wir das erleben, was prosaisch als Erdbeben bezeichnet wird.

Losreißen wird sich Loki aber erst, wenn die Götterdämmerung anbricht.

Lug

Wie die Tatsache, daß nicht nur einige Städte in Frankreich, darunter Lyon (ehemals Lug[u]dunum), sondern auch in Holland und Polen nach ihm benannt wurden, deutlich zeigt, war Lug einer der bedeutendsten Götter der Kelten.

Enkel des dämonischen Riesen Balor, eines der Hauptfeinde der Tuatha Dé Danann*, arbeitete sich Lug, dessen Name soviel wie der »Helle, Leuchtende« bedeutet, mit viel Durchsetzungskraft und vor allem, indem er sich eine große Zahl an Fertigkeiten aneignete, langsam, aber beharrlich nach oben. Als er nämlich noch ein kleiner Niemand war, machte er sich eines Tages auf zur Burg des Nuadu*, der mit den anderen großen Göttern der Tuatha Dé Danann gerade ein rauschendes Fest feierte – obwohl die Fomorier, zu denen auch Lugs Großvater gehörte, zum Kampf gegen sie rüsteten.

Lug klopfte also an die Tür und begehrte mit Hinweis auf seinen Stammbaum und seine Abkunft, vorgelassen zu werden. Der Pförtner, der Anweisung hatte, niemandem Zutritt zu gewähren, außer er verstehe sich auf eine Kunst, die sonst noch keiner unter den Göttern beherrsche, wollte nicht wissen, wer er sei, sondern was er denn könne. Schreiner, sei er, sagte Lug. Der Türhüter schüttelte den Kopf und erklärte, so einen hätten sie schon. Nun zählte Lug nacheinander alle Berufe auf, in denen er bestens bewandert war: Schmied, Krieger, Dichter, Zauberer, Harfenspieler, Arzt, Mundschenk, Geschichtsgelehrter und nicht zuletzt »starker Mann«.

Ein wenig beeindruckt war der Pförtner angesichts solcher Vielseitigkeit denn doch, auch wenn jede einzelne genannte Kunst bereits durch den einen oder anderen Gott vertreten war. Als Lug ihn also ein wenig entnervt aufforderte, Nuadu zu fragen, ob einer unter ihnen sei, der wie er mit *allen* diesen Fähigkeiten begabt sei, tat der Pförtner wie geheißen.

Nuadu wußte Qualität durchaus zu schätzen, prüfte aber den Neuankömmling zunächst einmal im Schachspiel. Als er sich auch darin als überlegener Meister erwies, ließ Nuadu ihn in die Halle eintreten, woraufhin Lug, nicht eben bescheiden, sich unverzüglich auf dem »Sitz des Weisen« niederließ. Schließlich kennt er sich ja in allen Künsten aus.

Die anderen Götter betrachteten den Neuzugang zunächst mit Mißtrauen, und um ihn zu testen, warf ihm einer von ihnen einen riesigen Felsblock quer durch den Raum zu. Lug fing ihn auf, besserte einige schadhafte Stellen so aus, daß man hinterher nichts mehr sah, und schleuderte ihn dann zurück. Anschließend bezauberte er die versammelten Festgäste durch sein einmaliges Harfenspiel – und zwar so sehr, daß sie erst alle zusammen lachten, dann weinten und schließlich zwölf Stunden am Stück schliefen.

Damit hatte sich Lug den höchsten Platz unter den Göttern erworben, denn selbst Nuadu war von ihm so beeindruckt, daß er ihm seinen Thron räumte und ihm dreizehn Tage lange stehend seine Reverenz erwies.

Die Tuatha Dé Danann waren von ihrem neuen Chef so eingenommen, daß sie ihn aus Sorge um sein kostbares Leben auf keinen Fall an der bevorstehenden Schlacht mit den Fomoriern teilnehmen lassen wollten und zu seinem Schutz neun Bewacher abstellten. Lug jedoch entwischte seinen Bodyguards und begab sich schnurstracks an die Front. Dann wandte er, bevor die beiden Heere aufeinanderprallten, eine seiner vielen Künste an: die Magie. Ein Auge geschlossen, hüpfte er auf einem Bein um seine Mannen herum und murmelte dabei wirkmächtige Zaubersprüche.

Anschließend bewies er seine Treue zu den Göttern auf noch tatkräftigere Weise, indem er gegen seinen eigenen Großvater vorging: Balor, den Anführer der Fomorier. Dieser hatte ein einziges Auge, das zudem mit sieben Lidern verschlossen war; wenn er sie alle öffnete, entstand eine Glut, die alles ringsum vernichtete. Lug stellte sich also hin und ließ eine Schmährede vom Stapel, die Balor derart reizte, daß er schließlich das Lästermaul zu sehen verlangte. Etliche starke Krieger waren nötig, um ihm die verschiedenen Lidschichten aufzureißen. Als auch die siebente offen war, schleuderte Lug einen Stein mit solcher Wucht mitten ins Feuerauge, daß er hinten aus dem Kopf wieder ausfuhr, worauf sämtliche Fomorier das Hasenpanier ergriffen.

Damit war die Schlacht entschieden. Die flüchtigen Riesen wurden verfolgt und – fast – bis auf den letzten Mann niedergemacht; verschont wurde lediglich deren Hofbarde, da Lug sich als Schutzpatron dieser Berufsgruppe fühlte. Dafür bedang er sich allerdings aus, daß es ihm vergönnt sein sollte, die Fomorier bis zum Jüngsten Tag von Irlands heiligem Boden fernzuhalten.

M

Ma'at

Ma'at ist die ägyptische Göttin der Wahrheit, die allem Seienden zugrundeliegende Ordnung und Gesetzmäßigkeit. Ob es das Leben der Menschen oder der Götter betrifft, Ma'at sorgt dafür, daß alles seinen geregelten Gang geht, daß die Sittlichkeit gewahrt und Gesetze beachtet werden. Die Pharaonen dienten ihr, indem sie dafür Sorge trugen, daß ihre Untertanen sie respektierten, verinnerlichten und verwirklichten. Handlungen, die den Richtlinien der Ma'at zuwiderliefen, wurden als religiöse Verfehlungen, als Sünden, betrachtet und entsprechend geahndet.

Es empfahl sich allerdings ohnedies, sich der Ma'at gemäß zu verhalten, denn mochte ein Übeltäter zu Lebzeiten vielleicht auch ungeschoren davonkommen – dem Totengericht des Osiris entrann er nicht: Hier, in der »Halle der zwei Wahrheiten«, wurde das Herz jedes Verstorbenen gegen die »Feder der Ma'at« abgewogen, und wer für zu schwer befunden wurde, fiel der ewigen Verderbnis anheim. Zwar verriet das ›Totenbuch‹ allerlei magische Mittel und Wege, das Herz im entscheidenden Augenblick daran zu hindern, gegen seinen Besitzer auszusagen, doch war es allemal gescheiter, sich von vornherein überhaupt nicht erst in eine solch zweifelhafte Lage zu bringen.

Ma'at erscheint am liebsten mit ihrer Namenshieroglyphe, einer Straußenfeder, auf dem Kopf und dem *Anch*-Zeichen oder dem Henkelkreuz, dem ägyptischen Symbol des Lebens, in der Hand. Ein solches – sitzendes – Abbild der Göttin trugen die Könige als symbolisches Zeichen ihrer »Vasallentreue« früher in der Hand und brachten es dem Sonnen- und Schöpfergott Re* als Opfer dar. Die irdischen Vertreter von Recht und Ordnung, die Richter, galten regelrecht als Priester der Ma'at, und der oberste Leiter des Gerichtswesens trug sogar den Titel »Prophet der Ma'at«.

Ma'at ist die Tochter und ständige Begleiterin des Re, und für ihn führt sie eine Art Logbuch, in dem sie den täglichen Lauf festhält, den der Gott in seiner Sonnenbarke über den Himmel beschreibt. Aber trotz all ihrer verdienstlichen Eigenschaften ist und bleibt die Ärmste eine recht blasse und wenig ansprechende Gestalt – wie dies überhaupt das Los der allzu Tugendhaften zu sein scheint!

Manannán Mac Lir, Manawyddan

Manannán ist der Sohn des irischen Meeresgottes Lir und seit dessen Tod seinerseits Beherrscher des Ozeans, besonders der Irischen See. Auf deren anderer Seite kannten und verehrten ihn die Waliser als Manawyddan, und der Name der mittendrin gelegenen Isle of Man erinnert noch heute an ihn. Manannán ist einesteils, wie praktisch alle Meeresgötter, ein furchteinflößender, gefährlicher Geselle, kann er doch im Zorn das Wasser aufwühlen, in seinem von den Schaumkronen, seinen Rossen, gezogenen Streitwagen über die Wellen dahinjagen und Schiffe nach Belieben mit Mann und Maus versenken oder die Küsten mit einer Sturmflut überschwemmen.

Die Achtung der Kelten erwarb er sich aber nicht nur durch diese eher kriegerischen Tugenden, sondern auch dadurch, daß er einmal – naheliegenderweise – als ausgezeichneter Schiffer gilt, darüber hinaus aber auch, und zwar vor allem bei den Walisern, als großartiger Schuster, Kunsthandwerker, Händler und Landmann. Ihm wurde zudem nachgesagt, er habe eigenhändig eine Festung ganz aus Menschenknochen erbaut.

Die Achtung und Freundschaft der anderen Götter erwarb sich Manannán vor allem durch seine Großzügigkeit und Gastlichkeit. Zum einen schenkte er den zehn vornehmsten unter ihnen (sich selbst nahm er uneigennützig dabei aus!) je einen »Elfenhügel« (*sid*), der ihnen seither als Wohnung und Trutzburg dient. Zum anderen bewirtet er von Zeit zu Zeit sämtliche Tuatha Dé Danann* in Tir Tairngire, dem »Land der Lebenden«.

Diese paradiesische Anderswelt liegt ganz im Westen, jenseits des Meeres, und so ist es nur passend, wenn der Beherrscher des Ozeans sie verwaltet. Ihm ist das Wasser festes Land, eine weite mit Blumen bestreute Wiese, auf der seine Rinder und Schafe, die Fische, weiden. Er allein entscheidet, wer diese »Wiese« unbeschadet durchquert und wer nicht.

Auf Manannáns Inseln der Glückseligen weiden ständig zwei Kühe, die immerfort Milch spenden. Die Schweine, die es dort ebenfalls gibt, können so oft gebraten werden, wie Bedarf besteht – anderntags sind sie wieder quicklebendig. Auch der immer gefüllte Kessel fehlt nicht, so daß niemand, den der Gott hier bewirtet, Mangel leiden muß. Zu Manannáns Gästen zählen vor allem die anderen Götter. Sie bekommen hier nicht nur in Hülle und Fülle zu essen und zu trinken: Einst verlieh ihnen Manannán obendrein die Fähigkeit, sich unsichtbar zu machen, die Unsterblichkeit und manch andere Gabe, die sich für einen Gott hin und wieder als nützlich erweisen kann.

Obgleich gemunkelt wird, Manannán Mac Lir habe drei Beine, mit denen er im Notfall atemberaubend schnell davonrollen könne, hinderte ihn dieser Schönheitsfehler nicht daran, eine Gemahlin zu finden und außerdem wenigstens ein illegitimes Kind, den späteren König Mongan, zu zeugen. Allzuviel Freude machte ihm seine Gattin Fand allerdings nicht, denn sie verliebte sich unsterblich in den großen Helden Cúchulainn und verbrachte mit ihm einen berauschenden außerehelichen Honeymoon in der Anderswelt. Schließlich verlor Manannán die Geduld; er bewog seine Frau, zu ihm zurückzukehren, und schüttelte zur Sicherheit seinen magischen Mantel zwischen ihr und Cúchulainn, wodurch er sicherstellte, daß sich die beiden nie wieder begegnen würden. Glücklich machte er damit wenigstens eine: Cúchulainns Frau Emer, die sich vor Eifersucht schier verzehrt hatte.

Manitu

Seinen Status als herrgottähnlicher »Großer Geist« verdankt der aus Indianerbüchern und Wildwestfilmen wohlbekannte Manitu eigentlich den christlichen Missionaren; von Hause aus ist er nämlich, wenn man so will, das genaue Gegenteil eines Gottes. Ursprünglich bezeichneten die Algonkin mit diesem Wort (das soviel wie »übermächtig« oder »heilig« bedeutet) eine allgegenwärtige, allem innewohnende *unpersönliche* Kraft, deren sich der Mensch – eine Kenntnis der dazu nötigen Techniken vorausgesetzt – zu beliebigen Zwecken bedienen kann.

Anders aber als etwa die Elektrizität oder die Gravitation ist Manitu eine lebendige Kraft, vielleicht so etwas wie die »Seele der Natur« – was bei aller Nutzbarkeit die zusätzliche Wirkung hatte, daß die Menschen ihr und jeder ihrer Verkörperungen, wie etwa einem Baum, einem Berg oder einem Büffel, eine weit ehrfürchtigere Haltung entgegenbrachten als wir Zivilisierten beispielsweise einem Hochspannungsmast.

Daß »Manitu« ein Algonkin-Wort ist, das erst durch die Weißen popularisiert wurde und schließlich allgemein zur Bezeichnung des »Indianer-Gottes« diente, soll natürlich nicht heißen, daß die anderen Stämme diese Kraft nicht auch gekannt hätten – nur verwendeten sie dafür eben andere Namen: Bei den Irokesen etwa hieß sie »Orenda« und bei den Dakota (Sioux) »Wakan«.

Mao

Er gehört zwar nicht eben zur ersten Garnitur der iranischen Götter und mußte in einer so lichtfixierten Religion wie dem Zoroastrismus hinter strahlenderen Wesenheiten wie etwa Feuer oder Sonne zurücktreten, dennoch besaß Mao oder Mah (»Mond«) eine treue Anhängerschar – was wohl auch damit zusammenhing, daß er sich keineswegs darauf beschränkte, für eine fahle Nachtbeleuchtung zu sorgen. Weit wichtiger war seine Aufgabe, in jedem Frühjahr die Wärme zu bringen und damit die Pflanzen aus dem Boden zu »ziehen«. Mao zu Ehren trugen die sasanidischen Herrscher eine Mondsichel auf ihrer Krone und verewigten den Gott auf Siegeln und Münzen. Auf solchen Darstellungen trägt Mao immer einen langen Mantel und Stiefel, hält in der Hand zuweilen ein Zepter, und aus seinen Schultern ragen die Enden der Mondsichel heraus.

Selbst in den Bergen des Himalaya, weitab vom Iran, verkürzte sich vor 1500 Jahren ein sogdischer Händler die Zeit damit, mit einem Stein einen kleinen kompakten Mao in einen Felsblock zu ritzen. Den Kopf sparte er sich ganz und setzte an dessen Stelle die breite Mondsichel. Er vergaß aber weder das typische Mäntelchen noch die Stiefelchen anzudeuten. Und so mag Mao zwar in seiner angestammten Heimat, wie alle seine »heidnischen« Kollegen, inzwischen längst verdrängt und vergessen worden sein – dafür thront er noch heute auf dem Dach der Welt.

Marduk

Der sumerisch-babylonische Gott Marduk (ursprünglich *Amarutuk*, »Jungrind des Sonnengottes«), der in der Spätzeit seiner Verehrung zunehmend schlicht Bel, »Herr«, genannt wurde, ist einer der Götter, deren Macht und Beliebtheit plötzlich enorm wuchs, weil »ihre« Stadt selbst an politischem und wirtschaftlichem Einfluß gewann. In Marduks Fall war es der Aufstieg Babylons und die Herausbildung des babylonischen Reichs durch Hammurabi, was sein Glück begründete.

Durch diese Entwicklung wurde Marduk mit der Zeit im ganzen Zweistromland bekannt und so beliebt, daß er sich schließlich aussuchen konnte, womit er sich als Gott befassen wollte – und sich manche Funktionen daher einfach von anderen Göttern auslieh oder, besser, aneignete.

Welche die »eigentlichen«, ursprünglichen Aufgaben des Marduk – der sich übrigens stets mit einem von ihm besiegten Mischwesen, einem Schlangendrachen, oder überhaupt in dessen Gestalt abbilden ließ – gewesen waren, ist nicht mehr klar zu entscheiden. Eine Reihe von Indizien und der Umstand, daß sein Hauptfest im Frühling, genauer gesagt an der Frühlings-Tagundnachtgleiche, stattfand, sprechen für eine enge Verbindung mit der frühlingshaften Sonne. Möglicherweise war er also dafür zuständig, daß sich die Vegetation durch den Einfluß der Sonne im Frühling erneuerte, galt mithin als Lichtbringer und damit als segensreicher Gott. Später übernahm er dann auch die Ressorts eines Weisheitsgottes, befaßte sich mit Beschwörungen und der Krankenheilung und mit sonst noch allerlei wie etwa der Rechtsprechung und der Bewässerung.

Marduk ließ sich vor allem in seinem Haupttempel in Babylon, Esangila, verehren, in dem er zusammen mit seiner Frau, der »silberglänzenden« Scharpanitu, wohnte. Während er seinen zahlreichen Geschäften nachging, kümmerte sie sich um alles, was mit der Schwangerschaft zu tun hatte, und zog daneben ihren gemeinsamen Sohn Nabu auf, den späteren Gott der Schreibkunst.

Daß Marduk mit seinen vielen neuen Aufgaben ein wenig überfordert war, läßt sich an einer absoluten Fehlentscheidung seinerseits ablesen. Eines Tages wollte er sich auf eine längere Reise in die Unterwelt begeben, um sich dort seine unrein gewordenen Herrschaftsinsignien vom Feuergott wieder läutern zu lassen. Als Stellvertreter für die Zeit seiner Abwesenheit bot sich ihm ausgerechnet der Pestgott Erra an. Aufgestachelt durch die bösen Siebengötter, Abkömmlinge des An*, und ohnehin wütend auf die Menschen, weil sie seinen Kult sträflich vernachlässigten, hatte Erra deren Verderben beschlossen; also schmeichelte er sich bei Marduk ein und brachte den Götterkönig tatsächlich dazu, ihm für die Dauer seiner Unterweltsreise die Herrschaft über die Welt zu überlassen.

Marduk nahm ihm zuvor zwar das Versprechen ab, keinen Mißbrauch mit seiner komissarischen Macht zu treiben, aber wie konnte er bei einem Pestgott davon ausgehen, daß dieser sein Wort halten würde! Kaum hatte er den Rücken gekehrt, ließ Erra die Puppen tanzen, brachte die Pest über Babylon und stürzte das Land damit in absolutes Chaos und Verderben. Bis er sich ausgetobt und sein Mütchen gekühlt hatte, ließ er sich von niemandem besänftigen – erst dann, als ohnehin nichts mehr zu retten war, heißt es, sah er seine Schuld ein.

Durch etwas verantwortungsvolleres Handeln hätte Marduk dieses Unglück bestimmt verhindern können. Es steht immerhin zu hoffen, daß er anschließend in sich ging und das Mäntelchen des Weisheitsgottes, das er sich zuvor zum Nachteil seines rechtmäßigen Besitzers angeeignet hatte, still und leise wieder ablegte.

Zu Marduks Ehrenrettung sollte neben dieser unrühmlichen Geschichte aber auch erwähnt werden, daß er es war, der einstmals die Götter vor der völligen Vernichtung bewahrte.

In grauen Vorzeiten nämlich herrschten nur der erste Vater Apsu und die erste Mutter Tiamat, beides Personifikationen des uranfänglichen Ozeans, sowie deren beider Sohn Mummu. Nach und nach zeugten sie alle übrigen Götter, aber anstatt sich über den Zuwachs zu freuen, fühlten sich Apsu und Tiamat in ihrem Frieden gestört und beschlossen daher einmütig, die ganze Brut zu vernichten.

Um diesem Anschlag zuvorzukommen, tötete der Himmelsgott An* seinerseits Apsu, womit er den Zorn Tiamats allerdings erst recht anstachelte. Sie brachte eine ganze Anzahl Götter und Ungeheuer auf ihre Seite und eröffnete den Kampf. Keiner schaffte es, sie zu besiegen, bis sich schließlich Marduk anbot, ihr endlich ein für allemal das Handwerk zu legen. Als Belohnung bat er sich aber die Weltherrschaft aus.

Die verängstigten Götter gingen auf die Bedingung ein und ehrten ihn im voraus als ihren zukünftigen Chef. Daraufhin zog Marduk in die Schlacht und schaffte es tatsächlich, Tiamat zu besiegen. Die abtrünnigen Götter nahm er als Gefangene, die Ungeheuer machte er unschädlich, und den Leichnam Tiamats teilte er in zwei Hälften. Die eine ließ er zum Himmel, die andere zur Erde werden. Und da er anschließend auch noch alles übrige erschuf, sahen die anderen Götter ein, daß seine Forderung gerechtfertigt gewesen war, und überließen ihm neidlos die Herrschaft über die ganze Welt.

Mars

Neben Jupiter* und Quirinus* war Mars der wichtigste Gott der Römer – und dazu noch gewissermaßen ihr Ahnherr. Er soll es nämlich in grauer Vorzeit gewesen sein, der die Vestalin Rhea Silvia mit den Zwillingen Romulus und Remus schwängerte. Im Gegensatz zu vielen anderen Männern nahm er an dem Schicksal seiner neugeborenen Sprößlinge großen Anteil, indem er ihnen eines seiner beiden bevorzugten Tiere, den Wolf, genauer gesagt, eine Wölfin, schickte, damit sie bei den ausgesetzten Babys die Dienste einer Amme verrichtete. Sein Lieblingsvogel, der Specht, versorgte die Bübchen daneben mit allerlei Leckerbissen wie etwa Kirschen.

Damals war Mars nicht nur ein liebevoller Vater, er kümmerte sich im wesentlichen auch um den Ackerbau und um die Fruchtbarkeit der Felder. Dafür empfing er die Opfergaben der Bauern: Ferkel, Kälber und Lämmer, die man zuvor um die zu segnenden Felder laufen ließ. Damals also war Mars längst nicht der blutrünstige, wild um sich hauende Rasende, als den ihn Vergil später schilderte: »Ganz aus Eisen gebildet, so wütet inmitten des Kampfes Mars, mit ihm in der Luft des Fluches schaurige Geister.«

Genau das wurde aber aus dem ehemaligen italischen Bauerngott: der Kriegsgott der Römer. Er ließ seinen Schild vom Himmel fallen, die Römer sammelten ihn auf und hielten ihn zusammen mit elf rasch angefertigten Nachbildungen in großen Ehren, da an ihn das Glück der Stadt und des Landes geknüpft war. Bei Umzügen ehrten die Priester ihren Mars mit Waffentänzen und altertümlichem Gesang und weihten dabei die Waffen des Heeres.

Da sein Zuständigkeitsbereich der Krieg war, mußte Mars trotz seines großen Ansehens außerhalb der Stadt wohnen, doch konnte er sich auch dort nicht über mangelnde Aufmerksamkeit beklagen. Auf dem Campus Martius (Marsfeld) fanden die großen Versammlungen des Heeres statt und an seinem Altar wurden alle fünf Jahre die neuen Soldaten kultisch gereinigt und »ihrem« Gott geweiht. Mars selbst wurden zum Dank dafür, daß er während der letzten fünf Jahre Land und Leute beschützt hatte, die ihm zukommenden Tiere – Schwein, Widder und Stier – geopfert. Außerdem versprach man ihm, falls er sich weiterhin gnädig zeigen würde, ihm nach weiteren fünf Jahren ein ähnlich schönes Opfer darzubringen.

Welche Bedeutung Mars für die Römer besaß, zeigt sich auch darin, daß sie ihren ersten Monat nach ihm benannten; aber da der März mit seinem frühlingshaften Charakter so überhaupt nicht zu einem Kriegsgott passen will, können wir hoffen, daß sie dabei eher an den alten Schutzherrn der Bauern dachten.

Mazu

Die auch als Tianfei oder Tianhou (»Himmelskaiserin«) bekannte chinesische Göttin ist die Schutzherrin der Seeleute und Fischer sowie aller Kaufleute, die in irgendeiner Weise mit dem Meer zu tun haben. Daß sie ausgerechnet diese Aufgabe übernahm, hat einen besonderen Grund:

Mazu, deren Geburt durch keine Geringere als Guanyin* angekündigt wurde, erkrankte früh an einem schweren Leiden und erhielt dadurch, ganz nach Art der Schamanen, die Fähigkeit, in Trance Dinge vorauszusehen. So wußte sie eines Tages auch, daß ihr Vater und ihre Brüder in Seenot geraten waren, und eilte ihnen mit ihrer großen geistigen Kraft zu Hilfe. Bevor sie aber alle retten konnte, wurde sie von ihren übrigen Angehörigen, die natürlich keine Ahnung hatten, warum sie so lange in Trance lag, aufgeweckt, und so mußte einer ihrer Brüder – und bei einem ähnlichen Vorkommnis später auch ihr Vater – qualvoll ertrinken.

Ihre besondere persönliche Beziehung zum Meer bewirkte, daß Mazu zuerst in einigen Küstenstrichen Chinas verehrt wurde, bis sie im dreizehnten Jahrhundert auf kaiserlichen Beschluß zur »Himmelskonkubine« und vierhundert Jahre später dann zur »Himmelskaiserin« erhoben und offiziell als nationale Gottheit anerkannt wurde. Seither erfreut sie sich großer Beliebtheit, und zwar keineswegs nur unter den Seeleuten, denn auch kinderlose Frauen wenden sich hoffnungsvoll an sie. In dieser Funktion als Spenderin von Nachkommenschaft trägt die Göttin einen Vogel mit ausgebreiteten Flügeln auf ihrer Krone.

Merkur

Merkur ist der römische Gott des Handels und entspricht in dieser Hinsicht dem griechischen Hermes*. Er ist jung, bartlos und von athletischem Körperbau, er trägt einen geflügelten Hut oder kleine Flügelchen, die aus seinen kurzgelockten Haaren herauswachsen. In der einen Hand hält er für gewöhnlich einen Geldbeutel, in der anderen einen Botenstab, um den sich zwei Schlangen ringeln. Von einem Mantel abgesehen, ist er vollkommen nackt. Oft tritt er in Begleitung von Tieren auf, zumeist denjenigen, die man ihm auch zu opfern pflegte, wie etwa dem Eber und dem Hahn.

Obgleich er auch der Schutzherr des Warentausches war, begann Merkurs große Zeit mit dem Aufkommen des Geldhandels, wovon der Geldbeutel in seiner Hand Zeugnis ablegt. Auf dem anfänglich verwendeten Barrengeld ist unter anderem auch sein Stab abgebildet, auf späteren Münzen war es dann sein Kopf. Doch Merkur kümmert sich nicht nur um den Handel, er ist auch ein hervorragender Redner, ebenso wie viele Händler, die oft mit goldenen Zungen auf ihre Kunden einreden müssen, damit diese ihnen etwas abkaufen. Auf die letztgenannte Tugend Merkurs weist Horaz hin, wenn er seine Ode an diesen Gott mit den Worten beginnt: »Merkur, beredter Enkel des Atlas.«

Mictlantecuhtli

Mictlantecuhtli ist, wie schon sein Name verrät, der »Herr von Mict-
lan«, der Unterwelt der Azteken. Passend zu seinem Amt als Totengott sieht er akkurat wie ein Skelett aus. Dazu trägt er Kleidung aus
Papier und einen gleichfalls papiernen konischen Hut. Zu ihm kommen all jene, die aus dem einen oder anderen Grunde nicht in eines
der Paradiese eingehen dürfen. Doch nicht einmal der Aufenthalt in
der düsteren Unterwelt ist umsonst: Bevor der betreffende Tote eintreten darf, muß er im Laufe von vier Jahren neun Prüfungen bestehen.

Wen Mictlantecuhtli aber erst einmal bei sich aufgenommen hat,
den rückt er höchst ungern wieder heraus. Als nach dem Untergang
der vierten Welt die Götter in arger Verlegenheit waren, woher sie für
die eben geschaffene, frische neue Welt denn die Menschen nehmen
sollten, schickten sie Quetzalcoatl* in die Unterwelt. Er sollte Mictlantecuhtli um die Gebeine der beim Untergang der vierten Welt in
Fische verwandelten Toten bitten, damit sie wieder lebendig gemacht
werden konnten.

In Ordnung, sagte der Totengott und lächelte freundlich, kein
Problem. Allerdings möchte Quetzalcoatl zuvor eine wirklich ganz
einfache Aufgabe hinter sich bringen. Er müsse nur viermal von einem zum anderen Ende der Unterwelt laufen und dabei munter und
laut auf einem Schneckenhorn blasen. Sich prächtig über seine eigene Gescheitheit amüsierend, gab Mictlantecuhtli dem armen Quetzalcoatl eine Schnecke ohne Blaslöcher mit auf den Weg.

Den findigen Gott konnten solche Kindereien allerdings nicht aus
der Fassung bringen; er rief ein paar Würmer herbei und ließ sie
Löcher in das Schneckenhaus bohren. Anschließend hieß er ein paar
Bienen hineinkrabbeln und die Schnecke durch ihr Summen zum
Tönen bringen, während er viermal auf und ab ging.

Mictlantecuhtli gab sich scheinbar geschlagen; er stapelte Quetzalcoatl die erbetenen Knochen auf die Arme und ließ ihn ziehen. Er hatte aber noch eine teuflische List auf Lager, denn plötzlich ließ er eine Wachtel von der Seite auf den Weg brechen, worauf Quetzalcoatl
verständlicherweise zu Tode erschrak, zur Seite sprang und prompt
in eine eigens zu diesem Zweck ausgehobene Grube fiel. Oder, wie
eine aztekische Quelle dieses bedeutende Ereignis bündig zusam-
menfaßt: »Die Grube war gemacht, und Quetzalcoatl fiel hinein, er
stolperte und fürchtete sich vor der Wachtel.«

Trotz seines traumatischen Erlebnisses schaffte es Quetzalcoatl, sich wieder zusammenzuraffen, die Knochen aufzusammeln und aus der Unterwelt zu entkommen. Die alte Göttin Cihuacoatl mahlte die Knochen zu Mehl, die Götter gaben alle von ihrem Blut dazu, und so entstanden die heutigen Menschen.

Da die Knochen aber bei dem Grubenunglück teilweise zerbrochen oder beschädigt worden waren, sind wir Menschen alle unterschiedlich groß.

Minerva

Minerva ist die römische Entsprechung der griechischen Athene*, die Schutzherrin der Künste, aber – wie Zeus' blauäugige Tochter – auch für den Krieg zuständig. Daher wurde sie oft als Speerschwingerin oder mit geschulterter Lanze abgebildet, den Helm auf dem Kopf und den Schild in der Hand. Andererseits verehrten sie die Handwerker, die staatlich anerkannten Gilden gruppierten sich um ihren Tempel herum und feierten für sie alljährlich ein großes fünftägiges Fest. An ihm nahmen neben den Handwerkern auch die Ärzte und die Schullehrer teil; die Kinder bekamen schulfrei und die Lehrer ihr Jahressalär.

Auch der Musik ist Minerva besonders zugetan, daher sahen die Musikanten und Spielleute ihre Schirmherrin in ihr. Daneben hatte sie sich früher um den Schiffsbau sehr verdient gemacht und dabei auch die Frauen nicht vernachlässigt, wie etwa auf uns gekommene Votivgaben in Gestalt von Wickelkindern beweisen. Außerdem weiß man durch Ovid, daß die Spinnerinnen zu ihren Verehrerinnen zählten.

Indem sie das Gewerbe ganz allgemein unter ihre Fittiche nahm, konnte sich Rom zu dem entwickeln, was es später wurde: eine große reiche Stadt, und deshalb galt Minerva auch als deren Schutzpatronin. Ihre unglaubliche Vielseitigkeit bewirkte, daß ein Bild von ihr, eine silberne oder bronzene Statuette, in vielen Haushalten zu finden war. Über allen Verdiensten, die Minerva für sich zu verbuchen hat, darf aber eine besondere Gabe nicht vergessen werden, die sie einst den Römern und ganz Italien brachte und deren Fehlen heutzutage einfach unvorstellbar wäre: der Ölbaum. Ist Minerva in ihrer Heimat auch längst durch andere Götter verdrängt worden – ihr unschätzbares Geschenk wird weiterhin in allen Ehren gehalten.

Mithras

Der indoiranische Gott Mithras kann auf eine glänzende Laufbahn
zurückblicken: Sein Herrschaftsgebiet reichte bereits um die Mitte
des zweiten vorchristlichen Jahrtausends von Nordindien (wo er unter dem Namen Mitra* verehrt wurde) über Persien bis nach Kleinasien, und mit der Zeit eroberte er auch noch die Herzen der Römer,
die ihn nach Ungarn, Germanien und sogar bis nach Britannien
brachten.

Mithras, dessen Name »Vertrag« bedeutet, ist der altiranische Gott
des Rechts und der staatlichen Ordnung, und schon im vierzehnten
Jahrhundert vor unserer Zeitrechnung wurde er in einem zwischen
dem Hethiterkönig Suppiluliuma I. und Mattiwaza von Mitanni geschlossenen Vertrag als Schwurgott angerufen.

Ordnung ist immer gleichbedeutend mit Klarheit, und so steht
Mithras auch mit der Sonne und überhaupt mit dem Licht in enger
Verbindung. Er wohnt auf einem hohen Berg und besitzt sage und
schreibe zehntausend Ohren und ebensoviele Augen. Damit hört
und sieht er alles, und da er nie schläft und außerdem auch noch allwissend ist, entgeht ihm nicht das Geringste. Er wacht über die
Anständigkeit, Ehrlichkeit und Treue der Menschen, ja, er ist die personifizierte Wahrheit.

Mithras, der stets eine Keule in der Hand trägt und dessen Haupt
von einem Strahlenkranz umgeben ist, fährt als mächtiger Krieger in
einem prächtigen Streitwagen einher, der von weißen goldbehuften
Pferden gezogen wird, die so schnell wie Gedanken und natürlich unsterblich sind. Im Wagenkasten liegen seine tausend Dolche und tausend Keulen, mit denen er Dämonen und sonstige Unholde, die ihm
in die Quere kommen, vernichtet.

Diejenigen aber, die ihn ehren und die vor allem ihr gegebenes Wort
halten, können seiner Freundschaft und Unterstützung gewiß sein.
Herrscher huldigten ihm, bevor sie in die Schlacht zogen, damit er
dafür sorgte, daß der Sieg auf ihrer Seite sein würde. Doch riefen ihn
ebenso auch einfache Menschen an, wenn sie in Not geraten waren,
wenn ein Rind sich verirrt oder wenn jemand sie betrogen hatte.
Damit steht er Ahura Mazda* als Beschützer des Guten sowie von
Recht und Ordnung tatkräftig zur Seite.

Ab dem ersten Jahrhundert unserer Zeitrechnung erlebte Mithras
dann das, wovon jeder Gott nur träumen kann: Sein Kult wurde von
den Römern übernommen und, vor allem durch die Legionäre, im
ganzen Römischen Reich verbreitet. Daß er auf die Dauer denn doch

nicht so erfolgreich war wie sein Kollege Jahwe*, mag nicht zuletzt damit zusammenhängen, daß er die große Dummheit beging, nur männliche Verehrer zu akzeptieren.

Mithras galt bei den Römern als heilbringender Sonnengott; dargestellt wurde er als junger Mann, der in wehendem Mantel vor dem Eingang einer Höhle steht, seiner Geburtsstätte. In der einen Hand hält er einen Dolch, mit dem er einem – mit der anderen Hand zu Boden gedrückten – Stier die Halsschlagader durchschneidet. Links und rechts steht jeweils ein Fackelträger, wobei der eine, als Symbol der aufgehenden Sonne, seine Fackel in die Höhe hält, während der andere, zum Zeichen der untergehenden Sonne, sie senkt. Aus dem getöteten Tier hervorrieselnde Getreidekörner symbolisieren die Entstehung neuen Lebens aus dem Tod.

Diese rituelle Tötung, die also eng mit Erlösung und Auferstehung in Verbindung stand, ahmten die Mithrasverehrer bei ihren Mysterienfeiern nach. Schauplatz dieser Riten waren Höhlen oder andere unterirdische dunkle Räume, an deren Wänden Steinbänke standen und die ein Bild des Gottes enthielten.

Wer in den Kult eingeweiht werden wollte, mußte sieben (nach der Zahl von Sonne, Mond und den damals fünf bekannten Planeten) verschiedene »Grade« absolvieren, die von jeweils eigenen Lehren und Unterweisungen gekennzeichnet waren und mit ebenso schweren wie schmerzhaften körperlichen Prüfungen einhergingen – denn die Mithrasjünger verstanden sich als Diener des Ormuzd (Ahura Mazda**) und damit als Kämpfer gegen Ahriman, das personifizierte Dunkle.

Je nach Einweihungsgrad wurden die Adepten erst »Streiter«, dann »Löwen«, »Raben«, »Adler« und so weiter und schließlich »Väter« genannt. Hatte der Initiand diese letzte Hürde genommen und alle Prüfungen bestanden, wurde er mit Wasser getauft, und er erhielt einen aus Wasser und Mehl gemischten Trank, den er unter Murmeln bestimmter Formeln zu sich nehmen mußte.

Obgleich Mithras diesen Auserwählten, die seinetwegen doch so viele Entbehrungen auf sich nahmen, besonders zugetan sein mußte, gilt ihm, wenn es um die Einhaltung von Verträgen oder Abmachungen geht, doch jeder Mensch gleich. Und nicht nur jeder Mensch: Sogar Ahriman, der Erzböse, kann sich ungestraft an ihn wenden und von ihm die Erfüllung des zwischen Ahura Mazda und ihm geschlossenen Vertrages verlangen. Dreimal am Tag aber schwingt Mithras seine Keule auch über der Hölle, damit die »Teufel« den verurteilten Sündern nicht mehr an Strafe aufbrummen, als sie es gemäß der kosmischen Gerechtigkeit verdienen.

Mitra

Das altindische Wort Mitra bedeutet »Freund«, und dementsprechend ist Mitra der vedische Gott der Freundschaft, der Verträge, eben alles Verbindenden, oder man könnte auch sagen, er ist Schutzherr der Harmonie. Zusammen – ja, oft sogar in Einheit – mit Varuna* sorgt er dafür, daß die kosmische Ordnung gewahrt bleibt und alles seinen reibungslosen Gang geht. Jegliches Chaos ist ihm ein Greuel, und damit ist er auch ein Gott des Lichtes, der das Dunkel scheut, in dem so viele gesetzlose Dinge geschehen können. Aus diesem Grund brachten ihm die Menschen auch »helle« Opfer dar, während der düsterere Varuna mit schwarzem Getreide und schwarzen Tieren verehrt wurde. Während Mitra in Indien schon in den ersten Jahrhunderten des ersten Jahrtausends vor unserer Zeitrechnung an Bedeutung verlor und schließlich ganz in Vergessenheit geriet, feierte er als Mithras* im Westen auch lange danach noch gewaltige Erfolge.

Mixcoatl

Mixcoatl, die »Wolkenschlange«, ist der aztekische Kriegs-, Jagd- und Opfergott. Gleichzeitig steht er in enger Beziehung zum Himmel, denn er ist auch der Gott der Sterne, von denen man glaubte, sie seien die Seelen gefallener Krieger. Vielleicht zum Zeichen oder als Erinnerung daran, daß ein Kriegsgott gebührend mit Opfern versorgt werden muß, damit man sich seine tatkräftige Hilfe sichert, ist er mit weißen und roten Streifen bemalt. In gleicher Weise kennzeichnete man bei den Azteken seinerzeit die Kriegsgefangenen, die geopfert werden sollten. Wie es heißt, soll Mixcoatl ursprünglich der legendäre erste Herrscher der Tolteken gewesen sein, der sein Volk zu Anfang des zehnten Jahrhunderts in das Hochland von Mexiko führte, wo es sich niederließ. Als er starb, so glaubte man, wurde er als Stern an den Himmel versetzt und zu einem Gott erhoben.

Morrigan

Über das genaue Wesen der keltischen »Königin der Mahre (Geister)«, wie ihr Name übersetzt lauten dürfte, sind sich die Gelehrten nicht recht einig. Die einen bezeichnen sie als Kriegsgöttin, die anderen als »negative Mutter-« oder Unterweltsgöttin, wieder andere als leichenfressende Dämonin, »Schlachtfurie« oder »Seherin für Schlachtglück und -unglück«. Fest steht jedenfalls, daß sie eine mit Vorsicht zu behandelnde Dame ist.

Bei den kriegerischen Iren spielte Morrigan naturgemäß eine große Rolle, denn sie pflegte sich in jeden Kampf einzumischen und ihn mit Hilfe von Zaubersprüchen und anderen, mehr oder weniger magischen Mitteln nach ihrem Wunsch zu entscheiden. Sie ist es übrigens auch, die den Tuatha Dé Danann*, den Gefolgscharen der Göttin Danu*, einst zur Herrschaft über Irland verhalf.

Mit einem bestimmten irischen Helden allerdings, dem berühmten Cúchulainn, stand sie lange auf Kriegsfuß, und zwar werden dafür zwei unterschiedliche Gründe angeführt: Nach der einen Geschichte ging es dabei um eine einzige harmlose Kuh. Eines Morgens kam die Göttin in Gestalt einer rotgekleideten Frau in einem von einem einbeinigen Pferd gezogenen Wagen an Cúchulainns Haus vorbei; neben dem Karren marschierte ein gleichfalls rotgekleideter Riese, der eine Kuh vor sich hertrieb. Der noch schlafende Held hörte einen Schrei, fiel aus dem Bett und rannte pudelnackt aus dem Haus, um nachzuschauen, was es gab, worauf ihm seine Frau mit seinen Kleidern und Waffen hinterherstürzte. Nunmehr angezogen oder nicht, auf jeden Fall aber bewaffnet, erklärte Cúchulainn dem Riesen herrisch, alle Kühe in Ulster seien sein Eigentum, also möge er das Tier herausrücken und schleunigst verschwinden.

Darauf erklärte die verkleidete Morrigan nicht minder herrisch, sie sei eine Zauberin, die Kuh habe sie als Belohnung für ein Gedicht bekommen, und sie denke nicht daran, sie herzugeben. Auf Cúchulainns Verlangen hin trug sie das fragliche Gedicht zwar vor, doch der Held ließ sich dadurch nicht weiter beeindrucken und wollte sich schon mit gezücktem Speer auf die vermeintliche Zauberin stürzen, als Frau, Riese, Kuh und alles übrige verschwanden. Dafür aber saß auf einmal ein schwarzer Vogel auf einem Baum, und sofort wußte Cúchulainn, mit wem er es zu tun hatte. Eines der Lieblingstiere der Morrigan ist nämlich die Krähe, die Schlachtfelder bekanntlich ebensogern frequentiert wie die Göttin selbst und in die sich diese daher mit besonderer Vorliebe verwandelt. In dieser Gestalt nun weissagte sie dem Helden ergrimmt, wenn das Kalb, das ihre Kuh gebären würde, ein Jahr alt wäre, würde er sterben. Anschließend beschrieb sie haarklein, wo und wie sie ihn angreifen und erlegen würde, worauf Cúchulainn ihr nicht minder ausführlich auseinandersetzte, wie er sich gegen sie zur Wehr setzen würde.

Die andere, dem Helden selbst und seinen Verehrern vermutlich weit liebere, weil typisch männliche Version lautet, Morrigan habe sich einst unsterblich in Cúchulainn verliebt, sich ihm als schöne junge Frau genähert und ihm diese Zuneigung gestanden. Als Draufgabe bot sie ihm außerdem all ihre Reichtümer und ihre Herden zum Geschenk an. Cúchulainn jedoch entgegnete ungerührt, es passe gerade nicht, weil er vor einem wichtigen Kampf stehe, und als sie ihm daraufhin ihre Hilfe anbot, lehnte er hochmütig ab. Das war natürlich ein zweifach unverzeihliches Vergehen. Die in ihrer Selbstachtung gekränkte Göttin stieß nun dieselben Drohungen aus wie in der Geschichte mit der Kuh, und eines Tages war es dann soweit.

Wie vorhergesagt, nahm Cúchulainn an einer Schlacht teil, die sich beidseits einer Furt abspielte. Morrigan wartete einen geeigneten Augenblick ab, als Cúchulainn im Wasser kämpfte, dann wand sie sich als Aal so um seine Füße, daß er hinfiel und von seinem Gegner verwundet werden konnte. Der Held schaffte es zwar, dem Aal die »Rippen« zu zertreten, aber Morrigan hatte sich inzwischen in einen Wolf verwandelt, der ihn in den Arm biß, woraufhin er dem Raubtier ein Auge ausstach. Schließlich nahm die Kriegsgöttin die Gestalt einer Kuh an, die Cúchulainn mit Wasser bespritzte, wofür dieser ihr ein Bein brach.

Keiner von den beiden konnte mithin den Sieg für sich beanspruchen, denn Cúchulainn war ebenso übel zugerichtet wie seine Widersacherin. Da Morrigan allerdings wußte, daß Wunden, die Cúchulainn geschlagen hatte, nur von ihm selbst geheilt werden konnten, verwandelte sie sich noch ein weiteres Mal – und zwar diesmal in eine alte Frau, die eine Kuh mit drei Zitzen mit sich führte. Der erschöpfte Held bat sie erwartungsgemäß um ein wenig Milch und dankte ihr nach jedem Zug mit einem Segen. Und kaum war die dritte Zitze gemolken, waren die Wunden der Göttin geheilt.

Morrigan war anschließend zwar nicht eigentlich besänftigt, doch die Tapferkeit des Helden hatte sie so beeindruckt, daß sie von weiteren Anschlägen auf sein Leben absah.

Auch dürfte sie seine Unempfindlichkeit gegenüber ihren weiblichen Reizen letztlich leicht verschmerzt haben, da sie eigentlich keinen Mangel an Liebhabern litt. Einmal überraschte sie beispielsweise der Gott Dagda*, als sie gerade über den Fluß Unius gebeugt stand und sich wusch. Die beiden vereinigten sich miteinander, und seitdem kann sich Dagda bei allen Schlachten ihrer tatkräftigen Unterstützung gewiß sein.

N

Nanai

Nanai ist eigentlich eine uralte babylonische Göttin, die später auch bei den Armeniern – unter dem Namen Nana – und im Iran zu Ehren gelangte. Während sie sich in Mesopotamien im wesentlichen um die Fruchtbarkeit von Mensch und Tier und überhaupt um die Natur kümmerte, kamen in Armenien und Persien auch andere Funktionen hinzu: Dort ehrte man sie als Kriegs- und vor allem als Siegesgöttin und verglich sie mit Artemis*. Gleich dieser wurde sie in der Kleidung einer Jägerin dargestellt, mit kurzem Mantel und hohen Stiefeln, ein Zepter in der linken Hand und einen Strahlenkranz oder Nimbus um den Kopf. Oft reitet sie auf einem Löwen. Zuweilen heißt es, sie sei ein Kind des (im übrigen ledigen) Ahura Mazda*.

Eine andere, kleinasiatische, Variante kennt Arnobius, ein lateinischer Schriftsteller des dritten bis vierten Jahrhunderts. Hiernach ist Nana(i) die Tochter des phrygischen Flußgottes Sangarios. Sie steht in enger Beziehung zur Kybele*, die ursprünglich zweigeschlechtlich war, aber durch die darüber entsetzten Götter entmannt wurde. Der abgetrennte Körperteil fiel auf die Erde und verwandelte sich dort in einen Granatapfelbaum.

Als Nanai einmal spazierenging, fielen ihr die hübschen Früchte auf, die am Baum hingen, sie pflückte eine davon und steckte sie an ihren Busen. Kurz darauf aber war der Granatapfel verschwunden und Nanai schwanger. Sie schämte sich fürchterlich über ihren Zustand, und als sie zuletzt mit einem hübschen kleinen Jungen niederkam, setzte sie ihn heimlich aus. Aber wie der kleine Zeus* wurde auch Nanais Söhnchen von einer Ziege gesäugt und gelangte später als der bildhübsche kleinasiatische Gott Attis, in den sich schließlich ausgerechnet Kybele** verliebte, zu großen Ehren.

Von Nanais zeitweise großer Beliebtheit zeugt die Tatsache, daß bei den Sogdiern, einem iranischen Händlervolk, ein häufiger männlicher Personenname *Nanaivandak* lautete, das heißt: »Verehrer der Nanai«.

Nanna

Nanna – oder Sin, wie er später auf akkadisch genannt wurde – ist der sumerisch-babylonische Mondgott. Er wurde als uneheliches Kind der Ninlil geboren, die von Enlil** vergewaltigt worden war. Diese eher unrühmliche Abkunft beeinträchtigte jedoch Nannas Karriere nicht im geringsten, zumal seine Eltern dann ordnungsgemäß heirateten und Enlil zum Hauptgott aufrückte.

Nanna wurde auch »kleiner Jungstier des Enlil« genannt, vielleicht weil sein Emblem, die waagerechte Mondsichel, an die Hörner eines Stiers erinnert. Manchmal wurde er aber einfach nur durch das Zeichen für die Zahl Dreißig dargestellt, da er nach sumerisch-babylonischer Vorstellung auch die Tage des Monats verkörpert. Ob nun als Zahl oder als Mondsichel, jedenfalls brachte es Nanna bei den Menschen zu großer Beliebtheit, wie unter anderem die zahlreichen aus der Region überlieferten theophoren (das heißt den Namen des Gottes enthaltenden) Namen beweisen.

Trotz der ihm entgegengebrachten Verehrung vergaß Nanna allerdings nie, daß Enlil, sein Vater, im Rang über ihm stand. Und so war er auch einer der Götter, die sich regelmäßig auf die Reise nach Nippur begaben, um Enlil dort ihre Aufwartung zu machen, ihn mit Gaben zu ehren und seinen Segen für ihre jeweilige Stadt zu erbitten.

Nanna ist mit Ningal verheiratet, der »großen Herrin«, mit der er glücklich und einträchtig zusammenlebt. Ihr gemeinsamer Sohn, der Sonnengott Schamasch*, nahm dem Vater im Laufe der Zeit manche seiner Pflichten ab – darunter vor allem die Aufsicht über das Orakelwesen.

Nechbet

Die ägyptische Göttin Nechbet hat sich kein sonderlich ansprechendes Tier zu ihrem Liebling auserkoren: den Geier. Das hielt die Menschen allerdings nicht davon ab, sie zu verehren, und zwar vor allem in Elkab, einer Stadt im dritten oberägyptischen Gau. Anfangs nahm sie die Gestalt eines weißen Geierweibchens an, später zeigte sie sich als Frau mit einem Geierbalg auf dem Kopf.

Auftrieb erhielt die Verehrung dieser seltsamen Göttin dadurch, daß Elkab mit dem benachbarten Hierankonpolis zur Residenz des oberägyptischen Reiches und Nechbet folglich zur Schutzherrin des Königs erhoben wurde. Damit rückte sie in den Rang einer Landesgöttin auf, und der Geier wurde Emblem und Symbol von Oberägypten, während das Wappentier von Unterägypten die Uräusschlange blieb. Beide Tiere prangten fürderhin auch im Kopfschmuck des Pharaos, ihn dadurch beschützend, und wurden sogar mit den Kronen der zwei Reiche identifiziert. Aufgrund dieser überaus engen Beziehung fühlte sich Nechbet geradezu als Mutter des

Königs und ließ sich gern dabei abbilden, wie sie den jungen Kronprinzen säugte.

Neptun

Neptun ist der römische Gott der Gewässer, der süßen ebenso wie der salzigen, daneben aber wie sein griechischer Bruder Poseidon* Herr über Naturgewalten wie vor allem die Erdbeben. Ebenfalls gleich ihm hält er stets einen Dreizack in Händen und hat eine große Schwäche für Pferde – eine Vorliebe, die er auch mit Mars teilt. Neptun jedoch war es, der dieses edle Tier überhaupt erschuf, indem er es mit seinem Dreizack, wie sonst die Quellen, aus der Erde hervorspringen ließ:

> »O Neptunus, es ließ, erschüttert vom Dreizack, dem großen,
> dir das wiehernde Roß, das erste, die Erde entspringen.«

Während Poseidon aber ständig damit beschäftigt ist, irgendwem wegen irgendwas zu grollen oder einfach aus Prinzip zu schmollen, zeigt sich Neptun im wesentlichen friedlich und von heiterem Gemüt und hebt, wie es in der Äneis heißt, ab und an »sein ruhevoll Haupt aus der Woge«. Und wenn die eigenmächtigen Winde einmal das Meer in Aufruhr versetzen, ist er es, der es wieder beruhigt: »Er sänftigt den Schwall der Wogen, vertreibt das Wolkengewühl, holt wieder die Sonne.«

Dazu passend waren die Neptunalia, das am 23. Juli begangene Fest zu Ehren des Neptun, ein heiteres, ein sonniges Fest – wenn es vermutlich auch vor allem zu dem Zweck abgehalten wurde, *allzu* schönes Wetter abzuwenden und den Gewässergott zu bitten, die Quellen nicht versiegen zu lassen. Da Neptun traditionell nicht in geschlossenen Räumen, sondern unter freiem Himmel verehrt wurde, baute man zu diesem Anlaß Laubhütten und feierte in recht ausgelassener Weise – wie auch Horaz bezeugt, der an diesem Tag nach eigenen Angaben schon am Nachmittag zu bechern anfing.

Ninigi

Ninigi, dessen vollständiger Name Amatsuhiko Ho no Ninigi no Mikoto »Himmelsprinz-Reisähren-Rot-Reichlicher« lautet, ist, wie dieses Wortgebäude schon zeigt, eine wichtige Persönlichkeit. Er ist genauer gesagt der Enkel der japanischen Sonnengöttin Amaterasu*, den sie als Regenten auf die Erde sandte. Zum Abschied hielt sie ihm eine kurze Ansprache und gab ihm die drei Reichskleinodien mit auf den Weg – darunter ihren Spiegel, zu dem sie ihm erläuterte: »Betrachte hier diesen Spiegel ganz so, als wäre es meine erlauchte Seele, und verehre ihn ehrfürchtig, gleich wie wenn du mich selber verehrst.«

In Begleitung eines großen Gefolges himmlischer Wesen, von denen Priester- und Adelsgeschlechter Japans ihre Abkunft herleiten, zog Ninigi also gehorsam aus und kam auf dem Gipfel des Berges Takachiho auf der Erde an. Nachdem er seinen neuen Herrschaftsbereich ausgiebig betrachtet hatte, heiratete Ninigi die Tochter des Berggottes Oyamatsumi, die den hübschen Namen »Die wie Blüten herrlich blühende Prinzessin« trägt oder auch schlicht Fuji-san genannt wird. Mit ihr zeugte er drei Söhne, Hoderi*, Hosuseri und Hoori* (auch Hohodemi genannt). Der Enkel des letzteren, Jimmu, wurde schließlich der erste Kaiser von Japan.

Da Ninigi aber eine gleichzeitige Ehe mit der älteren Schwester seiner Frau, die – längst nicht so hübsch – »Wie Felsen lang dauernde Prinzessin« hieß, kurzerhand ablehnte, zog er sich die Feindschaft seines Schwiegervaters zu. Zur Strafe für diese Beleidigung verfügte Oyamatsumi, daß Ninigi und seine Nachkommen *kein* »wie Felsen lang dauerndes« Leben haben sollten.

Und so können wir Menschen uns also beim Enkel der Amaterasu dafür bedanken, daß wir, verglichen mit den Mammutbäumen, Schildkröten und Göttern, ein doch recht kurzes Leben haben!

Nuadu

Nuadu »Silberhand« war bereits König der Tuatha Dé Danann*, als diese nach Irland einwanderten. Mit sich führten sie auf dieser Reise unter anderem Nuadus unfehlbares Zauberschwert, so daß sie auf alles vorbereitet waren, was ihnen in ihrer neuen Heimat begegnen mochte. In Irland wurden sie erwartungsgemäß nicht gerade mit offenen Armen empfangen, denn dort herrschten die Fir Bolg, die das Land schon in die vier Provinzen – Ulster, Leinster, Connaught und Munster – unterteilt hatten und auf Fremde eigentlich ganz gut verzichten konnten.

In einer großen Schlacht blieben die Tuatha Dé Danann zwar siegreich, ihr Heerführer und König Nuadu aber büßte dabei einen Arm ein. Obgleich diese Verletzung nicht lebensgefährlich war, schien er seinen Mannen als armer Krüppel untauglich, weiterhin ihr Chef zu sein, und so wählten sie sich auf sieben Jahre einen neuen, nämlich Bres*.

Nuadu dachte jedoch nicht daran, sich mit seiner Niederlage abzufinden und beauftragte den göttlichen Arzt Diancecht, ihm einen Ersatzarm anzufertigen, damit man ihn wieder als vollwertigen Mann ansähe und er erneut der oberste Gott werden könnte. Tatsächlich schmiedete ihm der Arzt in nur drei mal neun Tagen aus Silber einen außerordentlich kunstvollen Arm, den er mit den Sehnen und Muskeln des Stumpfes verband, so daß Nuadu keine Probleme hatte, ihn richtig zu bewegen.

In der Zwischenzeit hatte Bres die Sache der Götter richtig in die Nesseln gesetzt, und eine weitere Schlacht stand kurz bevor, als Nuadu, nunmehr gänzlich wiederhergestellt, erneut in den Königspalast auf Tara einzog, wo er mit offenen Armen empfangen wurde. Die Feier zu Nuadu Silberhands Wiedereinsetzung in sein Amt war gerade in vollem Gange, als Lug** sich am Tor melden ließ.

Sobald er merkte, wie überlegen dieser Neuankömmling ihm und allen anderen war, streckte Nuadu, dem es wirklich und wahrhaftig nur um das Wohl seines Landes und seiner Untertanen ging, neidlos die Waffen und räumte freiwillig seinen Platz auf dem Thron. Wie sich später zeigte, hatte er damit eine weise Entscheidung gefällt, denn mit Hilfe von Lugs magischen Fähigkeiten und seiner Tapferkeit errangen die Tuatha Dé Danann in der folgenden Schlacht den Sieg über ihre Feinde, die Fomorier.

Nut

Der altägyptische Himmel ist, anders als in vielen anderen Hochkulturen, eine Frau: die Göttin Nut. Auf bildlichen Darstellungen neigt sie sich meist wie das Himmelsgewölbe über die – männliche – Erde, ihren Gatten Geb*, mit dem sie die Kinder Osiris*, Isis*, Seth* und Nephthys zeugte. Aber auch der Sonnengott Re* soll ihr Kind sein, wenngleich ein ganz besonderes, verschlingt sie ihn doch allabendlich, um ihn jeden Morgen aufs neue zu gebären. In beiden Funktionen, der als Himmelsgöttin und der als Mutter des Re, macht Nut der Hathor* Konkurrenz, deren Verehrer von ihr ähnliches behaupteten.

Nut aber ist darüber hinaus überhaupt für die Gestirne verantwortlich, die gleichfalls als ihre Kinder gelten. Früher waren, wie es heißt, Himmel und Erde noch nicht voneinander geschieden. Doch als Geb einmal in Zorn darüber geriet, daß Nut ihre eigenen Kinder, die Sterne, immer verschluckte, wodurch sie nicht mehr zu sehen waren, schob sich der Luftgott Schu zwischen die Eheleute und stemmte die »Himmelin« empor, und nun prangten auch die Sterne darin in glänzendster Pracht. Und Geb war es zufrieden. Er hat sich auch damit abgefunden, daß Nut ihre Kleinen allmorgendlich bis zum letzten Krümel auffrißt, da er inzwischen weiß, daß sie sie jeden Abend wieder aus ihrem Schoß entläßt.

Wegen dieses seltsamen Verhaltens und wegen ihrer zahlreichen Nachkommenschaft wurde Nut auch – mit allem Respekt natürlich – mit einer Muttersau verglichen, ja, explizit die »Sau« genannt, »die ihre Ferkel frißt«. Hin und wieder wurde sie tatsächlich als säugendes Mutterschwein abgebildet.

Da die alten Ägypter glaubten, für den Verstorbenen bestehe unter anderem die Möglichkeit, als Stern weiterzuleben, suchten sie verständlicherweise, sich mit der Herrin des Himmels gut zu stellen. Man verehrte sie und ließ vor allen Dingen im Inneren des Sarges und auch der Grabkammer ein Bild der Nut oder ihrer Sterne anbringen, in der Hoffnung, sich auf diese Weise die Wiedergeburt als Gestirn zu sichern.

O

Odin

Als in grauen Vorzeiten das Eis schmolz, das die Erde bedeckte, entstand die Kuh Audumla; da es damals noch nichts anderes gab, ernährte sie sich von dem Salz, das sie von den Eisblöcken ableckte. Am ersten Tag kam, als sie leckte, menschliches Haar zum Vorschein, am zweiten Tag ein Kopf und am dritten ein ganzer Mann, der Buri hieß. Dessen Sohn Borr heiratete die Tochter eines Riesen, Bestla, und diese beiden bekamen wiederum drei Söhne: Wili, We und Odin (oder Wodan, wie er bei den Südgermanen hieß).

Zusammen zogen die drei Brüder nun aus, um gegen den Urriesen Ymir zu kämpfen, ihn zu erschlagen und aus seinem Blut die Welt zu bilden. Anschließend verschwanden Wili und We in der Versenkung und machten nur noch einmal dadurch von sich reden, daß sie ihren Bruder bei einer längeren Abwesenheit vertreten durften und bei diesem Anlaß dessen Frau Frigg* verführten.

Odin selbst aber ist aus anderem Holz geschnitzt, und so schaffte er es mit großem persönlichen Einsatz, sich zum höchsten Gott der Germanen hochzuarbeiten. Diese steile Karriere verdankt er nicht zuletzt seiner Vielseitigkeit, denn, wie es im ›Hyndla-Lied‹ heißt:

»Dem einen gibt Sieg er, dem andern Schätze,
Weisheit vielen und gewandte Rede;
dem Seemann Fahrtwind, dem Sänger Dichtkunst,
männliche Tatkraft manchem Helden.«

Bevor er alle diese Dinge – deretwegen er als Gott der Weisheit, der Zauberei und der Dichtkunst gerühmt wird – aber an andere weitergeben konnte, mußte er sie selbst erst einmal erwerben, und dabei zeigte sich, wieviel er bereit war, dafür zu bezahlen. Seine Weisheit erlangte er nur dadurch, daß er Mimir, dem Hüter einer unter der Weltesche Yggdrasil hervorsprudelnden Quelle, eines seiner Augen verpfändete, weshalb er nun auch der Einäugige heißt. Als dem armen Mimir später von den Wanen, zu denen er zusammen mit Hönir** als Geisel gekommen war, der Kopf abgeschlagen und dieser zu den Asen zurückgeschickt wurde, hob Odin ihn sorgfältig auf, salbte ihn, damit er nicht verfaulte, und sprach Beschwörungen darüber, so daß er von nun an von ihm geheime Dinge erfuhr.

Doch auch diese Kunst sowie sein großes Wissen in allem, was mit Zauberei und Wahrsagen zusammenhängt, war Odin nicht in die Wiege gelegt worden. Er mußte es vielmehr durch eine wahre Initiation erwerben. Er selbst berichtet im »Havamal« von diesem grausigen Erlebnis:

> »Ich weiß, ich hing am windbewegten Baum
> neun Nächte hindurch,
> verwundet vom Speer, geweiht dem Odin,
> ich selber mir selbst,
> an dem mächtigen Baum, von dem Menschen nicht wissen,
> aus welchen Wurzeln er wuchs.
> Man bot mir kein Horn noch Brot zur Labung,
> nach unten spähte mein Auge,
> ächzend hob ich, hob aufwärts die Runen,
> zu Boden fiel ich alsbald.«

Auch seine dritte große Gabe, die Dichtkunst, zu erhalten, war keine Kleinigkeit, und Odin nahm einige Schwiergkeiten auf sich, um in ihren Besitz zu gelangen. Als Asen und Wanen in Urzeiten endlich miteinander Frieden geschlossen hatten, traten sie, um diesen zu besiegeln, an ein Gefäß heran und spuckten nacheinander alle hinein. Aus dem Gebräu entstand ein überaus weiser Mann namens Kvasir, der über alles Auskunft zu geben wußte. Als er aber durch die Welt wanderte, um auch die Menschen an seiner Weisheit teilhaben zu lassen, wurde er von zwei Zwergen erschlagen. Um der Rache der Götter vorzubeugen, erzählten die Wichte diesen, der Arme sei an seinem Witz erstickt. Kvasirs Blut ließen sie in drei Gefäße rinnen, wovon eines »Odroerir« hieß, und mischten es mit Met. Wer davon trank, wurde entweder ein Dichter oder ein Weiser.

Die beiden Zwerge hatten allerdings offenbar noch nicht genügend Unheil angerichtet, denn schon kurz darauf brachten sie aus Lust und Laune einen Riesen um, und als dessen Frau darüber zu lautstark wehklagte, ließen sie ihr einen Mühlstein auf den Kopf fallen. Da wurde der Brudersohn des Riesen, ein gewisser Suttung, ernstlich böse: Er packte die Zwerge und setzte sie auf einer Klippe aus. Jetzt war es an den beiden zu jammern, und da sie nicht elend verschmachten wollten, boten sie dem Riesen als Lösegeld ihren kostbaren Zaubermet an. Suttung ließ sich auf den Handel ein, versteckte den Trank in einem Berg und ließ ihn von seiner Tochter bewachen. Das war der Stand der Dinge, als Odin ins Spiel kam.

Der Gott machte sich auf zu dem Berg und begegnete dort neun Knechten, die gerade eine Wiese mähten. Listig bot er ihnen an, ihre Sensen zu wetzen, und als sie sahen, was für einen schönen scharfen Wetzstein er hatte, wollte ihn jeder besitzen. Odin warf ihn in die Luft, und im Gerangel um das begehrte Stück schnitten sich die dummen Knechte allesamt die Hälse durch. Daraufhin verdingte sich der Gott selbst als Knecht bei dem Bauern, der übrigens ein Bruder Suttungs war. Er erklärte, er wolle die Arbeit der neun ganz allein erledigen, als Lohn aber wolle er im Winter einen Trank des besagten Mets.

Suttungs Bruder entgegnete, er sei nicht der Herr über den Zaubertrank, wenn er jedoch den Sommer über tüchtig arbeite, wolle er versuchen, ihm zu helfen. Tatsächlich bohrte er im Winter mit einem großen Bohrer ein Loch durch den besagten Berg, Odin verwandelte sich in eine Schlange, schlüpfte durch die entstandene Röhre, näherte sich der Riesentochter und blieb drei Nächte bei ihr. In jeder Nacht erlaubte sie ihm, verliebt wie sie war, einmal von dem Met zu trinken.

Als er mit diesen drei Zügen alle drei Gefäße leer getrunken hatte, verwandelte sich Odin in einen Adler und machte, daß er schleunigst nach Asgard kam. Dort spie er den Met in bereitgestellte Gefäße, um ihn später den Göttern, vor allem Bragi*, und den menschlichen Dichtern zugute kommen zu lassen. Suttung aber war ihm, gleichfalls in Adlergestalt, nachgeflogen, und als er ihm so nahe gekommen war, daß er ihn fast erreicht hätte, ließ Odin, wie es in der ›Prosaedda‹ heißt, »von hinten einen Teil des Metes fahren«, worauf der Verfolger angewidert kehrtmachte. Von *diesem* speziellen Met, teilt uns die ›Prosaedda‹ weiter mit, zehren seither die Dichterlinge.

Die drei genannten, so mühsam erworbenen Gaben sind aber nur ein – wenn man so möchte, der friedliche, geistvolle – Aspekt von Odins Charakter. Der andere, weit unangenehmere, wird an seinen beiden Lieblingstieren, dem Raben und dem Wolf, deutlich: Er liebt nämlich den Krieg und alles, was damit zusammenhängt – und er war es auch, der den allerersten Krieg, den zwischen Asen und Wanen, ausgelöst hatte.

Dabei macht er sich aber nicht etwa, wie der tüchtige, vom Volk geliebte Thor*, selbst die Hände schmutzig. Seine Haupttätigkeit besteht in diesem Zusammenhang darin, hübsche Schlachten zu inszenieren, die möglichst viele Leichen für ihn abwerfen. Und wenn es ihm selbst gerade mal an zündenden Casus belli fehlt, bringt er an-

dere mit List und anderswie dazu, ihm die benötigten Leichen zu beschaffen. Freyja** ließ er zum Beispiel von Loki* bestehlen, nur damit sie anschließend, um ihr Eigentum zurückzuerhalten, einen Krieg
zwischen zwei Königen (mit jeweils zwanzig Unterkönigen!) anzet-
telte.

Um möglichst viele Helden dazu zu motivieren, für ihn in die
Schlacht zu ziehen (und zu sterben), mischt sich Odin, in einen wei-
ten blauen, sternenbesetzten Mantel gehüllt und einen großen
Schlapphut auf dem Kopf, unter die Menschen und verheißt ihnen
für einen guten Kampf einen Platz in Walhall. Dort würden sie aufs
beste bewirtet und könnten sich in täglichen Waffengängen auf die
große endzeitliche Entscheidungsschlacht vorbereiten, in der sie
Seite an Seite mit den Asen kämpfen (und, nebenbei bemerkt, unter-
gehen) würden.

So begierig waren manche Nordmänner auf dieses zweifelhafte
Schicksal, daß sie keine Gelegenheit zum Kampf ungenutzt verstrei-
chen ließen. Besonders eingefleischte Walhall-Kandidaten wie die
Berserker zogen sogar ohne Rüstung in die Schlacht, versetzten sich
in besinnungslose Raserei, in der sie in den Rand ihres eigenen Schil-
des bissen, und säten durch ihre absolute Furchtlosigkeit und Mord-
lust nacktes Entsetzen in den Reihen der Feinde.

Wenn möglich lehrt Odin seine Anhänger, wie sie, noch vor Beginn
der eigentlichen Schlacht, mit einem einzigen Speerwurf das feindliche Heer dem Untergang und damit ihm preisgeben, und er zögert
auch nicht, notfalls selbst in Erscheinung zu treten. Als der schwe-
dische König Eirik Ende des zehnten Jahrhunderts gegen seinen
Neffen Styrbjörn ins Feld zog, nahte ihm, wie überliefert ist, ein
großer Mann mit Schlapphut und überreichte ihm ein Schilfrohr. Das
sollte er über das Heer seines Neffen werfen und dazu sprechen:
»Odin hat euch alle.« Er gehorchte, und im selben Augenblick wurde Styrbjörn blind, und ein Bergsturz erschlug alle seine Krieger.

Sobald die Schlacht entbrennt, schickt Odin seine Gehilfinnen, die
Walküren, auf die Walstatt, damit sie die Krieger aussuchen, die für
ihn sterben sollen. Und ist der Kampf endlich vorbei, reitet er selbst
auf seinem achtbeinigen Hengst Sleipnir, mit seinem unfehlbaren
Speer bewaffnet, seine beiden sprechenden Raben Huginn und
Muninn auf der Schulter, die beiden Wölfe Geri und Freki bei Fuß
und von Freyja begleitet, auf das Schlachtfeld. Dort wählt er alle Toten
aus, die er einst wird brauchen können, wenn es zu der Endschlacht
kommt, in der er selbst sein Leben lassen wird.

Mag man ihm auch zugestehen, daß er Krieger nicht aus *purem* Spaß gegeneinanderhetzt und sterben läßt, macht Odins Leichensammelleidenschaft doch keinen sonderlich sympathischen Eindruck.

Wenig anziehend ist auch sein Hang zum Ehebruch. Seine Gemahlin Frigg* hat in dieser Hinsicht einiges zu erdulden, zumal er neben seinen ehelichen Kindern auch etliche Bankerte zeugte und sich seiner »Heldentaten« ebenso lautstark wie schamlos zu rühmen pflegt:

»Ich war ferne im Osten, mit einem Fräulein schwatzt ich,
    spielte mit der Linnenweißen, verlockte sie zu heimlichem
        Umgang;
    froh machte ich die Goldgeschmückte, und sie gönnte mir
        Liebesgenuß.«

Nicht immer allerdings gelangte er zum Ziel seiner Wünsche. Ihm zu Ehren sei immerhin gesagt, daß er solche Mißerfolge nicht etwa verschwieg, sondern gleichfalls in Stabreime faßte:

»Manch prächtige Maid, prüfst du sie näher,
    zeigt dem Werbenden Wankelmut;
    erfahren hab ich's, als verführen ich wollte
    die listige Jungfrau zur Lust;
    kränkenden Lohn tat die Kluge mir an,
    und nichts genoß ich von ihr.«

In diesem speziellen Fall hatte die Angebetete an ihrer Stelle eine Hündin in ihr Bett gelegt.

Olorun, Olokun

Im Anfang gab es, wie die Yoruba wissen, nur den Himmel und das Meer. Über ersteren herrschte Olorun, über letzteres Olokun. Der Himmelsgott beschloß eines Tages, die Erde zu erschaffen, und zu diesem Zweck sandte er den älteren seiner beiden Söhne hinab auf das Meer. Zuvor drückte er ihm Sand und ein Huhn mit fünf Fingern in die Hand und erklärte ihm, was er damit tun müsse.

Der Sohn machte sich gehorsam auf den Weg, stieß unterwegs aber, wie das eben so vorkommt, zufällig auf eine Schale mit Palmwein. Erfreut über den unverhofften Fund, legte er ein Päuschen ein und trank und trank, bis das Gefäß leer und er betrunken war. Er vergaß seinen Auftrag und schlief auf dem Fleck ein. Olorun, der alles sieht, hatte natürlich mitbekommen, was geschehen war, und sandte nun den jüngeren Sohn auf die Reise. Als dieser bei seinem Bruder ange-

langt war, sammelte er den Sand und das Huhn ein und setzte seinen
Weg fort. Am Meer angekommen, streute er den Sand auf das Wasser
und setzte dann das Huhn darauf. Der Vogel fing sofort mit seinen
fünf Fingern an zu scharren, breitete dadurch die Erde aus und drängte das Meer immer weiter zurück. Schließlich war genug Land entstanden, daß Menschen und Tiere darauf leben konnten.

Der ältere Sohn Oloruns war aber sauer, daß nicht er dieses Kunststück zuwege gebracht hatte, und fing mit seinem jüngeren Bruder
einen Krieg an.

Nachdem sie sich eine Weile miteinander geschlagen hatten,
schlossen sie allerdings wieder Frieden und verschwanden auf Nimmerwiedersehen in der Erde.

Ometeotl

Der große Schöpfergott der Azteken, Ometeotl oder »Zwei Gott«,
vereint in sich das männliche und das weibliche Prinzip, oder anders
gesagt, ist gleichzeitig ein Gott und eine Göttin: Tonacatecuhtli
(»Herr unser Fleisch«) und Tonacacihuatl (»Frau unser Fleisch«). In
dieser Gestalt zeugte er die vier Tezcatlipocas*.

Ometeotl wohnt im obersten der dreizehn Himmel von Omeyo-
can. Obgleich er eigentlich die gesamte Schöpfung ins Leben gerufen
hatte, überließ er die Erschaffung der materiellen Welt zweien seiner
Söhne, Quetzalcoatl** und dem »eigentlichen« Tezcatlipoca.

Er selbst hielt sich im Hintergrund und verzichtete auch darauf,
sich von den Menschen Tempel bauen oder sich sonst in irgendeiner
Weise verehren zu lassen. Er ist die graue Eminenz, der weise Alte,
dem klar ist, daß sämtliche Opfer, die allen übrigen Göttern dargebracht werden, letztlich ihm gelten.

Onamuchi

Onamuchi, der unter anderem auch unter dem Namen Okuninushi
(»Herr des großen Landes«) bekannt ist, stammt vom bösen Susa-
noo* ab, dem Bruder der japanischen Sonnengöttin Amaterasu*.
Gleichzeitig wird ihm nachgesagt, er sei eine Inkarnation des Buddha
Shakyamuni. Jedenfalls wird er als Berggott, als Glücksgott und als
Schutzherr des Landes verehrt. Und da er selbst nicht weniger als 181
Kinder gezeugt haben soll, gilt er auch als Schutzpatron der Kinder
schlechthin.

Aus allen seinen Funktionen wird klar, daß es sich bei ihm – anders
als bei seinem Ahnen (manche sagen Vater), Susanoo – um einen

»guten« Gott handelt, der seine Kräfte lange Zeit zum Wohle des ständig von bösen Geistern terrorisierten Inselreiches einsetzte.

Onamuchi hat ein wahrlich bewegtes Leben hinter sich – man könnte sogar sagen *mehrere* Leben, denn seine achtzig Brüder waren auf ihn wütend, weil eine Prinzessin, um die sie alle freiten, nicht sie, sondern ihn heiraten wollte. Also beschlossen sie, ihn zu töten. Zu diesem Zweck faßten sie einen teuflischen Plan, an dessen Blödsinnigkeit fast nur die vergleichbaren Anschläge auf die Hunahpú*-Zwillinge heranreichten. Die achtzig Brüder befahlen nämlich dem Onamuchi, ein Wildschwein zu erlegen. Anstelle des zu jagenden Tieres nahmen sie allerdings einen dicken Stein und hielten ihn so lange ins Feuer, bis er anfing zu glühen. Der nichts Böses ahnende Onamuchi fing das rotglühende Wildschwein und verbrannte planmäßig.

Seine Mutter aber, die alles mit angesehen hatte, bewirkte, daß er wieder zum Leben erwachte – und damit einem weiteren Mordkomplott seiner bösen Geschwister zum Opfer fallen konnte. Dieses Mal ließen sie ihn in den Spalt eines Baumes treten, in den sie zuvor einen Keil getrieben hatten. Man könnte meinen, Onamuchi sei durch den ersten Anschlag ein wenig gescheiter geworden, aber nichts da! Ohne sich über das Ansinnen zu wundern, trat er brav in den Spalt und wurde natürlich prompt eingequetscht. Wieder starb er, und abermals machte ihn die Mutter wieder lebendig. Um ihren naiven Liebling vor weiteren Attentaten zu schützen, schickte sie ihn nun aber in die Unterwelt zu Susanoo.

Wenn sie allerdings dachte, daß Onamuchi damit aus der Schußlinie sei, hatte sie sich getäuscht, denn auch Susanoo hatte entschieden etwas gegen Onamuchi – und das, obwohl dieser in der Unterwelt als erstes seine Tochter Suseribime geheiratet hatte. Anstatt sich darüber zu freuen, verlangte Susanoo von Onamuchi ähnlich auffällig seltsame Taten wie zuvor dessen Brüder, und auch jetzt blieb das arme Opfer so arglos wie zuvor. Zu seinem Glück konnte er aber auf seine gescheite Frau zählen, die ihn jedesmal rettete. Als Onamuchi etwa einen Pfeil suchen sollte, den sein Schwiegervater auf ein Stoppelfeld geschossen hatte, verbarg ihn, als Susanoo die trockenen Halme in Brand setzte, eine Ratte auf Suseribimes Geheiß in ihrem Loch.

Das nächste Mal sollte Onamuchi Susanoo die Läuse vom Kopf lesen, bei denen es sich aber in Wirklichkeit um höchst gefährliche Tausendfüßler handelte. Diesmal rettete Suseribime ihren tumben

Gemahl dadurch, daß sie ihm roten Lehm zu kauen gab, den Susanoo für die zerkauten »Läuse« hielt.

Jetzt fing aber selbst Onamuchi allmählich an, Argwohn zu schöpfen, und beschloß, etwas zu unternehmen. Als sein Schwiegervater einmal am Öfchen einschlief, band er ihn mit den Haaren am Hauspfosten fest, wälzte zudem noch einen dicken Stein vor die Haustür, nahm seine Frau auf den Rücken und machte, daß er fortkam. Zuvor hatte er aber in Susanoos Haus noch das Lebensschwert, den Lebensbogen nebst Pfeilen und die himmlische Verkündungslaute mitgehen lassen. Als Susanoo sich endlich befreien konnte und den Flüchtigen hinterherstürzen wollte, sah er, daß seine Zaubergeräte verschwunden waren, und gab die Verfolgung auf. Er erwies sich sogar als guter Verlierer und rief Onamuchi noch ein paar gute Ratschläge hinterher – wie den, seine achtzig Brüder umzubringen und die Herrschaft über das große Land, also Japan, an sich zu reißen. Und auch dieses Mal gehorchte Onamuchi: Mit dem Lebensbogen tötete er seine Brüder, und anschließend ließ er sich in Izumo ein Heiligtum errichten, von wo aus er regierte, bis die Nachkommen der Amaterasu (Hoori no Mikoto[**], Ninigi[**]), die Macht übernahmen.

Orenda
→ Manitu

Ormuzd
→ Ahura Mazda

Osiris

Osiris, Sohn des Geb[*] und der Nut[*], heiratete seine eigene Schwester Isis[*] und wurde göttlicher Herrscher über ganz Ägypten. Bereits bei seiner Geburt ließ sich eine Stimme vernehmen, die da verkündete: »Der Herr über die ganze Welt ist geboren.«

Vorerst aber begnügte sich Osiris damit, den Menschen allerlei wichtige Kulturgüter zu überbringen, namentlich den Pflug sowie den Acker- und Weinbau. Er lehrte sie, Städte zu bauen und die Götter auf die rechte Weise zu verehren, vermittelte ihnen Grundkenntnisse in der Astronomie und sorgte für die Einführung von Gesetzen.

Doch gemäß der Voraussage drängte es ihn, sobald er Ägypten zivilisiert hatte, auch andere Länder zu veredeln, und so brach er zu einer langen Reise auf. Zuvor aber ernannte er als verantwortungsvoller König einen Stellvertreter, der für die Dauer seiner Abwesenheit die Regierungsgeschäfte wahrnehmen sollte: seinen Bruder Seth*. Während Osiris jedoch durch Äthiopien, Arabien, Indien und Vorderasien zog, gewöhnte sich Seth bald an den süßen Geschmack der Macht und beschloß, um selbst für immer König bleiben zu können, Osiris zu töten. Er zettelte eine Verschwörung an und sperrte den endlich zurückgekehrten Bruder mittels einer List in einen schön verzierten Kasten, den er dann auf dem Nil aussetzte und in dem dieser bald erstickte.

Der Sarg des toten Osiris trieb den Strom hinab und dann übers Meer bis zum phönikischen Byblos, wo er sich zuletzt in einem jungen Baum verfing. Als die Zeit verging und der Baum heranwuchs, war der Sarg bald nicht mehr vom Stamm zu unterscheiden, und beide wurden schließlich zu einer tragenden Säule des Königspalastes verarbeitet.

Die Göttin Isis** aber fand und erlöste ihren Gemahl, indem sie ihn auf gebührende Weise bestattete. So wurde er zum Herrscher über das Totenreich und – zusammen mit seiner Frau, die gleichfalls den Schlüssel dazu erhielt – zum Richter über die Verstorbenen. Dementsprechend ist er zumeist wie eine Mumie gekleidet und trägt in seinen Händen die königlichen Insignien: Krummstab und Geißel.

Trotz oder vielleicht wegen seiner engen Verbindung zur Unterwelt ist Osiris aber für die Menschen auch stets das Symbol der Auferstehung gewesen, denn sein Sohn Horus** erreichte durch das Opfer seines Sonnenauges, daß der Vater selbst im Tod weiterlebte. Aus diesem Grund wird Osiris auch als der Gott des Sonnenjahres angesehen, als Gott der sich stets erneuernden, wiederbelebenden Natur, dem Korn gleich, das er einstmals den Menschen überbrachte und das nun Jahr für Jahr auf den Feldern sproßt und reift.

P

Pachacamac

Als die Inka das Reich der Chimú eroberten, fanden sie dort einen Schöpfergott vor, der ihnen zusagte und den sie also gleichfalls ver-einnahmten: Sie gaben ihm den Namen Pachacamac (Quechua für »Erderschaffer«) und erklärten ihn zum Sohn ihres Sonnengottes Inti, des Ahnherrn der Herrscherdynastie. Die Inka hatten zwar be-reits einen eigenen Schöpfer, den Hochgott Viracocha, doch hatte sich dieser nach Erledigung seiner Geschäfte nach Westen übers Meer abgesetzt und stand somit nicht mehr zur Verfügung. Pachacamac hingegen war da – wenn er sich auch den Blicken entzog, weswegen ihm keine neuen Tempel gebaut werden konnten –, und er besaß noch einen weiteren, gewaltigen Vorzug: seine prophetische Redseligkeit. Sein altes Heiligtum im nach ihm benannten Ort an der peruanischen Küste war eine berühmte Stätte der Weissagung, die unzählige Pilger von weit und fern anzog und sich bald zum mächtigsten Orakel des gesamten Inkareiches entwickelte.

Zu einem freundlichen oder zumindest hilfsbereiten Gott ist Pachacamac allerdings bestenfalls erst im Alter geworden. Als jugendlicher Schöpfer erwies er sich dagegen als äußerst unangeneh-mer und liebloser Kerl. Da hatte er zum Beispiel Mann und Frau geschaffen, aber nicht daran gedacht, daß die beiden auch etwas zu essen brauchen würden. Der Mann starb also kurz darauf an Ent-kräftung; die Frau schleppte sich noch ein Weilchen dahin und fleh-te dann zum Sonnengott Inti, er möge doch endlich ihren Qualen ein Ende bereiten und sie entweder durch einen Blitz töten oder aber ihr helfen.

Inti erbarmte sich ihrer: Er wies sie an, nach Wurzeln und Knollen zu graben, und sandte Strahlen auf die Erde, die in ihren Leib ein-drangen und sie schwängerten. Als sie kurz darauf ein Knäblein ge-bar, fuhr Pachacamac zornig dazwischen. In seiner Eitelkeit gekränkt und stocksauer, daß die Frau nicht *ihn*, sondern seinen Vater um Hilfe gebeten hatte, entriß er ihr das Kind, seinen Halbbruder, tötete es und hackte es in kleine Stücke.

Damit die Frau aber nicht mehr über Nahrungsmangel jammern (und ihn als schlechten Schöpfer hinstellen) konnte, verstreute er die Einzelteile des Neugeborenen über die Erde. Aus den Zähnen wurden Maispflanzen, aus Rippen und Knochen wurde Maniok, aus dem Fleisch die Gemüse, Obstbäume und Beerensträucher. Jetzt hatte die Frau zwar genug zu essen, konnte sich aber über den Verlust ihres Sohnes nicht trösten, und so flehte sie heimlich zum Sonnengott, da er ja der Vater sei, dessen Tod zu rächen.

Nun konnte oder wollte Inti zwar nichts gegen Pachacamac unternehmen, immerhin aber sammelte er die Nabelschnur des recycelten Babys ein und machte der Frau daraus ein neues Kind, das sie Uichama nennen sollte. Diesmal schaffte sie es, den Kleinen großzuziehen; nach einigen Jahren aber zog der junge Uichama los, um sich die Welt anzuschauen – und in dem Augenblick, da er gegangen war, erschien Pachacamac und brachte die Frau um. Nach dem bereits bewährten Muster zerstückelte er anschließend ihre Leiche und warf alles bis auf die Haare und die Knochen den Geiern zum Fraß vor.

Anschließend machte er sich die Mühe, neue Menschen zu schaffen, damit die Welt endlich ordentlich bevölkert sei, und vergaß auch nicht, gleich deren Anführer zu ernennen. Nach einem Weilchen kehrte allerdings Uichama, sein noch lebender Halbbruder, von seiner Reise zurück. Als er sah, was geschehen war, geriet er verständlicherweise in großen Zorn. Zunächst nahm er die Haare und Knochen und erweckte seine Mutter wieder zum Leben – schließlich war er ja von väterlicher Seite ein Gott; dann brach er wutschnaubend auf, den mörderischen Pachacamac zur Strecke zu bringen.

Kaum hatte unser Schöpfergott aber gesehen, was da auf ihn zukam, verdrückte er sich feige ins Meer, genau da, wo später auch sein Heiligtum errichtet wurde – und ward nicht mehr gesehen.

Uichama hielt sich dafür an den von seinem Halbbruder geschaffenen Menschen schadlos und ließ sie samt und sonders durch seinen Vater in Steine verwandeln. Da die Welt nun aber wieder mal menschenleer war, sandte Inti seinem Sohn drei Eier: ein goldenes, aus dem die neuen Herrscher und Vornehmen hervorgingen, die Inka; ein silbernes, aus dem deren Frauen schlüpften; und schließlich ein kupfernes für das gemeine Volk.

Pan

Wer seine Eltern sind, weiß niemand ganz genau. Zur Wahl stehen als Vater unter anderen Zeus*, Apollon*, Kronos* und Uranos*. Die dem Pan geweihte Homerische Hymne nennt aber Hermes* als dessen Erzeuger, und da wir eine gewisse, wenn schon nicht äußerliche, so doch wesensmäßige Verwandtschaft zwischen den beiden zu erkennen meinen, wollen wir dieser Quelle glauben. Der Dichter erklärt weiterhin, die Nymphe Dryope sei Pans Mutter gewesen, während andere behaupten, Hermes habe der – mit Odysseus' züchtiger Gemahlin wahrscheinlich *nicht* identischen – arkadischen Göttin Penelope in Gestalt eines Widders beigewohnt und mit *ihr* den kleinen Zottel gezeugt. Wieder andere halten die Ziege Amaltheia (Zeus**) für seine Mama, denn von irgend jemandem müsse er ja schließlich seine Hörner und seine Bocksfüße geerbt haben. Doch dies nur am Rande.

Die Mutter jedenfalls (nennen wir sie Dryope) riß beim Anblick der kleinen urhäßlichen Mißgeburt die Augen auf und suchte flugs in buchstäblich »panischem« Entsetzen das Weite. Und das war das erste Mal, daß der spätere Hirtengott durch sein plötzliches Erscheinen »Panik« verbreitete. Hermes dagegen fand sein Baby süß, er »wickelte sorglich das Kind ins wollige Fell des im Bergland heimischen Hasen und eilte geschwind zum Wohnsitz der Götter«. Dort zeigte er den Kleinen stolz herum, und alle bewunderten ihn gebührend – ganz besonders aber Dionysos*, der durch sein Gefolge aus Satyrn und Silenen an merkwürdige Gestalten gewöhnt war. Der große Gott freute sich später auch stets über Pans Gesellschaft, achtete darauf, daß ihm der Wein niemals ausging, und ließ sich gern von seinen drolligen Späßen unterhalten.

Pan fühlte sich allerdings auf dem Olymp nicht wohl. Ihn zog es bald in die Einsamkeit des ländlichen Arkadiens, wo er, ohne sich zu überanstrengen, für das Gedeihen der Herden sorgt und, alles in allem, mit dem geruhsamen Leben eines Hirtengottes vollauf zufrieden ist. Sein Mittagsschläfchen ist ihm (und den Landleuten) allerdings heilig, und wehe dem, der dann lärmt und ihn aufweckt – der Unselige kann ihn von seiner unangenehmen Seite kennenlernen!

Braucht Pan gelegentlich ein wenig Abwechslung, platzt er eben mal unter eine ruhig weidende Ziegen- oder Schafherde und lacht sich ins Fäustchen, wenn die Tiere entsetzt blökend davonspritzen. Und, nun ja, daneben ist er ausreichend damit beschäftigt, jedem Weiberrock, dessen er ansichtig wird, hinterherzulaufen – und zwar im wörtlichen Sinne, denn vor seiner Häßlichkeit und der stets freizügig gezeigten Männlichkeit nimmt die holde Weiblichkeit in den meisten Fällen Reißaus.

Ein solches Erlebnis – dem Pan übrigens sein für ihn typisches Musikinstrument verdankt – schildert Ovid in den ›Metamorphosen‹: Einmal verliebte sich der Ziegengott nämlich in die gleichermaßen hübsche wie keusche Nymphe Syrinx und machte ihr sofort auf seine gewohnt direkte Art unsittliche Anträge. Sie wies ihn errötend zurück, und als er sich davon nicht entmutigen ließ, suchte sie ihr Heil in der Flucht: Sie lief und lief, über Stock und Stein, bis sie endlich an einen Fluß gelangte und nicht mehr weiterkonnte. Um ihre Tugend besorgt, bat sie eilends die »Schwestern der Wassertiefe«, sie zu verwandeln, und als Pan am Ufer eintraf und Syrinx in die Arme schließen wollte, fand er statt der Begehrten nur ein paar Schilfhalme. Und wie er ratlos seufzend dastand und verdutzt überlegte, was geschehen sein mochte, fuhr der Wind in das Rohr und erzeugte einen feinen Ton, »der einer Klage glich«. Pan horchte auf und sprach das geflügelte Wort: »Diese Art der Zwiesprache mit dir wird mir bleiben« – oder etwas Ähnliches, vielleicht nicht ganz so Gestelztes; jedenfalls bastelte er sich aus den Halmen eine Flöte zurecht, die berühmte Panflöte. Die aber nannte er im Gedenken an seine verlorene Geliebte »Syrinx«.

Einem vergleichbaren Ereignis verdankt er ein anderes seiner Attribute, den Kranz aus Fichtenzweigen, den er ab und an auf dem Kopf trägt. Diesmal war es die Nymphe Pitys, bei der er nicht zu Potte kam. Als er drauf und dran war, sie zu vergewaltigen, wurde sie auf ihr Flehen in eine Fichte verwandelt. Seitdem ist der Baum dem Pan heilig.

Solche unglücklichen Ereignisse können Pan aber nicht lange erschüttern, und oft genug führt er in Gesellschaft zwielichtiger Gestalten und willigerer Mädchen auf freier Wiese Tänze auf, die in wüsten Gelagen enden. Aber dies ist, wie schon angedeutet, nur *eine* Seite des bescheiden gebliebenen, bodenständigen Gottes. Denn positiv ist zu vermerken, daß er nicht nur den Hirten tatkräftig hilft, indem er dafür sorgt, daß sich ihre Herden vermehren, einzelne Tiere nicht verlorengehen und die Bienen reichlich Honig geben – er steht auch den Jägern zur Seite. So sehr verließen sich diese auf seine Unterstützung, daß sie, wenn sie einmal mit leeren Händen von der Pirsch heimkehrten, dem Abbild des Gottes zur Strafe Meerzwiebeln um die Ohren schlugen! Daneben kümmert er sich auch um den Fischfang, und die Menschen danken es ihm mit vielen idyllisch gelegenen Heiligtümern und aus Lämmern, Milch, Honig und Most bestehenden Opfergaben.

Wenigstens einmal griff Pan auch nachweislich in den Gang der Weltgeschichte ein. Im Jahre 490 vor unserer Zeit, als sich Perser und

Athener bei Marathon gegenüberstanden, schickten letztere einen Läufer nach Sparta, um von dort Hilfe zu holen. Unterwegs, so berichtet Herodot, begegnete dem Boten Pan. Der Gott grüßte ihn und trug ihm auf, die Athener zu fragen, warum sie ihn eigentlich nicht verehrten, wo sie doch sähen, daß er ihr Freund sei »und ihnen früher oft geholfen habe, und das auch wieder tun werde«. Und er bewies auch sofort, daß er es tatsächlich ehrlich meinte, denn er fuhr in das Heer der Perser, das denn auch augenblicklich von kopfloser Panik erfaßt wurde. Die Athener dankten es dem Gott, indem sie ihm nach ihrem Siege unterhalb der Akropolis einen Tempel und eine Kultstätte errichteten.

Manche sagen, Pan sei der einzige Gott, der inzwischen gestorben sei, und berufen sich dabei auf eine recht seltsame Geschichte. Einst, so heißt es, sei ein Schiff, gesteuert vom Ägypter Tamuz, von Griechenland aus unterwegs nach Sizilien gewesen. Plötzlich kam eine Windstille auf, und eine Stimme rief den Steuermann vom Ufer her beim Namen und fuhr fort: »Wenn du nach Palodes kommst, verkünde allen, daß der große Pan tot ist.« Tamuz tat wie geheißen, und kaum hatte er die Botschaft ausgerichtet, erhob sich entlang der Küste ein lautes Stöhnen und Wehklagen.

Wir wollen diese Geschichte nicht direkt anzweifeln, halten sie allerdings, mit Plutarch und vielen anderen nach ihm, für ein einziges Mißverständnis. Wie der Steuermann tatsächlich hieß, wissen wir nicht, aber der Klageruf, den er hörte, betraf nicht Pan, sondern Dumuzi* (Tammuz) oder Adonis – den Vegetationsgott, dessen alljährlicher Tod in Griechenland und im vorderasiatischen Raum mit großen Trauerfeierlichkeiten begangen wurde.

Und so können wir beruhigt ausrufen: Der große Pan lebt!

Pan Gu

Pan Gu ist ein südchinesischer Schöpfergott, der im Anfang aus dem Urchaos hervorkam. Genauer gesagt, entstand er aus der engen Verbindung von Himmel und Erde, die damals gerade so wie Dotter und Eiweiß in einem Hühnerei miteinander zusammenhingen. Sobald Pan Gu geboren war, begannen sich die klaren und leichten (nach chinesischer Auffassung: »männlichen«) Teile von den groben und trüben (»weiblichen«) abzusondern, wobei die ersteren, die himmlischen, langsam emporstiegen, die schwereren, erdhaften aber nach unten sanken. Jeden Tag hob sich der Himmel um etwa einen Klafter, jeden Tag wurde die Erde um einen Klafter dicker, und jeden Tag wuchs Pan Gu um die gleiche Spanne. Genau 18 000 Jahre dauerte es, bis dieser Prozeß abgeschlossen war und der Abstand, den die beiden Sphären voneinander hatten, sich nicht mehr vergrößerte.

Damit hatte Pan Gu, ohne selbst viel dazuzutun, schon einmal einen wesentlichen Beitrag zur Erschaffung der Welt geleistet, und anders als viele andere Schöpfergötter ging er nun nicht etwa an die eher vergnügliche Aufgabe, die Welt im einzelnen zu gestalten, mit Bergen, Gewässern und Pflanzen zu verzieren und mit Tieren und Menschen zu bestücken – nein, er verhielt sich ebenso passiv wie bislang ... und starb.

Aus seinen Augen aber wurden Wind und Wolken, aus seiner Stimme Blitz und Donner, aus seinem linken Auge die Sonne und aus dem rechten der Mond; aus seinen Haaren entstanden die Fixsterne, aus den Augenbrauen die Planeten und aus seinen Körperhaaren die Pflanzen; aus seinen Poren die Tiere, aus seinem Schweiß Regen und Sümpfe, aus dem Blut die Meere, aus den Zähnen die Metalle, und auch sämtliche andere Bestandteile seines Körpers waren zu dem einen oder anderen gut, was es nun auf der Erde gibt.

Woraus wurden aber die Menschen geschaffen? Der Vollständigkeit halber muß es gesagt werden, obwohl man es vielleicht besser verschweigen sollte: Die Menschen entstanden nämlich aus den zahllosen Tierchen, die sich auf Pan Gus Leib tummelten – den Läusen!

Parvati

Die Frauen indischer Götter sind immer treusorgende Gattinnen und Mütter, die das Wohl ihrer Familie stets vor das eigene setzen. Keine von ihnen aber spielt für ihren Mann eine solch immens wichtige Rolle wie Parvati für Shiva*. Sie ist nicht nur seine Gemahlin, sie ist, trotz ihrer beiden Kinder Ganesha* und Skanda*, in ebensolchem Maße auch seine Geliebte, mit der er sich jahrtausendelang selbstvergessen dem Liebesspiel hingeben kann, und seine kluge Partnerin, mit der er ebensogern Schach spielt wie philosophische Gespräche führt. Kurzum: Sie ist im wahrsten Sinne des Wortes seine »bessere Hälfte«, nämlich seine Kraft oder Macht (*Shakti*), ohne die er nichts zustande bringen könnte. Aus all diesen Gründen sind die beiden praktisch unzertrennlich – es sei denn sie streiten sich, was bei einer so engen Beziehung hin und wieder natürlich nicht zu vermeiden ist.

Solch geringfügige Querelen ändern aber nicht das geringste an ihrer immensen Zuneigung zueinander, einer Liebe, die so dauerhaft ist, daß sie sich schon über mehrere Götter-Existenzen hinweg erstreckt. Schon in ihrer früheren Inkarnation als Sati nämlich liebte Parvati ihren Shiva**, und als sie als Uma, Tochter des Himalaya, wiedergeboren wurde, vereinten die Götter die beiden erneut mit Hilfe des Liebesgottes Kama, damit Shiva** wieder auf weltliche Gedanken kam. Wie man schon sieht, besitzt Parvati viele verschiedene Namen, die jeweils bestimmte Aspekte widerspiegeln, die sie zu bestimmten Zeiten oder bei bestimmten Anlässen »aktiviert«. So kennt man sie auch als Durga*, Chamunda, Bhavani, Kumari, Katyayani und Chandi – um nur einige wenige zu nennen.

Parvati ist schön und hellhäutig, weshalb sie zuweilen auch Gauri, die Helle, heißt. Ursprünglich allerdings soll das nicht so gewesen sein, da war sie nämlich schwarz. Shiva, den das überhaupt nicht störte, neckte sie einmal und rief sie »Kali, Kali*«, das heißt »Schwarze, Schwarze«. Empfindlich, wie Frauen in puncto Aussehen nun einmal sind, fühlte sich Parvati aber durch diesen Spitznamen schwer getroffen und sagte ernst zu ihrem Gatten: »Die Wunde, die ein Pfeil macht, wird im Laufe der Zeit heilen. Ein Baum, den man beschnitten hat, wird im Frühling wieder blühen. Aber die Wunde, die böse Worte schlagen, wird niemals heilen. Ich kann nichts dafür, daß ich schwarz geboren bin, und ich werde dir in dieser Gestalt nie wieder zu nahe kommen. Ich gehe.«

Damit verschwand sie. Lange wanderte sie, über Stock und Stein, bis sie in einen tiefen Wald kam. Dort stellte sie sich auf ein Bein und übte in dieser Haltung ganze hundert Jahre lang strenge Askese. Brahma*, der Shivas Trauer über das plötzliche Verschwinden seiner Geliebten und Parvatis Selbstkasteiung nicht mehr mit ansehen konnte, fühlte sich schließlich verpflichtet einzugreifen. Er erschien vor der Göttin, fragte sie nach dem Grund für ihr Verhalten und entschied, als er ihn erfahren hatte: »Du kannst getrost zu deinem Mann zurückkehren, edle Frau, denn von nun an sollst du nicht mehr schwarz sein, sondern so hell und strahlend wie eine Lotosblüte.«

Wie er gesagt hatte, geschah es auch, und Shiva, dem die Hautfarbe an sich von Herzen gleichgültig gewesen war, konnte seine nunmehr hellhäutige Gattin wieder in die Arme schließen und sich ein paar tausend Jahre lang nach Herzenslust mit ihr vergnügen.

Pashupati
→ Shiva

Persephone

Die griechische Göttin Persephone ist die Tochter des Zeus* und der Demeter*, die ihre Tochter geradezu abgöttisch liebt. Da ist sie allerdings nicht die einzige, denn auch Hades fand an Kore – dem »Mädchen«, wie sie auch einfach genannt wurde – großen Gefallen. Er hatte sie einmal mit ihren Freundinnen spielen sehen und sich sofort in den Kopf gesetzt, sie zu seiner Frau zu machen. Daß er dieses Ziel nicht auf normale Weise erreichen würde, war ihm natürlich völlig klar: Wer möchte schließlich schon mit dem König des Totenreichs verheiratet sein? Also verfiel er auf eine List. Er bewog die Erdgöttin Gaia* dazu, eine herrliche Blume mit hundert Blüten wachsen zu lassen, die obendrein, damit sie auch ja nicht übersehen werden konnte, einen betäubenden Duft verströmte. Kore vertrieb sich gerade damit die Zeit, Veilchen zu pflücken und in ihre Schürze zu legen, als sie die Zauberpflanze sah und nach ihr griff. In demselben Augenblick tat sich die Erde auf, und Hades erschien in seinem goldenen Wagen.

Ohne auf das Jammern des Mädchens zu achten, setzte er sie neben sich und fuhr rasselnd mit ihr in die Unterwelt. Demeter und Hekate* hörten ihre Schreie, doch als die Mutter zum Ort des Geschehens kam, sah sie nur noch den Wagen entschwinden; als sie Kore zu folgen versuchte, waren ihre Fußspuren durch eine Schweineherde, die zufällig vorübergetrampelt war, vollkommen zerstört. Zwar wurden die Tiere gleich Persephone von der Erde verschlungen, doch dies bedeutete für Demeter** nur einen schwachen Trost. Lange irrte sie verzweifelt umher, aber erst mit Hilfe des mitleidigen Sonnengottes fand sie ihre Tochter wieder. Und vielleicht hätte sie sie auch gleich mitnehmen können – wenn Persephone es nur geschafft hätte, in Hades' Palast nüchtern zu bleiben.

Eine der Grundregeln fast jeder Unter- und Feenwelt lautet nämlich, daß man dort, will man je wieder auf die Erde zurück, unter keinen Umständen etwas zu sich nehmen darf. Im Falle von Persephone war der winzige Grund dafür, daß ihr die Rückkehr ins Reich der Lebenden verwehrt wurde, ein Granatapfelkern, den sie, als sie todtraurig durch die düsteren Hallen schweifte, aus der Frucht gepult und gedankenlos gegessen hatte.

Eigentlich wäre Kores Schicksal damit besiegelt gewesen. Zeus aber, dem die von der trauernden Demeter verursachten Dürren allmählich ernsthafte Sorgen machten, schaltete sich nun als Vermittler ein. Er ließ Hades einen Vertrag unterzeichnen, demzufolge seine junge Frau zwei Drittel des Jahres bei Demeter weilen durfte, den

Winter aber bei ihrem Mann verbringen mußte. Und als das Persephone hörte, wandelten sich unversehens, wie Ovid schreibt, »ihre Stimmung und ihr Aussehen; ist doch die Stirn jetzt heiter, wie die Sonne, die zuvor wasserreiche Wolken verdeckten, aus dem besiegten Gewölk hervortritt«.

Jedesmal wenn Persephone in die lichte Welt zurückkehrt, freut nicht nur sie selbst sich, sondern es beginnen auch die Blumen zu blühen, das Korn sprießt, und es singen die Vögel, weil auch Demeter überglücklich ist. In Begleitung ihrer Tochter streift sie nun umher, umgeben von tanzenden und spielenden Nymphen, und gemeinsam sorgen die beiden Göttinnen dafür, daß alles gedeiht. Sobald Persephone aber wieder hinab muß in das düstere Reich ihres Gatten, wird es oben auf der Welt Winter – und das Aussehen der Kore verändert sich: Mit strengem, unnahbarem Gesichtsausdruck thront sie neben Hades, ein zweispitziges Schwert in der Hand, oder führt die Erinnyen, die furchtbaren Rachegöttinnen, bei ihren Unternehmungen an. Alles an ihr ist jetzt dunkel, traurig und grausam, und die Menschen fürchteten sie in dieser Funktion als Totengöttin und suchten sie durch Opfer von Rindern, Schafen und vor allem Schweinen gnädig zu stimmen. Zwei große Feste feierten sie ihr zu Ehren: eines, wenn sie auf die Erde kam, das andere zum Abschied, wenn sie im Herbst wieder verschwand.

Der Granatapfel, der daran schuld war, daß sie lange Monate in der Unterwelt leben muß, ist das Wahrzeichen der düsteren Persephone; Kornähren und Mohn hingegen sind die Attribute der fröhlichen Frühlingsgöttin.

Perun

Bevor Gottvater* nach Rußland gelangte, war der dortige Hauptgott Perun, »der Donnerer«. Seinem Namen macht Perun alle Ehre, denn wenn sich die Menschen nicht so verhalten, wie sie es sollten, donnert er kräftig dazwischen. So gefürchtet waren sein Zorn und seine nie erlahmende Wachsamkeit in früheren Zeiten, daß er sich als Eidgott geradezu aufdrängte. Als der Großfürst Igor im Jahr 944 ein Handelsabkommen mit Byzanz schloß, begab er sich am Morgen des wichtigen Tages mit den Gesandten zu einem Heiligtum des Perun und beschwor im Namens des Gottes, daß denjenigen, die sich nicht an den Vertrag halten würden, folgendes blühen sollte: »Rettung werde ihnen niemals zuteil, sei's durch Gott, sei's durch Perun; Schutz sollen ihnen ihre Schilde nicht bieten; zugrunde sollen sie gehen durch ihre eigenen Schwerter, Pfeile und anderen Waffen; und Sklaven sollen sie sein bis ans Ende der Zeiten!«

Die gewaltige Bedeutung, die Perun nicht nur in Rußland, sondern auch bei anderen slawischen Völkern besaß, bewahrte den Gott davor, im Zuge der Christianisierung sang- und klanglos ausgemustert zu werden; zu groß war seine Beliebtheit beim einfachen Volk, und so behalf man sich damit, daß man ihn umtaufte und ihn zu einem »Heiligen« erklärte: Ilja (Elias). Und so wurden dem Propheten an seinem Fest, dem 20. Juli, fortan die Opfer dargebracht, die Ochsen, Kälber und Lämmer geschlachtet, die vorher dem Perun gegolten hatten. Die Furcht vor dem Donnerer hatte sich aber nicht verloren, denn bis vor kurzem – und mancherorts wohl heute noch – war es streng verboten, an diesem Feiertag auf den Feldern irgendeine Arbeit zu verrichten, da es hieß, der Heilige würde unfehlbar mit seinem Blitzstrahl dazwischenfahren und den Frevler töten.

Poseidon

Wenn der griechische Meeresgott Poseidon schlechte Laune hat, und das kommt oft genug vor, sticht er der Erde seinen gewaltigen Dreizack in die Rippen und rüttelt sie ein paarmal kräftig durch. Wir unwissenden Menschen bezeichnen das als Erdbeben und nannten den unwirschen Gott früher ehrerbietig auch den »Erderschütterer«. Dabei hat Poseidon noch mehr Möglichkeiten, seinem Zorn Ausdruck zu verleihen: So kann er beispielsweise die Berge Feuer spucken lassen und – natürlich und vor allem – das Meer aufwühlen.

Ein Grund zum Schmollen findet sich eigentlich immer. Zunächst einmal grollte er seinem Bruder Zeus*, der Hades nach Absetzung des Vaters Kronos** die Unterwelt, ihm aber als seinen Herrschaftsbereich den Ozean zuwies und damit die Macht einschränkte, die er ehemals besessen hatte. Poseidon fügte sich grummelnd und zog sich mit seiner Gattin Amphitrite zurück auf den Meeresgrund, und zwar, wie die ›Ilias‹ genauer zu berichten weiß, nach »Ägä, dort, wo ein stolzer Palast in den Tiefen des Sundes / golden und schimmerreich ihm erbaut ward, stets unvergänglich«.

Von hier aus herrscht er nun über seine Untertanen, die, um die Wahrheit zu sagen, ebenso wie die meisten seiner zahlreichen ehelichen und unehelichen Kinder ziemlich merkwürdige Gestalten sind. Da gibt es solche, die einen Fischschwanz besitzen, andere, deren (wenn man so will) Oberkörper der eines Pferdes ist. Da gibt es ein geflügeltes Roß, seinen Sohn Pegasos, den er mit der schlangenhaarigen Gorgo Medusa zeugte – und da sind schließlich die einäugigen Gehilfen des Hephaistos*, die Kyklopen.

Einer von diesen, Polyphem – der anders als seine Artgenossen ein Sohn des Poseidon war –, bekam von Odysseus bekanntlich das Auge ausgestochen. Doch auch der herrliche Dulder hatte in der Folge nichts zu lachen, da ihn der darüber höchst erboste Poseidon von nun an mit seinem unstillbaren Haß verfolgte und lange Zeit durch fürchterliche Stürme und andere Kalamitäten an der Heimkehr hinderte.

Mit dieser Rache wischte der Meeresgott gleichzeitig auch noch Athene* eins aus, deren besonderer Günstling ja der listenreiche Odysseus war. Mit ihr lag Poseidon nämlich seit langem in Fehde, weil sie beide gern Schutzgottheit Athens geworden wären und die Stadt entsprechend nach sich selbst benannt hätten. Als Zeus von dem Streit erfuhr, bestimmte er, daß jeder von ihnen der Stadt ein Geschenk machen sollte, und wer die schönere Gabe anbrächte, würde den Zuschlag erhalten. Poseidon erschuf daraufhin das Pferd, Athene aber den Ölbaum. Der Preis wurde ihr zuerkannt – und Poseidon hatte wieder einmal Grund zum Zürnen.

Nicht von ungefähr hatte er sich übrigens das Pferd als Geschenk ausgedacht, denn er liebt diese Tiere über alles, ja, er selbst soll früher gern die Gestalt eines Pferdes angenommen haben und von den Menschen auch als solches verehrt worden sein. Daneben ist ihm aber auch der Bulle besonders lieb, und so brachte man dem Gott, wenn man ihn besänftigen wollte, mit Vorliebe Stieropfer dar. Jeder, der in irgendeiner Weise mit dem Meer zu tun hatte, suchte sich mit Poseidon gut zu stellen – in erster Linie also natürlich die Seeleute, dann aber auch die Töpfer, die ihre Ware per Schiff in fremde Länder bringen ließen. Bevor sie ihre Fracht den Wogen anvertrauten, zeichneten sie den Gott auf Tontäfelchen und opferten diese dann an einem seiner zahlreichen Heiligtümer.

Ein weiteres, eng mit Poseidon verbundenes Tier ist der Delphin, und das kam so: Als der Gott einst um Amphitrite, eine etwas blasse Meeresgöttin, warb, hatte er zunächst nicht viel Glück. Von dem riesigen, stets polternden Gott eingeschüchtert und überhaupt unwillig, ihre Jungfräulichkeit aufzugeben, floh das Mädchen und versteckte sich bei Atlas. Poseidon aber ließ sich nicht entmutigen: Er schickte alle seine Untertanen auf die Suche nach ihr, und ein Delphin war es zuletzt, der sie fand. Da ergab sich Amphitrite in ihr Schicksal, heiratete Poseidon und ließ sich, nicht nachtragend, von da an gern von Delphinen in ihrem Muschelwagen durch die Wellen ziehen.

Ptah

Der ägyptische Gott des Handwerks und Erfinder aller Künste, Ptah, hat den uns seltsam anmutenden Geschmack, sich wie eine Mumie in ein eng um den Körper gewickeltes Tuch zu kleiden. Bärtig und kahlköpfig, ein Zepter in der Hand, steht er, »Der mit vollendetem Gesicht«, wie er auch genannt wird, auf einem Podest unter einem Baldachin. Sein Podest ist die heilige Weltordnung, als deren Herr er – neben einigen anderen Göttern – auch gilt. Hauptberuflich aber befaßt er sich mit Architektur und hat so ziemlich alles, was im Weltall von Belang ist, geplant, entworfen und gebaut.

Da er sich darüber hinaus hervorragend auf die Kunst der Metallverarbeitung versteht und außerdem die Boote konstruiert, mit denen die Toten in die Unterwelt gelangen, ist er Göttern wie Menschen seit jeher von gleich großer Bedeutung gewesen. Früher galt er als Schutzpatron der Handwerker, und Mütter gaben ihren Kindern gern Namen, die denjenigen des Gottes enthielten: Sie glaubten nämlich, er sei es eigentlich gewesen, der ihr Baby geformt habe.

Vom göttlichen Architekten und Handwerksmeister ist es zum Schöpfer des Weltalls kein allzu weiter Schritt – und so macht Ptah ungeachtet seines merkwürdigen Leichengeschmacks auch dem Atum* Konkurrenz, da er wie dieser für sich in Anspruch nimmt, die Welt samt all ihren Lebewesen erschaffen zu haben. Während Atum aber dazu seiner Hand bedurfte, brachte Ptah diese Leistung allein mit seinem Herzen und seiner Zunge fertig. Mit seiner Zunge, das heißt mit seinen Worten und mit seinen Gedanken, schuf er die Welt, und mit jedem Herzschlag offenbart sich nun seine Schöpferkraft.

Vielleicht weil er als Handwerker mit vielen Leuten in Berührung kommt, kann Ptah es überhaupt nicht leiden, allein zu sein. Stets tritt er in Gesellschaft eines oder mehrerer anderer Götter auf, und auch in seinem Hauptverehrungsort Memphis, der Residenzstadt des Alten Reiches, ließ er sich in einer Triade verehren – nämlich zusammen mit der Löwengöttin Sachmet*, seiner Gefährtin, und dem Gott des Wohlgeruchs und der Salben, seinem Sohn Nefertem.

Je nachdem, womit er gerade beschäftigt ist, liebt er es außerdem, in bestimmte Aspekte anderer Götter zu schlüpfen, und früher war es auch seine Gewohnheit, durch seinen Stier, Apis, Orakel zu erteilen. Als Stadtgott von Memphis wurde ihm dieser wunderbare Stier als sein Herold zugeordnet, und in späteren Zeiten hieß es gar, daß dieses Tier die »herrliche Seele« des Gottes selbst sei. Herrscher und andere bedeutende Persönlichkeiten, wie etwa Alexander der Große und Titus, reisten eigens zum Tempel des Ptah, um Stier und Gott dort ihre Reverenz zu erweisen und Opfergaben darzubringen.

Der jeweilige Orakelspruch wurde aus dem Verhalten des Stieres erschlossen. Als Apis beispielsweise dem griechischen Mathematiker und Philosophen Eudoxos von Knidos die Kleider beleckte beziehungsweise als er sich weigerte, dem römischen Feldherrn Germanicus aus der Hand zu fressen, deutete man dies als Hinweis auf deren baldigen Tod. Und daß Oktavian Ägypten erobern würde, zeigte der Stier im voraus an, indem er sein mächtiges Gebrüll vernehmen ließ.

Die Opfer, die dem Apis und damit auch Ptah dargebracht wurden, waren merkwürdig genug – unter anderem ausgerechnet Stiere. Diese wurden sorgfältig ausgewählt, als opfertauglich markiert und in einer feierlichen Zeremonie geschlachtet. Der Kopf des Opfertieres wurde aufbewahrt und mit einem schweren Fluch beladen; anschließend wurde er, falls sich auf dem Markt gerade griechische Kaufleute aufhielten, in einer Geste der Völkerverständigung an diese verkauft. Waren gerade keine Ausländer greifbar, warf man ihn dagegen in den Nil. Der Fluch aber, der über den Tierkopf gesprochen wurde, lautete: »Wenn irgendein Unheil dem Opferer oder aber dem Land Ägypten droht, so möge es auf dies Haupt hier fallen!«

Pundjel

Die Aborigines aus der Gegend um Melbourne wissen, wer seinerzeit ihre Vorfahren erschuf: Pundjel, und zwar im Verein mit seinem Bruder (oder Sohn – so genau sind sie mit den Familienverhältnissen dieser fernen Götter denn doch nicht vertraut).

Die Welt selbst war ganz aus sich allein entstanden. Sie war flach, dunkel und ringsum von Wasser umgeben. Auf der einen Seite wurde sie von den Bäumen der australischen Alpen emporgehalten; ihre Wärme aber erhielt sie erst durch Pundjel, und in Bewegung geriet sie durch die Elsternfrau Gorug. Als das erst einmal geregelt war und die Menschen an die Reihe kommen sollten, wich Pundjel aber von dem bei Schöpfergöttern ansonsten beliebten Schema ab und beschloß, nicht etwa einen Mann und eine Frau herzustellen, sondern zwei Männer. Zu diesem Zweck legte er drei große Stücke Rinde vor sich auf den Boden, türmte auf das eine eine Menge Lehm und knetete mit seinem Messer so lange darin herum, bis die Masse schön weich und schmiegsam geworden war. Dann teilte er sie in zwei gleich große Portionen und legte sie auf die beiden anderen Rindenstücke. Und nun ging es ans eigentliche Menschenmachen. Er begann seinen ersten Mann bei den Füßen und arbeitete sich hinauf bis zum Kopf; dann verfuhr er genauso beim zweiten. Als Pundjel sein Werk betrachtete, war er mit sich so zufrieden, daß er einen einsamen Freudentanz um die Lehmmenschen herum vollführte.

Dann rief er sich allerdings wieder zur Ordnung, denn schließlich hatten seine Geschöpfe noch keine Haare. Er nahm sich entsprechenden Bast von bestimmten Bäumen und verpaßte dem einen Lokken, dem anderen, zur Abwechslung, glattes Haar. Und so hübsch sahen die beiden jetzt aus, und so glücklich war Pundjel über sie, daß er wieder Grund zu einem ausgiebigen Freudentanz hatte.

Sobald der Gott sich müde gehopst hatte, glättete er die beiden Menschen erst noch ein wenig mit den Fingern, und dann legte er sich nacheinander auf sie, hauchte ihnen in Mund, Nase und Nabel Atem ein und erweckte sie damit zum Leben.

Und nachdem ihm auch dies zu seiner Zufriedenheit gelungen war, tanzte er zum dritten Mal ausgelassen um die beiden herum, bevor er sie aufstehen ließ und sie sprechen lehrte.

Damit war für Pundjel die Sache eigentlich abgehakt, denn darüber, woher jetzt die Frauen kommen sollten, damit sich seine beiden Männer auch fortpflanzen könnten, machte er sich keine weiteren Gedanken. Wunderbarerweise erledigte sich dieses Problem aber mehr oder weniger von selbst. Eines Tages nämlich setzte sich der Sohn (oder Bruder) Pundjels in ein Wasserloch und fing an, vergnügt herumzuplanschen; dabei wirbelte er unentwegt den schlammigen Grund auf, bis das Wasser ganz trüb und dickflüssig geworden war. Plötzlich sah er zu seiner großen Verwunderung, daß in dieser Matschbrühe feste Gegenstände herumschwammen. Er holte sich einen Zweig und fischte damit zuerst Hände, dann zwei Köpfe und dann die dazugehörigen Körper zweier Frauen heraus. Die Schlammgeborenen wurden mit den beiden Männer verheiratet und mehrten sich redlich.

Die Nachkommen der ersten zwei Menschenpaare wurden aber mit der Zeit so unausstehlich und böse, daß Pundjel schließlich genug von ihnen hatte: Zornig stieg er vom Himmel herab und hackte sie mit seinem großen Messer samt und sonders in kleine Stücke. Dann kam ein Wind auf und verstreute die Fleischklümpchen über das ganze Land, wo sie wie Schneeflocken niedergingen und sich wieder in Männer und Frauen verwandelten. Pundjel aber und sein Sohn (oder Bruder) ließen sich durch einen Wirbelwind auf immer zurück in ihre luftige Wohnung befördern.

Pundjel spielt auch bei anderen Stämmen des südlichen Australiens eine große Rolle, und die Geschichten um ihn variieren beträchtlich. Die einen behaupten, der Gott sei mit zwei Schwanenfrauen verheiratet, mit denen er unter anderen Kindern auch einen Sohn namens Binbil habe. Der wiederum bilde zusammen mit seiner Frau die Regenbogenschlange*.

Q

Quetzalcoatl

Quetzalcoatl, die »gefiederte Schlange«, war einer der bedeutendsten Götter der Tolteken und später auch der Azteken. Zusammen mit seinem Bruder Tezcatlipoca* erschuf er einst Himmel und Erde und brachte anschließend den Menschen eine große Zahl von Kulturgütern. So erfand er beispielsweise die Schrift und den Kalender. Er ist ein guter, auf Harmonie bedachter, friedlicher Gott, der seiner Gesinnung entsprechend keine blutigen Opfer annimmt – und in dieser Hinsicht das genaue Gegenteil seines Bruders Tezcatlipoca darstellt.

Quetzalcoatl war lange Zeit Herrscher über die zweite der bislang fünf Welten, die sogenannte »Windsonne«. So, wie er aber seinerzeit Tezcatlipocas Welt zerstört hatte, vernichtete dieser nun *seine* Schöpfung, indem er Quetzacoatl zu Boden trat. Daraufhin erhob sich ein mächtiger Wind und riß den Gott und sämtliche Menschen mit sich. Wie es in einer späteren Quelle hierzu heißt: »Der Wind trug sie fort. Sie verwandelten sich in Affen. Ihre Häuser, ihre Bäume – alles trug der Wind davon. Selbst diese Sonne blies der Wind fort.«

Als auch die nächsten beiden Welten, über die der Regengott Tlaloc* und dann seine Frau herrschten, untergegangen waren, stiegen Quetzalcoatl und Tetzcatlipoca in seltener Eintracht vom Himmel herab, um zu schauen, was nun zu machen sei. Sie sahen dem Ungeheuer Tlaltecuhtli*, das heißt der Erde, eine Weile zu, wie er auf den Wassern dahinmarschierte, und sie schüttelten sich vor Abscheu vor dem scheußlichen Wesen. Da sie sich darin einig waren, daß eine vollkommene neue Schöpfung nicht möglich sein würde, solange dieses Ungeheuer noch frei herumlief, verwandelten sich die beiden Götter in Riesenschlangen, packten Tlaltecuhtli an Händen und Füßen und zerrissen ihn. Aus dem oberen Teil entstand die Erde, aus dem unteren, den sie nach oben geschleudert hatten, der Himmel der neuen – das heißt unserer – Welt. Die zu deren Besiedlung nötigen Menschen aber holte sich Quetzalcoatl bei Mictlantecuhtli**, dem Herrn der Unterwelt.

Quirinus

Quirinus ist der altrömische Gott des Krieges und war früher zusammen mit Jupiter* und Mars* von großer Bedeutung, geriet dann aber fast völlig in Vergessenheit, als Mars zunehmend in den Vordergrund trat und ihn gewissermaßen arbeitslos werden ließ. Immerhin machte er noch einmal von sich reden, als jemand das Gerücht in die Welt setzte, Romulus, der Gründer Roms, sei in die Götterwelt aufgenommen und mit Quirinus gleichgesetzt worden.

R

Re

Einer der bedeutendsten Götter des ägyptischen Pantheons ist Re, die strahlende Sonne. Einerseits, wie der Mond, ein Auge des Himmelsfalken, kann Re sich ebenso in menschlicher Gestalt verkörpern, wobei er dann die Sonnenscheibe als sein Wahrzeichen über dem Kopf trägt. Sein feuriges Auge ist nicht nur allsehend, er kann es praktischerweise auch herausnehmen und zu allerlei Botengängen ausschicken. Zu einer solchen Gelegenheit traf es sich einmal, daß Re plötzlich dringend ein Auge benötigt hätte; da seines aber gerade in Geschäften unterwegs war, ließ er sich kurzerhand ein neues wachsen. Als das erste Auge nun seine Arbeit ausgeführt hatte und zu seinem Herrn zurückkehrte, sah es einen Nebenbuhler auf seinem Platz sitzen und geriet darüber in fürchterlichen Zorn. Also nahm Re das eifersüchtige Auge und setzte es sich als feuerspeiende Uräusschlange an die Stirn. Da war es endlich beruhigt und stand dem Gott in der Folgezeit gegen mancherlei Feinde getreulich und tatkräftig zur Seite.

Im wesentlichen führt Re aber ein – wie es sich für die Sonne geziemt – recht gleichförmiges Leben: Tagaus, tagein zieht er, von einigen weiteren Gottheiten begleitet, die ihm bei seiner Arbeit behilflich sind – darunter seinem Wesir Thot* und seiner Tochter Ma'at* – in seiner Sonnenbarke über den Himmelsozean; und jede Nacht bekämpft (und besiegt) er die gräßliche Schlange Apophis, womit die Welt wieder einmal für 24 Stunden gerettet ist.

Doch nicht nur Götter, auch die Könige Ägyptens rissen sich darum, wenigstens nach ihrem Tod in Res Barke mitfahren zu dürfen – und sei es nur in der dienenden Funktion von Schreibern oder Ruderern. So beliebt war Re bei den Pharaonen, daß sie es sich ab der fünften Dynastie nicht nur zur Regel machten, ihm neben seinem Hauptverehrungsort Heliopolis auch sonst überall im Land Heiligtümer zu errichten, sondern sich darüber hinaus grundsätzlich als »Söhne des Re« bezeichneten.

Wie sie zu solch einem erlauchten Vater kamen, erzählt die folgende Geschichte: Einst erblickte Re eine überaus bezaubernde Frau und fragte seinen Wesir Thot, wer die Schöne denn sei. Als dieser ihm erklärte, es handele sich dabei um niemand anderen als die Königin von Ägypten, nahm er die Gestalt ihres Ehemannes an (ein Trick, den auch Zeus* mit Erfolg anwandte) und vereinigte sich mit ihr. Im Anschluß an diese Liebesnacht offenbarte er der Königin, sie werde einen Sohn zur Welt bringen, der zum Herrscher über das ganze Land bestimmt sei.

Res Funktionen beschränkten sich, wie schon seine ständige Gehilfin Ma'at deutlich macht, bald längst nicht mehr darauf, tagsüber die Erde und nachts die Unterwelt zu illuminieren und Regen, Hagel und Wolken zu vertreiben; ihm oblag es auch, bei den Lebewesen für Recht und Ordnung zu sorgen und letztlich alles Leben zu erhalten. Die Menschen dankten es ihm, indem sie ihn in zahlreichen Hymnen priesen – wie etwa der folgenden:

»Unerforschlich bist du, und keine Zunge ist würdig,
dein Wesen zu verkündigen; einzig du selbst.
Einzig bist du … Äonen sind über die Erde gegangen;
nicht kann ich die Zahl derer zählen, durch die
du gewandelt bist. Räume durchmißt du,
die Myriaden von Jahren erfordern …
Dieses vollbringst du im Nu.«

Doch auch solche Verehrung erlahmt mit der Zeit, und irgendwann begannen die treulosen Menschen, sich vom alternden Gott abzuwenden, ja, sich über ihn und seine »silbernen Knochen und goldenen Glieder« lustig zu machen. Res erste Reaktion war verständlicherweise Zorn und Empörung, und so befahl er seinem Auge, die Gestalt der Löwengöttin Sachmet* anzunehmen und die aus Furcht vor seiner Vergeltung in die Wüste geflohenen Abtrünnigen zu vernichten. Als Sachmet jedoch mit dem Morden schon recht weit gediehen war, reute Re seine Anordnung, und rasch ließ er rotgefärbtes Bier in der Wüste ausschütten. In der Annahme, es handle sich dabei um Blut, bewunderte die Löwin erst ihr Spiegelbild in der Flüssigkeit, dann leckte sie sie auf und war bald so betrunken, daß sie die noch Lebenden nicht mehr ausfindig machen konnte. Mit diesem Trick bewahrte Re also die Menschheit vor dem Aussterben – und sie dankte es ihm mit regelmäßigen Gedächtnisfeiern und wiedererstarkter Frömmigkeit.

Doch nicht nur mit den Sterblichen hatte der alternde Re Probleme, auch die Götter machten ihm Schwierigkeiten, und zwar insbesondere Isis*. Sie hatte den Entschluß gefaßt, den hinfälligen Herrscher abzusetzen, wußte jedoch, daß sie nur dann Macht über den großen Gott gewinnen würde, wenn sie seinen geheimsten

Namen in Erfahrung brachte – denjenigen, den niemand kannte, denn »er nahm viele Gestalten an und wechselte seinen Namen täglich als ein vielnamiger Gott«.

Also beobachtete die kluge Göttin Re und paßte einen Augenblick ab, als dem sabbernden Greis Speichel vom Mund tropfte und in den Staub fiel. Dann klaubte sie den so entstandenen Schlamm auf, formte daraus eine Schlange und legte diese auf einen Kreuzweg, über den Re täglich zu schreiten pflegte.

Alles lief wie geplant: Re machte seinen üblichen Spaziergang, und die giftige Schlange hob den Kopf und biß den Sonnengott ins Bein. »Seine Lippen bebten, und es schlotterten all seine Glieder. Das Gift hatte seinen Leib ergriffen, so, wie die Nilüberschwemmung um sich greift.«

Vergebens bat Re alle Gottheiten um Hilfe, denn nur *eine* konnte ihn mit ihren Zauberkräften heilen: Isis. Sie eilte denn auch unverzüglich herbei und versprach, ihn zu retten – allerdings solle er ihr zuvor seinen Namen preisgeben. Re sträubte sich zunächst und versuchte sie zu täuschen, aber Isis durchschaute ihn und forderte ihn auf, ihr endlich den wahren Namen zu offenbaren. Und da das Gift immer heißer und heißer in seinem Körper brannte, flüsterte Re ihr schließlich das richtige Wort ins Ohr, woraufhin die Göttin ausrief: »Fließe heraus, Schlangengift! Komme heraus aus dem brennenden Gotte auf meinen Spruch! Ich bin es, die dich geschaffen hat. Ich bin es, die dich wieder austreibt. Geh zugrunde, mächtiges Gift. Wahrlich, der Große Gott hat seinen Namen offenbart. Re bleibt am Leben, das Gift ist tot.«

Und so kam es, daß Isis zur Allgöttin wurde!

Regenbogenschlange
→ Ungud

Rudra
Wieviel Angst und Schrecken Rudra (»der Grausige«) den alten Indern einjagte, geht aus folgender Passage aus einer Hymne des ›Rig-Veda‹ hervor: »Hab mit uns Erbarmen! Schädige uns nicht in unseren Kindern! Fern sei deine rinder- und männermordende Waffe! Bringe keine Krankheiten in unsere Familie! Die große Gnade des Furchtgebietenden möge uns verschonen!«

Rudra ist der göttliche Jäger, der mit seinem gewaltigen Bogen alles tötet, was ihm in die Quere kommt. Er ist grausam, unheimlich, zornig und grauenerregend, die Verkörperung der Ungezähmtheit schlechthin. Seine Pfeile sind Fieber und Auszehrung, weitere Waffen, deren er, der »rötliche Eber des Himmels«, sich eigenhändig oder durch seine Gehilfinnen, die »Lärmerinnen, Zischerinnen und Fleischfresserinnen«, bedient, sind Gifte und der Blitz. Die übrigen Götter halten nach Möglichkeit Abstand zu ihm, dem ganz und gar nicht Gesellschaftsfähigen, der gleich seinen Verehrern – den Kastenlosen, Unreinen, Ausgestoßenen – Orte frequentiert, die jeder anständige Mensch selbstverständlich meidet: Kreuzwege, Leichenverbrennungsplätze und vor allem die Wildnis. Genauso wüst, wie seine Aufenthaltsorte sind, sieht auch Rudra selbst aus mit seinen schneckenförmig aufgerollten grünen Haaren, seinem nur notdürftig mit einem Tierfell verhüllten roten Körper und seinem blauschwarzen Hals.

Die zivilisierteren Götter verachten ihn nicht nur, sie fürchten ihn auch und überlassen ihm daher bereitwillig die Reste jedes Opfers, während die Menschen ihm früher vor allem »wilde« Nahrungsmittel darbrachten wie etwa Sesam, wilden Weizen und Milch von Rehen. Da er seiner Natur gemäß Ungekochtes bevorzugt, wurde sein Opferkuchen auch nicht gebacken.

Doch dies ist nur die eine Seite Rudras – diejenige, die er dem selbstgefälligen Establishment darbietet. Den »Verdammten dieser Erde«, also all jenen, die aufgrund ihres Berufes oder ihrer Geburt den Bodensatz und den Auswurf der Kastengesellschaft bildeten, war und ist er ein treuer Schutzherr. Aber auch dem Brahmanen und braven Bürger kann Rudra sich als Helfer erweisen, denn er, der die Krankheiten bringt, kann sie ebensogut auch heilen oder überhaupt abwenden. Rudra kennt sämtliche Heilkräuter und Heilmethoden und ist daher der beste Apotheker und Arzt. Begegnet man ihm also respektvoll, vermag er Seuchen, Leiden und alles Übel von Mensch und Tier zu kurieren. Der blutrünstige Schlächter wurde gleichzeitig auch als liebevoller *Pashupati*, »Herr der Tiere«, verehrt, und man pries ihn als den Herrn der Berge, des Waldes, des Regens und der Wolken; man erkannte und erkennt ihn im Wirbelwind, im Echo und spürt seine Gegenwart in Seen, Quellen, Höhlen und Flüssen.

Und geht man mit alldem, was Rudra gehört und Rudra ist, achtsam um, offenbart sich der »Grausige« als der »Gnädige« – Shiva*.

S

Sachmet

Sie, die auch die »Flamme« genannt wird, ist eine der gefährlichen Gottheiten Ägyptens. Der »Mächtigen«, wie die Übersetzung ihres Namens lautet, steht ein nicht minder gewaltiges Tier zur Seite: die Löwin. Sachmet liebt es, auch selbst die Gestalt dieses Raubtiers anzunehmen oder aber wenigstens dessen Kopf zu tragen.

Sachmet ist die Göttin des Krieges und galt damit nicht umsonst in früheren Zeiten – im Alten Reich – als Mutter des Königs. Zusammen mit ihrem Gemahl Ptah* und ihrem Sohn Nefertem herrschte sie in Memphis. Wie ausgerechnet sie, die grausige Überbringerin schrecklicher Krankheiten und Seuchen, zu einem Sohn kommt, dessen Spezialgebiet Wohlgerüche und Salben sind, weiß sie vermutlich selbst nicht.

Angesichts ihres zerstörerischen Charakters ist es nicht verwunderlich, daß sie eng mit dem feuerspeienden Auge des Re*, der Uräusschlange, in Verbindung gebracht, ja, zuweilen sogar mit diesem gleichgesetzt wird. Ihre vernichtenden Kräfte ähneln in der Tat den sengenden Strahlen der Sonne. Gleich dieser verschießt Sachmet, wenn sie in den Kampf zieht, ihre tödlichen Pfeile und durchbohrt mit ihnen die Herzen ihrer Feinde. Eine Feuerlohe bricht in solchen Augenblicken aus ihrem Körper hervor, und ihr Hauch ist der kochende Wüstenwind. Wehe dem, der ihr dann in die Quere kommt!

Damit nun aber kein schiefes Bild von ihr entsteht, muß gesagt werden, daß ebenso, wie sie Leiden und Krankheiten bringen kann, sie diese auch wie keine andere zu heilen vermag. Die »Mächtige« ist nämlich auch die »Zauberreiche«, die Herrin der Magie und der Heilkunst. Wird sie also gebührend verehrt und mit Opfergaben gnädig gestimmt, setzt sie gern all ihr Wissen dazu ein, das wieder rückgängig zu machen, was sie selbst – oder ein böser Geist – angerichtet hat.

Sarasvati

Sarasvati heißt nicht nur ein kleiner, aber feiner, weil heiliger Fluß in Nordindien, sondern auch die dazugehörige Göttin. Da die alten vedischen Schriften allerdings ihre »gewaltigen Wogen« beschreiben, die voll Ungestüm »den Rücken der Berge aufbrechen«, können wir getrost annehmen, daß sie damals einen anderen Fluß bewohnte. Nach dieser etwas wilden Jugend avancierte Sarasvati zur Göttin der Gelehrsamkeit und der Redekunst – Qualitäten, die sie zu einer würdigen Tochter und passenden Gemahlin Brahmas* machen. Außerdem liebt sie die Musik, weshalb sie sich gern auf einem Lotos sitzend und Vina (eine Art Laute) spielend abbilden läßt. In ihren anderen beiden Händen – denn sie besitzt vier davon – hält sie ein Buch und einen Rosenkranz.

Sati
→ Shiva
→ Parvati

Saturn

Der römische Gott Saturn kümmerte sich in alter Zeit hauptsächlich um den Ackerbau, um die Obstbäume und, bevor sein Sohn Jupiter* an die Macht kam, auch um den Wein. Er segnete die Saaten, weshalb sein Hauptfest, die Saturnalien, im Dezember gefeiert wurden, nach Abschluß der Winteraussaat. Die Saturnalien waren eine äußerst ausgelassene mehrtägige Feier, bei der, wie an Fastnacht, alle Standesunterschiede hinfällig wurden – was so weit ging, daß am letzten Tag die Sklaven mit ihren Herren Kleidung und Rollen tauschten.

Mit den Unfreien hat Saturn übrigens einiges gemeinsam, ja, er ist in gewisser Weise einer von ihnen, da seine Füße stets gefesselt sind. »Ursprünglich« nämlich (das heißt nach seiner Gleichsetzung mit Kronos*) war er kein friedlicher Landgott, sondern stand in enger Beziehung zum Chaos der Urzeit, als Brutalität und Grausamkeiten an der Tagesordnung waren. Als Jupiter ihn von seinem Thron stürzte und zusammen mit den anderen Göttern die Macht übernahm, bekam Saturn seine Fesseln angelegt. Er floh (hüpfend vermutlich) nach Latium und wurde dort von Janus* freundlich aufgenommen. Da brach für die ganze Region – und speziell für Rom – das »Goldene Zeitalter« an, und Saturn benötigte fürderhin weiter nichts als seine Sichel, da nicht mehr gesät, sondern nur noch geerntet zu werden brauchte. Gleichzeitig ist die Sichel allerdings auch eine nicht zu unterschätzende Waffe und erinnert somit an die düstere und blutrünstige, »griechische« Vergangenheit des Gottes.

In Latium wurde dem Saturn, als dem Stifter der goldenen Zeit, der Staatsschatz anvertraut, indem man ihn in seinem Tempel aufbewahrte und darauf baute, daß der Gott ihn gut bewachen würde.

Daneben war Saturn aber auch das, als was er den Menschen heute noch am besten bekannt sein dürfte: ein Planetengott. Den Menschen, die im Zeichen des Saturn geboren sind, wird eine der Hauptcharaktereigenschaften des Gottes nachgesagt: die Melancholie. Er, der heute fast Vergessene, trauert nämlich der guten alten Zeit nach, in der (selbstverständlich) alles besser war als heute – als die Menschen ihn noch gebührend verehrten und überall eitel Freud und Sonnenschein herrschten.

Schamasch

Schamasch – oder Utu, wie die Sumerer ihn nannten – ist der mesopotamische Sonnengott. Er ist der Bruder der Ischtar* und damit wie sie ein Kind des Mondgottes Nanna*. Schamasch verkörpert aber praktisch nur die wohltätigen Aspekte der Sonne; die brennenden, versengenden, ausdörrenden und damit negativen Aspekte überläßt er gern anderen, weniger freundlichen Gottheiten, wie dem Feuergott Gibil. Schamasch ist der Gott des Lichtes, und als solcher kann er alles auf Erden sehen und beleuchten: das Gute wie das Schlechte. Gemäß dem Spruch, »die Sonne bringt es an den Tag«, kann nichts vor ihm verborgen bleiben, denn seine Strahlen durchdringen alles und nehmen alles wahr.

Daher ist er auch der Gott des Rechts. Er sorgt dafür, daß üble Taten bestraft werden, und achtet allgemein darauf, daß die Gesetze eingehalten werden. Sogar die Einführung der Gesetze des Hammurabi wurde ihm zugeschrieben. Auch kümmert er sich – seitdem sein Vater Nanna* ihm dieses Amt übertragen hat – gewissenhaft um das Orakelwesen. Vor jeder Divination wurde er angerufen, und die Gilde der Wahrsager verehrte ihn als ihren Schutzpatron.

Doch steht Schamasch nicht nur den Lebenden bei. Nachdem er seine tägliche Reise über den Himmel beendet hat, begibt er sich am Abend in das Meer und wandert nun die ganze Nacht durch die Unterwelt, um auch den Toten zu leuchten. Daher lautete einer seiner akkadischen Titel übersetzt »Sonne der Totengeister«.

Am nächsten Morgen dann tritt er aus dem Gebirge wieder hervor, und genau dieser Augenblick wurde in bildlichen Darstellungen des Schamasch mit Vorliebe wiedergegeben. Hier sieht man den strahlenumloderten Gott, wie er, aus zwei weit offenen Himmelstüren aufsteigend, den rechten Fuß auf einen Berg setzt. Warum er dabei allerdings meist ein sägeähnliches Gebilde in der Hand hält, weiß keiner mit Sicherheit zu sagen.

Die Ehrfurcht vor der Allwissenheit und dem buchstäblichen »Durchblick« des Sonnengottes führte dazu, daß Schamasch in vielen mesopotamischen Städten in höchstem Ansehen stand. Seine wichtigsten Kultstätten befanden sich in Larsa (im Süden) und Sippar (im Norden des Landes); in beiden Orten wurde sein Tempel *El-babbar* genannt, »helleuchtendes Haus«. Hier wohnte er mit seiner Gattin Aja (beziehungsweise, wie sie in sumerischer Zeit hieß, Sudanga), mit der er mehrere Kinder zeugte. Viel Zeit verblieb ihm allerdings nicht für seine Familie, denn er diente auch zahlreichen Menschen und Göttern, die er unter seine Fittiche genommen hatte, als ständiger wohlmeinender Ratgeber.

Einer dieser Schützlinge war übrigens der berühmte Gilgamesch. Nur mit dem ausdrücklichen Segen Schamaschs zog der Held aus, um ewigen Ruhm und die Unsterblichkeit zu erlangen, um das Ungeheuer Huwawa zu töten und sonst allerlei Taten zu vollbringen. Zum Dank opferte der Heldenkönig seinem Schutzgott das Herz des Himmelsstieres, der auf Betreiben Ischtars* das Land verwüstet hatte.

Serkin Rafin

Bei den nigerianischen Haussa weiß jedermann, vor allem aber jede Frau, daß es sich nicht empfiehlt, ja geradezu lebensgefährlich ist, mittags Wasser aus dem Fluß zu holen. Um diese Tageszeit will Serkin Rafin, der »König der Flüsse« ebensowenig gestört werden wie anderswo die Korndämonen, Perun* oder die Feen. Zuwiderhandlungen bestraft der Flußgott je nach Stimmung entweder mit dem Tod, indem er die betreffende Person zu sich ins Wasser hineinzieht, oder aber indem er sie wenigstens in Besitz nimmt.

Um ihn also bei Laune zu halten, bringen ihm die Haussa – natürlich nur zu genehmen Tageszeiten – regelmäßig Opfer dar. Seine Lieblingsspeisen sind (wie übrigens auch bei Nixen und Feen) vor allem weiß: weiße Tiere, Eier, Butter und dergleichen mehr. Aber auch bei nicht eßbaren Gaben, wie etwa Stoff oder Kaurischnecken, bevorzugt er diese Farbe.

Wer sich daran hält und ihm in diesen Punkten zu Willen ist, braucht sich nicht zu beklagen. Frauen beispielsweise, die sich ein Kind wünschen, können sich vertrauensvoll an Serkin Rafin wenden. Er ist nämlich ein großer Magier und kennt die besten Zauberrezepte zur Bekämpfung von Unfruchtbarkeit.

So lebt also der Flußgott im großen und ganzen in Eintracht mit den Menschen. Nur gelegentlich ergreift er von manch einer Frau Besitz, was sich leicht daran erkennen läßt, daß ihre Hände und Füße weiß werden; sobald er aber ihren Körper wieder verläßt, nehmen sie wieder ihre gewöhnliche Farbe an.

Seth

Der ägyptische Gott Seth, Sohn des Geb* und der Nut* und Bruder des Osiris* und der Isis*, ist einerseits die göttliche Verkörperung der Königsmacht und andererseits ein rechter Erzschuft. In der Sonnenbarke des Re* sitzend, bekämpft er mit roher Gewalt dessen Feinde und setzt sich mit ganzer Kraft für die Aufrechterhaltung der gottgewollten Ordnung ein – was natürlich ganz im Sinne der Pharaonen war. Auch stand er diesen in Notlagen mit seinen Zauberkräften bei und errang sich damit, wenn schon nicht ihre Liebe, so doch zweifellos ihre Ehrerbietung. Sie errichteten ihm verschiedene Kultstätten, darunter vor allem im nördlich von Luxor gelegenen Nubt (oder Ombos, wie die Griechen es nannten).

Aber obgleich die Könige ihm jahrhundertelang Respekt zollten, konnte sich das bäuerliche Volk Ägyptens mit diesem Gott nie so recht anfreunden. Für die einfachen Menschen verkörperte er Schrecken, Unruhe, Unwetter und überhaupt alles Unheil. Nicht umsonst ist sein eigentlicher Aufenthaltsort die öde Wüste, sind seine Untertanen Räuber und Ausländer und ist sein Tier der Wildesel. Er ist auch Herr über das wütende mörderische Meer und die Metalle; seine Knochen sind die Eisenerze, und wenn er ausatmet, kommen die Würmer aus der Erde hervor.

Diesem düsteren Gott gegenüber steht dessen Bruder Osiris, der lichte Vegetationsgott, Herrscher über das fruchtbare Niltal mit seinen wohlerzogenen und braven Bewohnern und obendrein verheiratet mit seiner ebenso treuen wie entschlossenen und gescheiten Schwester Isis.

Kein Wunder, daß Seth irgendwann neidisch wurde und sich aneignen wollte, was ihm nicht gehörte. Er schmiedete ein Komplott, brachte Osiris** mit einer List dazu, sich in einen feingezimmerten Kasten zu legen, und ließ ihn dann darin ersticken. Wer so etwas mit seinem Bruder tut – und dazu noch mit einem, der als wohltätiger Kulturheros von seinem ganzen Volk geliebt und verehrt wird –, kann nicht unbedingt auf Verständnis hoffen. Nicht nur, daß er von seinem Neffen, Osiris' Sohn Horus*, unnachsichtig verfolgt und nach erbittertem Kampf entmannt wurde, er geriet auch bei den Menschen zunehmend in Verruf. Ja, selbst die Pharaonen wandten sich nach und nach so sehr gegen ihn, daß er bald zum Staatsfeind, zum Verfemten, zum Bösen schlechthin »avancierte« und daß sein Bildnis und sein Name aus allen seinen einstigen Kultstätten getilgt wurden.

Shen Nong

Shen Nong ist leider nicht besonders schön – er hat einen Rinderkopf mit menschlichem Gesicht, eine Tigernase und den Rumpf einer Schlange –, doch kann dies nicht der Grund dafür gewesen sein, daß ihm als Gott in China keine allzu lange Amtsdauer beschieden war. Er ist der Sohn des Flammenden Gottes Yandi und fungierte, bis andere Götter, wie etwa Shun*, Yao* und Huangdi, an die Macht kamen, als dessen Bote und Statthalter.

Siebzehn – andere sagen: siebzig – Generationen lang herrschte Shen Nong insgesamt als »Gottbauer« über die Menschen. Diese Zeit nutzte er, um die noch halbwilden Geschöpfe alles zu lehren, was sie als Landwirte wissen und können mußten: So erfand er unter anderem den Pflug und zeigte seinen Schützlingen, wie man damit umging; er baute die hundert verschiedenen Arten von Getreide an und die hundert verschiedenen Gemüsesorten; das Marktwesen rief er ins Leben und den Tauschhandel, und er sorgte dafür, daß jeder bekam, was ihm zustand.

So schuf er die Grundlage dafür, daß die bis dahin nomadisch lebenden Menschen seßhaft werden und sich von dem, was sie durch ihrer Hände Arbeit der Erde entlockten, ernähren konnten.

Shiva

Shiva – er trägt auch zahlreiche weitere Namen, wie Parameshvara (»Höchster Herr«), Mahadeva (»Großer Gott«), Pashupati (»Herr der Tiere«), Bhairava (»der Grauenvolle«: gewissermaßen die »männliche Entsprechung« der Kali*) und Rudra* – ist der höchste Gott Indiens. Er ist in allem, und alles ist in ihm. Er erschafft, erhält und zerstört die Welt in seinem Bewußtsein, und alle Wesen – übrige Götter eingeschlossen – sind lediglich begrenzte Vorstellungen, die er aus reiner Freude an seiner Allmacht von sich selbst hat. Die Verehrer Vishnus* sind diesbezüglich zwar ganz anderer Meinung, doch das braucht uns nicht weiter zu bekümmern. Und wenn die dritte große »Konfession« innerhalb des Hinduismus den Standpunkt vertritt, »Gott« sei eigentlich die Devi*, die Große Göttin, so widerspricht dies dem oben Gesagten keineswegs, denn Shiva und Devi sind ein vollkommenes, absolut untrennbares Paar. Besonders deutlich zeigt sich dies in der Gestalt, die Shiva in jedem seiner zahllosen Tempel annimmt: als – stilisierter – Phallus (*Linga*), der senkrecht aus einer – ebenso stilisierten – liegenden Vulva (*Yoni*) emporwächst.

Während Vishnu ein wohlerzogener, anständiger, staatserhaltender Gott ist, verkörpert Shiva all das, was jedem braven Bürger das kalte Entsetzen einjagen würde: Er ist der Anarchist auf dem Thron des Himalaya, vollkommen zügellos, maßlos in all seinen Handlungen, über jede Moral und Konvention erhaben, wild und unberechenbar. Hinzu kommt, daß er sich niemals wäscht und eine furchterregende Mähne von völlig verfilzten, teilweise zu einem Dutt aufgesteckten Rasta-Locken hat; und da er sich mit Vorliebe auf Leichenverbrennungsplätzen und ähnlich üblen Orten herumzutreiben pflegt, ist sein Körper auch noch mit Asche beschmiert – was besonders auffällt, weil er bis auf einen Lendenschurz aus Tigerfell keinerlei Kleidung trägt. Dafür schmückt er seinen Hals und seine Arme mit Kobras und Ketten aus Menschenschädeln, und gleichfalls ein Schädel ist sein Trinkgefäß. An der Stirn trägt er die Mondsichel, und aus seinen Haaren sprudelt die Ganga** hervor. In seinen je nachdem zwei bis zehn Händen hält er auf jeden Fall einen Dreizack, sein eigentliches Wahrzeichen, und eine kleine sanduhrförmige Trommel, mit der er sich selbst begleitet, wenn er als *Nataraja* (»König der Tanzes«) den dionysischen Tanz der Erschaffung oder Zerstörung der Welt vollführt.

Für ein weiteres untrügliches Kennzeichen ist seine Gattin Parvati* verantwortlich. Als er nämlich einmal auf dem Gipfel des Himalaya vollkommen in Meditation versunken war, trat sie, da sie sich vernachlässigt fühlte, hinter ihn und hielt ihm neckisch die Augen zu. Im selben Moment versank die Welt in undurchdringlicher Finsternis, und Menschen, Tiere und Pflanzen fingen an, da ihnen das Tageslicht fehlte, jämmerlich zu sterben. Barmherzig öffnete Shiva da auf seiner Stirn ein drittes Auge, das allerdings so feurig war, daß der Himalaya zu verbrennen begann. Parvati beeilte sich, ihren Mann aus seiner Meditation aufzuwecken, damit er wieder mit seinen normalen Augen sah, das Feuerauge schloß und das Gebirge leben ließ.

Auch sonst vernichtet er – wie schon einer seiner berühmtesten Beinamen, Hara (»Zerstörer«) verrät –, einmal in Zorn geraten, alles, was ihm in die Quere kommt, und niemand und nichts kann ihm wirklich etwas anhaben. Ein weiteres seiner Kennzeichen, sein blauer Hals, legt von der Wahrheit letzterer Behauptung und gleichzeitig von seiner Unerschrockenheit eindrucksvoll Zeugnis ab:

Vor Zeiten wurden die Götter einmal durch einen *Rishi*, einen unsterblichen Seher, zum Altern verdammt, und um sich zu helfen,
suchten sie zusammen mit den Dämonen alle Heilkräuter des
Himalaya und warfen sie in den riesigen Milchozean, um daraus
einen Unsterblichkeitstrank zu gewinnen.

Ein großes Meer umzurühren ist keine leichte Sache, also nahmen
sie als Quirlstock den Berg Mandara und als Quirlschnur die riesige
Schlange Vasuki. Die wickelten sie um den Berg, zogen an jedem Ende
hin und her und brachten damit nicht nur den gewünschten Trank,
sondern auch eine Reihe weiterer erfreulicher Dinge zum Vorschein –
darunter die Göttin Lakshmi*. Die Schlange Vasuki aber hatte
schließlich genug von der dauernden Zwirbelei und spie zornig eine
große Menge tödlichen Giftes aus.

Panisch suchten die Entschlosseneren unter den Göttern und
Dämonen ihr Heil in der Flucht, während die anderen schreckens-
starr stehenblieben. Vishnu hielt sich gar die Hände vor das Gesicht,
um ja nichts zu sehen. Nur Shiva zeigte sich mutig und unerschrocken
wie stets. Da er wußte, daß Vasukis Gift die ganze Welt vernichten
würde, riß er kurz entschlossen den Mund auf und schluckte die tod-
bringende Substanz.

Als Parvati sah, was er getan hatte, legte sie ihm rasch die Hände
um den Hals, damit das Gift nicht in seinen Magen gelangen konnte. Vishnu aber, der – zwischen den Fingern hindurchlugend – mitbekommen hatte, was geschehen war, hielt ihm seinerseits mit der
Hand den Mund zu (schließlich hätte Shiva ja das Gift auch wieder
ausspucken und ihn dadurch erneut in Gefahr bringen können!). So
wurde das Gift also in Shivas Kehle »verdaut« und färbte sie leuch-
tend blau – und die Welt war fürs erste gerettet.

Parvati aber war überglücklich, daß diese Aktion für ihren Gatten
so glimpflich abgelaufen war. Sie hatte ja auch schon einiges mit ihm
durchgemacht: In ihrer voraufgegangenen Existenz als Sati hatte sie
sich seinetwegen sogar getötet. Ihr damaliger Vater, der Seher
Daksha, hatte einmal alle Götter zu einem feierlichen Opfer eingeladen; nur Shiva, dessen Unreinheit und notorisch asoziale Lebensweise ihm ein Greuel waren, hatte er bewußt ignoriert, um ihm seinen Anteil am Opfer vorzuenthalten.

Als Sati von der Sache erfuhr, war sie über die Schmach, die ihr
eigener Vater ihrem Mann zufügte, so empört, daß sie beschloß, auf
die Regeln guten Benehmens zu pfeifen und dann eben ungebeten zu
erscheinen. Hocherhobenen Hauptes trafen sie und Shiva also auf

ihrem Reittier, dem weißen Stier Nandi, auf dem Festplatz ein. Daksha aber, weit davon entfernt, seine bisherige Unhöflichkeit mit einem lächelnden Gesicht wiedergutzumachen, behandelte seinen Schwiegersohn wie einen dahergelaufenen Bettler und ließ ihn deutlich spüren, was er, der orthodoxe Brahmane, von Schmutzfinken hielt, die sich in Leichenasche wälzen und sich von unreinen Dingen ernähren. Unfähig, die grobe Beleidigung, die ihr Vater ihrem Mann zufügte, länger zu ertragen, stürzte sich Sati da ins Opferfeuer und verbrannte. Vorher allerdings hatte sie Shiva in einem inneren Gebet darum angefleht, auch in ihrer nächsten Inkarnation seine Frau sein zu dürfen.

Satis Verlust raubte Shiva schier den Verstand. Rasend vor Schmerz und Wut, schlug er zunächst den ganzen Opferplatz in Klump; dann zog er trauernd davon. Viele Jahre lang wanderte er ruhelos auf der Erde umher und rief unablässig den Namen der verlorenen Geliebten – bis er sich schließlich in die Einsamkeit des Himalaya zurückzog, um sich nur noch der Askese und der Meditation hinzugeben.

Diese Episode zeigt sehr schön die Ur-Ambivalenz in Shivas Wesen: Er ist einerseits der vollkommene Ehemann, der ganz in der Liebe zu – und in dem Liebesspiel mit – seiner Gefährtin aufgeht und ohne sie buchstäblich nicht leben kann; andererseits ist er der Asket schlechthin, der »Herr des Yoga«, den praktisch nichts und niemand aus der meditativen Versenkung herauszuholen vermag. Gerade letzteres Merkmal erwies sich nach Satis Tod aber als recht problematisch; denn während Shiva selbstvergessen in den Bergen meditierte, tauchte ein besonders gemeingefährlicher Dämon namens Taraka auf und begann nicht nur die Welt, sondern auch die Götter zu bedrohen. Und wie es das Schicksal so wollte, würde ihn nur *einer* besiegen können: ein Sohn Shivas.

Die Götter waren ratlos; wie sollten sie Shiva dazu bringen, seiner Askese zu entsagen und einen Sohn zu zeugen? Da fiel ihnen glücklicherweise ein, daß Sati inzwischen als Parvati, Tochter des Himalaya, wiedergeboren und bereits zu einem schönen Mädchen herangewachsen war. Wenn jemand Shiva wieder zu fleischlichen Freuden bekehren konnte, dann sie. Auch sie hatte übrigens aus Liebe zu Shiva jahrelang Askese geübt – und zwar so strenge Askese, daß ihre Mutter schließlich ganz verzweifelt gewesen war und zu ihr auf sanskrit *U ma* (»Oh, nicht!«) gesagt hatte, weshalb sie seither auch Uma hieß.

Sie also wurde zu Shiva geschickt, setzte sich vor ihn hin, betrachtete und verehrte ihn stumm. Sie wartete und verehrte und wartete und verehrte und wartete, daß er endlich einmal die Augen öffnen und sie sehen und natürlich lieben würde. Doch Shiva saß und rührte sich nicht. Die Götter, denen der Dämon immer ärger zusetzte, überlegten krampfhaft, was zu tun sei. Und schließlich beschlossen sie, der Sache ein wenig nachzuhelfen.

Sie sandten den Liebesgott Kama zu Shiva. Er sollte ihn mit einem seiner Blumenpfeile beschießen; dann würde der große Yogi schon aufwachen. Alles geschah wie geplant. Vom Pfeil getroffen, erwachte Shiva tatsächlich. Doch vor Wut darüber, in seiner Meditation gestört worden zu sein, verbrannte er mit einem einzigen Blick aus seinem dritten Auge Kama zu einem Häufchen Asche. Gleichzeitig aber bemerkte er endlich Parvati, die hingebungsvoll vor ihm saß – und was die Götter bezweckt hatten, geschah: Shiva verliebte sich auf der Stelle in sie. Er ließ fürs erste Askese Askese sein und zeugte endlich den von allen so lange ersehnten Sohn, Skanda**, der denn auch den bösen Taraka besiegte. Alle waren überglücklich – außer dem armen Kama. Denn er läuft seither ohne Körper herum.

Shun

Als der chinesische Himmelsgott Yao* alt geworden war und keine Lust mehr hatte, die Herrschaft auszuüben, sah er sich nach einem geeigneten Nachfolger um, und seine Wahl fiel auf den Lichtgott und Jäger Shun. Zunächst einmal fragte er die vier Weltgegendberge, die ihm diesen Gott empfohlen hatten, was es denn an Positivem über ihn zu sagen gebe, und sie antworteten, er sei eines Blinden Sohn: »Vater ein Starrkopf, Mutter ein Schandmaul, hoffärtig Bruder Elefant. Shun konnte sie fügen mit Kindesgehorsam.«

Durch diese vielsagende Auskunft schon mal befriedigt, stellte Yao Shun noch ein wenig auf die Probe. Doch als dieser sich die Tiefe und die Welteingangstore mit Gesetzestafeln untertan machte und, ohne Schaden zu nehmen, in die Hölle hinein- und wieder herausgehen konnte, wußte der Himmelsgott genug. Er fragte Shun, ob er nicht an seiner Stelle die Himmelsherrschaft antreten wolle. Zunächst zierte sich Shun, schließlich aber willigte er ein und übernahm alle Pflichten Yaos. So besuchte er unter anderem die Schutzgeister der Herden, stattete den vier Weltgegendbergen alle fünf Jahre einen Besuch ab, belud den Mondwagen mit Fruchtbarkeitsjade, kümmerte sich um eine gerechte Strafgesetzgebung und spülte zwischendurch den Satan Kongkong ins Zwischenstromland der Finsternis. Mit einem Wort: Er tat, was man als Himmelsgott eben so tun muß.

Vermutlich war Shun heilfroh, mit seinen beiden Frauen – Töch-
tern des Yao übrigens – endlich in gesicherten Verhältnissen zu leben,
denn wie die vier Weltgegendberge schon so bündig angedeutet hatten, war seine Jugend im elterlichen Haus recht unglücklich verlau-
fen. Seine Mutter konnte ihn aus unerfindlichen Gründen nicht aus-
stehen, um so mehr aber liebte sie seinen Bruder Xiang, den Elefanten. Der hatte gleichfalls einen Haß auf seinen Bruder, und so
beschlossen die beiden – und mit ihnen der greise blinde Vater –, Shun
loszuwerden. Glücklicherweise konnte sich der Lichtgott aber unbedingt auf seine beiden Frauen verlassen. Und als ihm die Mutter ei-
nes Tages heimtückisch befahl, den Speicher des Hauses zu verputzen, rieten ihm die beiden besorgt, diese Arbeit doch besser in Gestalt
eines Vogels zu erledigen.

Kaum saß Shun auf dem Speicher, zogen ihm Bruder und Mutter
die Leiter fort, und der blinde Vater legte Feuer. Shun aber geschah
zur großen Enttäuschung der drei Bösewichter nichts, weil er durch
das Fenster hinausflog.

Nun mußten sie sich etwas Neues ausdenken, und tatsächlich verfielen sie schon kurze Zeit später auf einen nicht minder teuflischen
Plan. Die Mutter beauftragte Shun, den Brunnen zu entschlammen,
und wieder beriet sich der brave Sohn mit seinen Frauen. Kaum saß
er unten im Brunnen, deckelten ihn Mutter, Vater und Bruder Elefant
zu und meinten, damit sei der Ungeliebte ein für allemal erledigt.
Xiang brüstete sich gar: »Der Plan, den hübschen Junker einzu-
decken, ist zur Gänze mein Werk. Rinder und Schafe gehören den
Eltern, Scheuern und Speicher gehören den Eltern. Schild und Dolch-
axt sind mein, die Zither ist mein, der Schießbogen ist mein.«

Doch er hatte sich zu früh über die Erbschaft seines Bruders ge-
freut, denn dieser entkam (wie ihm seine Gattinnen geraten hatten)
in Gestalt eines Drachen durch einen unterirdischen Gang. Und auch
der dritte Mordversuch scheiterte an der Klugheit der beiden Gemahlinnen Shuns: Als der blinde Vater Shun betrunken zu machen versuchte, um ihn dann bequem erschlagen zu können, gaben sie ihm
rechtzeitig besondere Kräuter, durch deren Genuß er selbst nach
Kübeln von Reiswein nüchtern blieb.

Als Shun dann schließlich an die Macht gekommen war, verbannte er seinen Vater und seinen Bruder – wenn er sie nicht gar, wie manche behaupten, überhaupt umbringen ließ. So oder so hatte er endlich Ruhe vor den Plagegeistern und konnte sein neues Leben als
Himmelsgott nach Herzenslust genießen. Eine der größten Freuden

bereitete ihm Dong Fu, dem aus irgendeinem Grund die Herzen aller Drachen zuflogen: Er verstand es, auf sie einzugehen und, wie es in einem alten Text heißt, »ihre Wünsche zu ergründen«. Der »Drachenfütterer«, wie Dong Fu auch genannt wird, zähmte die bis dahin ungebärdigen Tierchen und leistete dadurch seinem geliebten Herrn Shun einen unschätzbaren Dienst.

Sif

Die goldhaarige Sif (oder Siv), ist die Frau des Thor*, nachdem sie zuvor schon einmal verheiratet gewesen war, und wird in der ›Edda‹ als die schönste aller Frauen gepriesen. Obendrein ist sie keusch und züchtig, und keiner mag so recht glauben, was Loki* einmal von ihr behauptete: Sie sei seine Geliebte gewesen. Schauplatz dieser Szene war ein Gastmahl, anläßlich dessen Loki seine berühmte Schmährede hielt und allen anwesenden Göttinnen und Frauen ihre jeweiligen Liebschaften unter die Nase rieb.

Die einzige, die er dabei verschonte, war Sif. Sie atmete erleichtert auf, ging freundlich zu ihm und reichte ihm als Dank einen Becher mit Met. Da entgegnete er, er habe sie nur deshalb so bevorzugt behandelt, weil ihr einziger Liebhaber er selbst gewesen sei.

Tatsächlich dürfte es aber vielmehr so gewesen sein, daß er ihr nachstellte und sie ihn, treue Gattin, die sie ist, abwies, woraufhin er sich dadurch rächte, daß er eines Nachts zu ihr schlich und ihr das wunderschöne lange Haar abschnitt.

Als Thor seine verunstaltete Frau sah, griff er sich Loki und befahl ihm, augenblicklich Ersatz zu schaffen, andernfalls würde er ihm jeden einzelnen Knochen im Leib zerschlagen. Da blieb dem Fiesling nichts anderes übrig, als die Zwerge darum zu bitten, für Sif feines goldenes Haar zu spinnen. Mit dieser glänzenden Pracht kehrte Loki zu Thor zurück, das Goldhaar wurde Sif angepaßt und wuchs auch sofort an, so daß sie seitdem noch schöner ist als jemals zuvor.

Sin
→ Nanna

Skadi

Skadi (deren Namen mit dem Wort »Skandinavien« zusammenhängen könnte), ist eine nordgermanische Göttin, die – als Tochter des Riesen Thjazi (siehe hierzu unter Idun) – zuweilen als eine »riesische Gottheit« bezeichnet wird. Einst, in grauer Vorzeit, töteten die Asen ihren Vater, und Skadi, die ihn sehr geliebt hatte, schwor Rache. Sie setzte sich ihren Helm auf, legte ihre Rüstung an, packte seltsamerweise auch noch alles Hausgerät auf einen Wagen und brach auf in Richtung Asgard, um die Mörder zum Kampf herauszufordern.

Die Götter sahen sie kommen und boten ihr als Entschädigung für den Tod ihres Vaters einen der Ihren zum Mann an. Allerdings stellten sie die etwas ungewöhnliche Bedingung, sie dürfe von ihrem zukünftigen Gemahl nicht mehr als die Füße sehen und müsse danach ihre Wahl treffen. Skadi, die wie so viele andere weibliche Wesen heimlich in Baldr verliebt war, ging auf diesen Vorschlag ein, da sie hoffte, ihn an seinen (gewiß liliengleichen!) Füßen erkennen zu können. Die Götter machten sich also bis auf die Füße irgendwie unkenntlich, stellten sich in einer langen Reihe auf, und Skadi promenierte an ihnen entlang. Bei einem besonders schönen Paar Füße blieb sie stehen und rief aus: »Diesen kies [erwähle] ich, Baldr ist ohne Fehl.«

Sie hatte nur leider danebengetroffen, denn der Eigentümer der tadellosen Füße war nicht Baldr, sondern der bei den Asen als Geisel weilende Wane Njörd (Hönir**).

Noch galt die Sache aber nicht für abgemacht, denn Skadi ihrerseits hatte zu Beginn der Verhandlungen ebenfalls eine Bedingung gestellt: Nur dann sollte die Transaktion Gültigkeit haben, wenn es einem der Asen gelingen würde, sie zum Lachen zu bringen. Es ist nicht überliefert, wie viele Götter ihr Glück versuchten und an Skadis Pokerface scheiterten; bekannt ist allerdings, daß es Loki* war, der dieses Kunststück schließlich vollbrachte, wobei er ausnahmsweise einmal nicht anderen, sondern sich selbst Schmerz zufügte. Er band nämlich das eine Ende eines Strickes um seine Hoden, das andere um den Bart einer Ziege.

Die Folge davon war, daß, sobald sich nur einer bewegte, beide vor Schmerz aufbrüllten. Und als sich Loki abschließend auch noch in Skadis Schoß plumpsen ließ, konnte sie nicht mehr an sich halten und lachte laut los. Damit war ihr Bund mit den Göttern besiegelt, sie mußte Njörd heiraten – und schon begannen die Probleme. *Sie* nämlich wollte in ihrer gebirgigen Heimat, Riesenheim, wohnen bleiben; *Njörd* zog es dagegen ans Meer. Da keiner nachgeben wollte, trafen sie endlich ein Abkommen. Neun Nächte wollten sie jeweils in Riesenheim und dann drei in Njörds Haus wohnen.

Nach den ersten neun Tagen in den Bergen hatte Njörd jedoch die Nase voll und sagte zu seiner Frau:

>Nicht lieb ich die Berge, nicht lange dort weilt' ich,
neun Nächte nur;
süßer schien mir der Sang des Schwans
als der wilden Wölfe Geheul.«

Skadi ihrerseits war auch nicht erbaut von der Lösung, die sie sich ausgedacht hatten, und erklärte:

>Mir stört den Schlaf am Strande des Meeres
der krächzenden Vögel Gekreisch;
am Morgen weckt mich die Möwe täglich,
die wiederkehrt vom Wald.«

Damit war klar, daß es keine Übereinstimmung zwischen den beiden
geben konnte, die Ehe galt als gescheitert, und Skadi kehrte in ihre
geliebten Bergen zurück. Hier verbringt sie ihre Tage damit, auf ihren
leichten Schneeschuhen durch die Wälder zu gleiten und mit Pfeil
und Bogen zu jagen. Und da sie mit ihren Schuhen wie verwachsen
ist, wird sie auch »die Göttin des Schneeschuhs« genannt.

Skanda

Skanda ist neben Ganesha* einer der beiden Söhne Shivas*. Die Vaterschaft des großen Gottes steht unzweifelhaft fest; doch wer als die
eigentliche Mutter bezeichnet werden kann, ist weniger klar, denn genaugenommen hat Skanda acht davon. Und das kam so:

Kurze Zeit nachdem Shiva** seine Trauer-Meditation um Sati beendet und Parvati* geheiratet hatte, wurde der große Gott zu einem
Opfer eingeladen. Die Seher, die das Fest ausrichteten, hatten natürlich ihre Frauen mitgebracht, und diese strahlten von solcher Schönheit, daß der durch die lange Enthaltsamkeit aufgeheizte Shiva einen
Samenerguß hatte. Er ging (vielleicht ein wenig beschämt) zum Opferfeuer und ließ die kostbare Substanz hineinfallen, damit Agni*, der
Gott des Feuers, sie aufbewahre.

So stark aber war die Kraft von Shivas Samen, daß der Glanz des
Feuers mit der Zeit zu verblassen begann und Agni sich so langsam
Sorgen um seine Gesundheit machte. Er trug den Göttern seinen Fall
vor, und die schickten ihn zu Ganga*.

»Höre, schöne Göttin«, sprach Agni zu ihr, »ich kann den Samen
Shivas nicht mehr bei mir behalten; lege ich ihn aber auf die Erde, so
wird sie verbrennen. *Du* mußt ihn nehmen und wirst dafür einen edlen Sohn bekommen.«

Nach einigem Hin und Her willigte Ganga schließlich ein und barg den Samen in ihrem Schoß. Sie hegte und pflegte ihn und wartete und wartete auf das versprochene Kind, aber als fünftausend Jahre ins Land gegangen waren, ohne daß sich etwas geregt hätte, begann sie sich doch ein wenig zu wundern. Sie fragte Brahma* um Rat, und der empfahl ihr, den Samen in einem bestimmten Wald abzulegen; dann würde zu gegebener Zeit ein Kind geboren werden.

Sie tat wie geheißen, und siehe da, bereits nach zehntausend Jahren kam der strahlend schöne Skanda zur Welt. Zufällig spazierten just in diesem Augenblick die sechs Krittikas, die Plejaden, vorbei. Baby Skanda betrachtete sie mit großen Augen und bekam davon sechs Gesichter. Dann aber verspürte er Hunger und begann laut zu brüllen. Da erbarmten sich die Krittikas des sechsköpfigen Kleinen und ließen ihn alle gleichzeitig an ihren Brüsten trinken.

Brahma, der mit seinen vier Gesichtern immer alles sieht, informierte unterdessen Agni über die Geburt des Shiva-Sohnes, und überaus erfreut machte der sich auf den Weg in die Berge, wo die Krittikas das Kind hätschelten. Unterwegs traf er Ganga, die ebenfalls von dem Ereignis gehört hatte, und die beiden gerieten in Streit darüber, wem der Kleine denn nun eigentlich gehöre. Als sie sich nicht einigen konnten, fragten sie Shiva, der inzwischen gleichfalls eingetroffen war und zusammen mit Parvati seinen Sohn bewunderte. »Wir werden das Kind entscheiden lassen«, sagte der große Gott. »Wen er anschaut, dem soll er gehören«.

Skanda jedoch, der alles verstanden hatte, vervierfachte sich rasch mit Hilfe seiner yogischen Kräfte. Mit dem einen Körper betrachtete er Shiva, mit dem zweiten Parvati, mit dem dritten Agni und mit dem vierten Ganga. Da blickte Shiva in die Runde und sprach: »Unter dem Namen *Karttikeya* soll das Kind euer Sohn sein, ihr Krittikas, die ihr ihn an euren Brüsten nährt. Als *Kumara* mag er der Sohn Gangas sein, als *Skanda* der Sohn von Parvati, als *Guha* mein Sohn und unter dem Namen *Mahasena* derjenige des Feuergottes Agni. Er wird ein großer Yogi werden und unter all diesen Namen bekannt sein.«

Alle Anwesenden freuten sich über diese wahrhaft salomonische Entscheidung. Sie priesen Shiva und machten Skanda-Karttikeya-Kumara-Guha-Mahasena zum Oberbefehlshaber der göttlichen Armee. Die Götter überhäuften ihn mit Geschenken, und Vishnus* »Fahrzeug«, der Riesenvogel Garuda, schenkte ihm gar seinen eigenen Sohn, einen Pfau, als Reittier. So ausgestattet, konnte Skanda (der, weil er so wenige Namen hatte, später auch Subrahmanya hieß) schließlich losziehen, um dem bösen Dämon Taraka, der die Götter nun schon ziemlich lange plagte, den Garaus zu machen.

Sokar

Den Falken lieben die ägyptischen Götter offenbar ganz besonders, trägt doch nicht nur Horus* dessen Kopf, sondern auch Sokar, der als der Erd- und Fruchtbarkeitsgott, der er ursprünglich gewesen sein dürfte, keine rechte Veranlassung dazu zu haben schien. Anläßlich seines Hauptfestes wurde in Memphis vor Beginn der Aussaat ein Stein in einer Barke über die Felder gezogen. Hinterdrein liefen die Menschen mit Zwiebelkränzen um den Hals. Mit diesem Fruchtbarkeitszauber hofften sie, die lebenspendende Kraft und Macht des Gottes auf ihre Felder zu übertragen und sie dadurch für die kommende Wachstumsperiode »aufzuladen«.

Später änderte sich, vermutlich weil direkt neben seinem Höhlenheiligtum der Friedhof der Residenzstadt entstand, seine Funktion, und Sokar übernahm die Aufgaben eines reinen Totengottes. Ihm oblag es von nun an, die Nekropole zu beschützen und allgemein über die Toten zu herrschen. In dieser Funktion kam er in enge Berührung mit Osiris*, der ja seit seiner Ermordung ebenfalls in der Unterwelt regierte.

Gleichzeitig ist Sokar aber, wie Ptah*, Schutzherr der Handwerker und auch mit diesem Gott in freundschaftlicher Weise verbunden. Zusammen vollzogen sie im alten Ägypten beispielsweise das Ritual der »Mundöffnung«, durch die eine Statue auf magische Weise erst »lebendig gemacht« wurde.

Soma

»König Soma«, wie er in den vedischen Schriften oft genannt wird, ist der indische Gott der gleichnamigen (leider immer noch nicht sicher identifizierten) Pflanze, deren Saft einen in jeder Hinsicht wunderwirkenden Rauschtrank ergibt: Er regt den Verstand an, beflügelt die Gedanken, stärkt alle geistigen und körperlichen Kräfte, verleiht Mut und Potenz und heilt alle Krankheiten. Darüber hinaus gilt er als ein wahres Lebenselixier.

Besonders Indra* ist ganz verrückt nach diesem Zaubertrank, doch gilt der Soma auch als »Freund und Schützer« der übrigen Götter, und da er beim vedischen Opfer eine zentrale Rolle spielte, stiftete er auch Freundschaft zwischen den Unsterblichen und den Menschen – insbesondere den Priestern, da sie gleichfalls davon trinken durften.

Nach allem, was der Soma-Trank vermag, ist es nur natürlich, daß der Gott Soma in enge Beziehung zur Fruchtbarkeit gebracht wurde. Er ist König über die Pflanzen, die Kräuter und überhaupt alles, was auf Erden gedeiht. Er ist der Regen, der alles zum Keimen, Wachsen, Blühen und Reifen bringt – also gewissermaßen der personifizierte Lebenssaft von Pflanzen, Tieren, Menschen und Göttern.

Wie die alten Inder wußten, steigt die lebenspendende Feuchtigkeit durch die Kraft der Sonne wieder zum Himmel auf und sammelt sich dort in der Schale des Mondes als Nektar der Unsterblichkeit. Wenn diese Schale voll ist, trinken die Götter daraus und überlassen den Rest den Verstorbenen, die ihn an Neumond zu sich nehmen. Und so wurde Soma, als die vedischen Opfer aus der Mode kamen und die Identität der Soma-Pflanze in Vergessenheit geriet, zum Mondgott und heißt in dieser Eigenschaft auch Chandra.

Subrahmanya
→ Skanda

Surya
Surya ist der indische Sonnengott, das Auge des Mitra*, ewig verliebt in Ushas, die Morgenröte, der er jeden Morgen aufs neue folgt. Er ist äußerst wandlungsfähig: Niemand weiß so genau, in welcher Gestalt er als nächstes erscheinen wird – ob als Vogel, als goldfarbene Stute oder gar als Wagen oder auch nur als Wagenrad. Nicht umsonst gelten Scheiben, vor allem wenn sie durch Radspeichen gegliedert sind, als Symbole der Sonne.

Wie Ushas bringt er den Menschen durch sein Erscheinen Glück und Segen, denn mit der Dunkelheit vertreibt er auch alles Böse, einschließlich der Krankheiten. Darstellen läßt sich Surya im allgemeinen auf seinem von vier (oder sieben) Pferden gezogenen Wagen stehend, in jeder Hand eine Lotosblume. Einer der wohl berühmtesten altindischen Tempel überhaupt, der von Konarak, ist ihm geweiht und entsprechend »wagenförmig« gestaltet.

Susanoo no Mikoto
Susanoo no Mikoto ist der Bruder der japanischen Sonnengöttin Amaterasu* und des Mondgottes Tsukiyomi no Mikoto*. Er ist der Gott des Sturmes und ein ziemlich rüder Geselle. Er kam zur Welt, als sein Vater Izanagi** sich die Verunreinigungen, die er sich in der Unterwelt zugezogen hatte, abwusch und gerade bei der Nase ange-

langt war. Susanoo hat, man muß es wohl schon so ausdrücken, einen schlechten Charakter. Als er noch im Himmel wohnte, pflegte seine Lieblingsbeschäftigung darin zu bestehen, sich alle möglichen Streiche auszudenken, die vermutlich nur er selbst komisch fand. Dabei hatte er es vor allem auf seine Schwester abgesehen und ärgerte sie, wo er nur konnte.

Als Amaterasu** sich nach einem besonders geschmacklosen Ulk in ihre Höhle zurückzog und die Erde sich daraufhin verfinsterte, hatten die übrigen Götter allerdings die Nase voll: Sie rissen Susanoo zur Strafe die Finger- und Fußnägel aus und verbannten ihn in die Unterwelt, wo er seitdem mit den Toten seine Spielchen treiben kann.

Aber zugegebenermaßen hat Susanoo nicht nur schlechte Angewohnheiten, er sorgt nämlich auch dafür, daß sich keine Seuchen ausbreiten, und er gilt als Beschützer des Ackerbaus wie überhaupt als Kulturheros – doch werden diese positiven Eigenschaften durch seinen unangenehmen Charakter doch recht verdunkelt, und vermutlich aus diesem Grund kann er in Japan nur vergleichsweise wenige Schreine für sich beanspruchen.

T

Tammuz
→ Dumuzi

Taranis

Taranis war der angemessen furchterregende Kriegsgott der Kelten. Da er auch für den Blitz und den Donner zuständig ist, galt er vielen als Himmelsgott schlechthin. Auch hier kannten die Kelten aber eher seine negative vernichtende Seite, denn wenn er durch das Gewitter der Erde zwar Fruchtbarkeit bringt, ist er daneben ebenso für den alles verwüstenden Hagel verantwortlich.

Grausig und düster wie er selbst sind auch die Opfer, die ihm in früheren Zeiten dargebracht wurden: Menschen, die man ihm eigens in Holzkübeln zu verbrennen pflegte. Immerhin wurde er später bescheidener und begnügte sich auch mit Rinderopfern. Nicht unpassend zu solchen Vorlieben ließ er sich zuweilen als gefräßiges Ungeheuer darstellen; daneben schätzt er vor allem die Pferdegestalt. Obgleich nur wenige Inschriften an Taranis erinnern, scheint er zeitweise von England bis hinunter nach Jugoslawien verehrt und gefürchtet worden zu sein.

Bekannt ist sein Bild als bärtiger »halber« Mann auf dem berühmten Kessel von Gundestrup, wo er, umgeben von etlichen seltsamen Tieren, in der rechten Hand ein halbes Sonnenrad hält und einen ziemlich verkniffenen Mund macht.

Tellus

Tellus ist die römische Entsprechung der griechischen Gaia* und somit, wie auch ihre andere bekannte Bezeichnung, Terra Mater (»Mutter Erde«), zeigt, die Göttin der Erde. Als solche kümmert sie sich einerseits wie Ceres* um alles, was mit Landwirtschaft zu tun hat, denn sie spendet Pflanzen und Tieren Fruchtbarkeit. Sie nimmt allen Samen in sich auf und läßt ihn in ihrem Schoß reifen. Daher wurde ihr Fest auch im Frühjahr gefeiert, damit sie der keimenden Natur ihren Segen erteilte, und ihr bevorzugtes Opfertier war die trächtige Kuh.

Darüber hinaus ist sie aber – anders als Ceres – die Erde schlechthin, das tragende Element, auf dem *jegliches*, nicht nur das »angebaute« Leben gedeiht.

Da in die Erde andererseits aber auch die Toten eingehen, unterhält Tellus mit deren Geistern, den Manen, eine enge Beziehung, und als symbolisches Zeichen dafür, daß aus ihr immer wieder neues Leben entsteht, sich also die Natur und damit alle Lebewesen stets verjüngen, trägt Tellus oft eine Schlange um den Hals, das Symbol der Unsterblichkeit. Tellus ließ sich entweder auf einem Thron oder, oft, auf »sich selbst« ruhend abbilden. Hin und wieder ist sie von vier kleinen dicken Putten umgeben, den vier Jahreszeiten, die sie als ihre Kinder betrachtet.

Teutates

Der »Vater des Stammes«, wie sein Name gedeutet wird, ist ein seit ›Asterix‹ wieder wohlbekannter Hauptgott der Kelten. Teutates läßt sich nicht leicht mit einem Etikett versehen, und schon die alten Römer schwankten zwischen einer Gleichsetzung einerseits mit ihrem Kriegsgott Mars* und andererseits mit dem weit umgänglicheren Merkur*. Wie er aussieht, ist nicht gesichert. Zuweilen hat er sich wohl – wie eine vermutliche Teutatesmaske auf einem keltischen Brustpanzer zeigt – mit einem Widderkopf darstellen lassen; zumeist trägt er aber einen Speer in der Hand und einen Helm auf dem Kopf.

Durch Inschriften bewiesen ist, daß Teutates von Britannien bis in die Steiermark als Stammesgott offenbar eine große Rolle spielte. Was ›Asterix‹ uns allerdings verschweigt, ist, daß ihm Menschenopfer dargebracht wurden, wobei es sich bei den armen dazu Ausersehenen vor allem um Kriegsgefangene handelte: Sie wurden so lange mit dem Kopf in einen Wasserkessel getaucht, bis sie ertrunken waren.

Als echter Stammesgott kümmerte sich Teutates aber auch in Friedenszeiten um seine Leute und sorgte nicht nur allgemein dafür, daß ihnen der Himmel nicht auf den Kopf fiel, sondern half ihnen auch – durch Wahrsagerinnen und Omina –, in allen Zweifelsfällen die richtige Entscheidung zu treffen. Wie gut sich die Kelten durch Teutates beschützt wußten, zeigen etwa Abbildungen von ihm auf Schmuck, besonders auf Halsringen (Torques), und anderen »lebenswichtigen« Gegenständen. Ebenfalls aus Abbildungen wird deutlich, daß er nicht nur ein Gott der Lebenden, sondern auch der Toten war. Die in der Schlacht gefallenen Krieger richtete er nach ihren Taten und bestimmte, ob sie es wert waren, in die Anderswelt aufgenommen zu werden oder der Vernichtung anheimzufallen.

Tezcatlipoca

Tezcatlipoca, einer der vier Söhne Ometeotls*, war einer der bedeutendsten Götter der Azteken und ist, zusammen mit seinem Bruder Quetzalcoatl**, der Schöpfer unserer heutigen Welt. Der »Rauchende Spiegel«, wie sein Name übersetzt lautet, ist aber kein freundlicher Gott wie Quetzalcoatl, er ruht nicht wie dieser in sich selbst, sondern ist stets auf Konflikte aus, verbreitet Unruhe und stiftet Streit, wo er nur kann. Sein Name spielt auf eine körperliche Besonderheit – um nicht zu sagen: Absonderlichkeit – an, denn anstelle eines Fußes hat er einen rauchenden Obsidianspiegel, was ihn als großen Magier ausweist und auf seine mysteriöse, sich stets wandelnde Natur hindeutet. Passend dazu liebt er die Dunkelheit und die Nacht und unter den Tieren insbesondere den Jaguar.

Zu ihm hat er sogar eine sehr persönliche Beziehung. Einst war Tezcatlipoca nämlich der Herrscher über die erste Welt, und seine Untertanen waren Riesen, die mit bloßen Händen Bäume ausreißen konnten. Doch eines Tages schubste ihn Quetzalcoatl aus irgendeinem Grund mit einem Stab ins Meer, und als Tetzcatlipoca wieder herauskletterte, verwandelte er sich in einen riesigen Jaguar. Prompt erschienen zahllose weitere Jaguare und fraßen sämtliche Riesen mit Haut und Haaren auf, womit sich die erste Schöpfung erledigt hatte.

Als »Tezcatlipocas« werden auch alle vier Söhne Ometeotls bezeichnet und dann durch ihre jeweilige »Himmelsrichtungsfarbe« unterschieden: Xipe Totec* ist der rote, Quetzalcoatl der weiße, Huitzilopochtli* der blaue und der »eigentliche« ist – passend zu seinem selbst für aztekische Verhältnisse besonders finsteren Wesen – der schwarze Tezcatlipoca.

Thor

> »Einst saßen die Asen alle beim Mahle,
> die Asinnen saßen alle beim Schmaus.
> Da rieten die Götter und raunten darüber,
> wer in der Welt der Gewaltigste wär.«

Der Schluß, zu dem sie kamen, war, daß Odin* zwar der Edelste, Thor aber der »Stärkste in tobendem Streit« sei. Thor – oder Donar, wie ihn die Südgermanen nannten – ist tatsächlich der stärkste von allen Göttern, von Menschen und Riesen gar nicht erst zu reden. Allerdings muß man zugestehen, daß er drei Dinge sein eigen nennen kann, denen er seine zahllosen Siege recht eigentlich verdankt.

Das wichtigste und bekannteste ist sein berühmter Hammer Mjöllnir, der »Zermalmer«. Er wurde einst vom Zwerg Brokk geschmiedet und besitzt zum einen die wunderbare Eigenschaft, gleichgültig, wie weit oder wohin er geschleudert wird, stets sein Ziel zu treffen; zum anderen kehrt er, wie ein Bumerang, anschließend immer brav zu seinem Herrn zurück. Außerdem vermag er sich so klein zu machen, daß Thor ihn unter seinem Gewand verbergen kann. Der einzige Makel ist, daß sein Griff (darin sind sich alle alten Quellen einig) ein wenig zu kurz geriet.

Um den Hammer zu handhaben, benötigt Thor sein zweites Zauberwerkzeug: zwei eiserne Handschuhe. Das dritte wunderbare Hilfsmittel schließlich ist ein Gürtel, der Thor, sobald er ihn umschnallt, doppelte Kräfte verleiht. So ausgerüstet, ist er praktisch jedem Gegner überlegen, und tatsächlich ging er aus zahllosen Kämpfen mit Dämonen, Riesen und Schlangen als einsamer Sieger hervor. Niemand aber, so heißt es in der altnorwegischen Skaldendichtung, ist so weise, daß er *alle* seine großen Taten hersagen könnte.

Thor ist der Sohn des Odin und der Frigg; verheiratet ist er mit der goldhaarigen Sif*, mit der er auch eine Tochter, Thrud, und einen Sohn, Lorride, hat. Mit ihnen allen wohnt er in seinem in Thrudheim gelegenen Palast Bilskirnir, der mit seinen 540 Räumen der größte ist, der je erbaut wurde. Hier nimmt Thor, ein rotbärtiger Riese von einem Mann, seine Mahlzeiten ein, die aus mehreren Ochsen bestehen können. Ansonsten aber ist er fast immer unterwegs und zumeist damit beschäftigt, im Auftrag der übrigen Götter die Riesen, die sich immer wieder Übergriffe erlauben, in ihre Schranken zu weisen. In seinem Donnerwagen, der von den beiden Ziegenböcken, »Zahnknisterer« (Tanngniost) und »Zahnknirscher« (Tanngrisnir) gezogen wird, prescht er über den Himmel und durch das Land und sieht überall nach dem Rechten.

Man sollte glauben, daß die Menschen einem so furchterregenden Gott nach Möglichkeit aus dem Weg gegangen wären – doch das Gegenteil war der Fall. Das Volk liebte ihn ohne Einschränkung, denn Thor war ein Kerl nach ihrem Geschmack – ohne Allüren, einfach, erdverbunden und trinkfest wie sie selbst. Und wenn er gerade mal nicht mit dem Erschlagen von Riesen beschäftigt war, kümmerte er sich auch um ihre Belange: Mit Mjöllnir lockerte er die Erde auf, damit die Pflanzen gediehen, er weihte die Hausschwellen und besiegelte die Eheschließungen, indem er sie mit dem Hammer segnete. Auch wenn Grenzen abgesteckt, ein Richterspruch gefällt und Runen in einen Stein geritzt wurden, war er es, den man anrief, um die Handlung zu sanktionieren.

Ein vielfach bezeugter Brauch beweist, wie sehr die Menschen an Thor glaubten und darauf vertrauten, daß er sie und die Ihren beschütze. Als Harald Schönhaar gegen Ende des neunten Jahrhunderts die Herrschaft über ganz Norwegen errang, wurden viele Häuptlinge und Adlige geächtet und mußten das Land verlassen. Sie brachen ihre Häuser und Thor-Tempel ab und nahmen die Balken mit in ihre Langschiffe. Kurz bevor sie ihre neue Heimat, in vielen Fällen Island, erreichten, warfen sie den Stützbalken, auf dem Thor oder dessen Hammer abgebildet war, ins Wasser und fragten den Gott, wo genau sie denn an Land gehen sollten. Einer der Söhne eines solchen Auswanderers fragte seinen Vater bei dieser Gelegenheit, ob er denn gegebenenfalls auch bereit wäre, im Eismeer zu überwintern, falls Thor ihn dorthin weisen würde.

Doch Thor war nicht darauf aus, seine Verehrer auf eine so harte Probe zu stellen: Die über fünfzig altisländischen Eigennamen, die den Wortbestandteil »Thor« enthalten, belegen, daß er sie im allgemeinen sicher an Land brachte und ihre neuen Wohnstätten segnete. Die Menschen ihrerseits dankten es ihm unter anderem damit, daß sie jeden Trunk symbolisch ihm opferten, indem sie mit dem Finger das Hammerzeichen darüber zogen.

Stets war Thor dafür bereit, mit ihnen zu teilen, was ihm gehörte. Als er einmal mit Loki* unterwegs war, kehrte er in ein Bauernhaus ein, und um den Leuten nicht zur Last zu fallen, ließ er seine beiden Ziegenböcke schlachten und lud die Familie großzügig zum Essen ein. Zuvor wies er sie jedoch an, alle Knochen unversehrt auf die Felle der Tiere zu werfen, damit sie anderntags wiederbelebt werden konnten. Einer der Söhne des Bauern zertrümmerte aber einen Schenkelknochen, um an das Mark zu kommen, und so mußte der eine der beiden Böcke seitdem hinken. Der verständlicherweise erboste Thor ließ sich nur dadurch davon abhalten, die ganze Familie mit Stumpf und Stiel auszurotten, daß die beiden Söhne sich bereit erklärten, ihn fortan als Diener zu begleiten.

Alle zusammen setzten nun ihre Reise fort und gelangten spätabends in eine Höhle, die sich am anderen Morgen als »Handschuh des Riesen Utgard-Loki« entpuppte, der sich ihnen aber als Skrymir, »Großsprecher«, vorstellte und es gern gesehen hätte, wenn der in Riesenkreisen berüchtigte Thor möglichst rasch aus seinem Reich verschwunden wäre. Er trug sich der Reisegruppe scheinheilig als

Begleiter an und versuchte unterwegs auf jede erdenkliche Weise, sie zum Umkehren zu bewegen. Als er ihren Vorratssack so zuschnürte, daß sie ihn nicht mehr aufbekamen, und sich dann schlafen legte, bekam er von Thor mit dem Hammer erst eins auf den Kopf, dann auf den Wirbel und schließlich auf die Schläfe. Der Riese erwachte und bemerkte nur, ihm sei wohl eine Feder auf den Kopf gefallen. Damit verschwand er.

Thor und seine Leute aber wanderten weiter bis zur Burg des Riesen. Da das Tor verschlossen war, quetschten sie sich durch die Gitterstäbe und standen in einer Halle, in der viele große Männer und Utgard-Loki selbst saßen. Anstatt sie freundlich zu empfangen, machte sich der Riese darüber lustig, wie klein Thor sei, und forderte ihn, die Diener und Loki auf, sich mit seinen eigenen Leuten in verschiedenen Wettkämpfen zu messen. Loki, der für sein Leben gern ißt, bot sich in dieser Disziplin an und verlor jämmerlich, denn sein Kontrahent verputzte das aufgetischte Fleisch samt den Knochen und noch den ganzen Trog obendrein.

Thor wollte sich im Wettsaufen versuchen. Der Riese brachte ein gewaltiges Trinkhorn und sprach: »Es heißt gut getrunken, dieses Horn mit einem Zuge zu leeren. Viele können es erst in zwei Zügen, doch keiner ist ein solcher Stümper, daß er es nicht beim dritten Male austrinken sollte.« Thor trank und trank und merkte doch nicht, daß die Flüssigkeit auch nur im geringsten abgenommen hätte. Beschämt bot er sich für eine andere Tüchtigkeitsprobe an; nun sollte er eine Katze vom Boden hochheben. Doch sosehr er sich auch bemühte, gelang es ihm nicht, da sie den Rücken immer höher und höher reckte, bis seine Arme nicht mehr reichten. Jetzt allerdings wurde Thor richtig böse, und er forderte jeden der Anwesenden zum Ringkampf heraus. Höhnisch grinsend ließ Utgard-Loki als erstes seine alte Amme antreten, die nicht wich und nicht wankte und zuletzt den großen Gott tatsächlich in die Knie zwang!

Da gab Thor auf, und er und seine Begleiter legten sich wie begossene Pudel schlafen. Als sie anderntags aber aufbrachen und zum Tor hinaus waren, trat der Riese zu ihnen und klärte sie auf. Nun, wo er sie glücklich wieder aus seiner Burg heraus habe, könne er ihm gestehen, daß er ihn mit allerlei Blendwerk getäuscht habe. Den Vorratssack hätte er mit Eisenbändern verschnürt, und als Thor ihn dreimal schlug, habe er Felsen vor sich gehalten, die nun tiefe Kerben aufwiesen. Der Widersacher Lokis beim Wettessen sei das Feuer gewesen, und das Horn konnte Thor deshalb nicht leeren, weil dessen

Ende ins Meer gereicht habe. Die Katze sei die Weltschlange gewesen und die alte Amme schließlich das personifizierte Alter.

Als Thor hörte, wie schändlich man ihn überlistet hatte, holte er wutschnaubend mit dem Hammer aus – doch schon war der Riese verschwunden.

Ein anderer Riese, Thrym, kam, als er sich mit Thor einließ, weniger glimpflich davon. Er wußte, daß Mjöllnir *die* Waffe gegen seinesgleichen war, und fand Mittel und Wege, um den Hammer eines Nachts zu entwenden. Loki fand heraus, was geschehen war, und forderte Mjöllnir im Namen der Götter zurück. Thrym verlangte als Lösegeld dafür Freyja* zur Gattin und als Draufgabe Sonne und Mond, und die Asen willigten zähneknirschend ein. Nicht im geringsten einverstanden war allerdings die Göttin; sie wurde sogar so zornig, daß ihr der Hals schwoll, bis ihr schönes Halsband abplatzte. Schließlich war es wieder einmal Loki, der Rat wußte:

»Bindet dem Thor doch den Brautschleier um
und schlingt ihm schimmernden Schmuck um den Hals!
Vom Gurte laßt Schlüssel ihm scheppern und klirren,
über die Füße den Frauenrock fallen,
schmückt ihm die Brust mit Gesteinen, die breite,
und knüpft ihm zum Knaufe kunstvoll das Haar.«

Und als Thor aufbrauste und sich gegen eine solche lächerliche Maskerade verwahrte, brachte Loki ihn mit den Worten zum Schweigen:

»Lasse doch, Thor, so täppischen Streit!
Auf Asgard werden bald Eisriesen wohnen,
wenn nicht dein Hammer heim zu uns kommt.«

Also fügte Thor sich endlich, ließ sich als Braut ausstaffieren und brach in Begleitung des als Kammermädchen verkleideten Loki zu Thryms Haus auf, wo die Hochzeit stattfinden sollte. Beim Festmahl wäre der Schwindel um ein Haar aufgeflogen, als die zarte »Braut« durch ihren gewaltigen Appetit für Aufsehen sorgte: Thor konnte sich nämlich nicht beherrschen und verspachtelte einen ganzen Ochsen, acht Lachse, sämtliche Leckerbissen und soff dazu drei Tonnen Met leer. Thrym traute seinen Augen nicht:

»Wo sah man je Bräute so mörderisch beißen?
Nie sah ich Frauen so fürchterlich fressen,
noch Mädchen trinken so mächtig Met.«

Geistesgegenwärtig entgegnete Loki, die Arme habe aus Sehnsucht nach ihrem Bräutigam acht Tage gefastet. Als der Riese aber die Braut küssen wollte, prallte er vor deren feuerrot funkelnden Augen erschrocken zurück. Wieder rettete Loki die Situation, indem er behauptete, die Schöne habe aus Sehnsucht nach Thrym acht Nächte lang wach gelegen.

Brenzlig wurde es noch ein letztes Mal, als die Schwester des Riesen um eine Brautgabe bat und sich eigens die Ringe der Freyja wünschte. Gerade in diesem Augenblick allerdings wurde Thors Hammer feierlich hereingetragen, mit dem der Sitte gemäß die Braut geweiht und die Ehe geschlossen werden sollte. Darauf hatte Thor aber nur gewartet: Er sprang auf, schwang seine Waffe und schlug das ganze Riesengeschlecht kurz und klein.

Thot

Thot, die rechte Hand des Sonnengottes Re*, ist wohl der gelehrteste unter den ägyptischen Göttern. Man weiß nicht, wo er ursprünglich herkam und ob er tatsächlich, wie vielfach behauptet wird, aus dem Kopf oder dem Knie des Seth* geboren wurde, nachdem dieser aus Versehen den Samen des Horus* verschluckt hatte. Auch die Bedeutung seines Namens ist unklar. Fest steht jedoch, daß er als »Herr des Himmels« bezeichnet und mit dem Mond identifiziert wurde. Thot fängt den Mond ein, »füllt« ihn, wie es heißt, beschädigt ihn aber auch und »heilt« ihn dann wieder.

Seine enge Beziehung zu diesem Gestirn brachte es mit sich, daß er sich eingehend mit dessen Bewegungen beschäftigte und seine Umlaufbahn und seine Phasen berechnen lernte. So wurde er zum Erfinder der Rechen- und der Schreibkunst, des Kalenders und der Zeitrechnung, ja, es wird sogar behauptet, er habe alle menschlichen Sprachen ersonnen. So lag es nahe, ihn zum Schutzpatron der Schreiber und Beamten zu ernennen. Damit nicht genug, sollen von ihm auch alle Gesetze, Rituale und Zaubersprüche herrühren. Kein Wunder, daß ihn Re zu seinem Wesir erkor und die Menschen ihn im ganzen Nilreich verehrten – vor allem aber in Hermopolis, der Hauptstadt des fünfzehnten oberägyptischen Gaues.

Seine ursprüngliche Heimat jedoch scheint im Nildelta gelegen zu haben, ist eines seiner beiden erklärten Lieblingstiere doch der Ibis, ein typischer Vogel der Feuchtgebiete, dem die Ägypter hohe Verehrung entgegenbrachten. Nach Auskunft Herodots glaubten die Menschen, er bekämpfe und töte die geflügelten Schlangen, die jeden Frühling versuchten, von Arabien nach Ägypten zu gelangen, und stehe deshalb bei ihnen in so großen Ehren. Deren Ibis ist allerdings schwarz, während der dem Thot geweihte ein weißes Gefieder hat. So lieb ist er dem Gott, daß dieser sich, wenn er menschliche Gestalt annimmt, stets mit einem Ibiskopf zeigt.

Hin und wieder verwandelt Thot sich allerdings auch in einen Pavian, sein zweites bevorzugtes Tier, das den Ägyptern daher ebenfalls heilig war.

Bei all den vielen verschiedenen Beschäftigungen, denen Thot nachgeht, findet er doch immer noch Zeit, anderen Göttern beizustehen. So half er Isis* dabei, die Glieder ihres Mannes aufzusammeln, und wurde damit zum erklärten Freund des Osiris*, sobald dieser sich erst einmal in der Unterwelt etabliert hatte. Ihm als dem Rechenmeister vertraute Osiris die Aufgabe an, die Seelen der Toten zu zählen. Und sobald es darangeht, über sie zu richten, beansprucht er wiederum stets Thots klugen Rat. Verständlich also, daß Thot auch ganz allgemein als Gott der Weisheit gilt.

Tiamat
→ Marduk

Tianfei/Tianhou
→ Mazu

Tinia
Tinia ist der höchste Gott der Etrusker und dem Zeus ebenso wie dem Jupiter außerordentlich ähnlich. Wie diese pflegt er, wenn er zornig ist, mit Blitzen um sich zu werfen, und er trägt auch sonst etliche ihrer Charakterzüge. Anders als diese beiden rasiert er sich aber hin und wieder und ist dann nur noch am Blitz zu erkennen, den er stets wurfbereit in der Hand hält.

Doch auch in einem wesentlicheren Punkt unterscheidet sich Tinia von Zeus und Jupiter: Während diese reine Himmelsgötter sind, die mit der Unterwelt, dem Tod, nichts am Hut haben, gehört Tinia eher zu den Vegetationsgöttern, die selbstverständlich mit dem ganzen Kreislauf der Natur, mit Geburt, Tod und Wiedergeburt eng verbunden sind. Sichtbarer Ausdruck dieser Beziehung zur Unterwelt sind Löcher in manchen seiner Altäre, durch die Opfergaben in die Tiefe fließen.

Tir

Tir ist der armenische Gott der Orakel, der Schrift und der Weisheit. Er deutet Träume und ist der Schutzherr der Künste und der Priester. Der (christliche) armenische Historiker Agathangelos berichtete im fünften Jahrhundert, der Tempel des Tir in Erazamoyn sei noch zu seiner Zeit als »Schule der Weisheit« bezeichnet worden.

Seine enge Verbindung zu den Orakeln weist darauf hin, daß Tir etwas mit dem Schicksal und daher letztlich mit dem Tod zu tun hat. So ist er es, der die Menschen ins Jenseits geleitet, und ein in Armenien noch heute geläufiger Fluch lautet übersetzt: »Der Schreiber hole ihn!« – wobei mit dem Schreiber kein anderer als der Schriftgott Tir gemeint ist.

Daneben wird Tir mit dem Planeten Merkur identifiziert, der von persischen Schriftstellern zuweilen gleichfalls als »der Schreiber« bezeichnet wurde.

Tlahuizcalpantecuhtli

Tlahuizcalpantecuhtli, der »Herr des Hauses der Morgendämmerung«, ist der aztekische Gott des Planeten Venus, doch wer sich darunter einen, wenn schon nicht liebreizenden, so doch zumindest liebenswürdigen Herrn vorstellen wollte, läge schwer daneben! Er galt vielmehr als einer der fürchterlichsten, grimmigsten und gefährlichsten Götter überhaupt.

Anders als etwa bei uns zulande betrachtete man den Morgenstern in Mexiko nämlich als einen ausgesprochenen Unstern, der mit seinen ersten Strahlen jedem, der unvorsichtig genug war, sich zu dieser Tageszeit im Freien herumzutreiben, schwere Verletzungen zufügte.

Tlaloc

Tlaloc ist der aztekische Regengott und war seinerzeit einer der wichtigsten Götter Zentralmexikos. Angesichts der immensen Bedeutung, die Feuchtigkeit für ein heißes Land besitzt, ist es kein Wunder, daß Tlaloc ein eigenes Paradies hat. (Dieses liebliche Reich, Tlalocan mit Namen, war Ertrunkenen, vom Blitz Erschlagenen sowie an Syphilis, Lepra und ähnlichen Krankheiten Gestorbenen vorbehalten.) Tlaloc war der Herrscher der dritten Welt, der Quetzalcoatl* durch einen Feuerregen ein Ende bereitete – worauf ihre Menschen naheliegenderweise in Truthähne, Hunde und Schmetterlinge verwandelt wurden.

Damit es ihnen nicht ähnlich erging, bemühten sich die Azteken nach Kräften, Tlaloc bei Laune zu halten. Sein Haupttempel stand, zusammen mit dem des Huitzilopochtli*, auf der Hauptpyramide von Tenochtitlán, und wenn der Gott aus irgendeinem Grund grollte und eine Dürre ausbrach, ersäufte man ihm zu Ehren kleine Kinder. Ihre Tränen, so hoffte man jedenfalls, würden, wenn schon nicht Tlalocs Herz erweichen, so doch durch Sympathiezauber das ersehnte Naß herbeiholen.

Wie die übrigen aztekischen Götter auch entspricht Tlaloc mit seiner an eine Brille erinnernden Augenumrandung, seiner dicken Oberlippe und seinen Jaguarzähnen nicht unbedingt unseren Idealvorstellungen eines schönen Mannes. Trotzdem hat auch er eine Frau abbekommen, und dazu noch eine mit dem hübschen Namen Chalchiuhtlicue, »Jade ihr Rock«: die Göttin der Flüsse und der stehenden Gewässer. Sie ist es auch, die zur Herrscherin über die vierte Welt wurde, die »Wassersonne«, die später passenderweise durch eine große Flut unterging und deren Menschen in Fische verwandelt wurden.

Tlaltecuhtli

Der aztekische Erdgott war ursprünglich ein scheußlich häßliches zweigeschlechtliches Ungeheuer mit einem schier unersättlichen, mit scharfen Zähnen gespickten Riesenmund und weiteren Mäulern an Ellenbogen, Knien und anderen Körpergelenken.

Quetzalcoatl** und Tezcatlipoca* konnten den Anblick des Monstrums nicht länger ertragen, verwandelten sich in Riesenschlangen und rissen Tlaltecuhtli kurzerhand entzwei. Die übrigen Götter aber hatten Mitleid mit dem armen halbierten Wesen, das laut jammerte und schrie. Sie trösteten es und erklärten, es allein solle der Ursprung aller Nahrung der neugeschaffenen Tiere und Menschen sein: Aus seinem Haar sollten die Bäume, die Blumen und Kräuter entstehen, aus seiner Haut die Gräser, aus den Augen die Quellen, kleine Teiche und die Brunnen und aus den Mäulern die Flüsse. Aus der Nase sollten darüber hinaus Täler und Bergketten werden. Damit konnten sie Tlaltecuhtli zwar ein wenig besänftigen, doch verlangt er von Zeit zu Zeit wie zuvor laut klagend nach Opfern. Dann muß er durch reichliche Gaben von Menschenherzen, Blut und Fleisch beruhigt werden, damit er weiterhin Pflanzen und Nahrung spendet.

Toeris

Wenn es auch nicht sehr viel über sie zu sagen gibt, darf sie doch nicht fehlen, die ägyptische Nilpferdgöttin. Zu Recht bedeutet ihr Name »die Große«, ist das Flußpferd doch nicht eben ein kleines Tier.

Toeris ließ sich stets in tierischer Gestalt abbilden, allerdings aufrecht stehend und mit den Armen und Brüsten einer Frau. Letzteres Attribut hat durchaus einen triftigen Grund: Toeris verrichtet nämlich in der Hauptsache die Arbeit einer Amme. Sie hilft den Frauen bei der Entbindung und anschließend beim Stillen. Daher versah man Wiegen, aber auch überhaupt Betten und andere wichtige Einrichtungsgegenstände mit ihrem pummeligen Abbild, damit es Menschenkinder jeden Alters vor allem Unheil schütze.

Mit dem Bau der vielen Staudämme vertrieben die Menschen das Flußpferd vom Nil; und was wurde aus der armen Toeris?

Tokapcup-kamuy

Die »den Tag erleuchtende Gottheit« der Ainu, der Ureinwohner Japans, ist natürlich die Sonnengöttin. Verheiratet ist sie mit dem Mondgott Kunnecup-kamuy*, mit dem sie zusammen in der Unterwelt wohnt. Dort allerdings begegnen sie sich nur dann, wenn sich der Mondgott einmal freinimmt und nachts bei seiner Gattin bleibt. Das kommt allerdings nicht allzuoft vor, denn beide sind sehr pflichtbewußt und erfüllen ihre vom Schöpfergott Kotan-kar-kamuy* auferlegten Aufgaben aufs akribischste. Tokapcup-kamuy verwaltet den Tag der Menschen und ihr Mann die Nacht, und im allgemeinen gibt es damit keine größeren Probleme.

Einmal jedoch stellte ein böser Gott Tokapcup-kamuy nach, fing sie schließlich und nahm sie gefangen. In diesem Augenblick wurde es finster auf der Welt, und Müdigkeit ergriff alle Wesen. Was die guten Götter auch versuchten, um die Sonnengöttin zu befreien, es schlug fehl; erst Aynurakkur, dem Kulturheros und Lehrer der Ainu, gelang die Großtat. Aber obgleich er augenblicklich Erfolg hatte – und die Sonne sofort wieder schien –, brauchte der Held anschließend doch sechs lange Jahre, um den Bösewicht endgültig zu besiegen.

Einmal allerdings konnte auch Aynurakkur nicht mehr helfen: Tokapcup-kamuy zog sich eine üble Krankheit zu und starb. Grausige Nacht senkte sich über die Erde, kein Wesen rührte sich aus seiner Behausung, bald ging die Nahrung aus, und alles Leben siechte dahin. Der einzige, der nun noch eingreifen konnte, war Kotan-kar-kamuy, der Gott, der einst alles geschaffen hatte: Er ließ die Sonnengöttin kurzerhand wieder auferstehen, und alles war wieder gut.

Tonacacihuatl, Tonacatecuhtli
→ Ometeotl

Tonatiuh
Tonatiuh ist einer der aztekischen Kriegsgötter und gleichzeitig, wie Huitzilopochtli*, ein Sonnengott – ja, nach Auskunft seines Namens überhaupt »die Sonne«. Dementsprechend kannte man ihn als von Strahlen umgebenen, waffenschwingenden Krieger. Er war einer der nicht eben wenigen unsympathischen Götter, die ausreichend mit Herzen von Kriegsgefangenen versorgt werden mußten, damit sie für ihre Verehrer in Aktion traten und ihnen hilfreich zur Seite standen. Er ist es auch, der unsere jetzige, fünfte Welt regiert. Was natürlich einiges erklärt.

Tork
Tork ist der – als ausgesprochen häßlich beschriebene – armenische Gott des Wetters, der Herr über Blitz und Donner. Wenn er gerade nichts anderes zu tun hat, vergnügt er sich damit, große Felsblöcke zu entwurzeln, sie mit seinen Fingernägeln nach seinem Wunsch zu formen und anschließend Adler oder andere Figuren darauf zu zeichnen.

Meistens aber ist er ausreichend damit beschäftigt, für Regen und Gewitter zu sorgen und damit die Fruchtbarkeit des Landes zu sichern. In dieser Eigenschaft den Menschen durchaus wohltätig, kann Tork aber auch in schreckliche Wut geraten, und dann ist es besser, einen möglichst großen Bogen um ihn zu machen.

So heißt es, einst habe er an der Küste des Schwarzen Meeres feindliche Schiffe gesichtet, die bei seinem Anblick allerdings bereits kehrtgemacht und die Flucht ergriffen hätten. Da sie schon außer seiner Reichweite waren, raffte Tork wutschnaubend Felsen in der Größe von Hügeln zusammen und warf sie den Schiffen hinterher, wodurch es ihm gelang, doch noch etliche von ihnen zu versenken.

Tsukiyomi no Mikoto

Der japanische Mondgott, Tsukiyomi no Mikoto, entstand aus dem rechten Auge des Izanagi**, während seine Schwester Amaterasu* aus dem linken Auge geboren wurde, als der Schöpfergott sich seine Verunreingung vom Leib wusch. Wie Amaterasu besitzt auch Tsukiyomi einen magischen Spiegel, der als seine Manifestation gilt. Wie ihr der Tag, so wurde ihm durch seinen Vater die Nacht als Herrschaftsbereich zugeteilt. Er ist dementsprechend, und ganz im Gegensatz zu seinem bösen Bruder Susanoo*, ein stiller Gott, über den keine aufsehenerrregenden Geschichten kursieren – und doch ist auch er nicht ohne Fehl und Tadel.

Eines Tages nämlich besuchte er die »große erlauchte Göttin der reichlichen Nahrung«, Toyouke no Mikoto. Wie es sich für eine solche Gottheit gebührt, bewirtete diese ihn mit einem großen Aufgebot an Speisen: Reis, Fisch, gekochtem Wildbret und vielem mehr. Zum großen Entsetzen des Mondgottes würgte sie alle diese Leckereien aber aus ihrem Mund hervor und servierte sie ihm dann. Wütend und angeekelt brachte Tsukiyomi sie um. Über diese Tat regte sich seine Schwester Amaterasu allerdings so auf, daß sie sich auf immer von ihm trennte – und so wurden Tag und Nacht voneinander geschieden.

Tuatha Dé Danann

Als das »Volk« oder der »Stamm der Göttin Danu*« sind zauberkundige keltische Götter bekannt, die einst Irland eroberten und lange Zeit bewohnten, bis die Vorfahren der heutigen Iren sie – mit Hilfe der christlichen Missionare – in die Feenhügel und in den Untergrund verbannten.

Tyr

Tyr gilt als der kühnste und mutigste unter den nordgermanischen Göttern und wurde daher zum Kriegsgott erhoben – ein Amt, das er sich allerdings mit Freyr* teilen muß. Anders als sein Bruder Thor* ist er darüber hinaus nicht nur klug, sondern, da weniger aufbrausend, auch weise. Wie Thor und Freyja* war auch ihm ein Wochentag geweiht, nämlich der Dienstag. Gerichtsversammlungen wurden vor allem an diesem Tag abgehalten, denn Tyr galt auch als Wahrer und Schützer des Rechtes.

Bevor sie in den Kampf zogen, versuchten Krieger sich seiner Hilfe zu versichern, indem sie bestimmte magische Rituale vollzogen und beispielsweise das Zeichen des Gottes in ihre Schwerter schnitten, wobei sie zweimal dessen Namen aussprachen. Dann galt der Zauber als wirksam, und sie wußten sich durch den Schutz Tyrs gegen alle Gefahren gefeit.

Vor allem dadurch machte Tyr von sich reden und verdiente sich den Respekt aller anderen Götter, daß er sich zum Wohle der Welt bewußt verstümmeln ließ. Als Loki mit der Riesin Angrboda die drei monströsen Kinder Midgardschlange, Hel* und Fenriswolf gezeugt hatte, erfuhren die Asen durch Orakel, daß ihnen durch diese drei großes Unheil drohte. Daraufhin warf Odin* die Schlange ins Meer und Hel in die Unterwelt, in der Hoffnung, sie auf diese Weise von sich fernzuhalten. Den Wolf aber zogen die Asen bei sich auf, wobei sie aus Angst vor dessen Zähnen Tyr mit der Aufgabe betrauten, ihm täglich sein Futter zu reichen.

Der Wolf wuchs und wuchs, und die Götter dachten mit zunehmender Sorge an die Weissagung und an das, was ihnen von diesem Ungeheuer wohl drohen mochte. Und so beschlossen sie eines Tages, jegliches mögliche Übel von vornherein dadurch auszuschalten, daß sie das Tier in starke Bande legten. Die ersten beiden Versuche scheiterten, da der Wolf mühelos die Fesseln zerriß. Nun mußten also wieder einmal die kunstfertigen Zwerge herhalten, die aus dem Geräusch der Katze, dem Barte der Frau, aus den Wurzeln des Berges, den Sehnen des Bären, der Stimme des Fisches und dem Speichel des Vogels eine wunderbare Schnur bildeten, die weich wie ein seidenes Band und gleichzeitig unglaublich zäh war und der sie den Namen Gleipnir gaben.

Die Götter dankten ihnen überschwenglich, fuhren auf eine inmitten eines großen Sees gelegene Insel und riefen den Wolf zu sich. Sie zeigten ihm wie die beiden anderen Male das Band und baten ihn wieder, seine Kraft zu beweisen, indem er es sich freiwillig anlegen ließ und anschließend zerriß. Sie fügten hinzu, es sei wohl stärker, als es aussehe. Als er das dünne Ding sah, sprach der Wolf verächtlich: »Um dieses Band dünkt es mich, als wenn ich wenig Ehre damit einlegen möchte, wenn ich auch so eine starke Fessel entzweireiße; falls es aber mit List und Betrug gemacht ist, obgleich es so schwach scheint, so kommt es nicht an meine Füße.« (Sätze bauen war nicht eben seine Stärke.)

Die Götter redeten ihm gut zu und sagten, sie würden ihn selbst wieder befreien, falls er die Fessel nicht selbst sprengen könne, was (nach den Eisenbanden, die er bereits so mühelos zerrissen habe) doch sehr unwahrscheinlich sei. Der Fenriswolf aber witterte Unrat und stellte daher die Bedingung, ein Ase müsse als Pfand für das gegebene Wort den rechten Arm in seinen Rachen stecken.

Die Götter sahen sich betreten an, denn da sie keineswegs die Absicht hatten, den Wolf wieder freizulassen, drängte es keinen so recht, auf die Bedingung einzugehen. Da trat Tyr vor und legte furchtlos den Arm in die Schnauze des Untiers. Beruhigt ließ sich der Fenriswolf widerstandslos fesseln und spannte anschließend all seine Kräfte an, um wieder freizukommen. Sosehr er aber zog und strampelte, Gleipnir hielt, und der Wolf war und blieb gefangen.

»Da«, heißt es in der ›Prosaedda‹, »lachten alle – außer Tyr, denn er verlor seine Hand.«

U

Ülgen

Die im Altai lebenden Tataren wissen, daß Ülgen, ihr höchster Gott, einst die Welt und die Menschen erschuf. Er ist im wesentlichen gut und großherzig – und in manchen Dingen vielleicht auch ein klein wenig einfältig, weshalb er immer wieder auf die Tricks seines üblen Gegenspielers Erlik hereinfällt, für dessen Existenz er auch noch selbst verantwortlich zeichnet.

Eines Tages nämlich, noch bevor er überhaupt an die Schöpfung der Welt gedacht hatte, sah er ein wenig Lehm in menschlicher Form auf dem großen Ozean schwimmen. Wenn das Ding da schon aussieht wie ein Mensch, dachte er bei sich, kann ich es auch genausogut beleben – und so hauchte er ihm Leben ein. Anfangs benahm sich der so geborene Erlik auch recht gut und war Ülgen ein treuer Freund und Helfer. Nach und nach aber kam seine wahre, böse Natur zum Vorschein, und irgendwann hatte Ülgen genug von ihm: Er verbannte ihn in die Unterwelt, wo er seitdem als Teufel agiert und manchmal, wenn ihn der Rappel packt, auch Ülgen ganz gehörig dazwischenfunkt.

Nachdem er nun das erste Wesen in die Welt gesetzt hatte, fand Ülgen, nun müsse er auch die Erde erschaffen, aber sosehr er auch überlegte, fiel ihm partout nicht ein, wie er das anstellen sollte. Da kam sein »Erstgeborener« des Weges, und Ülgen fragte ihn, was er denn da vorhabe. »Die Erde erschaffen«, lautete die Antwort. Da wurde Ülgen böse und entgegnete scharf, wenn er, Ülgen, dazu nicht imstande sei, dann Erlik ja wohl überhaupt nicht!

Erlik erklärte, *er* wenigstens wisse, wo man den Grundstoff dafür herbekäme: Er tauchte auf den Grund des Ozeans und kam mit einem Berg wieder zurück, den er Ülgen überreichte. Ein Stück davon aber hatte er heimlich abgebissen und im Mund behalten. Als er dieses später, nachdem die Erde endlich erschaffen war, heimlich wieder ausspuckte, entstanden daraus die Moore und Sümpfe und alle sonstigen unnützen Landstriche der Welt.

Nun fehlten nur noch die Menschen, also bastelte Ülgen rasch sieben Männer, und weil's so schön war, gleich sieben Bäume dazu. Schließlich fertigte er noch einen achten Mann und nannte ihn Maidere. Auch er bekam seinen Baum. Dann ging Ülgen zufrieden seines Weges. Nach sieben Jahren ging er nachschauen, was sich denn in der Zwischenzeit getan hätte, und zu seiner großen Verwunderung stellte er fest, daß die Bäume zwar kräftig gewachsen, aber die Anzahl der Menschen gleichgeblieben war.

Er wandte sich an Maidere und fragte ihn, was denn wohl der Grund für diese erstaunliche Tatsache sei. Maidere erklärte ihm freundlich, daß da eine Frau fehle. Ülgen war über die weise Antwort hoch erfreut und bevollmächtigte den Mann, diese Angelegenheit selbst in die Hand zu nehmen. Als die Frau fertig war, wollte Maidere Ülgen holen, damit er ihr den göttlichen Lebensatem einblase. Damit seinem Werk aber während seiner Abwesenheit nichts zustieß, pfiff er einen Hund herbei und befahl ihm, gut auf das weibliche Wesen aufzupassen.

Kaum aber war der Mann fort, kam Erlik, der eine Chance witterte, Unheil zu stiften. Er bestach den Hund mit einem Versprechen und näherte sich dann der noch leblosen Frau. Mit einer siebentonigen Flöte pustete er ihr in die Nasenlöcher, und mit einem neunsaitigen Instrument kitzelte er ihr die Ohren. Und das ist der Grund, behaupten wenigstens die Altai-Tataren, warum die Frauen siebenerlei Naturell und neunerlei Stimmungen haben.

Als Maidere mit Ülgen zurückkehrte und sah, was geschehen war, fragte er den Hund, wieso er Erlik habe gewähren lassen. »Er hat mir versprochen, mir einen Pelz zu beschaffen, der im Sommer nicht zu heiß und im Winter nicht zu kalt ist«, gab dieser kleinlaut zur Antwort. Da verkehrte Maidere die Gabe ins Negative und verfluchte alle Hunde außerdem dazu, von den Menschen fortan schlecht behandelt zu werden.

Ungud

Unter den australischen Gottheiten dürfte die Regenbogenschlange die vielleicht am weitesten gereiste sein, und praktisch jeder Stamm, der sie verehrt, kennt sie unter einem anderen Namen, wie etwa Midinj, Ambidji, Bulanj – oder eben Ungud. Entsprechend widersprüchlich sind zum Teil die Aussagen, die über sie kursieren.

Die Regenbogenschlange hat keinen Anfang und ist unsterblich; andererseits spießte sie der böse Gott Djinimin in der Traumzeit auf, und durch ihre Todeszuckungen zerwühlte sie die – von Pundjel[**] platt und undifferenziert geschaffene – Landschaft, wodurch sie ihr erst ihr heutiges Aussehen verlieh; und ebenso gab es eine Zeit, da sie noch nicht sie selbst, sondern Gunmangur[**] war. In ihrer eigentli-

chen Gestalt ist Ungud nur für Medizinmänner sichtbar; so viel weiß
man aber immerhin, daß sie sowohl männlich als auch weiblich ist,
wobei die untere Hälfte die mit dem Gesicht nach unten weisende
Frau, die obere aber der Mann mit nach oben gekehrtem Gesicht ist,
und daß die beiden Teile auf diese Weise, »anders als die Menschen«,
ihre Kinder zeugen. Manchmal zumindest hat Ungud lange Zähne
»wie eine Seekuh«, lange Haare wie ein Pferd, zwei Hörner auf dem
Kopf und den langen Schwanz eines Stachelrochens – womit er/sie
verblüffend einem chinesischen Drachen ähnelt. Die Aranda wissen
nichts von derlei Extravaganzen, dafür aber, daß die Schlange rot ist,
»gerade so wie die ewige Jugend«.

Da die Regenbogenschlange nicht nur im Himmel, sondern auch
grundsätzlich in jedem Gewässer lebt, empfiehlt es sich, stets vor
ihren möglichen Angriffen auf der Hut zu sein. Als eine gute Vor-
sichtsmaßnahme gilt es beispielsweise, sich potentiell gefährlichen
Orten nur mit einem Messer im Haar zu nähern. Passiert einem dann
doch das Mißgeschick, von Ungud verschlungen zu werden, kann
man sich so wenigstens wieder einen Weg aus seinem/ihrem Bauch
ins Freie schneiden.

Die Glücklichen, denen schon mal eine solche Flucht gelungen ist,
lassen sich übrigens, wie man hört, daran erkennen, daß sie besonders kleinwüchsig sind.

Trotz solcher gelegentlichen Anfälle von Gefräßigkeit überwiegen
aber die positiven Taten der Regenbogenschlange bei weitem, denn
nicht nur hat sie der Welt, wenn auch nicht ganz freiwillig, ihre jetzige Form gegeben, sie hat auch die Menschen und die Geister ins
Leben gerufen sowie die Fische und die Gestirne erschaffen. Darüber
hinaus ist sie es, von der – bis auf den heutigen Tag – jeder Medizin-
mann ein neues Gehirn aus Quarz erhält, das ihm erst seine hellse-
herischen und telepathischen Fähigkeiten verleiht. Da die Schlange
aber durch ihre heftigen Windungen offenbar mehr Quarzkristalle
ausscheidet und aus dem Wasser schleudert, als Zauberergehirne
nötig sind, können ab und an auch gewöhnliche Sterbliche welche finden. Solche machtgeladenen Reliquien schützen ihren Träger vor
allen bösen Einflüssen und werden dementsprechend mit großer
Ehrfurcht behandelt.

Uranos

Der Himmelsgott Uranos, der Stammvater des ganzen griechischen
Göttergeschlechts, ist mit seiner eigenen Mutter, Gaia*, verheiratet.
Daß eine solche Ehe das Risiko etlicher Krisen in sich birgt, läßt sich
denken, doch daß es ihm *so* schlecht ergehen würde, hätte sich Uranos vermutlich nicht träumen lassen.

Anfangs schien er sich mit Gaia durchaus gut zu vertragen – jedenfalls zeugten sie zusammen ein Kind nach dem anderen –, doch
bald tauchten die ersten Probleme auf; etliche dieser Nachkommen
wirkten nämlich nicht übermäßig geglückt. Da waren beispielsweise
die Kyklopen, einäugige Riesen, und die Hekatoncheiren, Ungetüme
mit hundert Armen und fünfzig Köpfen. Wie Uranos auf diese
Mißgeburten reagierte, berichtet uns Hesiod:

>»Viele waren der Ehe von Erde und Himmel entsprossen,
>keine aber so schreckenerregend wie diese, dem eignen
>Vater von Anfang verhaßt. Und immer wenn einer geboren,
>den verbarg er sogleich im Schoß der Erde, und nicht mehr
>ließ er ans Licht ihn zurück und freute sich noch seiner Untat.«

Wie Mütter aber nun einmal sind, hatte Gaia jedes einzelne ihrer zahlreichen Monsterchen lieb – mochten sie nun zu viele oder zu wenige
Körperteile aufweisen. Und daß deren eigener Vater sie gewissermaßen im Keller versteckte, gefiel ihr ganz und gar nicht, und ihre
armen Kleinen dauerten sie sehr. Da war es schließlich aus mit ihrer
Zuneigung zu ihrem Gemahl, und sie versammelte ihre Söhne um
sich, zog eine rasch geschmiedete Sichel aus ihrem Gewand und
sprach:

>»Ihr, meine Söhne und die des entsetzlichen Vaters, gehorcht
>   mir!
>Büßen soll uns der euch gemeinsame Vater den argen
>Frevel! *Er* ist ja zuerst auf grausige Taten verfallen!«

Als die Kinder verstanden, was ihre Mutter von ihnen erwartete, waren sie entsetzt und schwiegen – bis auf Kronos*. Er erklärte sich bereit, seine verstoßenen Geschwister zu rächen, und wiederholte Gaias
Entschuldigung, Uranos brauche sich nicht zu wundern, er habe ja
schließlich mit den Feindseligkeiten angefangen.

Erfreut nahm Gaia den Sohn beseite und erklärte ihm genau, was
er zu tun habe. Und als Uranos in der folgenden Nacht zu Gaias Bett
kam und sich auf die Gattin legte, reckte Kronos die »linke Hand aus

der Höhle«, packte mit der rechten die Sichel, »starrend von spitzen Zähnen, und mähte, ohne zu zögern, seinem eigenen Vater die Scham ab und warf sie nach hinten durch die Luft«.

Das aus der Wunde strömende Blut fiel in Gaias mütterlichen Schoß, wo es weitere Kinder hervorbrachte: die schlangenhaarigen Erinnyen, die lieblichen Nymphen und die Giganten. Aus dem Geschlechtsteil selbst aber wurde Aphrodite*.

Ushas
→ Surya

Utu
→ Schamasch

V

Varuna

In früheren, vedischen Zeiten war Varuna einer der wichtigsten Götter Indiens. Als Himmelsgott überblickte er mit Hilfe seines leuchtenden Auges, der Sonne, und seiner unzähligen Späher, den Sternen, die ganze Welt und war dementsprechend allwissend. Er sorgte dafür, daß nachts der Mond scheint, er breitete die Erde als Teppich für die Sonne aus und legte darüber die Luft. Er befestigte die Berge und bewirkte, daß die Meere nicht überflossen. Nach seiner Anweisung flossen die Flüsse, regnete es oder schien die Sonne. Auch bei den Lebewesen achtete er darauf, daß Recht und Ordnung gewahrt blieben – und Bösewichter fing er, wie später dann Yama*, mit seiner Schlinge und führte sie ihrer Strafe zu. Kurz: Er war der Herr der kosmischen Ordnung und der Wahrheit (weswegen die Menschen gern in seinem Namen schworen) – ein Amt, das er gemeinsam mit Mitra* versah. Mit letzterem stand er übrigens auf so gutem Fuße, daß er mit ihm nicht selten eine »Doppelgottheit« bildete: Mitravaruna.

Als Gebieter über den Regen stand Varuna seit jeher mit dem Wasser in enger Verbindung, und so strafte er Übeltäter gern mit Wassersucht. Später dann sollen die Götter Varuna gebeten haben, doch regelrecht Herr über die Gewässer zu werden: »Alle Flüsse der Welt«, so sagten sie, »und der Ozean, der ihr Gemahl ist, werden dir gehorchen. Und du wirst zu- und abnehmen wie der Mond.« Varuna willigte in ihre Bitte ein, und Brahma* ernannte ihn obendrein zum Beschützer der Himmelsrichtung Westen. Diese neuen Funktionen dienten aber nur dazu, zu bemänteln, daß Varuna als Hauptgott ausgedient hatte, daß andere seine Aufgaben übernahmen und er im weiteren eine immer geringere Rolle spielen würde.

So muß er sich inzwischen mehr oder weniger damit begnügen, auf seiner Schildkröte oder seinem Krokodil zu reiten, sich mit seiner Gattin Varuni, der Göttin des Weines, oder mit einer anderen seiner Frauen zu amüsieren – oder den vergangenen goldenen Zeiten nachzutrauern.

Venus

Der Bau des ersten Venustempels in Rom wurde bezeichnenderweise mit den Bußgeldern von Matronen finanziert, die Ehebruch begangen hatten. Dabei war Venus, wenigstens in früherer Zeit, die altitalische Göttin des Frühlings und der Gärten und durchaus nicht, wie ihre griechische Schwester Aphrodite*, hinter jedem Mann her. Ehebruch war anders als bei dieser ohnehin kein Thema für sie, da sie, wie die übrigen römischen Götter auch, eigentlich ledig ist.

Ursprünglich befaßte sie sich also weniger mit der Unzucht als vielmehr damit, daß die Gartenpflanzen im Frühling keimten und gediehen und daß die Obstbäume blühten und Frucht ansetzten – und dementsprechend wurde ihr Fest im April gefeiert. Da man sie daneben auch als Göttin des nach ihr benannten Abendsterns kannte, brachte man ihr, sobald dieser aufging, Lauch und Knoblauch auf einem Altar dar.

Als sie nach Rom kam, änderten sich allerdings die Verhältnisse und damit auch ihr Charakter – denn sie, die wie Bacchus zunächst ein wahres Aschenputteldasein fristete, machte eine langsame, aber stetige Karriere als Liebesgöttin und nahm schließlich einen festen Platz in den Herzen der Menschen ein. Sie wurde von den Freudenmädchen ebenso verehrt wie von der jungfräulichen Braut oder der ehrwürdigen Matrone.

Venus kümmerte sich in Rom aber nicht nur um die Liebenden, sondern auch um die Sauberkeit und damit um die Gesundheit und Schönheit ihrer Schützlinge. Daher war sie als *Venus Mefitis* zum einen die Göttin des Schwefels, dessen man sich damals in Form von Räucherungen oder Bädern vor allem zu Reinigungszwecken bediente. Zum anderen sorgte sie als *Venus Cloacina*, deren Heiligtum am größten Abwasserkanal Roms lag, dafür, daß Rom selbst »rein« wurde und damit frei von Seuchen blieb.

So hat sie, deren Blume die Myrte ist, sich einige Verdienste um die Ewige Stadt erworben und sich ihren Aufstieg zu einer der beliebtesten Göttinnen überhaupt durchaus redlich erworben.

Verethraghna

Verethraghna ist der von den alten Iraniern und Armeniern (hier unter dem Namen Vahagn) verehrte Gott des Sieges; er steht in enger Beziehung zu Mithras*, indem er dafür sorgt, daß Recht und Wahrheit stets (oder doch meist) triumphieren. Von seiner Entstehung berichtet eine altarmenische Hymne mit folgenden Worten:

»In Geburtswehen lagen Himmel und Erde,
in Geburtswehen lag auch das purpurne Meer;
Geburtswehen im Meere hielten das rote Schilflein ergriffen,
durch des Schilfes Röhre stieg Rauch auf,
durch des Schilfes Röhre stieg Flamme auf,
und aus der Flamme sprang ein Knäblein,
das hatte Feuer als Haar, auch hatte es Flamme als Bart,
und seine Äuglein waren Sonnen.«

Als das Knäblein groß war, beging es, wie Herakles, eine Heldentat nach der anderen, insbesondere war der feurige Gott bald als Drachentöter weit und breit bekannt, gepriesen und oft besungen.

Wie viele Götter liebt Verethraghna es, die unterschiedlichsten Gestalten anzunehmen, und so präsentierte er sich dem Religionsstifter Zarathustra nacheinander in zehn verschiedenen Manifestationen, darunter als goldgehörnter Stier, als brünstiger Kamelhengst, als Wildschwein, als Raubvogel und als »fünfzehnjähriger Junge mit kleinen Fersen«.

Als Geschenk brachte er Zarathustra die Feder eines Raubvogels mit, die ihn beschützen sollte. Ahura Mazda*, der Gute, seinerseits erklärte Zarathustra, wie der Siegesgott zu verehren sei, nämlich durch Gußopfer und ein gebratenes Schaf.

Die Anhänger des Verethraghna identifizierten ihren Gott aber weniger mit einem brünstigen Kamelhengst oder mit einem kleinfersigen Knaben als vielmehr vor allem mit einem starken Eber – und so beliebt war er in dieser Gestalt und unter diesem Namen (Wahram oder Bahram), daß Angehörige der sasanidischen Krieger- und Herrscherklasse jahrhundertelang ihre Söhne nach ihm benannten.

Vesta

Vesta kann auf eine sehr lange Verehrung zurückblicken, denn sie ist eine der ältesten Göttinnen Roms. Wie ihre griechische Schwester Hestia ist sie die Göttin des Herdes.

Anders als diese kümmerte sie sich jedoch weniger um die einzelnen konkreten Herde jedes Haushalts, als vielmehr um den großen Staatsherd, dessen heiliges Feuer nie ausgehen durfte. Solange es brannte, ging es Rom und seinen Bürgern gut, garantierte Vesta ihnen Heil, Gesundheit und Glück.

Dafür, daß dieses kostbare Feuer unaufhörlich brannte, sorgten die sechs Vestalinnen, Priesterinnen der Göttin, die bei ihrem, durch

Raub erzwungenen Amtsantritt nicht älter als zehn Jahre sein durften und mindestens drei Jahrzehnte bleiben mußten. Ihnen war unbedingte Keuschheit anbefohlen, und wenn eine dieses Gebot übertrat, wurde sie lebendig eingemauert oder von einer Klippe in den Tod gestürzt.

War Vesta auch für das große Ganze zuständig und erhielt daher bei jedem Opfer ihren Anteil, gab es doch Berufszweige, die sie als ihre Schutzgöttin besonders verehrten. Hierzu zählten vor allem diejenigen, für die der Herd eine zentrale Rolle spielte, nämlich die Bäkker und mit ihnen, als deren Lieferanten, die Müller.

Anläßlich des Festes ihrer Göttin, das am 9. Juni gefeiert wurde, bekränzten sie ihr Tier, den Esel, mit Veilchen und aufgereihten Broten, da er es war, der ihnen nicht nur die Säcke trug, sondern auch die Mühle drehte.

Der Tempel der Vesta war übrigens der älteste Kultbau in Rom, und er enthielt nie ein Bildnis der Göttin (in älterer Zeit ließ sich die Göttin überhaupt *nirgends* abbilden), sondern stets nur den heiligen Herd – was allerdings nicht alle gewußt zu haben scheinen; so schrieb Ovid: »Lang hab ich töricht geglaubt, es gäb ein Kultbild der Vesta, / bis ich erfuhr, es steht keines im kreisrunden Bau.«

Viracocha
→ Pachacamac

Vishnu

Im Vergleich zu Shiva*, dem anderen höchsten Gott Indiens, kann Vishnu als der Inbegriff von Recht und Ordnung bezeichnet werden. Er ist der Beschützer der Kastenordnung und namentlich der Wahrer der Privilegien der Brahmanen und der Macht des Königs – kurz: Er ist der Gott des Establishments. Auch als »absoluter« Gott betrachtet, ist er das genaue Gegenteil von Shiva: Anders als bei diesem bleibt zwischen ihm und dem individuellen Selbst, dem Atman, sowie dem Universum immer ein unaufhebbarer Unterschied bestehen. Vishnu *erschafft* die Welt; er *ist* sie nicht. Er ist ein transzendenter, distanzierter, lauer Gott.

Dazu passend besitzt er im Gegensatz zu den anderen indischen Göttern außer einem *Reit*-Tier, dem Vogelmenschen Garuda, auch ein *Schlaf*-Tier: die Riesenschlange Shesha oder Ananta. Auf ihr liegt er die meiste Zeit herum und ruht sich aus, während seine Gemahlin Lakshmi* ihm die Füße massiert. Schläft er irgendwann dabei ein, verschwindet die Welt mit allem, was sie enthält, völlig von der Bildfläche. Wacht er wieder auf, sprießt ihm aus dem Bauchnabel eine Lotosblüte hervor. In ihr sitzt der Gott, der dafür sorgt, daß die verlorengegangene Welt wieder neu entsteht, also die eigentliche Schöpfungsarbeit erledigt: Brahma*. In diesem Sinne ist Brahma der einzige »legitime« Sohn, den Vishnu sein eigen nennen kann, denn die Ehe mit Lakshmi ist kinderlos.

Erkennen kann man Vishnu an seinen vier Armen, in denen er ein Schneckenhorn, eine diskusförmige Waffe namens Chakra, eine Keule und eine Lotosblüte hält. Einige Verdienste um die Menschheit und die Götterwelt hat sich Vishnu übrigens trotz seiner weitgehend liegenden Lebensweise *schon* erworben. Immer wenn die Götter nicht mehr ein noch aus wissen, weil irgendwelche Dämonen es im Himmel oder auf der Erde zu bunt treiben, suchen sie Vishnu auf und fragen ihn um Rat.

Und wenn es gelegentlich *ganz* besonders schlimm steht und guter Rat allein nicht mehr ausreicht, entschließt sich der Gott sogar, selbst in die Bresche zu springen. Nicht in eigener Person, wie Shiva es tun würde – aber zumindest als Avatara oder »Herabkunft«, als Inkarnation: Er läßt sich durch eine geeignete Mutter gebären, verbringt eine angemessene Anzahl von Jahren auf der Erde und sorgt im Laufe dieses Lebens dafür, daß die betreffende Angelegenheit wieder ins Lot kommt.

Wie oft Vishnu bislang auf diese Weise in die Welt herabgestiegen ist, läßt sich nicht mit Sicherheit sagen; berühmt sind seine »zehn Avataras«, von denen er bereits neun absolviert haben soll.

Als erstes wurde Vishnu zum Fisch (*Matsya*), um Manu, den Urahn der Menschen, vor der Sintflut zu retten. Dieser hatte ihn, als er noch ganz klein gewesen war, vor großen Fischen beschützt und gefüttert, und als er bei der guten Pflege mit rasender Geschwindigkeit gewachsen war, in immer größere Gewässer gesetzt, damit er nicht einging. Zum Dank warnte er Manu also vor der bevorstehenden Flut, hieß ihn ein Boot bauen und zusammen mit einigen auserwählten Weisen (samt Ehefrauen) einsteigen. Dann ließ sich Matsya ein Horn wachsen, befahl Manu, das Boot daran festzubinden, und schleppte auf diese Weise die Indo-Arche zum höchsten Gipfel des Himalaya. Als die Flut endlich zurückging, war alles Leben zugrunde gegangen – bis auf die wenigen Menschen in Manus Boot.

Vishnus zweiter Avatara ist die Schildkröte (*Kurma*). Als die Götter den Milchozean quirlten (siehe hierzu unter Shiva), benutzten sie den Berg Mandara als Quirlstock. Da dieser aber keine angemessene Unterlage hatte, rutschte er mit der Zeit immer tiefer und drohte, ganz im Milchschlamm zu versinken. Da nahm Vishnu die Gestalt einer Schildkröte an, tauchte bis auf den Grund des Ozeans und nahm den Berg auf seinen Buckel, so daß die wichtige Unternehmung zu einem glücklichen Ende geführt werden konnte.

Als drittes verwandelte sich Vishnu in einen Eber (*Varaha*), weil die Welt von zwei besonders bösartigen Dämonen terrorisiert wurde. Einem der beiden, Hiranyaksha, gefiel es, den Ozean so zu peitschen, daß er nach allen Seiten überschwappte. Vom Meeresgott Varuna* zu Hilfe gerufen, kam Vishnu in Schweinsgestalt zum Meeresstrand, doch als Hiranyaksha ihn sah, packte er, böse wie er war, die Erde und rannte mit ihr in die Unterwelt. Doch Vishnu ließ sich nicht abschütteln: Er folgte dem Dämon, tötete ihn nach einem tausendjährigen Kampf und brachte die Erde wohlbehalten dahin zurück, wo sie hingehörte.

Viertens: Hiranyakashipu, Hiranyakshas Bruder, blieb aber noch am Leben und war von unauslöschlichem Haß gegen Vishnu erfüllt. Er übte ein paar tausend Jahre lang Askese zu Ehren von Brahma, und schließlich erklärte sich dieser bereit, ihm einen Wunsch zu erfüllen. Die Unsterblichkeit, auf die er es eigentlich abgesehen hatte, wollte Brahma ihm nicht gewähren; also verlangte der listige Dämon, daß der Tod ihn weder auf der Erde noch in der Luft, nicht durch einen Menschen, Tier oder Gott, nicht bei Tag und nicht bei Nacht, durch keine irdische oder göttliche Waffe und weder im Haus noch im Freien ereilen dürfe. Damit hielt sich Hiranyakashipu für unverwundbar und somit bereit für einen Kampf mit Vishnu.

Nun wollte es das Schicksal aber, daß ausgerechnet er einen Sohn bekam, Prahlada, der Vishnu über alles liebte. Zuerst brachte Hiranyakashipu ihn zu einem Weisheitslehrer, der ihn von diesem Wahn abbringen sollte; aber als dieser sich statt dessen selbst zum Vishnuismus bekehren ließ, griff der Dämon zu weniger subtilen Mitteln und versuchte, den mißratenen Sohn kurzerhand zu ermorden. Doch vergeblich.

Ob er nun wilde Elefanten auf ihn hetzte, Giftschlangen in sein Bett schmuggelte oder ihm das Haus über dem Kopf anzündete – Vishnu rettete seinen Schützling aus allen Notlagen.

Eines Abends riß Hiranyakashipu der Geduldsfaden, und er schrie seinen Sohn an: »Wo ist denn nun dieser Vishnu, den du ständig anflennst? Vielleicht hier drin?« und trat gegen den Pfeiler der Veranda, auf der sie gerade standen. Im selben Augenblick brach der Pfeiler auf, und ein Monster, halb Löwe, halb Mensch, sprang mit markerschütterndem Gebrüll heraus. Es packte Hiranyakashipu, legte ihn sich auf die Knie und riß ihm mit den Klauen die Brust auf. Und so starb der Dämon, wie er es sich gewünscht hatte: weder bei Tag noch bei Nacht, sondern in der Dämmerung; weder im Haus noch im Freien, sondern auf der Veranda; und weder auf der Erde noch in der Luft, sondern auf Vishnus Knien. Und weder ein Mensch noch ein Tier, noch ein Gott tötete ihn, sondern ein Mannlöwe (*Narasimha*), und dieser benutzte dazu keinerlei Waffe, sondern lediglich seine Klauen.

Als Zwerg *Vamana* verhalf Vishnu fünftens den Göttern wieder zu den drei Welten, die sie an die Dämonen verloren hatten. Zu diesem Zweck begab er sich in Gestalt eines zwergwüchsigen Hirtenjungen zu Bali, dem König der Dämonen, und bat ihn bescheiden um so viel Land, wie er mit drei Schritten ausmessen könne. Bali fand den Kleinen niedlich und gewährte ihm großmütig den Wunsch. Die anderen Dämonen versammelten sich amüsiert, um zuzuschauen. Vamana tat einen Schritt und maß damit – er war ja Vishnu! – die ganze Erde aus.

Mit dem zweiten Schritt umfaßte er den Himmel. Nun hielt er inne und fragte Bali, wohin er den dritten Schritt setzen solle. Da sagte Bali, er besitze jetzt nur noch seinen eigenen Körper. Da setzte Vamana ihm den Fuß auf den Kopf und stampfte ihn mitsamt seinen Gefährten in die Unterwelt. Und damit gehörten die drei Welten wieder den Göttern, die Dämonen aber mußten von nun an in der Unterwelt leben.

Die sechste Inkarnation Vishnus war *Parashurama* oder »Rama mit der Axt«. In dieser Gestalt bekämpfte und vernichtete er in 21 Schlachten die ganze Kriegerkaste, die immer dreister geworden war und die Priesterkaste, die Brahmanen, zunehmend unterdrückte.

Einer von Vishnus berühmtesten Avataras ist siebtens der Königssohn *Rama*, der Überwinder des großen Dämons Ravana. Aufgrund einer Intrige mußte Rama zusammen mit seiner Gemahlin und seinem treuen Bruder Lakshmana (einer »Teilinkarnation« Vishnus) seine Heimatstadt verlassen und im Wald leben.

Eines Tages kam der zehnköpfige Ravana vorbeigeflogen, sah Ramas Frau, die wunderschöne Sita, und verliebte sich augenblicklich in sie. Er nahm die Gestalt eines alten Bettlers an, und als die mildherzige Prinzessin ihm ein Almosen anbot, entführte er sie. Der verzweifelte Rama machte sich sofort an die Verfolgung. Ravana verschanzte sich mit Sita auf seiner uneinnehmbaren Insel Lanka, neben der Südspitze Indiens.

Rama aber erhielt Unterstützung durch das Heer des Affenkönigs, dem er seinerseits – mit nicht sehr ehrenhaften Mitteln – auf den Thron geholfen hatte. Die Affen bauten eine Brücke nach Lanka, Rama forderte Ravana zum Kampf heraus, besiegte ihn und befreite seine geliebte Sita. Dann kehrte er mit ihr in seine Heimatstadt zurück und regierte dort lange Jahre als mustergültiger, weiser und gütiger Herrscher.

Die achte und wohl berühmteste und beliebteste Inkarnation Vishnus ist *Krishna*, ein Königssohn, der unter Kuhhirten aufwuchs. Dem Bruder seiner Mutter, dem grausamen König Kamsa, war nämlich geweissagt worden, daß der achte Sohn seiner Schwester ihn töten würde, und so sorgte er geflissentlich dafür, daß keiner von ihnen ein nennenswertes Alter erreichte; das achte Kind aber, Krishna, wurde rechtzeitig aus der Stadt geschafft und bei einem Kuhhirtenpaar in Pflege gegeben.

Krishna war nicht nur ein wunderschöner Junge, der Schwarm sämtlicher Mädchenherzen, er vollführte auch etliche Wunder und jede Menge Heldentaten, bevor er schließlich, wie geweissagt, Kamsa den Garaus machte und damit die Welt von einem weiteren Erzschurken befreite. Auch er wurde später, wie Rama, ein vorbildlicher König; darüber hinaus gilt er als der »Verfasser« des berühmten philosophischen Lehrgedichts ›Bhagavadgita‹.

Der neunte Avatara soll *Gautama Buddha* gewesen sein; diese Inkarnation habe Vishnu gewählt, um Dämonen und unrettbar Verblendete vermittels einer »Irrlehre« (des Buddhismus) endgültig auf Abwege zu führen und so der Verdammnis überantworten zu können. Zur Ehrenrettung der Vishnuiten sei immerhin gesagt, daß nur ein kleinerer Teil von ihnen an diesen – für den Buddha und dessen Anhänger beleidigenden – Unsinn glaubt.

Der zehnte Avatara schließlich ist noch überhaupt nicht erschienen. *Kalki* nämlich ist die Inkarnation Vishnus, die uns erst noch bevorsteht: Dereinst, wenn die Menschen nur noch falsch und böse sind, an nichts anderes als an Geld und Macht denken, Frauen, Kinder und Kühe töten und die Brahmanen nicht mehr achten, wird Vishnu mit gezücktem Schwert auf dem Rücken eines schönen, strahlend weißen Pferdes auf die Erde herabsteigen. Dann wird er alle mißratenen Kreaturen mit Stumpf und Stiel ausrotten und ein neues Zeitalter einläuten, in dem Zucht und Ordnung wiederhergestellt sein und wie vor Urzeiten Friede herrschen wird unter den Menschen.

Volcanus
→ Hephaistos

Vucub Hunahpú
→ Hunahpú

W

Wakan
→ Manitu

Wotan
→ Odin

X

Xiwang Mu

Die »Königinmutter des Westens«, wie sie gewöhnlich genannt wird, deren Name aber richtig »Westkönigsmutter« bedeutet, ist eine chinesische Göttin der Unsterblichkeit und die Ahnherrin des Königshauses der Zhou.

Zusammen mit ihrem Ehemann Dong Wanggong, dem »Fürsten des Ostens«, vielen Feen und anderen Genien wohnt sie, wie es sich für eine so hochgestellte Persönlichkeit ziemt, in einem neunstöckigen Jadepalast im Feenreich des Kunlun-Gebirges. Die Umgebung ihres Wohnsitzes ist wahrhaft paradiesisch: So gibt es hier nicht nur einen Jadeteich, sondern vor allem auch die Pfirsichbäume der Seligen. Deren Zauberfrüchte reifen nur alle dreitausend Jahre; dann können sie gepflückt werden und verleihen dem, der sie geschenkt bekommt, die Unsterblichkeit.

Wer sich in diesem Garten Eden etwas zuschulden kommen läßt, wird einfach zum Leben verurteilt, mit anderen Worten: auf die Erde zu uns Menschen geschickt, wo er (oder sie) erst sterben und wiedergeboren werden muß, um dann, nach verbüßter Strafe, wieder ins Feenreich in seinen alten Rang zurückkehren zu dürfen.

Passend zu ihrem reizenden Wohnort, soll Xiwang Mu ebenso schön und anmutig sein wie ihre Feen – sagt man wenigstens heutzutage. Leibhaftig gesehen haben sie bisher allerdings nur wenige; einer dieser Auserwählten war der Han-Kaiser Wudi, der im zweiten

Jahrhundert vor unserer Zeitrechnung lebte. Eines Tages flogen drei blaue Vögel in den Thronsaal, und der kaiserliche Berater erklärte Wudi, damit melde die Westkönigsmutter ihren allerdurchlauchtigsten Besuch an. Und in der Tat erschien die Göttin am siebten Tag des siebten Monats, sie dinierte ausgiebig mit dem Kaiser, wobei die drei blauen Vögel die erlesensten Speisen auftischten, und verehrte ihm anschließend obendrein vier von den kostbaren Pfirsichen.

Auch zu anderen Zeiten steigt die Westkönigsmutter auf ihrem Reittier, dem Kranich oder aber dem Phönix, hinab auf die Erde, um auserwählten Herrschern etwas von ihrem Wissen mitzuteilen, damit es in entsprechende Schriften zum Wohle der Menschen einfließe.

In früheren Zeiten allerdings hielt man Xiwang Mu keineswegs für eine schöne Frau – eher das Gegenteil. Da wußte man auch nichts von einem Jadepalast, lieblichen Hainen und hübschen Feen, sondern glaubte, Xiwang Mu wohne in einer Höhle des Jadeberges Yushan und sei ein abgrundtief häßliches Mischwesen mit Leopardenschwanz, Tigerzähnen und völlig verzotteltem Haar, das sich hervorragend aufs Heulen oder Pfeifen verstehe.

Ihr obliegt es, die Geister und Dämonen zu beaufsichtigen, die für Krankheiten und Epidemien zuständig sind, und sie besitzt nach dieser alten Vorstellung nicht Pfirsiche, sondern das Kraut der Unsterblichkeit. Immerhin hat sie einen Stock aus dem Holz des Pfirsichbaums, das, wie man glaubte, böse Geister abwehrt, weshalb er auch ein Attribut der Schamanen ist. Ab und an wird sie von ihrem Ehemann in ihrer Höhle besucht, ansonsten steht die Göttin in enger Verbindung zu einigen seltsamen Tieren, die ihre Ähnlichkeit mit unseren Vorstellungen einer Hexe noch untermauern: Da gibt es nämlich zunächst einmal den dreibeinigen Raben, der in der Sonne wohnt, dann eine tanzende Kröte, den Mondhasen, der für sie das Kraut der Unsterblichkeit in einem Mörser zerstampft, und außerdem einen Fuchs mit neun Schwänzen.

Auf dem Kopf trägt Xiwang Mu stets eine Art Krone mit einer Doppelaxt, an der man sie auch auf Abbildungen unschwer erkennen kann. Ob sie nun jung und schön oder alt und häßlich ist, spielt letztlich keine Rolle, da sie als Göttin ihr Aussehen vermutlich ganz nach Belieben verändern kann. Jedenfalls schenkt man Geburtstagskindern in China noch heute gern Karten mit dem Bild der Xiwang Mu, um ihnen durch den Segen der Göttin der Unsterblichkeit ein langes Leben zu sichern.

Xipe Totec
Er ist der zapotekisch-toltekisch-aztekische Gott des Frühlings, der Fruchtbarkeit und insbesondere der Nahrungspflanzen und ist – wie die Übersetzung seines Namens, »Unser abgehäuteter Herr«, verrät – zweifellos ein armer Kerl. Daß er sich aber alljährlich mit der frisch abgezogenen Haut ihm geopferter Menschen einkleiden ließ, geht denn doch zu weit. Ein Gott sollte wohl imstande sein, sich aus eigener Kraft eine neue Epidermis nachwachsen zu lassen – und falls nicht, den Anstand haben, ganz schnell und ohne jedes Aufhebens abzudanken.

Xochiquetzal
Die Göttin mit dem hübschen Namen »Quetzalfeder-Blume« ist als die Schutzpatronin der Schönheit und der Sexualität eine der wenigen erfreulichen Gottheiten der Azteken. Ursprünglich war sie die Gemahlin des Regengottes Tlaloc*, doch der schwarze Tezcatlipoca* entführte sie und machte sie wegen ihres Liebreizes zur Liebesgöttin. Damit man auch gleich erkennt, mit wem man es bei ihr zu tun hat, trägt sie zumeist ein Stirnband, das mit Blumen und zwei Federn des smaragdgrünen Quetzalvogels verziert ist.

Außer um die körperliche Liebe kümmert sie sich auch um die eng damit zusammenhängende Fruchtbarkeit. Sie sorgt also dafür, daß die Frauen schwanger werden, sie betreut sie während dieser gefährlichen Zeit und steht ihnen anschließend auch bei der Geburt zur Seite.

Darüber hinaus wurde Xochiquetzal auch als Schutzgöttin der Weberinnen sowie überhaupt als Göttin der »häuslichen Künste« verehrt.

Y

Yama

Yama ist der indische Gott des Todes, der Geister, der Ahnen und der Krankheiten. Er wohnt im Süden. Sein Reittier ist der Büffel, und seine Waffen sind ein Stab oder eine Keule und eine Schlinge, mit der er seine Opfer einfängt.

Yamas Aufgaben beschränken sich nicht darauf, Geister und Ahnen zu regieren und die Lebewesen gemäß ihrem Karma mit Krankheiten zu schlagen oder zur Strecke zu bringen; er hat auch alle Hände voll damit zu tun, die Bösewichter unter seinen Toten zu bestrafen. Wenn sie nach einem langen Marsch durch eine glühendheiße, schattenlose Wüste zu ihm in sein Totenreich gelangt sind, zitiert er sie vor seinen Thron, macht ihnen den Prozeß und verurteilt sie zu einem (anders als bei uns zulande allerdings immer befristeten) Aufenthalt in einer seiner 28 verschiedenen Höllen.

Hölle Nummer 28 ist beispielsweise all denen vorbehalten, die zu geizig waren, auch nur für das Lebensnotwendigste Geld auszugeben, oder die ihre Schulden nicht bezahlt haben; sie werden hier ununterbrochen mit Nadeln gepeinigt. Hölle Nummer 11 dagegen besteht aus einem glühenden eisernen Käfig und ist der Aufenthaltsort der Diebe.

Weil Yama mit all diesen Pflichten reichlich überfordert ist, steht ihm ein Sekretär namens Chitragupta zur Seite, der ihm das Gröbste abnimmt und es weiterdelegiert. So verfügt Yama über eine Dienerschar, die in seinem Auftrag die Welt nach immer neuen Opfern absucht. In einem Gebäude seiner Stadt Yamapuri sind weitere Diener damit beschäftigt, die Lebensspanne jedes einzelnen Wesens auszurechnen, wobei dessen Sünden und Tugenden ordentlich gegeneinander abgewogen werden.

Natürlich besitzt Yama einen prächtigen Palast, der von tausend Säulen getragen wird. Hier wohnt er mit seiner Frau Yami und seinen beiden Hunden, riesigen braunen Tieren mit vier Augen und einer breiten Nase. Sie bewachen den Weg zum Totenreich und laufen in ihrer Freizeit auf der Erde umher, um dort nach dem Rechten zu sehen.

Einst waren diese Hunde Dämonen, die sich das Paradies sichern wollten, indem sie zusammen mit Tausenden von Artgenossen einen

Altar aus Steinen auftürmten, der bis in den Himmel reichen sollte, wobei jeder Stein einen von ihnen symbolisieren würde. Indra*, der sah, was die Dämonen im Sinn hatten, nahm die Gestalt eines Brahmanen an und legte einen Stein für sich selbst dazu. Als die Himmelsleiter fast fertig war, zog der Götterkönig seinen Stein wieder heraus – und der ganze Turm krachte in sich zusammen. Die meisten Dämonen stürzten auf die Erde und verwandelten sich in Spinnen; zwei von ihnen aber flogen in die Höhe und wurden zu Yamas Höllenhunden.

Yao

Yao ist einer der chinesischen Himmelsgötter und zugleich einer der mythischen Kaiser, der Begründer der sagenhaften Xia-Dynastie. In seinem Auftrag hatte die Sonnenmutter in Urzeiten die Gestirne geschaffen und den Lauf von Sonne und Mond geregelt und den Menschen die Sonnenzeit geschenkt; er selbst vermaß als erster deren Bewegungen und wurde damit zum Schöpfer des Kalenders. Als er in die Jahre kam, begann Yao sich darüber Gedanken zu machen, wer nach seinem Rücktritt die Herrschaft über die Welt und den Himmel übernehmen könne.

Seinem eigenen Sohn, den er selbst kurz und bündig als Schandmaul abtat, traute er die Verantwortung für eine so schwerwiegende Aufgabe nicht zu, und auf den Rat der vier Weltgegendberge verfiel er schließlich auf den Lichtgott Shun*. Und nachdem er ihn drei Jahre lang auf die Probe gestellt hatte und mit dem Ergebnis mehr als zufrieden war, ließ er ihn erst ein Weilchen mitregieren, um ihm Gelegenheit zu geben, sich mit den Amtsgeschäften vertraut zu machen, und fiel dann freiwillig vom Himmel. Nach einem drei Jahre währenden Interregnum, während welcher Zeit absolute Stille herrschte, trat Shun dann die Nachfolge Yaos an.

Yi

Dem chinesischen Jagdgott Yi verdankt die Menschheit die Einführung des Bogens; das nützliche Gerät erfand Yi allerdings nicht selbst, sondern bekam es bereits fix und fertig und rot lackiert samt einem Köcher voll weißgefiederten Pfeilen vom Himmelsgott geschenkt. Der Grund für diese Gabe war allerdings nicht gänzlich uneigennützig, denn damals herrschten auf der Welt recht üble Zustände. Zum einen – und das muß wahrlich ein Anblick schrecklich und gemein gewesen sein! – gingen am Horizont tagtäglich zehn

Sonnen gleichzeitig auf, die mit ihren vereinten Strahlen alle Gewächse, Gras, Getreide und Bäume, verdorren ließen, so daß die Menschen nicht wußten, wovon sie leben sollten. Außerdem trieben die verschiedensten Monstren ihr Unwesen – darunter Drachenkopf und Meißelzahn, Großes Wildschwein und Lange Schlange.

Ihnen allen sollte Yi mit Hilfe des rot lackierten Bogens das Handwerk legen, und er enttäuschte die Hoffnungen des Himmelsgottes nicht: Meißelzahn erlegte er in der Feldblumenflur, Großes Wildschwein erschoß er in einem Maulbeerhain, und auch den übrigen sowie den Sonnen machte er mit seinen unfehlbaren Geschossen den Garaus.

Als er damit fertig war, verlegte er sich aufs Drachentöten und brachte es auch hierin zu einer wahren Meisterschaft. Anstatt es aber nun dabei bewenden zu lassen und sich im Glanze seines Erfolgs zu sonnen, war Yi inzwischen so versessen aufs Jagen geworden, daß er eine ausgesprochen üble Tat beging, für die er übrigens beim Himmelsgott endgültig in Ungnade fiel: Er zielte und schoß nämlich nach dem dreibeinigen Sonnenraben der Xiwang Mu*!

Ob Yi, wie manche Texte behaupten, wegen dieses Verbrechens getötet wurde und in welcher Weise er umkam, oder ob er, wie man von einem Himmlischen ja wohl erwarten dürfte, in irgendeiner Weise weiterexistiert – das wissen die Götter.

Yu

Yu (gesprochen: Yü) ist eine altchinesische Erdgottheit, die nicht nur beide Geschlechter in sich vereint, sondern auch sonst als ungeheuer vielseitig bezeichnet werden kann. Sie war es, die in Urzeiten, als auf der Erde das Chaos herrschte, die Urflut bis zum Himmel schwoll und die Erdenmenschen in der Finsternis lebten, ganz allein für Ordnung sorgte.

In Gestalt eines Bären schlug sie Schluchten in das Gestein, und als Schlange grub sie Furchen, um Täler zu schaffen. Dann leitete sie die Urflut in kanalisierte Bahnen, womit sie nicht nur Flüsse und Meere erschuf, sondern auch die Bewässerungskanäle, die die chinesischen Bauern seither nach ihrem Beispiel durch ihre Felder ziehen, und bildete damit zugleich auch trockene, feste Erde, auf der die Menschen, Tiere und Pflanzen leben und gedeihen konnten. Um das Verhältnis zwischen Festland und Wasser ausgewogen zu gestalten, bediente sie sich eines Zollstocks aus Jade, den sie auf wundersame Weise erhalten hatte:

Als sie eines Tages damit beschäftigt war, den Berg des Drachen-
passes zurechtzumeißeln, gelangte sie an eine tiefe Höhle. Neugierig
trat sie ein und lief und lief, ohne an ein Ende zu gelangen. Schließlich
wurde es so dunkel, daß sie eine Fackel anzünden mußte, um wei-
terzugehen zu können. Da erblickte sie ein Tier, das einem Wildschwein
ähnelte und eine strahlende Perle im Maul trug. Ihm voran lief ein bel-
lender Jagdhund. Verwundert folgte Yu den beiden, bis es zunehmend
heller wurde. Und da nahmen die Tiere plötzlich menschliche Gestalt
an. Vor ihnen stand ein Gott, der ebenfalls ein menschliches Gesicht,
dazu aber einen Schlangenleib hatte. Und er war es, der Yu ohne weiteren Kommentar die Meßlatte verehrte.

So maß sie also Erde und Wasser und rackerte sich ab von früh bis
spät. Und als das Gröbste erledigt war, ließ sie es nicht dabei bewenden, sondern schlug hier und da Lichtungen in die unermeßlichen Ur-
wälder und beauftragte den Jagdgott Yi*, die Menschen mit Fleisch
zu versorgen. Nimmer müde wanderte sie über die gesamte Erde und
griff überall ein, wo es ihr notwendig erschien, bis schließlich alles
genau so war, wie sie es sich vorgestellt hatte. Bei der ganzen Plackerei
waren ihr zwar die Fingernägel ausgefallen, aber sie konnte stolz auf
sich sein.

Und nachdem sie sich von den Strapazen der Schöpfung erholt hatte, durfte sie sich auch endlich wieder ihrer eigenen Familie – dem anderen Teil ihrer selbst – widmen, der viele lange Jahre zu kurz gekommen war.

Yum Cimih

Der »Herr des Todes« der Maya war auch unter den Namen Hunhau,
Ahpuch oder Cizin, der »Nichtige«, bekannt. Sein Amt als Totengott
steht ihm förmlich ins Gesicht geschrieben, das nämlich – wie auch
sein Rückgrat – weder Haut noch Fleisch aufweist. Dies hat natürlich zur Folge, daß er ständig die Zähne bleckt und eine abgesägte
Totenkopf-Nase hat. An Hand- und Fußgelenken, aber auch an-
dernorts, trägt er Schellen und Klappern, mit denen er überall Angst
und Schrecken verbreitet. Zu den Lieblingstieren dieses sympathischen Herrn gehören die Eule und der Hund.

Yum Cimih ist aber nicht nur für die Verstorbenen zuständig, er ist
gleichzeitig auch der Herr und Verwalter der Beulenpest und anderer schrecklicher Seuchen. Verständlicherweise fürchteten ihn die
Maya sehr, was sie aber seltsamerweise nicht daran hinderte, ihn ausgiebig abzubilden.

Aus nicht näher bekannten Gründen hat Yum Cimih keine Macht über Menschen, die durch den Strang zu Tode kommen; sie werden vielmehr in das Paradies der Ixtab aufgenommen, der Göttin der Erdrosselten. Dies hatte zur Folge, daß sich der Selbstmord durch Erhängen in Yucatán zeitweise größter Beliebtheit erfreute.

Z

Zeus

Zeus ist der höchste Gott der Griechen, Vater der Götter und der Menschen. Auf dem schneebedeckten Olymp thronend, überblickt er sein Reich, erhört Gebete, straft Übeltäter und schüttelt, wenn er zornig ist – was häufig genug vorkommt –, die Wetterwolke Ägis, damit sie sich mit Regen, Blitz und Donner entlädt. Daneben fühlt er sich für alles verantwortlich, was mit der Familie im weitesten Sinne zusammenhängt: Er sorgt dafür, daß die Menschen das Gastrecht wahren, daß Ehepartner zusammenhalten, Haus und Hof beschützt sind und Glück und Segen darüber walten.

Daß ausgerechnet der notorische Ehebrecher Zeus sich so für die Familie einsetzt, könnte damit zusammenhängen, daß er selbst aus, milde ausgedrückt, zerrütteten Verhältnissen stammt: Sein Vater Kronos* hatte die unangenehme Eigenschaft, seine eigenen Kinder aufzuessen. Ein Orakel hatte ihm nämlich geweissagt, daß ihn einer seiner Nachkommen entthronen und für immer in die Verbannung schicken würde.

Nachdem aber Rheia, seine Frau und Schwester, hatte mit ansehen müssen, wie etliche ihrer Babys mit einem Haps von Kronos verschluckt wurden, dachte sie sich, als sie das nächste Mal schwanger war, mit Hilfe ihrer Eltern einen Plan aus. Kurz vor der Geburt des kleinen Zeus wickelte sie statt seiner einen länglichen Stein in die Windeln und überreichte den angeblichen Säugling ihrem Gatten, der ihn, ohne richtig hinzusehen (mittlerweile hatte er ja Übung!), in seinem riesigen Rachen verschwinden ließ.

Aufatmend wartete Rheia, bis Kronos nach diesem schwerverdaulichen Mahl eingeschlafen war, und schlich sich dann davon, weit weg, nach Kreta, wo sie in einer Höhle des Ida-Gebirges ihr Kind zur Welt brachte. Einige freundliche Waldnymphen standen ihr bei der Geburt zur Seite, zeigten ihr den Weg zu einer anderen Höhle und versprachen ihr, sobald sie selbst wieder zu ihrem Gemahl zurückgekehrt sein würde, sich dort des Kleinen anzunehmen, ihn zu hegen und zu pflegen.

Tatsächlich verhätschelten die Nymphen Zeus nach Strich und Faden und sorgten dafür, daß er prächtig gedieh: Bienen schenkten ihm ihren Honig, Tauben brachten ihm von weit her göttliches

Ambrosia, und ein Adler spendete ihm den Nektar der Unsterblichkeit. Milch bekam Zeus von einer kleinen Ziege, Amaltheia mit Namen, mit der er außerdem auch nach Herzenslust herumtollen durfte.

Bei einer solchen Gelegenheit knallte Amaltheia im Eifer des Spiels mit dem Kopf so fest gegen einen Baumstamm, daß ihr dabei ein Horn abbrach. Sofort kam eine der Nymphen, Melissa, herbei und bestrich die Wunde mit einem kostbaren Balsam. Der zerknirschte Zeus, der ihr dabei zusah, war ihr für die Hilfe so dankbar, daß er anschließend das abgebrochene Horn aufhob, ihr gab und dazu sprach:

»Du hast meine Ziege mit so großer Liebe gepflegt, daß ich dir nun dieses Horn schenke. Es möge sich von nun an jederzeit mit allem füllen, was du dir wünschst.«

Als Zeus dank solch liebevoller Betreuung endlich zu einem schönen starken bärtigen Mann herangewachsen war, machte er sich eines Tages auf, um sich an seinem grausamen Vater zu rächen.

Zunächst zwang er ihn (wie manche sagen, mit Hilfe eines Brechmittels), seine fünf älteren Geschwister nebst dem an seiner Statt verschluckten Stein wieder auszuspucken; dann forderte er ihn zum Kampf heraus.

Er und seine Brüder wurden dabei von den übrigen Göttern, den Kyklopen und den drei Hekatoncheiren unterstützt, Kronos jedoch von den Titanen. Die Entscheidungsschlacht muß, nach Hesiods Worten zu urteilen, wahrhaft gräßlich gewesen sein:

»Rings schrie die nährende Erde,
lichterloh brennend, rings stürzten im Feuer unendliche Wälder.
Überall kochte das Land, das Wasser des Ozeans kochte
und die Weite des Meers.«

Die Hekatoncheiren – Zeus' Onkel übrigens – waren es, die schließlich den Sieg herbeiführten, denn sie allein vermochten es dank ihren je fünfzig Köpfen und hundert Armen, dreihundert Felsblöcke auf einmal zu schleudern. Damit trieben sie die Titanen in den Tartaros und ketteten sie anschließend für immer fest. Kronos wurde gleichfalls unter die Erde verbannt, und Zeus konnte als neuer Herrscher triumphierend auf dem Olymp einziehen.

Zwar mußte er sich noch gegen die Giganten und später gegen den hundertköpfigen feuerspeienden Drachen Typhon zur Wehr setzen, doch besiegte er auch diese Feinde in dramatischen Kämpfen und wurde daraufhin von allen als unumschränkter König über Götter und Menschen anerkannt.

Wenn Zeus nicht der Erfinder der Doppelmoral ist, so zumindest doch einer ihrer entschiedensten Verfechter. Denn daß gerade er als Anwalt für Familie und Ehe auftritt, mutet angesichts seiner nicht zu zählenden Affären zumindest befremdlich an. Nachdem er seine erste Frau, Metis, dem guten Beispiel seines Vaters folgend, aufgegessen und Athene** gezwungenermaßen selbst geboren hatte, heiratete er noch einige weitere Male, bis er sich schließlich endgültig mit Hera* verband, seiner eigenen Schwester. Mit ihr zeugte er Ares*, Hephaistos*, Eileithyia und Hebe.

Die Zahl seiner unehelichen Kinder kennt er aber vermutlich selbst nicht, denn seine schwache Stelle sind (sieht man von hübschen Knaben ab) eindeutig die Frauen: Göttinnen, Nymphen oder Menschenmädchen, keine ist vor ihm sicher. Und da seine arme betrogene Ehefrau Hera extrem eifersüchtig ist, verfällt er auf die verschiedensten Tricks, um jeweils zu seinem Ziel zu gelangen.

Um Europa, die Tochter eines phönizischen Königs, ungestört besteigen zu können, entführte er sie in Gestalt eines Stieres nach Kreta. Danae, ebenfalls eine Königstochter, schwängerte er in Form eines Goldregens. Leda nahm er als Schwan in Besitz, woraufhin das arme Mädchen prompt zwei Eier legte; aus dem einen schlüpfte später die schöne Helena.

Nicht immer konnte Zeus Hera allerdings mit solchen Methoden hinters Licht führen. Als die Göttin beispielsweise merkte, daß er sich für die thebanische Königstochter Semele interessierte, machte sie ihm einen bösen Strich durch die Rechnung: Sie flüsterte Semele ein, sich von Zeus zu wünschen, daß er ihr in seiner wahren Gestalt erscheine. Als das naive Mädchen dem Rat folgte und der Göttervater sich ihr mit lautem Donnern und sonstigem numinosen Feuerwerk offenbarte, verbrannte sie durch einen seiner Blitzstrahle zu einem Häufchen Asche.

Bei einer anderen seiner Geliebten, Io – ausgerechnet einer Priesterin der Hera –, griff Zeus zwar auch wieder zur Metamorphose, variierte das Thema diesmal allerdings: Als seine Gemahlin ihn nämlich mit der Schönen überraschte, verwandelte er nicht sich, sondern *sie* blitzschnell in eine Kuh. Nicht schnell genug allerdings, denn Hera hatte mitbekommen, um wen es sich bei dem Rindvieh handelte, und forderte scheinheilig von Zeus die Kuh als Geschenk. Was konnte er schon tun, ohne sich zu verraten? So willigte er zähneknirschend ein.

Hera trieb die Kuh auf eine Weide und stellte den hundertäugigen Argos zur Bewachung ab – sicher, daß bei einer solchen Aufsicht nichts mehr passieren könne.

Der liebestolle Zeus dachte allerdings nicht daran, seine Geliebte so schnell aufzugeben, und schickte Hermes auf die Wiese, wo Io weidete und Argos wachte. Hermes nun zückte seinen Zauberstab und schläferte damit Argos Auge für Auge ein, bis er den selig Schlummernden gefahrlos töten – und Zeus seine (noch immer kuhförmige) Io endlich in die Arme schließen konnte.

Hera indes erfuhr sofort, was geschehen war: Wutentbrannt setzte sie auf Io eine besonders bösartige Bremse an, die das arme Tier unausgesetzt quälte. Schmerzgepeinigt und halb von Sinnen galoppierte Io von einem Land in das nächste, bis sie schließlich zu Tode erschöpft in Ägypten ankam.

Hier ließ Hera auf die inständigen Bitten ihres Gatten endlich von ihr ab; Zeus verwandelte sie in eine Frau zurück und kam zu guter Letzt doch noch zu seinem Ziel: Er zeugte mit ihr den Epaphos, der später König von Ägypten wurde.

Diese allzu menschliche Seite, die Zeus leicht lächerlich und wenig erwachsen erscheinen läßt, tat seiner Autorität und seinem Ansehen keinen Abbruch – im Gegenteil. Die Menschen fürchteten seinen Zorn, bewunderten seine Macht, seine Weisheit, seine Fähigkeit, für Recht und Ordnung zu sorgen, und sahen in ihm, dem Überwinder der Titanen, auch das große Vorbild starken, kämpferischen Mannestums. Ihm zu Ehren führten sie denn auch alle vier Jahre die Olympischen Spiele durch.

Außerdem war ihm das neben Delphi wohl heiligste Orakel der Antike geweiht: In seinem uralten Kultort Dodona stand eine Eiche, durch deren Rauschen Zeus zu weissagen pflegte. Hierher soll der Gott übrigens auch den Stein gebracht haben, den sein Vater in lange vergangener Zeit an seiner Stelle verschluckt und wieder von sich gegeben hatte.

Zhang Zaowang

Der »Herdkönig Zhang« ist ein volkstümlicher chinesischer Herdgott. Er wird in jedem Haushalt in großen Ehren gehalten und mit Achtung behandelt; an allen Neu- und Vollmondtagen werden seinem Bildnis Opfer dargebracht, denn einmal im Jahr, gegen Ende des zwölften Monats, fährt er gen Himmel, um dem Himmelsgott ausführlich darüber Bericht zu erstatten, wie sich »seine« Familie das Jahr

über benommen hat. Damit dieses Zeugnis möglichst günstig aus-
fällt, sucht man zuvor, den Herdkönig Zhang in gute Laune zu versetzen.

Zu diesem Zweck spendiert man ihm am Vorabend seiner Abreise
Fleisch, süße Reisklöße und Wein – und obendrein Honig, damit er
anschließend nur süße Worte über seine Schutzbefohlenen spreche.
Dann wird sein Bild ins Feuer geworfen und hinterdrein ein Brief-
chen, in dem man ihm untertänigst eine gute Reise wünscht. Zuletzt
brennt man Feuerwerk ab, das Zhangs Weg in den Himmel erhellen
soll.

Am dreißigsten Tag des zwölften Monats kehrt Zhang Zaowang
dann in jeden Haushalt zurück; wieder werden Feuerwerkskörper ab-
geschossen, ein neues Bild des Gottes wird aufgehängt und eine Will-
kommensbotschaft verbrannt.

Genaugenommen ist es der blanke Hohn, daß ausgerechnet Zhang
sich als Sittenwächter und Tugendrichter aufspielen darf; ja, betrachtet man seine Vorgeschichte, fühlt man sich zwangsläufig an das
alte Gernhardt-Bonmot erinnert: »Die schärfsten Kritiker der Elche /
waren früher selber welche.«

In seiner früheren Existenz war Zhang ein Mensch; er hatte eine
ebenso kluge wie tugendhafte Frau, mit der er in Frieden lebte und
ein großes Vermögen ansammeln konnte. Dann aber verliebte er sich
unsterblich in ein bildhübsches Mädchen und verstieß ihretwegen
seine Gattin, die betrübt in ihr Elternhaus zurückkehrte. Zhang sollte seine törichte Handlung indes schon bald bitter bereuen. Binnen
weniger Monate verabschiedete sich das Glück; erst verlor er all seinen Reichtum, dann verließ ihn folgerichtig seine junge Mätresse. Als
sei's noch nicht genug, wurde er dann auch noch blind und mußte
sich fortan kümmerlich als Bettler durchs Leben schlagen.

Wie er so durch das Land zog, kam er eines Tages zufällig zu dem
Haus, in dem seine verstoßene Frau wohnte. Als er anklopfte und um
ein wenig Nahrung bat, erkannte sie ihn sofort, holte ihn herein und
setzte ihm sein Lieblingsgericht vor. Schon beim ersten Bissen fiel
ihm sein früheres glückliches Leben ein, und er brach in Tränen aus.
Da rief seine treue Gattin aus: »Herr Zhang, Herr Zhang, öffnet Eure
Augen!«

Er tat es und merkte zu seiner großen Verwunderung, daß er wieder sehen konnte. Als er aber seine Gattin erkannte, der er so übel
mitgespielt hatte, schämte er sich so sehr, daß er augenblicklich in das
lodernde Herdfeuer sprang. Seine Frau versuchte zwar, ihn zu retten,

und packte ihn am Bein, doch dieses riß ab, und Herr Zhang ver-
kohlte.

Seit dieser Zeit heißt der Rechen, mit dem man die Asche aus dem
Herd scharrt, »das Bein des Herrn Zhang«. Frau Zhang aber brachte
über dem Herd eine Gedenktafel an, und seitdem wird ihr geläuter-
ter Gemahl als der Herdkönig verehrt.

Mehr zum Thema …

Ägypten

Bacher-Göttfried, Ilona: ›Die altägyptische Götterwelt‹. München 1994.

Lurker, Manfred: ›Götter und Symbole der alten Ägypter‹. Bern – München – Wien 1974/Bergisch Gladbach 1991.

Roeder, Günther: ›Ägyptische Mythen und Legenden‹. Eingeleitet und übertragen von Günther Roeder. Düsseldorf – Zürich 1998.

Alter Orient und Zentralasien

›Wörterbuch der Mythologie‹:

›Götter und Mythen der kaukasischen und iranischen Völker‹. Herausgegeben von Hans W. Haussig. Stuttgart 1986.

›Götter und Mythen im vorderen Orient‹. Herausgegeben von Hans W. Haussig. Stuttgart 1965.

›Götter und Mythen in Zentralasien und Nordeurasien‹. Herausgegeben von Egidius Schmalzriedt. Stuttgart 1999.

Afrika

Dammann, Ernst: ›Die Religionen Afrikas‹. Stuttgart 1963.

Frobenius, Leo: ›Schwarze Sonne Afrika. Mythen, Märchen und Magie‹. Düsseldorf/Köln 1980.

Meinhof, Carl: ›Religionen der Schriftlosen Völker Afrikas‹. Tübingen 1913

Amerika

Deimel, Claus und Elke Ruhnau: ›Jaguar und Schlange. Der Kosmos der Indianer in Mittel- und Südamerika‹. Berlin 2000.

Feest, Christian F.: ›Die Kultur der nordamerikanischen Indianer‹. Köln 1999.

Hufstetler, Edward W.: ›Mythologie der Indianer‹. London 1997.

›Popol Vuh. Das Buch des Rates‹. Aus dem Quiché übertragen und erläutert von Wolfgang Cordan. München 1962.

Rätsch, Christian (Hrsg.): ›Chactun – Die Götter der Maya‹. München 1994.

Taube, Karl: ›Aztekische und Maya-Mythen‹. Stuttgart 1994.

Australien und Ozeanien

Bolz, Herbert (Hrsg.): ›Märchen der australischen Ureinwohner‹. Frankfurt 1989.

Löffler, Anneliese (Hrsg.): ›Märchen aus Australien. Traumzeitmythen und Geschichten der Australischen Aborigines‹. München 1988

Nevermann, Hans, Ernst A. Worms und Helmut Petri: ›Die Religionen der Südsee und Australiens‹. Stuttgart – Berlin – Köln – Mainz 1968.

Germanen

Diederichs, Ulf: ›Germanische Götterlehre‹. Köln 1984

›Edda. Die ältere und jüngere Edda und die mythischen Erzählungen der Skalda‹. Übersetzt und mit Erläuterungen begleitet von Karl Simrock. Essen 1986. (Nachdruck)

Golther, Wolfgang: ›Handbuch der germanischen Mythologie‹. Ulm 1985.

Grimm, Jacob: ›Deutsche Mythologie‹. 3 Bde. Berlin 1875–78. (Nachdruck Graz 1968)

Tetzner, Reiner: ›Germanische Göttersagen‹. Stuttgart 1997.

Griechen, Römer und Etrusker

Gardner, Jane F.: ›Römische Mythen‹. Stuttgart 1994.

Herbig, Reinhard: ›Götter und Dämonen der Etrusker‹. Mainz 1965.

›Der Kleine Pauly. Lexikon der Antike in fünf Bänden‹. Herausgegeben von Konrat Ziegler und Walther Sontheimer. München 1979.

Rose, Herbert J.: ›Griechische Mythologie. Ein Handbuch‹. München 1961.

Simon, Erika: ›Die Götter der Griechen‹. München 1969.
›Die Götter der Römer‹. München 1990.

Indien

Glasenapp, Helmut von: ›Der Hinduismus‹. Hildesheim 1978. (Nachdruck)

Gonda, Jan: ›Die Religionen Indiens‹. Bd. 1 und 2. Stuttgart 1960, 1963.

Kinsley, David R.: ›Indische Göttinnen. Weibliche Gottheiten im Hinduismus‹. Stuttgart 1990.

Zaehner, Robert Ch.: ›Der Hinduismus‹. München 1964.

Zimmer, Heinrich: ›Philosophie und Religion Indiens‹. Zürich 1961.

Judentum, Christentum, Islam
›Bibel‹.

›Der Islam‹
Bd. 1: Watt, William M. und Alford T. Welch: ›Mohammed und die Frühzeit. Islamisches Recht, Religiöses Leben‹. Stuttgart 1980.
Bd. 3: Schimmel, Annemarie: ›Volksfrömmigkeit, Islamische Kultur, Zeitgenössische Strömungen‹. Stuttgart 1990.

›Jüdisches Lexikon. Ein enzyklopädisches Handbuch des jüdischen Wissens‹. 4 Bde. Begründet von Dr. Georg Herlitz und Dr. Bruno Kirschner. Frankfurt 1987. (Nachdruck)

Khoury, Adel Theodor, Ludwig Hagemann und Peter Heine: ›Islam. Lexikon A–Z. Geschichte – Ideen – Gestalten‹. Freiburg 1999.

›Lexikon für Theologie und Kirche‹. In Verbindung mit Fachgelehrten und mit Dr. Konrad Hofmann als Schriftleiter herausgegeben von Dr. Michael Buchberger, Bischof von Regensburg. 10 Bde. Freiburg 1930–38.

Kelten
Botheroyd, Sylvia und Paul F.: ›Lexikon der keltischen Mythologie‹. München 1992.

de Vries, Jan: ›Keltische Religion‹. Stuttgart 1961.

Markale, Jean: ›Die Druiden: Gesellschaft und Götter der Kelten‹. Augsburg 1966.

Ostasien
Münke, Wolfgang: ›Die klassische chinesische Mythologie‹. Stuttgart 1976.

›Wörterbuch der Mythologie‹ – ›Götter und Mythen Ostasiens‹. Herausgegeben von Egidius Schmalzriedt. Stuttgart 1994.

Weitere Quellen

Altheim, Franz: ›Griechische Götter im alten Rom‹. Gießen 1930.

Begelsbacher-Fischer, Barbara L.: ›Untersuchungen zur Götterwelt des Alten Reiches‹. Freiburg (Schweiz) 1981.

Duval, Paul-Marie: ›Les dieux de la Gaule‹. Paris 1976.

Eliade, Mircea: ›Australian Religions‹. Ithaca and London 1973.

Grönbech, Wilhelm: ›Kultur und Religion der Germanen‹. 2 Bde. Hamburg 1937.

Hastings, James (Hrsg.): ›Encyclopaedia of Religion and Ethics‹. 12 Bde. Edinburgh und New York 1974–79.

›Herder Lexikon. Germanische und keltische Mythologie‹. Freiburg – Basel – Wien 1982.

Kerényi, Karl: ›Die Mythologie der Griechen. Die Götter- und Menschheitsgeschichten‹. Zürich 1951.

Lavallée, Danielle und Luis G. Lumbreras: ›Die Andenvölker‹. München 1986.

›Lexikon alte Kulturen‹. 3 Bde. Herausgegeben und bearbeitet von Hellmut Brunner, Klaus Fissel, Friedrich Hiller und Meyers Lexikonredaktion. Mannheim – Wien – Zürich 1990–93.

Mani, Vettam: ›Puranic Encyclopaedia‹. Delhi – Patna – Varanasi 1974.

Matsumoto, Nobuhiro: ›Recherches sur quelques thèmes de la Mythologie Japonaise‹. Paris 1928.

Morenz, Siegfried: ›Gott und Mensch im alten Ägypten‹. Heidelberg 1965.

›Mythology of all Races‹. Herausgegeben von Louis Herbert Gray. Vol. III: Celtic (John A. Macculloch), Slavic (Jan Machal). Boston 1918.
Vol. IV: Finno-Ugric, Siberian (Uno Holmberg). Boston 1927.
Vol. VIII: Chinese (John C. Ferguson), Japanese (Masaharu Anesaki). Boston 1928.
Vol. IX: Oceanic (Roland B. Dixon). Boston 1916.
Vol. X: North American (Hartley B. Alexander). Boston 1916.

Otto, Walter: ›Die Götter Griechenlands‹. Frankfurt a.M. 1947.

Radke, Gerhard: ›Zur Entwicklung der Gottesvorstellung und der Gottesverehrung in Rom‹. Darmstadt 1987

Ranke-Graves, Robert von: ›Griechische Mythologie. Quellen und Deutung‹. Reinbek 1990.

Rhys, John: ›Celtic Folklore‹. 2 Bde. Oxford 1901.

Roscher, Wilhelm H.: ›Lexikon der griechischen und römischen Mythologie‹. 7 Bde. Leipzig 1884–1937.

Spence, Lewis: ›Myths and Legends of ancient Egypt‹. London 1915.

Stadelmann, Rainer: ›Syrisch-Palästinensische Gottheiten in Ägypten‹. Leiden 1967.

Wissowa, Georg: ›Religion und Kultus der Römer‹. 2. Aufl. München 1912.

›Wörterbuch der Mythologie‹:
›Götter und Mythen des indischen Subkontinents‹. Herausgegeben von Hans W. Haussig. Stuttgart 1984.
›Götter und Mythen im alten Europa‹. Herausgegeben von Hans W. Haussig. Stuttgart 1973.

Fritz Krafft (Hrsg.)

Lexikon großer Naturwissenschaftler

Vorstoß ins Unbekannte

fourierverlag

geb. mit SU, 488 Seiten • Format: 14,0 x 21,0 cm
Früher: € 36,00 • **Jetzt: € 9,95/sFr. 17,50**
Bestellnr: 626-00330 ISBN: 3-932412-30-3

Dieses »Lexikon großer Naturwissenschaftler« ist ein einzigartiges Nachschlagewerk, das die bedeutendsten naturwissenschaftlichen Erkenntnisse und Theorien in den Kontext sowohl der persönlichen Biographie ihrer Entdecker als auch der allgemeinen Entwicklung der Wissenschaften stellt.

In über 340 Einzelporträts, vermittelt es einen ungewöhnlichen Einblick in das Leben und Wirken großer Naturwissenschaftler, Mathematiker, Physiker, Biologen und humanbiologisch forschender Mediziner von der Antike bis zur Gegenwart.

marixverlag
www.marixverlag.de   e-mail: service@marixverlag.de

DIE GEHEIMEN LEBEN
DES ALBERT EINSTEIN
Eine Biographie
von Roger Highfield und Paul Carter

marixverlag

geb. mit SU, 416 Seiten • Format: 12,5 x 20,0 cm
Nur: **€ 9,95/sFr. 17,50**
Bestellnr: 626-00038, ISBN: 3-937715-43-6

Albert Einstein ist in den Augen der Öffentlichkeit längst zu einem
Idol und überragenden Genie geworden. Doch bisher geschickt
verheimlichte und erst in den letzten Jahren ans Licht gekommene
Quellen aus dem Privatleben des wohl berühmtesten aller
Wissenschaftler zwingen zu einer Revision des gängigen Einstein-
Bildes. Es wird deutlich, dass Einsteins Leben nicht nur von der
Wissenschaft geprägt war, sondern in hohem Maße auch von Frauen,
auf die er eine geradezu magische Anziehungskraft ausübte. Die
Autoren lüften den Schleier der Geheimhaltung und Mystifizierung,
der Albert Einstein immer umgab, und liefern so das Porträt eines
faszinierenden Mannes, der trotz mancher Fehlbarkeiten nichts von
seiner Großartigkeit verliert.

marixverlag
www.marixverlag.de   e-mail: service@marixverlag.de

geb. mit SU, 280 Seiten • Format: 23,5 x 31,5 cm
Früher: € 49,00 • **Jetzt: € 20,00/sFr. 33,80**
Bestellnr: 626-00018, ISBN: 3-937715-17-7

Der Zoologe und Philosoph Ernst Heinrich Haeckel (1834-1919)
war einer der wichtigsten und vehementesten Wegbereiter des
Darwinismus. In Verbindung mit der Evolutionstheorie vertrat Haeckel
die Vorstellung des Kosmos als »allumfassendes Naturganzes«. Einen
Gott als »persönlichen Schöpfer« sowie die Trennung von Geist und
Materie lehnte er ab. In dem Tafelwerk »Kunstformen der Natur«
(1899-1904) verleiht Haeckel seinem Monismus eine künstlerische
Ausdrucksform und verbindet auf geniale Weise die wissenschaftlichen
Erkenntnisse mit seiner außerordentlichen künstlerischen Begabung.

marixverlag
www.marixverlag.de   e-mail: service@marixverlag.de

Mit einem Vorwort von
Prof. Gunther von Hagens

Andreas Vesalius
ANATOMIA

marix**verlag**

geb. mit SU, 192 Seiten • Format: 23,5 x 38,0 cm
Nur: € 25,00/sFr.43,80
Bestellnr: 626-00017, ISBN: 3-937715-16-9

Andreas Vesalius (1514-1564) studierte in Paris, Löwen und Padua

Medizin und veröffentlichte bereits 1543 sein epochales Werk »De

humani corporis fabrica«. Das Werk, das die moderne wissenschaftliche

Anatomie begründete, ist mit zahlreichen Holzschnitten versehen,

von denen man heute annimmt, dass Tizian die 17 ganzseitigen

Holzschnitte gestaltet hat.

marixverlag
www.marixverlag.de   e-mail: service@marixverlag.de